EUGEN ROTH

VON MENSCH ZU MENSCH

EUGEN ROTH

VON MENSCH ZU MENSCH

VERLEGT BEI
KAISER

ILLUSTRATIONEN: ALFRED ZACHARIAS

Alle Rechte vorbehalten
Berechtigte Ausgabe für den Neuen Kaiser Verlag, Gesellschaft m.b.H., Klagenfurt
Neuauflage: 2002
E-Mail: office@kaiserverlag.com
Homepage: www.kaiserverlag.com
Alle Rechte bei Carl Hanser Verlag, München, Wien und Eugen Roth Erben
Schutzumschlag: Volkmar Reiter mit Verwendung einer Zeichnung von Alfred Zacharias
Druck und Bindearbeit: Gorenjski Tisk, Kranj – Slowenien

Inhalt

Kleiner Lebenslauf	7
Kleine Menschlichkeiten	9
Unterwegs mit der Zeit	41
Wundersame Heilkunst	89
Pfarrer Kneipp	119
Die Frau in der Weltgeschichte	137
Viechereien	159
Unter Brüdern	215
Abenteuer in Banz	245
Der Ruhm	261
Aldersbach	265
Der Gang zur Christmette	267
Gotischer Dom	278
Das Schweizerhäusl	281
Die Hausiererin	301
Der Fischkasten	313
Unter falschem Verdacht	329
Die Fahrt nach Engelszell	332
Die Memoiren	339
Der Haustyrann	345
Wunderlicher Abend	351
Wunderliche Welt	360
Über Eugen Roth	361

KLEINER LEBENSLAUF

Ich kam im Jahr fünfundneunzig zur Welt
Am vierundzwanzigsten Jänner.
Ich zähle darum — wenn wer was drauf hält —
Unter die Wassermänner.

Daß ich in München geboren bin,
Das dank ich dem günstigsten Sterne.
Ich gehe auch nirgend anderswo hin:
Wer Münchner ist, bleibt es auch gerne.

Ich trieb mich als rechter Lausbub herum —
Das kann ich oft heut noch nicht lassen! —
Dann kam ich auf das Gymnasium
Und würgte mich durch die neun Klassen.

Im Krieg, den ich freiwillig mitgemacht
Im Regiment »List« als Gefreiter,
Schoß man mich schon in der Ypernschlacht
In den Bauch; drum bracht ich's nicht weiter.

Dann hab ich gedichtet; und zwar sehr viel,
Doch viel dran ist wohl nicht gewesen.
Ein Bändchen Gedichte im steilsten Stil —
Sonst hat kein Mensch was gelesen.

Mein Vater war schon ein Zeitungsmann,
Das lockte zur Presse den Knaben.
Auch machte ich später den Doktor dann,
Fast ohne studiert zu haben.

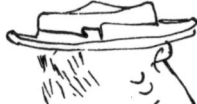

Ein bißchen kam ich in der Welt herum
Und wurde schön langsam älter.
Ich wollte, ich wäre noch feurig und dumm,
Jetzt bin ich kaum klüger, doch kälter.

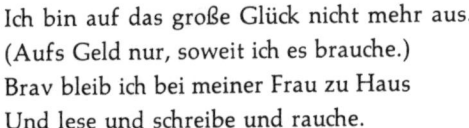

Ich bin auf das große Glück nicht mehr aus.
(Aufs Geld nur, soweit ich es brauche.)
Brav bleib ich bei meiner Frau zu Haus
Und lese und schreibe und rauche.

Man möchte von mir das Lustige nur,
Ich aber folg bis auf weitres
Dem wahren Leben und meiner Natur
Und dichte bald Ernstes, bald Heitres.

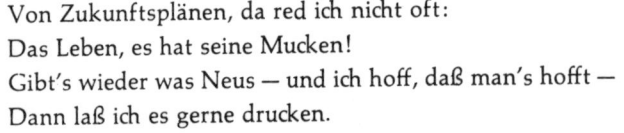

Von Zukunftsplänen, da red ich nicht oft:
Das Leben, es hat seine Mucken!
Gibt's wieder was Neus — und ich hoff, daß man's hofft —
Dann laß ich es gerne drucken.

Fürs erste wär dieses mein Lebenslauf —
Das Weitre, das gibt sich, das macht sich:
Vielleicht hör ich morgen zu laufen auf,
Vielleicht werd ich siebzig und achtzig!

Kleine Menschlichkeiten

Kleine Ursachen

Ein Mensch — und das geschieht nicht
  oft —
Bekommt Besuch, ganz unverhofft,
Von einem jungen Frauenzimmer,
Das grad, aus was für Gründen immer —
Vielleicht aus ziemlich hinter=
  gründigen —
Bereit ist, diese Nacht zu sündigen.
Der Mensch müßt nur die Arme breiten,
Dann würde sie in diese gleiten.
Der Mensch jedoch den Mut verliert,

Denn leider ist er unrasiert.
Ein Mann mit schlechtgeschabtem Kinn
Verfehlt der Stunde Glücksgewinn,
Und wird er schließlich doch noch
  zärtlich,

Wird er's zu spät und auch zu bärtlich.
Infolge schwacher Reizentfaltung
Gewinnt die Dame wieder Haltung
Und läßt den Menschen, rauh von
  Stoppeln,
Vergebens seine Müh verdoppeln.
Des Menschen Kinn ist seitdem glatt —
Doch findet kein Besuch mehr statt.

Gezeiten der Liebe

Ein Mensch schreibt mitternächtig tief
An die Geliebte einen Brief,
Der schwül und voller Nachtgefühl.
Sie aber kriegt ihn morgenkühl,
Liest gähnend ihn und wirft ihn weg.
Man sieht, der Brief verfehlt den
  Zweck.
Der Mensch, der nichts mehr von ihr
  hört,
Ist seinerseits mit Recht empört
Und schreibt am hellen Tag, gekränkt
Und saugrob, was er von ihr denkt.
Die Liebste kriegt den Brief am Abend,
Soeben sich entschlossen habend,
Den Menschen dennoch zu erhören —
Der Brief muß diesen Vorsatz stören.

Nun schreibt, die Grobheit abzubitten,
Der Mensch noch einen zarten dritten
Und vierten, fünften, sechsten, siebten
Der herzlos schweigenden Geliebten.
Doch bleibt vergeblich alle Schrift,
Wenn man zuerst daneben trifft.

HEREINFALL

Ein Mensch, gewillt, sich zu erholen,
Kriegt Paradiese gern empfohlen.
Er liest in manchem Werbeblatt
An Bergen sich und Bädern satt,
Um, qualvoll hin= und hergerissen,
Erst recht nicht mehr: wohin? zu wissen.
Entschluß hängt oft an einem Fädchen:
In diesem Fall entschied ein Mädchen,
Das aus dem schönsten der Prospekte
Die Arme sehnend nach ihm streckte.
Der Mensch, schon jetzt in es verliebt
Und überzeugt, daß es es gibt,
Fährt, nicht mehr länger überlegend,
In die dortselbst verheißne Gegend
Und sieht inmitten sich von Leuten,
Die auch sich auf das Mädchen freuten,
Doch keinesfalls ihrerseits
Ersetzen den versprochnen Reiz.
Im Kurhaus, im Familienbad
Ist ohne es es äußerst fad;
Der Mensch, vom Mädchenbild
  bestochen,
Hat sich im voraus für vier Wochen
Vertrauensselig schon verpflichtet.
Nun steht er einsam und vernichtet.

THEATERBILLETTS

Ein Mensch besitzt zwei Festspielkarten,
Auf die vielleicht zehntausend warten,
Die, würden sie beschenkt mit diesen,
Sich ungeheuer glücklich priesen.
Der Mensch, von diesen schroff
  getrennt
Dadurch, daß er sie gar nicht kennt,
Denkt vorerst seiner beiden Schwestern:
»Nein, danke«, heißt's, »wir waren
  gestern.«
Dann fällt ihm noch Herr Müller ein,
Der wird vermutlich selig sein.
Doch selig ist der keinesfalls,
Ihm stehn die Opern schon zum Hals.
Wie konnt ich Fräulein Schulz
  vergessen?
Die ist auf so was ganz versessen!
»Wie, heute abend, Lohengrin?
Da geh ich sowieso schon hin!«
Herr Meier hätte sicher Lust:
»Hätt vor drei Tagen ich's gewußt!«
Frau Huber lehnt es ab, empört:
»Vor zwanzig Jahren schon gehört!«
Herr Lieblich meint, begeistert ging er,
Wär es für morgen, Meistersinger,
Doch heute abend, leider nein.

Der Mensch läßt es von nun an sein.
Zwei Plätze, keine Sitzer habend,
Genießen still den freien Abend.

Geduldsprobe

Ein Mensch, der auf die Trambahn
   wartet,
Hält's für ein Spiel, das abgekartet,
Ja, für die Bosheit der Erinnyen,
Daß immer kommen andre Linien.
Schon droht im Rinnen der Minuten
Er sich tief innen zu verbluten,
Da leuchten endlich in der Ferne
Die heißersehnten Lichter=Sterne.
Der Mensch, noch eben prall vor Wut,
Wird weltversöhnt und herzensgut.
Er setzt sich, aufgelöst in Schwäche.
Die Seele steigt zur Oberfläche
Und plätschert selig über ihn —
Bis jäh der Schaffner fragt: »Wohin?«

Umwertung aller Werte

Ein Mensch von gründlicher Natur
Macht bei sich selber Inventur.
Wie manches von den Idealen,
Die er einst teuer mußte zahlen,
Gibt er, wenn auch nur widerwillig,
Weit unter Einkaufspreis, spottbillig.

Auf einen Wust von holden Träumen
Schreibt er entschlossen jetzt: »Wir
   räumen!«
Und viele höchste Lebensgüter
Sind nur mehr alte Ladenhüter.
Doch ganz vergessen unterm Staube
Ist noch ein Restchen alter Glaube,
Verschollen im Geschäftsbetriebe
Hielt sich auch noch ein Quentchen
   Liebe,
Und unter wüstem Kram verschloffen
Entdeckt er noch ein Stückchen Hoffen.
Der Mensch, verschmerzend seine
   Pleite,
Bringt die drei Dinge still beiseite
Und lebt ganz glücklich bis zur Frist,
Wenn er noch nicht gestorben ist.

Für Architekten

Ein Mensch, der auf ein Weib vertraut
Und drum ihm einen Tempel baut
Und meint, das wär sein Meisterstück,
Erlebt ein schweres Bauunglück.

Leicht findet jeder das Exempel:
Auf Weiber baue keine Tempel!

ÜBEREILTE ANSCHAFFUNG

Ein Mensch geht, leider ganz allein,
Und kauft sich neues Schuhwerk ein.
Er tritt zu seinem spätern Schaden
Gleich in den nächsten besten Laden,
Wo ihm ein milder Überreder
Die Machart anpreist und das Leder.
Und schwörend, daß der Schuh ihm passe,
Schleppt er sofort ihn an die Kasse.

Leicht ist es, Stiefel sich zu kaufen,
Doch schwer, darin herumzulaufen.

DAS SPRUNGBRETT

Ein Mensch, den es nach Ruhm gelüstet,
Besteigt, mit großem Mut gerüstet,
Ein Sprungbrett — und man denkt, er liefe
Nun vor und spränge in die Tiefe,
Mit Doppelsalto und dergleichen
Der Menge Beifall zu erreichen.
Doch läßt er, angestaunt von vielen,
Zuerst einmal die Muskeln spielen,
Um dann erhaben vorzutreten,
Als gält's, die Sonne anzubeten.
Ergriffen schweigt das Publikum —
Doch er dreht sich gelassen um
Und steigt, fast möcht man sagen, heiter
Und vollbefriedigt von der Leiter.
Denn, wenn auch scheinbar nur entschlossen,
Hat er doch sehr viel Ruhm genossen,
Genau genommen schon den meisten —
Was sollt er da erst noch was leisten?

VERPFUSCHTES ABENTEUER

Ein Mensch geht in der Stadt spazieren
Und muß gar oft sein Herz verlieren
An Frauen, die nicht daran denken,
Ihm auch nur einen Blick zu schenken.
Warum, so fragt er sich im Gehen,
Kann mir's nicht auch einmal geschehen,
Daß dank geheimer Liebeskraft
Ein Wesen, hold und engelhaft,
Mißachtend strenger Sitten Hürde
Sich unverhofft mir nähern würde?
Kaum hat er so zu sich gesprochen,
Fühlt er sein Herz gewaltig pochen.
Denn sieh, die reizendste der Frauen
Naht sich voll lächelndem Vertrauen
Und sagt zu ihm errötend dies:
»∪−∪−∪− please?«
Der Mensch, der so was nicht gelernt,
Hat hilflos stotternd sich entfernt.
Was nützt — Moral von der Geschicht —
Ein Engel, wenn er englisch spricht!

Unter Aufsicht

Ein Mensch, der recht sich überlegt,
Daß Gott ihn anschaut unentwegt,
Fühlt mit der Zeit in Herz und Magen
Ein ausgesprochnes Unbehagen
Und bittet schließlich Ihn voll Grauen,
Nur fünf Minuten wegzuschauen.
Er wolle unbewacht, allein
Inzwischen brav und artig sein.
Doch Gott, davon nicht überzeugt,
Ihn ewig unbeirrt beäugt.

Kunst

Ein Mensch malt, von Begeistrung wild,
Drei Jahre lang an einem Bild.
Dann legt er stolz den Pinsel hin
Und sagt: »Da steckt viel Arbeit drin.«
Doch damit war's auch leider aus:
Die Arbeit kam nicht mehr heraus.

Seelische Gesundheit

Ein Mensch frißt viel in sich hinein:
Mißachtung, Ärger, Liebespein.
Und jeder fragt mit stillem Graus:
Was kommt da wohl einmal heraus?
Doch sieh! Nur Güte und Erbauung.
Der Mensch hat prächtige Verdauung.

Das Schnitzel

Ein Mensch, der sich ein Schnitzel briet,
Bemerkte, daß ihm das mißriet.
Jedoch, da er es selbst gebraten,
Tut er, als wär es ihm geraten,
Und, um sich nicht zu strafen Lügen,
Ißt er's mit herzlichem Vergnügen.

Briefe, die ihn nicht erreichten...

Ein Mensch denkt oft mit stiller Liebe
An Briefe, die er gerne schriebe.

Zum Beispiel: »Herr! Sofern Sie
      glauben,
Sie dürften alles sich erlauben,
So teil ich Ihnen hierdurch mit,
Daß der bewußte Eselstritt
Vollständig an mir abgeprallt –
Das Weitere sagt mein Rechtsanwalt!
Und wissen Sie, was Sie mich
      können? ...«
Wie herzlich wir dem Menschen gönnen,
An dem, was nie wir schreiben dürfen,
Herumzubasteln in Entwürfen.
Es macht den Zornigen sanft und kühl
Und schärft das deutsche Sprachgefühl.

Gut gedrillt

Ein Mensch steht stumm, voll schlechter Laune,
An einem hohen Gartenzaune
Und müht sich mit gestreckten Zehen,
In dieses Paradies zu sehen
Und schließt aus dem erspähten Stück:
Hier wohnt der Reichtum, wohnt das Glück.
Der Sommer braust im hohen Laub,
Der Mensch schleicht durch den Straßenstaub
Und denkt, indes er sich entfernt,
Was in der Schule er gelernt:
Daß bloßer Reichtum nicht genügt,
Indem daß oft der Schein betrügt.
Der Mensch ist plötzlich so bewegt,
Daß Mitleid heiß sich in ihm regt
Mit all den armen reichen Leuten —
Er weiß es selber kaum zu deuten.
Doch wir bewundern wieder mal
Dies Glanzdressurstück der Moral.

Bühne des Lebens

Ein Mensch, von einem Weib betrogen,
Ergeht sich wüst in Monologen,
Die alle in dem Vorsatz enden,
Sich an kein Weib mehr zu verschwen=
den.
Doch morgen schon — was gilt die Wette? —
Übt wieder dieser Mensch Duette.

Schlüpfrige Dinge

Ein Mensch, der auf der Straße ging,
Mit seinen Augen sich verfing
In einem Laden, drin ein Weib
Höchst schamlos zeigte seinen Leib,
Der nur aus bunter Pappe zwar,
Doch fleischlich in der Wirkung war.
Von Hemd und Höschen zart umhüllt,
Das Blendwerk nur den Zweck erfüllt,
Zu schlagen eine breite Bresche
In den erlaubten Wunsch nach Wäsche.
Und da dem Reinen alles rein,
Sah das der Mensch auch alsbald ein
Und ging mit einer grenzenlosen
Hochachtung fort für Damenhosen.

Für Ungeübte

Ein Mensch, der voller Neid vernimmt,
Daß alle Welt im Gelde schwimmt,
Stürzt in den raschen Strom sich munter,
Doch siehe da: Schon geht er unter!
Es müssen — wie's auch andre treiben —
Nichtschwimmer auf dem Trocknen bleiben.

Herstellt euch!

Ein Mensch hat einen andern gern,
Er kennt ihn, vorerst, nur von fern
Und sucht, in längerm Briefewechseln
Die Sache nun dahin zu drechseln,
Daß man einander bald sich sähe
Und kennen lernte aus der Nähe.
Der Mensch, erwartend seinen Gast,
Vor Freude schnappt er über fast.
Die beiden, die in manchem Briefe
Sich zeigten voller Seelentiefe,
Sie finden nun, vereinigt häuslich,
Einander unausstehlich scheußlich.
Sie trennen bald sich, gall= und
   giftlich —
Und machen's seitdem wieder schriftlich.

Irrtum

Ein Mensch meint, gläubig wie ein Kind,
Daß alle Menschen Menschen sind.

So und so

Ein Mensch, der knausernd, ob er's
   sollte,
Ein magres Trinkgeld geben wollte,
Vergriff sich in der Finsternis
Und starb fast am Gewissensbiß.
Der andre, bis ans Lebensende,
Berichtet gläubig die Legende
Von jenem selten noblen Herrn —
Und alle Leute hören's gern.
Ein zweiter Mensch, großmütig, fein,
Schenkt einem einen größern Schein.
Und der, bis an sein Lebensende
Verbreitet höhnisch die Legende
Von jenem Tölpel, der gewiß
Getäuscht sich in der Finsternis. —

Das Ferngespräch

Ein Mensch spricht fern, geraume Zeit,
Mit ausgesuchter Höflichkeit,
Legt endlich dann, mit vielen süßen
Empfehlungen und besten Grüßen
Den Hörer wieder auf die Gabel —
Doch tut er noch mal auf den Schnabel
(Nach all dem freundlichen Gestammel)
Um dumpf zu murmeln: Blöder
   Hammel!
Der drüben öffnet auch den Mund
Zu der Bemerkung: Falscher Hund!
So einfach wird oft auf der Welt
Die Wahrheit wieder hergestellt.

Überraschungen

Ein Mensch dem Sprichwort Glauben
   schenkt:
'S kommt alles anders, als man denkt —
Bis er dann die Erfahrung macht:
Genauso kam's, wie er gedacht.

Das Hilfsbuch

Ein Mensch, nichts wissend von
    »Mormone«,
Schaut deshalb nach im Lexikone,
Und hätt es dort auch rasch gefunden —
Jedoch er weiß, nach drei, vier Stunden
Von den Mormonen keine Silbe —
Dafür fast alles von der Milbe,
Von Mississippi, Mohr und Maus:
Im ganzen »M« kennt er sich aus.
Auch was ihn sonst gekümmert nie,
Physik zum Beispiel und Chemie,
Liest er jetzt nach, es fesselt ihn:
Was ist das? Monochloramin?
»Such unter Hydrazin«, steht da.
Schon greift der Mensch zum Bande »H«
Und schlägt so eine neue Brücke
Zu ungeahntem Wissensglücke.
Jäh fällt ihm ein bei den Hormonen
Er sucht ja eigentlich: Mormonen!
Er blättert müd und überwacht:
Mann, Morpheus, Mohn und Mitter=
    nacht...
Hätt weiter noch geschmökert gern,
Kam bloß noch bis zu Morgenstern
Und da verneigte er sich tief
Noch vor dem Dichter — und —
    entschlief.

Ein Lebenslauf

Ein Mensch verehrt, von Liebe blind,
Ein (leider unbarm=) herziges Kind.
Er opfert, nur daß er gefällt,
Ein (leider schauder=) bares Geld
Und wagt, daß er gewinn ihr Herz
Manch (leider aussichts=) losen Scherz.
Die Frau verlacht den Menschen oft,
Der (leider unan=) sehnlich hofft,
Und grade, weil sie abgeneigt,
Sich (leider unge=) hörig zeigt.
Doch wird sie — ach, die Zeit geht
    weiter —
Nun (leider unan=) ständig breiter
Und, fürchtend, daß sie sitzen bleib,
Sein (leider ange=) trautes Weib.
Der Mensch, zu spät mit ihr beschenkt,
Bald (leider nega=) tiefer denkt:
Er fiel, nur Narr der eignen Pein,
Hier (leider unab=) sichtlich rein.
Das Glück war zu der Stunde gar,
Wo's (leider unwill=) kommen war.

Nachdenkliche Geschichte

Ein Mensch hält Krieg und Not und
    Graus,
Kurzum, ein Hundeleben aus,
Und all das, sagt er, zu verhindern,
Daß Gleiches drohe seinen Kindern.
Besagte Kinder werden später
Erwachsne Menschen, selber Väter
Und halten Krieg und Not und
    Graus...
Wer denken kann, der lernt daraus.

16

VERGEBLICHER EIFER

Ein Mensch, der nach Italien reiste,
Blieb doch verbunden stets im Geiste
Daheim mit seinen Lieben, zärtlich,
Was er auch kundtat, ansichtskärtlich:
Gleich bei der Ankunft in Neapel
Läßt dreißig Karten er vom Stapel
Und widmet ähnlichem Behufe
Sich auf dem Wege zum Vesuve.
Schreibt allen, die er irgend kennt
Aus Capri, Paestum und Sorrent,
Beschickt befreundete Familien
Mit Kartengrüßen aus Sizilien,
An Hand von Listen schießt der Gute
Aus Rom unendliche Salute,
An Vorgesetzte, Untergebne
Schreibt er aus der Campagna=Ebne
Und ist nun endlich, in Firenze
Beinah an der Verzweiflung Grenze.
Kaum kam er, bei dem Amt, dem
        wichtigen,
Dazu, auch selbst was zu besichtigen.
Jetzt erst, verlassend schon Venedig,
Hält er sich aller Pflicht für ledig:
Reist heim, damit er gleich, als Neffe,
Die, ach! vergessne Tante treffe:
»Kein Mensch denkt an uns alte Leut —
Ein Kärtchen hätt mich auch gefreut!«

EINLADUNGEN

Ein Mensch, der einem, den er kennt,
Gerade in die Arme rennt,
Fragt: »Wann besuchen Sie uns
    endlich?!«
Der andre: »Gerne, selbstverständlich!«
»Wie wär es«, fragt der Mensch,
    »gleich morgen?«
»Unmöglich, Wichtiges zu besorgen!«
»Und wie wär's Mittwoch in acht
    Tagen?«
»Da müßt ich meine Frau erst fragen!«
»Und nächsten Sonntag?« »Ach wie
    schade,
Da hab ich selbst schon Gäste grade!«
Nun schlägt der andre einen Flor
Von hübschen Möglichkeiten vor.
Jedoch der Mensch muß drauf
    verzichten,
Just da hat er halt andre Pflichten.
Die Menschen haben nun, ganz klar,
Getan, was menschenmöglich war,
Und sagen drum: »Auf Wiedersehen,
Ein andermal wird's dann schon gehen!«
Der eine denkt, in Glück zerschwommen:
»Dem Trottel wär ich ausgekommen!«
Der andre, auch in siebten Himmeln:
»So gilt's, die Wanzen abzuwimmeln!«

LAUF DER ZEIT

Ein Mensch geht freudig mit der Zeit.
Doch kommt er bald in Schwierigkeit:
Die Weltuhr rascher perpendikelt,
Als er sich hin und her entwickelt.
Kaum kommt er also aus dem Takt,
Hat ihn der Pendel schon gepackt.
Ein Unmensch aber, der indessen
Weltuhrenabseits still gesessen
Auf unerschüttertem Gesäß
Spricht mild: »Er war nicht zeitgemäß!«

17

Weltgeschichte

Ein Mensch las ohne weitres Weh
Daß einst zerstört ward Niniveh,
Daß Babylon, daß Troja sank...
Und, drückend die Lateinschul=Bank,
Macht' einzig dies ihm Eindruck tief:
»Daß Ihr mir cum mit Konjunktiv
Im ganzen Leben nicht vergesset:
›Carthago cum deleta esset!‹«
Der Mensch stellt fest, der harmlos=
   schlichte:
»Je nun, das ist halt Weltgeschichte!«
Jetzt liegen Bücher, Möbel, Flügel
In Trümmern, unterm Aschenhügel.
Nicht eine Stadt, das ganze Reich
Ist Troja und Karthago gleich.

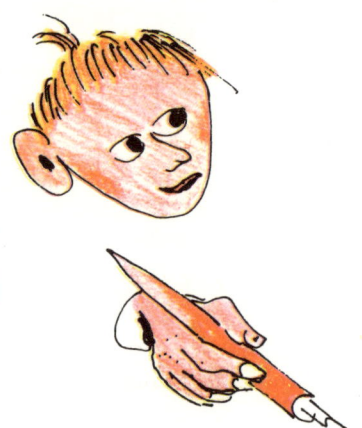

Doch, schwitzend bei der Hausaufgabe,
Frägt ihn vielleicht der Enkelknabe:
»Sag, ist's so richtig: ›cum Europa
Deleta esset‹, lieber Opa?«

Allzu eifrig

Ein Mensch sagt – und ist stolz darauf –
Er geh in seinen Pflichten auf.
Bald aber, nicht mehr ganz so munter,
Geht er in seinen Pflichten unter.

Der Urlaub

Ein Mensch, vorm Urlaub, wahrt sein
   Haus,
Dreht überall die Lichter aus,
In Zimmern, Küche, Bad, Abort –
Dann sperrt er ab, fährt heiter fort.
Doch jäh, zuhinterst in Tirol,
Denkt er voll Schrecken: »Hab ich
   wohl?«
Und steigert wild sich in den Wahn,
Er habe dieses *nicht* getan.
Der Mensch sieht, schaudervoll, im
   Geiste,
Wie man gestohlen schon das meiste,
Sieht Türen offen, angelweit,
Das Licht entflammt die ganze Zeit!
Zu klären solchen Sinnentrug,
Fährt heim er mit dem nächsten Zug
Und ist schon dankbar, bloß zu sehn:
Das Haus blieb wenigstens noch stehn!
Wie er hinauf die Treppen keucht:
Kommt aus der Wohnung kein
   Geleucht?
Und plötzlich ist's dem armen Manne,
Es plätschre aus der Badewanne!
Die Ängste werden unermessen:
Hat er nicht auch das Gas vergessen?

Doch nein! Er schnuppert, horcht und
   äugt
Und ist mit Freuden überzeugt,
Daß er — hat er's nicht gleich gedacht? —
Zu Unrecht Sorgen sich gemacht.
Er fährt zurück und ist nicht bang. —
Jetzt brennt das Licht vier Wochen lang.

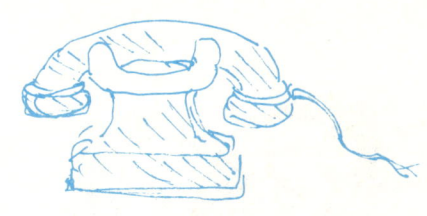

Zeitgenössische Entwicklung

Ein Mensch sitzt da und schreibt
   vergnügt,
Sein Fleiß ist groß, und das genügt.
Doch bald hat er sich angeschafft
Die erste Schreibmaschinenkraft;
Das langt nach kurzer Zeit nicht mehr,
Es müssen noch zwei andre her,
Desgleichen wer fürs Telefon,
Auch wird ein Diener nötig schon,
Ein Laufbursch und, es währt nicht
   lang,
Ein Fräulein eigens für Empfang.
Nun kommt noch ein Bürovorsteher —
Jetzt, meint der Mensch, ging es schon
   eher.
Doch fehlt halt noch ein Hauptbuch=
   halter
Sowie ein Magazinverwalter.
Sechs Kräfte noch zum Listen führen —
Da kann man sich schon besser rühren.
Doch reichen nun, man sah's voraus,
Die Tippmamsellen nicht mehr aus.
Bei Angestellten solcher Zahl
Braucht's einen Chef fürs Personal;
Der wiedrum, soll er wirksam sein,
Stellt eine Sekretärin ein.
Die Arbeit ist im Grunde zwar
Die gleiche, wie sie immer war,
Doch stilgerecht sie zu bewältigen,
Muß man die Kraft verhundertfältigen.
Der Mensch, der folgerichtig handelt,
Wird zur Behörde so verwandelt.

Traurige Geschichte

Ein Mensch, der schon geraume Zeit
Geübt hat Treu und Redlichkeit
Glaubt gern (wir hätten's auch gedacht),
Daß Übung noch den Meister macht.
Jedoch bemerken wir betrübt,
Der Mensch hat nicht genug geübt,
Und kaum, daß er daneben tappt,
Hat ihn das Schicksal schon geschnappt
Und läßt sich gleich mit voller Wucht aus:
Der Mensch, der arme, kommt ins
   Zuchthaus.

Ein Unmensch übt, voll niedrer Schläue,
Nur Lumperei anstatt der Treue
Und bringt es hier, aus eigner Kraft,
Zu ungeahnter Meisterschaft.
Und siehe da, ihm geht nichts krumm:
Er läuft noch heute frei herum.

Posaunen strahlen des Gerichts —
Mit Fuchs ist es natürlich nichts.
Horch, des Finales stolzer Prunk —
Funk heißt er, selbstverständlich, Funk!
Des Menschen Kopf ist wieder frei:
Die Sinfonie ist auch vorbei...

Gescheiterte Sammlung

Ein Mensch — er freut sich drauf, und
    wie! —
Geht in die fünfte Sinfonie.
Wie liebt er grad den ersten Satz!
Er setzt sich still auf seinen Platz,
Daß ganz er dem Genuß sich weihe...
Ein Herr grüßt aus der dritten Reihe.
Der Mensch, wohl wissend, daß er'n
    kenn,
Denkt flüchtig bloß, wie heißt er denn?
Worauf er fromm die Augen schließt,
Damit Musik sich in ihn gießt.
Kaum hebt den Stab der Zappelmann,
Schon geht bei ihm der Rappel an:
Wie rast der Geigen Glanzgeschwirre —
Der Mann heißt Fuld, wenn ich nicht
    irre!
Trompeten holt des Meisters Wink
Zu wilder Pracht — der Mann heißt
    Fink!
Wie steigt der Melodien Wuchs
Aus Zaubertiefen — er heißt Fuchs!
Wie klagt so süß ein Flötenlauf —
Der Mensch, er kommt und kommt
    nicht drauf.

Traurige Wahrheit

Ein Mensch liest, warm am Ofen
    hockend —
Indem das Wetter nicht verlockend —
Daß gestern, im Gebirg verloren,
Elendiglich ein Mann erfroren.
Der Mann tut zwar dem Menschen
    leid —
Doch steigert's die Behaglichkeit.

Ahnungslos

Ein Mensch hört staunend und empört,
Daß er, als Unmensch, alle stört:
Er nämlich bildet selbst sich ein,
Der angenehmste Mensch zu sein.
Ein Beispiel macht euch solches klar:
Der Schnarcher selbst schläft wunder=
    bar.

BAUPLÄNE

Ein Mensch, von Plänen wild bewegt,
Hat hin und her sich überlegt,
Wie er, es koste, was es wolle,
Sein hübsches Häuschen bauen solle,
Hat, prüfend Dutzende Entwürfe,
Geschwankt, *wer* es ihm bauen dürfe
Und *wo* es in der weiten Welt
Am besten würde aufgestellt:
In das Gebirg? An einen See?
Dem Menschen tut die Wahl zu weh,
So daß er Frist um Frist versäumt:
Das nette Häuschen bleibt geträumt.
Ein Unmensch, auf den nächsten Fleck
Setzt kurz entschlossen seinen Dreck.
Der ganzen Welt ist es ein Graus —
Doch immerhin, *er* hat sein Haus!

EINSICHT

Ein Mensch beweist uns klipp und klar,
Daß er es eigentlich nicht war.
Ein andrer Mensch mit Nachdruck
  spricht:
Wer es auch sei — *ich* war es nicht!
Ein dritter läßt uns etwas lesen,
Wo drinsteht, daß er's nicht gewesen.
Ein vierter weist es weit von sich:
Wie? sagt er, was? Am Ende ich?
Ein fünfter überzeugt uns scharf,
Daß man an ihn nicht denken darf.
Ein sechster spielt den Ehrenmann,
Der es gewesen nicht sein kann.
Ein siebter — kurz, wir sehen's ein:
Kein Mensch will es gewesen sein.
Die Wahrheit ist in diesem Falle:
Mehr oder minder war'n wir's alle!

VERDIENTER HEREINFALL

Ein Mensch kriegt einen Kitsch gezeigt.
Doch anstatt daß er eisig schweigt,
Lobt er das Ding, das höchstens nette,
Fast so, als ob er's gerne hätte.
Der Unmensch, kann er es so billig,
Zeigt unverhofft sich schenkungswillig
Und sagt, ihn freu's, daß an der Gabe
Der Mensch so sichtlich Freude habe.
Moral: Beim Lobe stets dran denken,
Man könnte dir dergleichen schenken!

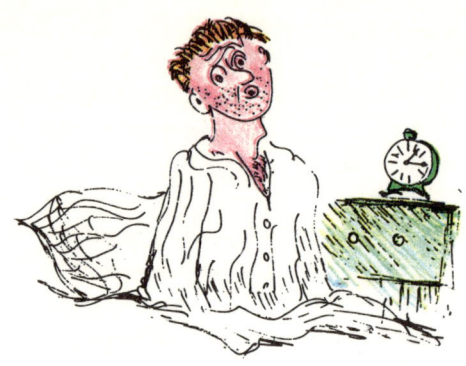

Nutzlose Qual

Ein Mensch hat eines Nachts geträumt,
Er habe seinen Zug versäumt,
Und er wacht auf mit irrem Schrei —
Jedoch, es ist erst viertelzwei.
Der Schlaf löst die verschreckten Glieder.
Doch sieh, da plötzlich träumt's ihm wieder,
Und er wacht auf mit irrem Schrei —
Jedoch, es ist erst vierteldrei.
Er schmiegt sich wieder in die Kissen,
Da wird aufs neu sein Schlaf zerrissen.
Der Schrei ertönt, der Mensch erwacht —
Und diesmal ist es viertelacht.
Der Zug jedoch pflegt abzugehn
Tagtäglich, pünktlich sieben Uhr zehn.
Moral: Was nützt der schönste Schrecken,
Kann er zur rechten Zeit nicht wecken ...

Ein Ehrenmann

Ein Mensch, der mit genauem Glücke
Geschlüpft durch des Gesetzes Lücke,
Bebt noch ein Weilchen angst=
 beklommen.
Doch dann, als wäre er gekommen
Durchs Haupttor der Gerechtigkeit,
Stolziert er dreist und macht sich breit.
Und keiner wacht so streng wie er,
Daß niemand schlüpf durch Lücken mehr.

Zur Warnung

Ein Mensch, zu kriegen einen Stempel,
Begibt sich zum Beamten=Tempel
Und stellt sich, vorerst noch mit kalter
Geduld zum Volke an den Schalter.
Jedoch, wir wissen: Hoff' und Harren
Das machte manchen schon zum Narren.
Sankt Bürokratius, der Heilige,
Verachtet nichts so sehr wie Eilige.
Der Mensch, bald närrisch=ungeduldig
Vergißt die Ehrfurcht, die er schuldig,
Und, wähnend, daß er sich verteidigt,
Hat er beamten=schon=beleidigt.
Er kriegt den Stempel erstens nicht,
Muß, zweitens, auf das Amtsgericht,
Muß trotz Entschuldigens und Bittens
Noch zehn Mark Strafe zahlen, drittens,
Muß viertens, diesmal ohne Zorn,
Sich noch mal anstell'n, ganz von vorn,
Darf, fünftens, keine Spur von Hohn
Raushör'n aus des Beamten Ton
Und darf sich auch nicht wundern,
 sechstens,
Wenn er kriegt Scherereien, nächstens.
Geduld hat also keinen Sinn,
Wenn sie uns abreißt, mittendrin.

Zweierlei

Ein Mensch — man sieht, er ärgert
 sich —
Schreit wild: Das ist ja lächerlich!
Der andre, gar nicht aufgebracht,
Zieht draus die Folgerung und — lacht.

SAGE

Ein Mensch – ich hab das nur gelesen –
Hat einst gelebt bei den Chinesen
Als braver Mann; er tat nichts Schlechts
Und schaute nicht nach links und
    rechts;
Er war besorgt nur, wie er find
Sein täglich Brot für Weib und Kind.

Es herrschte damals voller Ruh
Der gute Kaiser Tsching=Tschang=
    Tschu.
Da kam der böse Dschu=Pu=Tsi;
Man griff den Menschen auf und schrie:
»Wir kennen dich, du falscher Hund,
Du bist noch Tsching=Tschang=Tschuft
    im Grund!«
Der Mensch, sich windend wie ein
    Wurm,
Bestand den Dschu=Putschistensturm,
Beschwörend, nur Chinese sei er,
Gottlob, da kamen die Befreier!

Doch die schrien gleich: »O Hinterlist!
Du bist auch ein Dschu=Pu=Blizist!«
Der Mensch wies nach, daß sie sich
    irren. —
O weh, schon gab es neue Wirren:
Es folgten Herren neu auf Herren,
Den Menschen hin und her zu zerren:
»Wie? Du gesinnungsloser Tropf!«
So hieß es, »hängst am alten Zopf?«
Der Mensch nahm also seinen Zopf
    ab. —
Die nächsten schlugen ihm den Kopf ab,
Denn unter ihnen war verloren,
Wer frech herumlief, kahlgeschoren.
So schwer ist's also einst gewesen,
Ein Mensch zu sein — bei den
    Chinesen!

AUSSICHTEN

Ein Mensch, erfüllt von fortschritt=
    blanken,
Stromlinienförmigen Gedanken,
Durcheilte froh die Zeit und fand
Nicht den geringsten Widerstand.
Er lebte gut und lebte gern,
Denn er war durch und durch modern.
Sein Sohn ist, lebend gegenwärtig,
Bereits so gut wie büchsenfertig.
Sein Enkel, wenn er sich dran hält,
Kommt schon in Weißblech auf die
    Welt.

Nur ein Vergleich

Ein Mensch hat irgendwann und wo,
Vielleicht im Lande Nirgendwo,
Vergnügt getrunken und geglaubt,
Der Wein sei überall erlaubt.
Doch hat vor des Gesetzes Wucht
Gerettet ihn nur rasche Flucht.
Nunmehr im Land Ixypsilon
Erzählt dem Gastfreund er davon:
Ei, lächelt der, was du nicht sagst?
Hier darfst du trinken, was du magst!
Der Mensch ist bald, vom Weine trunken,
An einem Baume hingesunken.
Wie? brüllte man, welch üble Streiche?
So schändest du die heilge Eiche?
Er ward, ob des Verbrechens Schwere,
Verdammt fürs Leben zur Galeere
Und kam, entflohn der harten Schule,
Erschöpft ins allerletzte Thule.
Ha! Lacht man dorten, das sind
    Träume!
Hier kümmert sich kein Mensch um
    Bäume.
Der Mensch, von Freiheit so begnadet,
Hat sich im nächsten Teich gebadet.
So, heißt's, wird Gastfreundschaft miß=
    nutzt?
Du hast den Götterteich beschmutzt!
Der Mensch, der drum den Tod erlitten,
Sah: andre Länder, andre Sitten.

Der Unentschlossene

Ein Mensch ist ernstlich zu beklagen,
Der nie die Kraft hat, nein zu sagen,
Obwohl er's weiß, bei sich ganz still:
Er will nicht, was man von ihm will!
Nur, daß er Aufschub noch erreicht,
Sagt er, er wolle sehn, vielleicht ...
Gemahnt, nach zweifelsbittern Wochen,
Daß er's doch halb und halb ver=
    sprochen,
Verspricht er's, statt es abzuschütteln,
Aus lauter Feigheit zu zwei Dritteln,
Um endlich, ausweglos gestellt,
Als ein zur Unzeit tapfrer Held
In Wut und Grobheit sich zu steigern
Und das Versprochne zu verweigern.
Der Mensch gilt bald bei jedermann
Als hinterlistiger Grobian —
Und ist im Grund doch nur zu weich,
Um nein zu sagen — aber gleich!

Falsche Herausforderung

Ein Mensch, so grade in der Mitten,
Nicht just verehrt, doch wohlgelitten,
Zwingt, anstatt still sein Los zu leiden,
Schroff Freund und Frau, sich zu ent=
    scheiden.
Und jene, die viel lieber lögen,
Erklären, daß sie ihn wohl mögen,
Jedoch, sollt klar gesprochen sein,
Dann sagten sie doch lieber nein.
Der Mensch, sonst nach Gebühr ge=
    duldet,
Hat dieses Urteil selbst verschuldet:
Denn es gibt Dinge auf der Welt,
Die man nicht auf die Probe stellt,
Weil sie, wie, ach, so viel im Leben
Sich halten lassen nur im Schweben.

Märchen

Ein Mensch, der einen andern traf,
Geriet in Streit und sagte: »Schaf!«
Der andre sprach: »Es wär Ihr Glück,
Sie nähmen dieses Schaf zurück!«
Der Mensch jedoch erklärte: Nein,
Er säh dazu den Grund nicht ein.
Das Schaf, dem einen nicht will=
  kommen,
Vom andern nicht zurückgenommen,
Steht seitdem, herrenlos und dumm
Unglücklich in der Welt herum.

Neuralgischer Punkt

Du kannst ein Leben lang wen kennen
Und über Fragen, welche brennen,
Die hitzigsten Gespräche führen:
Nie werdet ihr den Punkt berühren,
Das Wort nie sprechen, unbedacht,
Dran ihr euch hoffnungslos verkracht.
Nach seinem Tod noch wirst du sagen:
Wir haben prächtig uns vertragen.
Doch triffst ein andermal du wen,
Der wie vom Schicksal ausersehn,
Dein lebenswieriger Freund zu sein.
Ihr möchtet's beide — aber nein:
Beim ersten harmlos=heitern Schwätzen
Reißt euch *ein* Wort in tausend Fetzen.

Bluter

Gefährdet ist ein allzu guter
Und weicher Mensch: er ist ein Bluter!
Kaum, daß man ihn ein bißchen ritzt,
Mit einem Scherz, der zu gespitzt,
Mit einem Tadel, noch so mild:
Er ist verletzt, sein Herzblut quillt.
Und bringt man es nicht zum Gerinnen,
Verblutet sich der Mensch – nach innen.

Metaphysisches

Ein Mensch erträumt, was er wohl täte,
Wenn wieder er die Welt beträte.
Dürft er zum zweiten Male leben,
Wie wollt er nach dem Guten streben
Und streng vermeiden alles Schlimme!
Da ruft ihm zu die innre Stimme:
»Hör auf mit solchem Blödsinn, ja?!
Du bist zum zwölftenmal schon da!«

Der Pechvogel

Ein Mensch, vom Pech verfolgt in
  Serien,
Wünscht jetzt sich von den Furien
  Ferien.
Er macht, nicht ohne stillen Fluch,
Ein dementsprechendes Gesuch.
Jedoch wird, wie so oft im Leben,
Dem höhern Orts nicht stattgegeben.
Begründung: »Wechsel sich nicht lohnt,
Wir sind den Menschen schon
  gewohnt.«

Ausnahme

Ein Mensch fällt jäh in eine Grube,
Die ihm gegraben so ein Bube.
Wie? denkt der Mensch, das kann nicht sein:
Wer Gruben gräbt, fällt selbst hinein! –
Das mag vielleicht als Regel gelten:
Ausnahmen aber sind nicht selten.

Quetschung

Fortunae, heißt es, quisque faber! —
Als Schmied des Glücks bedenke aber,
Und zwar, noch eh der Hammer saust,
Daß du nicht auf den Daumen haust;
Das Glück, geschmiedet ungeübt,
Wär nämlich dann nicht ungetrübt.

Schwierig

Steh deinem Nächsten nicht im Licht!
Tritt auch in seinen Schatten nicht!
Kaum weiß man noch, *wie* man sich stellt —
Bei so viel Menschen auf der Welt.

Zwischen den Zeiten

Ein Mensch lebt noch mit letzter List
In einer Welt, die nicht mehr ist.
Ein andrer, grad so unbeirrt,
Lebt schon in einer, die erst wird.

Weltlauf

Ein Mensch, erst zwanzig Jahre alt,
Beurteilt Greise ziemlich kalt
Und hält sie für verkalkte Deppen,
Die zwecklos sich durchs Dasein schleppen.
Der Mensch, der junge, wird nicht jünger:
Nun, was wuchs denn auf *seinem* Dünger?
Auch er sieht, daß trotz Sturm und Drang,
Was er erstrebt, zumeist mißlang,
Daß, auf der Welt als Mensch und Christ
Zu leben, nicht ganz einfach ist,
Hingegen leicht, an Herrn mit Titeln
Und Würden schnöd herumzukritteln.
Der Mensch, nunmehr bedeutend älter,
Beurteilt jetzt die Jugend kälter,

Vergessend frühres Sich=Erdreisten:
»Die Rotzer sollen erst was leisten!«
Die neue Jugend wiedrum hält …
Genug — das ist der Lauf der Welt!

Vergeblich

Ein Jüngling, der noch allzu schüchtern,
Bleibt ohne Schwung, solang er nüchtern.
Kaum aber springt der erste Funken,
Ist's schon zu spät: er ist betrunken!
Und so muß alle Hoffnung scheitern:
Nie glückt's ihm, sich nur anzuheitern.

Verwickelte Geschichte

Ein Mensch wähnt manchmal ohne Grund,
Der andre sei ein Schweinehund,
Und hält für seinen Lebensrest
An dieser falschen Meinung fest.
Wogegen, gleichfalls unbegründet,
Er einen dritten reizend findet.
Und da kein Gegenteil erwiesen,
Zeitlebens ehrt und liebt er diesen.
Derselbe Mensch wird seinerseits —
Und das erst gibt der Sache Reiz —
Durch eines blinden Zufalls Walten
Für einen Schweinehund gehalten,
Wie immer er auch darauf zielte,
Daß man ihn nicht für einen hielte.
Und einzig jener auf der Welt,
Den selber er für einen hält,
Hält ihn hinwiederum für keinen.
Moral: Das Ganze ist zum Weinen.

Einfache Sache

Ein Mensch drückt gegen eine Türe,
Wild stemmt er sich, daß sie sich rühre!
Die schwere Türe, erzgegossen,
Bleibt ungerührt und fest verschlossen.
Ein Unmensch, sonst gewiß nicht klug,
Versucht's ganz einfach jetzt mit Zug.
Und schau! (Der Mensch steht ganz betroffen)
Schon ist die schwere Türe offen!
So geht's auch sonst in vielen Stücken:
Dort, wo's zu ziehn gilt, hilft kein Drücken!

Optische Täuschung

Ein Mensch sitzt stumm und liebes=
krank
Mit einem Weib auf einer Bank;
Er nimmt die bittere Wahrheit hin,
Daß sie zwar liebe, doch nicht ihn.
Ein andrer Mensch geht still vorbei
Und denkt, wie glücklich sind die zwei,
Die — in der Dämmrung kann das täuschen —
Hier schwelgen süß in Liebesräuschen.
Der Mensch in seiner Not und Schmach
Schaut trüb dem andern Menschen nach
Und denkt, wie glücklich könnt ich sein,
Wär ich so unbeweibt allein.
Darin besteht ein Teil der Welt,
Daß andre man für glücklich hält.

Das Bessere

Ein Mensch denkt logisch, Schritt für Schritt.
Jedoch, er kommt nicht weit damit.
Ein andrer Mensch ist besser dran:
Er fängt ganz schlicht zu glauben an.
Im Staube bleibt Verstand oft liegen —
Der Glaube aber kann auch fliegen!

Durch die Blume

Ein Mensch pflegt seines Zimmers
   Zierde,
Ein Rosenstöckchen, mit Begierde.
Gießt's täglich, ohne zu ermatten,
Stellt's bald ins Licht, bald in den
   Schatten,
Erfrischt ihm unentwegt die Erde,
Vermischt mit nassem Obst der Pferde,
Beschneidet sorgsam jeden Trieb —
Doch schon ist hin, was ihm so lieb.
Leicht ist hier die Moral zu fassen:
Man muß die Dinge wachsen lassen!

Nur Sprüche

Ein Mensch erklärt voll Edelsinn,
Er gebe notfalls alles *hin*.
Doch eilt es ihm damit nicht sehr —
Denn vorerst gibt er gar nichts *her*.

Unerwünschte Belehrung

Ein Mensch, dem's ziemlich dreckig
   geht,
Hört täglich doch, von früh bis spät,
Daß ihm das Schicksal viel noch gönnte
Und er im Grunde froh sein könnte;
Daß, angesichts manch schwererer
   Bürde
Noch der und jener froh sein würde,
Daß, falls man etwas tiefer schürfte,
Er eigentlich noch froh sein dürfte;
Daß, wenn genau man's nehmen
   wollte,
Er, statt zu jammern, froh sein sollte,
Daß, wenn er andrer Sorgen wüßte,
Er überhaupt noch froh sein müßte.
Der Mensch, er hört das mit Verdruß,
Denn unfroh bleibt, wer froh sein muß.

Musikalisches

Ein Mensch, will er auf etwas pfeifen,
Darf sich im Tone nicht vergreifen.

Das Schlimmste

Ein Mensch erkennt: Sein ärgster
   Feind:
Ein Unmensch, wenn er menschlich
   scheint!

Bescheidenheit

Ein Mensch möcht erste Geige spielen —
Jedoch das ist der Wunsch von vielen,
So daß sie gar nicht jedermann,
Selbst wenn er's könnte, spielen kann:
Auch Bratsche ist für den, der's kennt,
Ein wunderschönes Instrument.

Seltsam genug

Ein Mensch erlebt den krassen Fall,
Es menschelt deutlich, überall —
Und trotzdem merkt man, weit und
    breit
Oft nicht die Spur von Menschlichkeit.

Zerfall

Wie schätzte die beglückte Runde
Doch einst die vorgerückte Stunde!
Nach Mitternacht ward's erst fidel,
Bis zwei und drei Uhr gab's Krakeel.
Dann wurden wir allmählich leiser
Und, bis zum Morgen, immer weiser,
Tiefsinnig um das Höchste streitend,
Einander endlos heimbegleitend.
Doch heut sich still ein jeder drückt,
Noch eh die Stunde vorgerückt.
Der erste geht, mit lahmem Grund,
Um elf Uhr: »Bin nicht recht gesund!«
Der zweite schließt sich gleich ihm an:
Er muß auf seine Straßenbahn.
Ausflüchte auch ein dritter macht
Und geht, noch lang vor Mitternacht.
Ein vierter klagt, beim Glockenschlag,
Daß morgen schwerer Arbeitstag.
Ein fünfter hat der Frau versprochen,
Heut werd' zu spät nicht aufgebrochen.
Stumm trinkt den schalen Rest des
    Weins
Der letzte, einsam, um halb eins:
»Wie dieser Freundeskreis zerfällt
Bald alles Runde dieser Welt!«

Vieldeutig

Ein Mensch schaut in die Zeit zurück
Und sieht: Sein Unglück war sein Glück.

Nur

Ein Mensch, der, sagen wir, als Christ,
Streng gegen Mord und Totschlag ist,
Hält einen Krieg, wenn überhaupt,
Nur gegen Heiden für erlaubt.
Die allerdings sind auszurotten,
Weil sie des wahren Glaubens spotten!
Ein andrer Mensch, ein frommer Heide,
Tut keinem Menschen was zuleide,
Nur gegenüber Christenhunden
Wär jedes Mitleid falsch empfunden.
Der ewigen Kriege blutige Spur
Kommt *nur* von diesem kleinen
    »*nur*« ...

Kleinigkeiten

Ein Mensch, der was geschenkt kriegt,
    denke:
Nichts zahlt man teurer, als Geschenke!

※

Ein Mensch wollt immer recht behalten:
So kam's vom Haar= zum Schädel=
    spalten!

※

Ein Mensch fühlt oft sich wie ver=
    wandelt,
Sobald man menschlich ihn behandelt!

Unterschied

Ein Mensch fand wo ein heißes Eisen
Und, um das Sprichwort zu erweisen,
Ließ er sich durchaus nicht verführen,
Das heiße Eisen anzurühren.
Ein andrer Mensch, auch sprichwort=
  kundig,
Nahm die Gelegenheit für pfundig,
Zum Hammer griff er und zur Zange
Und schmiedete drauf los, so lange
Das Eisen warm war — und grad diesen
Hat man, als Glücksschmied, hoch=
  gepriesen.
Der Wahrheit drum sich jeder beuge:
's hängt alles ab vom Handwerkszeuge!

Wandel

Ein Mensch möcht, neunzehnhundert=
  siebzehn,
Bei der Regierung sich beliebt sehn.
Doch muß er, neunzehnhundertachtzehn,
Schon andre, leider, an der Macht sehn.
Klug will er, neunzehnhundertneunzehn,
Sich als der Kommunisten Freund sehn.
So wandelt unser Mensch sich fleißig
Auch neunzehnhundertdreiunddreißig.
Und, zeitig merkt man's, er geniert sich
Nicht neunzehnhundertfünfundvierzig.
Er denkt sich, als ein halber Held,
Verstellt ist noch nicht umgestellt.
Wir dürfen, wenn auch leicht betroffen,
Noch allerhand von ihm erhoffen.

Wandlung

Ein Mensch führt, jung, sich auf wie
  toll:
Er sieht die Welt, wie sie sein soll.
Doch lernt auch er nach kurzer Frist
Die Welt zu sehen, wie sie ist.
Als Greis er noch den Traum sich gönnt,
Die Welt zu sehn, wie sie sein könnt.

Vergleichsweise

Es gilt nicht als vernünftig grade:
Das Kind ausschütten mit dem Bade.
Doch dümmer noch als solche Mütter
Benehmen meist sich Herz=Ausschütter.

Wunsch und Begierde

Ein Mensch, der eines Tags entdeckt,
Daß jeder Wunsch nur Wünsche heckt,
Will, seinen Frieden zu verbürgen,
Von nun an jeden Wunsch erwürgen.
Schon naht ein Wünschlein, ahnungslos,
Klopft höflich an, tut gar nicht groß
Und wartet still, ob man's erfülle.
Der Mensch, mit wütendem Gebrülle,
Fährt auf und macht ihm ohne Grund
Den fürchterlichsten Schweinehund:
Er hab es satt, dies ew'ge Betteln,
Er werde sich nicht mehr verzetteln,
Er kenne schon die Wunsch=Schlawiner,
Die kommen, als ergeb'ne Diener
Und, kaum daß man sie eingelassen,
Leichtsinnig Hab und Gut verprassen.
Der Wunsch, im Innersten gekränkt,
Hat sich jedoch darauf beschränkt,
Dies unverzeihliche Geläster
Zu melden seiner großen Schwester.
Frau Gier hört sich die Sache an
Und denkt sich: »Wart, du Grobian!«
Sie putzt sich auf und schminkt sich grell;
Der Mensch verfällt ihr äußerst schnell,
Ruiniert sich, um sie zu erweichen —

Doch sie tut weiter nicht dergleichen.
So rächt das abgefeimte Luder
Das Unrecht an dem kleinen Bruder.

Der Verschwender

Ein Mensch, der ein sehr hohes Maß
Von reiner Leidenschaft besaß
Vermeinte, daß bei so viel Gnade
Es vorerst weiter gar nicht schade,
So ab und zu in kleinen Summen
Die Zinsen quasi zu verdummen.
Die Liebeleien wurden häufig,
Verschwenden wurde ihm geläufig.
Noch hab ich, kommt das Glück einmal,
So dachte er, das Kapital!
Die Liebe kam dann, unvermutet,
Die wert ist, daß man für sie blutet.
Der Mensch griff tief in seine Seele —
Und merkte plötzlich, daß sie fehle.
Zwar fand er noch, als Mann von Welt,
In allen Taschen Wechselgeld,
Doch reichte es für Liebe nimmer,
Nur mehr für billige Frauenzimmer ...

Naturapostel

Wir trafen einst in Wald und Flur
Noch wahre Heilige der Natur.
Sie gaben sich als halbe Narren:

Sie trugen unterm Rucksack Farren
Und hatten auf dem Kopf anstatt
Des Huts ein großes Nieswurzblatt;
Melissen hielten sie in Händen,
Heublumen gürteten die Lenden;
Sie stopften Beifuß in die Schuh,
Damit das Gehn nicht wehe tu,
Und kauten, reinigend die Milz,
Vergnügt an einem rohen Pilz.
Sie waren süßer Weisheit voll,
Was einer tun und lassen soll,
Und waren überzeugt, auf Erden
Voll Rüstigkeit uralt zu werden,
Kraft solcher Lebenskunst — und doch:
Wo trifft man solche Käuze noch?
Sie starben und — was noch viel
   schlimmer —
Sie starben, leider, aus für immer.

Die Uhr

Ein Mensch — das ehrt den treuen,
   frommen —
Läßt nie auf seine Uhr was kommen,
Die seit dem Tag, da er gefirmt,
Ihn und sein Tagewerk beschirmt.
Wo er auch ist, macht er sich wichtig:
Er selbst und seine Uhr gehn richtig.
Doch plötzlich frißt die Uhr die Zeit
Nicht mit gewohnter Pünktlichkeit,
Der Mensch erlebt die bittre Schmach,
Daß man ihm sagt, die Uhr geht nach.
Da wird ihm selbst, der immer nur
Genau gelebt hat nach der Uhr,
Erschüttert jegliches Vertrauen:
Er kann die Zeit nicht mehr verdauen!

Bücher

Ein Mensch, von Büchern hart bedrängt,
An die er lang sein Herz gehängt,
Beschließt voll Tatkraft, sich zu wehren,
Eh sie kaninchenhaft sich mehren.
Sogleich, aufs äußerste ergrimmt,
Er ganze Reihn von Schmökern nimmt
Und wirft sie wüst auf einen Haufen,
Sie unbarmherzig zu verkaufen.
Der Haufen liegt, so wie er lag,
Am ersten, zweiten, dritten Tag.
Der Mensch beäugt ihn ungerührt
Und ist dann plötzlich doch verführt,
Noch einmal hinzusehn genauer —
Sieh da, der schöne Schopenhauer...
Und schlägt ihn auf und liest und liest,
Und merkt nicht, wie die Zeit verfließt...
Beschämt hat er nach Mitternacht
Ihn auf den alten Platz gebracht.
Dorthin stellt er auch eigenhändig
Den Herder, achtundzwanzigbändig.
E. T. A. Hoffmanns Neu=Entdeckung
Schützt diesen auch vor Zwangs=
    vollstreckung.
Kurzum, ein Schmöker nach dem andern
Darf wieder auf die Bretter wandern.
Der Mensch, der so mit halben Taten
Beinah schon hätt' den Geist verraten,
Ist nun getröstet und erheitert,
Daß die Entrümpelung gescheitert.

Versäumte Gelegenheiten

Ein Mensch, der von der Welt bekäme,
Was er ersehnt — wenn er's nur nähme,
Bedenkt die Kosten und sagt nein.
Frau Welt packt also wieder ein.
Der Mensch — nie kriegt er's mehr so
  billig! —
Nachträglich wär er zahlungswillig.
Frau Welt, noch immer bei Humor,
Legt ihm sogleich was andres vor:
Der Preis ist freilich arg gestiegen;
Der Mensch besinnt sich und läßt's
  liegen.
Das alte Spiel von Wahl und Qual
Spielt er ein drittes, viertes Mal.
Dann endlich ist er alt und weise
Und böte gerne höchste Preise.
Jedoch, sein Anspruch ist vertan,
Frau Welt, sie bietet nichts mehr an
Und wenn, dann lauter dumme Sachen,
Die nur der Jugend Freude machen,
Wie Liebe und dergleichen Plunder,
Statt Seelenfrieden mit Burgunder ...

Halbes Glück

Ein Mensch, vom Glücke nur gestreift,
Greift hastig zu, stürzt, wird geschleift,
Kommt unters Rad, wird überfahren —
Dergleichen kannst du dir ersparen
Wenn du nicht solche Wege gehst,
Wo du dem Glück im Wege stehst.

Für Fortschrittler

Ein Mensch liest staunend, fast **entsetzt**,
Daß die moderne Technik jetzt
Den Raum, die Zeit total besiegt:
Drei Stunden man nach London fliegt.
Der Fortschritt herrscht in aller Welt.
Jedoch, der Mensch besitzt kein Geld.
Für ihn liegt London grad so weit
Wie in der guten alten Zeit.

Lebenslügen

Ein Mensch wird schon als Kind **erzogen**
Und, dementsprechend, angelogen.
Er hört die wunderlichsten Dinge,
Wie, daß der Storch die Kinder bringe,
Das Christkind Gaben schenk **zur Feier**,
Der Osterhase lege Eier.
Nun, er durchschaut nach **ein paar**
  Jährchen,
Das all das nur ein Ammenmärchen.
Doch andre, weniger fromme **Lügen**
Glaubt bis zum Tod er mit Vergnügen.

Der Porträtist

In München jeder zweite Mann,
So will's uns scheinen, malen kann.
Die Künstler sind uns unentbehrlich,
Die meisten sind auch ungefährlich.
Sie leben anspruchslos und still,
Froh, wenn man nichts von ihnen will,
Sie malen (einmal abgesehen
Von denen, die wir nicht verstehen,
Weil sie uns zu vertrackt=abstrakt)
Die Landschaft grün, die Weiber nackt,
Und wären glücklich, gäb's in München
Einmal al fresco was zu tünchen,
Was, für den Fall, daß es gelingt,
Den Malern Ruhm und Reichtum bringt.

Die Künstler sind verschiedner Schulung
Und nähren sich von Nebenbuhlung,
Was auf die Formel man gebracht:
Kitsch ist das, was der andre macht.

Nur einer ist ein Attentäter,
Und das, ihr ahnt's, ist der Porträter!
Er sucht die Leute zu erfassen,
Die gegen Geld sich malen lassen!
Und solche, nämlich bare Zahler,
Sind weitaus seltner als die Maler!
Nie laß von einem Porträtisten
Zu solchem Zweck dich überlisten:

Wärst du dem Nilpferd selbst verwandt,
Er findet dich höchst intressant
Und meint, bei solch markanten Zügen
Sei, dich zu malen, ein Vergnügen!
Wert seist du, daß er, nur aus Freude,
Werkstoff und Zeit an dich vergeude.

Geschmeichelt, wärst du fast bereit. —
Doch, leider, hast du keine Zeit.
Der Meister aber läßt nicht locker:
Er, sagt er, sei kein fader Hocker,
Er male aus dem Handgelenke,
Wenn man ihm drei, vier Stunden
   schenke,

Sich müht, daß er die Seele hole,
Die, fern der ähnlichen Gestaltung,
Ihm wichtig scheint als innere Haltung.

Doch auch die äußere ist ihm wichtig:
Du nämlich hältst dich noch nicht richtig!
Er setzt dich kreuz, er setzt dich quer,
So, ja, nach rechts, nach unten mehr!
Die Schultern nicht so hochgezogen!
Nicht aufgestützt die Ellenbogen!
Den Kopf jetzt, bitte, linksum drehen!
So ist es gut! So wird es gehen!

Weil nur die Arbeit wirklich fromme,
Die so im ersten Wurfe komme.
Und magst du dich auch noch so sperren,
Er wird ins Atelier dich zerren,
Wo, glücklich, daß er dich erwischt,
Er alsbald seine Farben mischt.

Allein für dich geht es nicht gut,
Weil so zu sitzen wehe tut.
Soll er den Pinsel richtig führen,
Darfst du dich nicht ein bißchen rühren!
Und selbstverständlich wär' auch
   Sprechen

Jedoch, nach einigem Betrachten
Muß falsche Eile er verachten.
Er schwärmt dir vor von alten
   Meistern,
Um dich allmählich zu begeistern,
Daß nicht die Drei=, Vier=Stündlichkeit
Am Platz sei, sondern Gründlichkeit:
»Will einer nicht viel Zeit verlieren,
Dann kann er wie der Lenbach
   schmieren;

Was aber, meinen S', hat der Leibl
   Oft hing'malt an ein altes Weibl?
Ein ganzes Jahr, sechs Stunden
   täglich!« —
Die Aussicht freut dich ganz unsäglich.

Mit ein paar flüchtigen Entwürfen
Läßt sich dein Wesen nicht erschürfen.
Doch schaust du vorerst noch gespannt,
Wie auf der weißen Leinewand
Der Künstler mittels schwarzer Kohle

In dieser Haltung ein Verbrechen,
Weshalb allein der Maler spricht...
Oh, bilde, Künstler, rede nicht!

Nun endlich, da du vierzig Wochen
(Statt vierer, wie er dir versprochen)
Geopfert deine freie Zeit,
Spricht jener stolz: »Bald ist's soweit!«

Jedoch bei neuerlicher Prüfung
Braucht's abermalige Vertiefung.

Doch du, in Ahnung neuer Qualen
Fluchst wild, er soll den Teufel malen!
Und endlich bist du ausgerissen
Und willst von all dem nichts mehr
   wissen.

Der Künstler mahnt in Wort und
   Schrift,
Er lauert auf, bis er dich trifft —
(Hätt' er im Bild dich so getroffen!) —
Auf weitre Flucht kannst du nicht hoffen
Und siehst dich plötzlich, arg bedeppt
Aufs neu' ins Atelier verschleppt,
Wo er, mißachtend dein Gewinsel,
Dich ernsthaft bildet mit dem Pinsel.

Und plötzlich, da du's kaum gewärtig,
Erklärt er dir: Das Bild ist fertig!
Der Maler, voll Erzeugerglück,
Tritt achtungsvoll sechs Schritt zurück
Und du auch nahst dich, auf den Zehen,
Dein Ebenbild dir anzusehen.
Bald wird es peinlich dir bewußt,
Daß du jetzt etwas sagen mußt.

Der Künstler lauscht. Er lauscht
   beklommen.
Er hat noch immer nichts vernommen
Und abgelaufen ist die Zeit
Der schweigenden Ergriffenheit.
Du wahrst des Beifalls holden Schein,
Sprichst von der Kunst mehr allgemein,
Du tadelst Auge, Nase, Mund
Und lobst dafür den Hintergrund;
Verlangst das Haar ein bißchen gelber
Und seufzt: »Es kennt kein Mensch
   sich selber!«
Wie gern hört dies, der dich erkannt
Und magisch in das Bild gebannt.

Der Sommer naht. Die *Jury spricht.*
Und alsbald siehst du dein Gesicht
Inmitten andrer ausgestellt.
Der Künstler ist von Stolz geschwellt
Und lechzt nun heiß, bis zur
   Verschmachtung,
Nach liebevoller Kunstbetrachtung.
Doch nennen, die die Schau durch=
   wandern,
Nur seinen Namen »unter andern«,
Und keine Zeile kündet laut,
Dies Bild gehöre angeschaut.

Der Sommertraum ist ausgeträumt,
Die Säle werden ausgeräumt
Und: »Mitgehangen, mitvergangen«,
Kein Mensch trägt nach dem Bild
   Verlangen.
Auch du lebst weiterhin ganz heiter
Und scherst dich um das Bild nicht
   weiter,

Bis eines Tags der Maler naht:
Du merkst: Das gibt ein Attentat!
Doch schwant dir auch sofort nichts
    Gutes,
Zeigst du dich harmlos frohen Mutes,
Erzählst, wie jetzt das Leben teuer,
Rar der Verdienst und hoch die Steuer,
Kurz, suchst durch Schildrung eigner
    Leiden
Den graden Weg ihm abzuschneiden.

Doch auch ein Maler ist nicht dumm.
Wenn es nicht grad geht, geht's auch
    krumm,
Er sagt, dies Bildnis sei ein Schatz,
Er wüßt' dafür nur einen Platz,
Und der sei selbstverständlich dort —

Vergeblich fällst du ihm ins Wort
Und meinst, es sei dir unerträglich,
Dich selber anzuschauen täglich,
Es störe dich in der Verdauung —
Er pfeift auf deine Weltanschauung

Und wiederholt den ersten Satz:
Es gäb' nur *einen* würdigen Platz ...

Gefährlich wie des Blitzes Strahl
Trifft unverhofft die nackte Zahl.
Drum sorge, daß der Mann verstumme,
Eh' er genannt die bare Summe,
Und sag ihm, besser sei's für beide,
Wenn man sich schriftlich erst
    entscheide,
Und laß, noch zwischen Furcht und
    Hoffen,
Beim raschen Abschied alles offen.

Doch ach, er hat ja schon entschieden,
Und Zahlen macht bekanntlich Frieden.
Und während du am nächsten Morgen
Noch überlegst mit vielen Sorgen,
Bringt schon ein Dienstmann ohne
    Schonung
Das Meisterwerk in deine Wohnung.
Und ehe du dich recht versehn,
Stehst du nun da, als ein Mäzen!

Du selber wirst's nicht mehr erfahren,
Doch zeigt es sich in hundert Jahren,
Wenn wir schon alle längst gestorben,
Ob du ein Kunstwerk hast erworben.

Dann hängst du, von dem Viel=
    genannten
Als »Bildnis eines Unbekannten«
Im Reichsmuseum in Berlin,
Denn alles Gute kommt dorthin. —
Wenn nicht, dann ist's ein alter Quark,
Und mit dem Rahmen um zehn Mark
Wird es dein Kindeskind verkaufen
Und wird das Geld sofort versaufen,
Und niemand mehr erkennt es an,
Daß du was für die Kunst getan. —

Jedoch bei neuerlicher Prüfung
Braucht's abermalige Vertiefung.

Doch du, in Ahnung neuer Qualen
Fluchst wild, er soll den Teufel malen!
Und endlich bist du ausgerissen
Und willst von all dem nichts mehr wissen.

Der Künstler mahnt in Wort und Schrift,
Er lauert auf, bis er dich trifft —
(Hätt' er im Bild dich so getroffen!) —
Auf weitre Flucht kannst du nicht hoffen
Und siehst dich plötzlich, arg bedeppt
Aufs neu' ins Atelier verschleppt,
Wo er, mißachtend dein Gewinsel,
Dich ernsthaft bildet mit dem Pinsel.

Und plötzlich, da du's kaum gewärtig,
Erklärt er dir: Das Bild ist fertig!
Der Maler, voll Erzeugerglück,
Tritt achtungsvoll sechs Schritt zurück
Und du auch nahst dich, auf den Zehen,
Dein Ebenbild dir anzusehen.
Bald wird es peinlich dir bewußt,
Daß du jetzt etwas sagen mußt.

Der Künstler lauscht. Er lauscht beklommen.
Er hat noch immer nichts vernommen
Und abgelaufen ist die Zeit
Der schweigenden Ergriffenheit.
Du wahrst des Beifalls holden Schein,
Sprichst von der Kunst mehr allgemein,
Du tadelst Auge, Nase, Mund
Und lobst dafür den Hintergrund;
Verlangst das Haar ein bißchen gelber
Und seufzt: »Es kennt kein Mensch sich selber!«
Wie gern hört dies, der dich erkannt
Und magisch in das Bild gebannt.

Der Sommer naht. Die *Jury spricht*.
Und alsbald siehst du dein Gesicht
Inmitten andrer ausgestellt.
Der Künstler ist von Stolz geschwellt
Und lechzt nun heiß, bis zur Verschmachtung,
Nach liebevoller Kunstbetrachtung.
Doch nennen, die die Schau durchwandern,
Nur seinen Namen »unter andern«,
Und keine Zeile kündet laut,
Dies Bild gehöre angeschaut.

Der Sommertraum ist ausgeträumt,
Die Säle werden ausgeräumt
Und: »Mitgehangen, mitvergangen«,
Kein Mensch trägt nach dem Bild Verlangen.
Auch du lebst weiterhin ganz heiter
Und scherst dich um das Bild nicht weiter,

Und wiederholt den ersten Satz:
Es gäb' nur *einen* würdigen Platz ...

Gefährlich wie des Blitzes Strahl
Trifft unverhofft die nackte Zahl.
Drum sorge, daß der Mann verstumme,
Eh' er genannt die bare Summe,
Und sag ihm, besser sei's für beide,
Wenn man sich schriftlich erst
   entscheide,
Und laß, noch zwischen Furcht und
   Hoffen,
Beim raschen Abschied alles offen.

Doch ach, er hat ja schon entschieden,
Und Zahlen macht bekanntlich Frieden.
Und während du am nächsten Morgen
Noch überlegst mit vielen Sorgen,
Bringt schon ein Dienstmann ohne
   Schonung
Das Meisterwerk in deine Wohnung.
Und ehe du dich recht versehn,
Stehst du nun da, als ein Mäzen!

Du selber wirst's nicht mehr erfahren,
Doch zeigt es sich in hundert Jahren,
Wenn wir schon alle längst gestorben,
Ob du ein Kunstwerk hast erworben.

Dann hängst du, von dem Viel=
   genannten
Als »Bildnis eines Unbekannten«
Im Reichsmuseum in Berlin,
Denn alles Gute kommt dorthin. —
Wenn nicht, dann ist's ein alter Quark,
Und mit dem Rahmen um zehn Mark
Wird es dein Kindeskind verkaufen
Und wird das Geld sofort versaufen,
Und niemand mehr erkennt es an,
Daß du was für die Kunst getan. —

Bis eines Tags der Maler naht:
Du merkst: Das gibt ein Attentat!
Doch schwant dir auch sofort nichts
   Gutes,
Zeigst du dich harmlos frohen Mutes,
Erzählst, wie jetzt das Leben teuer,
Rar der Verdienst und hoch die Steuer,
Kurz, suchst durch Schildrung eigner
   Leiden
Den graden Weg ihm abzuschneiden.

Doch auch ein Maler ist nicht dumm.
Wenn es nicht grad geht, geht's auch
   krumm,
Er sagt, dies Bildnis sei ein Schatz,
Er wüßt' dafür nur einen Platz,
Und der sei selbstverständlich dort —

Vergeblich fällst du ihm ins Wort
Und meinst, es sei dir unerträglich,
Dich selber anzuschauen täglich,
Es störe dich in der Verdauung —
Er pfeift auf deine Weltanschauung

Unterwegs mit der Zeit

Welt auf Reisen

Die Sonne tönt nach alter Weise
Und ihre vorgeschriebne Reise
Vollendet sie mit Donnergang,
Bereits Milliarden Jahre lang.
Mal zwischendurch kommt ein Komet,
Der seine eignen Wege geht
Und doch, weil er nur scheinbar irrt,
Vom Menschen schlau berechnet wird.
Ja, überhaupt die Wissenschaft
Hat, sich entwickelnd fabelhaft,
Ein neues Weltbild uns gewonnen:
Es reisen Millionen Sonnen,
Und Sterne, die als fixe galten,
Sind wissenschaftlich nicht zu halten.
Das »παντα ρει« ist letzter Schluß:
Das Weltall selbst ist stets im Fluß. —
Noch deutlicher als wie am Himmel
Sehn wir auf Erden das Gewimmel:
Kaum braucht's noch einzeln des Belegs
Dafür, daß alles unterwegs.
Die Gletscher wandern und die Dünen,
Von Wanderpreisen, Wanderbühnen,
Von Wanderlebern oder =nieren
Muß weiter man kein Wort verlieren.
Es reist der Lachs, es reist der Aal,
In ganzen Schulen zieht der Wal,
Der Hering wandert massenweise,
Man kennt des Thunfischs nasse Reise;
Die Wandervögel, Wanderratten —
Zu Hause bleiben nur die Satten —,
Die Wanderraupen und Ameisen:
Wohin wir blicken — alle reisen —
Und oft zu ganz gemeinen Zwecken:
Der Heuschreck ist der ärgste Schrecken.
Zum Meere reist ein jeder Strom,
Die Glocken reisen selbst nach Rom —
So sagt der Volksmund — am Kar=
   freitag.
Der Mensch reist etwa zum Parteitag,
Zu Sängerfesten, Fußballspielen,
Ausstellungen und Fachkonzilen,
Frankfurter oder andern Messen —
Und Zielen, die ich grad vergessen.
Kurzum, es reist die ganze Welt!
Besonders wandert auch das Geld —
Oft rasch zu unserm Überraschen
Fliegt's gradezu aus unsern Taschen,
Ganz ohne daß wir's rausgeschmissen:
Wohin? Das mag der Teufel wissen!
Was braucht's noch weiterer Beweise?
Wir wünschen allen: gute Reise!

ÜBERFÄLLE

Wie liegt so friedsam treuer Sitten
Ein liebes Nest in Deutschlands Mitten:
Schon rücken von der Autobahn
Kunst=Überfallkommandos an:
Die Wagen halten, Hornruf gellt.
Schlagartig wird der Ort umstellt.
Der Kirche gilt der erste Stoß:
Ein Trupp stürmt lärmend auf sie los,
Und drängt durch die romanische
  Pforte.
Ein Tonband schnarrt Erklärungsworte,
Ein Bild, von Grünewald gemalt,
Wird scharf elektrisch angestrahlt
Und Kunstbegeist'rung, ohne Zügel,
Schwenkt des Altares schwere Flügel.
Schon ist der ganze Ort beschlagnahmt:
Beim Zuckerbäcker wird geschlagrahmt
Und alles schreit — wie eine Waffe
Das Schlagwort schwingend — »Káffe,
  Káffe!«
Gefüllt sind alle Mördergruben:
Die Imbißhütten, Trachtenstuben,
Die Ansichtskartenausstoß=Stellen,
Die Bier= und Coca=Cola=Quellen.
Dann endet's jäh, wie Zauberschlag:
Posaunen, wie am Jüngsten Tag,
Wie wilden Jägers Horridoh
Zerreißen alle Freuden roh:
Signale schmettern, Rufe tönen,
Laut hört man die Motoren dröhnen.
Der Spuk zerstiebt, der Ort ist leer,
Papiere liegen weit umher ...
Doch siehe da, am Horizont

Entwickelt sich die neue Front:
Mit frischen Rundreisregimentern,
Bereit, das Kirchenschiff zu entern,
Kommt nicht beglückend, doch be=
   glückt —
Die nächste Truppe angerückt,
Den Ort im Sturm zu überlaufen. —
Papier türmt sich bereits zu Haufen ...

Auto=Mobilmachung

Kraftfahrer sind ein Teil der Kraft,
Die Gutes will und Böses schafft.
Der beste Vorsatz wird zum Pflaster
Der Straße, führend *doch* zum Laster.
Wir schwörn, zu fahren, jetzt und
   später,
Nie mehr als sechzig Kilometer,
Zu *schauen*, ja, gar auszusteigen,
Sollt unterwegs sich Schönes zeigen —

Doch, statt wie wir's uns vorgenommen,
Schaun wir nur, daß wir weiter
   kommen,
Und lernen alsbald, nolens — volens,
Die heikle Kunst des Überholens;
Rasch haben wir uns angewöhnt,
Was wir doch anfangs so verpönt.
Das Auto? Einfach unentbehrlich!
Zu leben »ohne«? Kaum erklärlich!
Wie ist es fein, zu sagen: »Ja!«
Wenn's heißt: »Sind Sie im Wagen
   da?«
Wir sind dem Pöbel nicht mehr ähnlich,
Der arm sich frettet, straßenbähnlich.
Wer erst die Macht hat, Gas zu geben,
Hat auch natürlich mehr vom Leben:
Kunststätten kann, wer fix und fleißig,
An einem Tage an die dreißig
Mitsamt den Kilometern fressen
Und gleich an Ort und Stell — ver=
   gessen.

DAHEIMBLEIBEN

Die Welt ist toll vor Reisewut,
Indes zu Haus der Weise ruht
Und lächelnd — oft auch leicht ver=
 schroben —
In das Gewühl blickt: »Laßt sie toben!«
So ist *Spinoza* nie gereist —
Und doch: welch weltenweiter Geist!
Auch *Kant*, der wunderliche Zwerg,
Kam nie heraus aus Königsberg.
»Die Welt geht« — sagte *Pascal* immer —
»Zugrund dran, daß in seinem Zimmer
Der Mensch nicht sitzen bleiben will!«
In Frankfurt lebte deshalb still
Der Schopenhauer samt dem Pudel;
»Wer Geist hat, liebt nicht das Ge=
 hudel.«
Von *Shakespeare* weiß man nichts
 Genau's,
Doch offenbar blieb er zu Haus —
Und zeigte allerdings auch nie
Sich stark in der Geographie,
Wußt' nicht, was jedes Kind heut
 wüßte:
Und schreibt ganz dreist von Böhmens
 Küste.
Und wo kam Schiller denn schon hin?
Die weiteste Reise war Berlin!
Die Schweiz, die er so schön be=
 schrieben,
Zu sehn, ist ihm versagt geblieben.
Die »ökonomische Verfassung«
Zwang ihn zur Reise=Unterlassung.
Die Kleinen auch, wie Vater Gleim,
Sie blieben lebenslang daheim.
Der Mörike kam nie aus Schwaben,
Wo er geboren und begraben.

Bemerkenswert auch, daß man Swift
Persönlich nur in England trifft,
Von wo aus er den Gulliver
Auf weite Reisen schickt' umher.
Auch Defoe, der als Jüngling zwar
In Frankreich und in Spanien war,
Blieb dann daheim (laut Lexikon)
Und schrieb dort seinen Robinson.
Als weitgereist denkt gleichfalls gern
Der Leser sich wohl den Jules Verne,
Der, selbst meist lebend in Paris,
Nur andre weltumreisen ließ.
Und ebenso war der Karl May
Wie man ihm nachwies, nicht dabei.
Er machte große Reisen zwar:
Nachträglich erst, vom Honorar.
Der größte Maler, Rembrandt, kam
So gut wie nicht aus Amsterdam.
Noch könnt ich glänzen als Beschreiber
Der klassischen Zuhausebleiber,
Die, wie der Papst im Vatikan,
Nicht einen Schritt hinausgetan,
Und die oft weltfremd nur geschienen:
Die Welt kam, umgekehrt, zu ihnen!
Der cherubinische Wandersmann
Fing erst auf Erden gar nicht an:
Hoch überm lauten Weltgewimmel
Zog er geradeswegs zum Himmel.

Wunderliche Welt

Kennzeichen dieser unsrer Zeit
Ist, wie man weiß, die Flüchtigkeit.
Doch wen traf schon das Wort mit
  Wucht:
Wer flüchtig ist, ist auf der Flucht?
Der Mensch — wie ist er wunderlich! —
Hat knapp ein Dach erst über sich,
Hat kaum gerettet seine Laren —
Und schon läßt er sie wieder fahren!
Ist nicht die Bombe grad gesaust?

Schon ist er wieder »unbehaust«;
Noch krank von Schrecken, jüngst=
  verwichen,
Und noch nicht lastenausgeglichen,
Rückt er schon aus — mit *freiem*
  Willen! —
Um seine Reisesucht zu stillen.

Fahrtberichte

Mein Urgroßvater war einst schon
In Rußland mit Napoleon
Und sagte — neunzig Jahre alt —,
Gefragt, wie's war, ein Wort nur:
  »Kalt!«
Genau genommen war das klug:
Es wußte jedermann genug.
Auch wir sind ähnlich eingestellt.
Und schon, daß man der schnöden Welt
Die Neugier einmal abgewöhn',
Erklärn wir kurz und bündig: *»Schön!«*
Und sehn, daß Freund und Weib und
  Kind
Vollauf damit zufrieden sind.
Klingt auch das Fragen oft beflissen:
Kein Mensch will es im Grunde wissen.

Flüchtige Zeit

O Ferienzeit! O kurzer Wahn:
Der erste Urlaubstag bricht an –
Doch damit sind auch die drei Wochen –
Unmerklich erst – schon angebrochen.
Rasch folgt der zweite Tag, der dritte,
Und unversehns ist Urlaubsmitte,
Und zum Galopp schier wird der Trab:
Es geht verzweifelt schnell bergab.
Die Stunde, die sich leicht verwischt
Dem Glücklichen, der sommerfrisch,
Sie schlägt dann plötzlich hart genug:
Um acht Uhr, morgen, geht der Zug!
Das letzte Glück, den letzten Tag
Erfährt, daß ich's mit Goethe sag,
Der Mensch, was er auch immer sei.
Und morgen schon steht: »Zimmer
   frei!«
Am Haus, noch eh du an der Bahn. –
Leb wohl! Nun ist der Nächste dran!

Neuer Text

»Weiß nit woher, weiß nit wohin –
Mich wundert's, daß ich fröhlich bin!«
So sagte einst der Wandersmann. –
Wer heute reist, oft sagen kann:
»Weiß nit ›woher‹, weiß nit, wozu –
Mich wundert's, daß ich's trotzdem tu!«

Phantasie

Wer durch die Welt reist, phantasielos,
Wird die Enttäuschung leider nie los:
Dem ist die Schweiz nicht kühn genug,
Die Steiermark nicht grün genug,
Das ewige Rom nicht alt genug,
Spitzbergen selbst nicht kalt genug.
Neapel ist nicht arm genug
Und Capri ihm nicht warm genug,

Marseille ist nicht verderbt genug,
Pompeji nicht zerscherbt genug,
Paris ist ihm nicht toll genug —
Kurzum, die Welt nicht voll genug
Von Wundern, die es lohnen würden,
Sich Reisemühsal aufzubürden.
Zeig ihm, du machst ihn nicht zufrie=
    den —
Den Parthenon, die Pyramiden,
Ja, laßt ihn Indiens Zauber wählen:
Was wird er, heimgekehrt, erzählen?
Daß überall die böse Welt
Ihn um sein gutes Geld geprellt.

Ein Mensch, mit Phantasie=Belebung
Weltreisen macht — in die *Umgebung*:
Er kann, um ein paar Straßenecken,
Terra incognita entdecken,
Und wird, in nächsten Flusses Auen
Den Urwald und das Dschungel
    schauen.

Bequem

Wie heut bequem das Reisen geht:
Du wirst verschickt wie ein Paket
Und brauchst nur, statt was zu erleben,
Ganz einfach — selbst dich aufzugeben!

Kunst des Reisens

Was heißt schon: Reiselust entfalten?
Hauptsache ist: auch durchzuhalten!
Man überschau zu diesem Zwecke
Die ganze vorgefaßte Strecke:
In Rothenburg frißt man vor Gier
Sich über an Romantik schier,
In Würzburg ist man auch noch munter,
Banz schluckt man kaum mehr ganz
    hinunter,
Um sich bereits an Vierzehnheiligen
Nur äußerst mühsam zu beteiligen.
Wenn dann, als letzter Höhepunkt,
Das beispiellose Bamberg prunkt,
Kann man, zu Tod erschöpft, nur sagen:
»Sehr schön! — Ich kann nichts mehr
    vertragen!«
Der Klügere läßt sich, ob der Tauber,
Nicht ganz betäuben von dem Zauber,
Daß er auch noch in Dinkelsbühl
Den Reiz des stillen Winkels fühl,
Daß er in Creglingen noch kregel —
Einteilen! heißt die erste Regel.

Vor der Reise

Wächst dir die Frau zum Hals heraus,
Hältst du die Kinder nicht mehr aus,
Macht dich der Chef — und, bist du's
　　selber,
Der Stift — vor Ärger täglich gelber,
Wird dir der Stammtisch, treu und
　　bieder,
Ganz plötzlich, Kopf an Kopf, zuwider,
Kannst du dein Zimmer nicht mehr
　　sehn —
Wird's Zeit, zum in den Urlaub gehn.
Du freilich, voll Verblendung,
　　klammerst
An deinen Alltag dich und jammerst;
Ausreden hast du eine Masse,
Daß es gerade jetzt nicht passe.
Dir wird mit jedem Tage mehr
Das Herz vor Reise=Unlust schwer.
Noch nicht ganz fort — nicht ganz mehr
　　hier:
Qualvolle Spannung zerrt an dir.
Der Zug fährt ab — und wie vom Beil
Getroffen, reißt das zähe Seil,
Und jäh von Reiselust geschwellt,
Braust froh und frei du in die Welt.

Einst und Heute

Hört Großpapa und Großmama,
Wir wär'n gewesen da und da
Zum Wochenend — wo sie vor Jahren
Nur auf der Hochzeitsreise waren,
Dann sagen vorwurfsvoll die beiden:
»Mein Gott, was waren wir be=
　　scheiden!«
Gewiß! Jedoch, auch umgekehrt:
Wie waren sie beneidenswert!
Wo heute fährt die Straßenbahn,
Da krähte bunt der Bauernhahn,
Und dort, wo jetzt, so weit wir blicken,
Zinshäuser stehen und Fabriken,
Da gingen friedlich sie zu zweit —
Rings nichts als gute alte Zeit!
Nicht nur in Bayern, auch in Preußen
Kam man mit dicken Blumensträußen
Und ganz erfüllt von Wanderglück
Von einem Gang vors Tor zurück:

Ohn' einen Pfennig auszugeben!
Wir brauchten, gleiches zu erleben,
Je eine Stunde Bahngerase
Und zehn Mark mindestens pro Nase.
So ist oft nur erzwungne Flucht,
Was ausschaut, als wär's Großmanns=
　　sucht.

SCHLOSSFÜHRUNG

Was ist doch so ein Fremdenführer
Oft feinsten Unterschieds Erspürer!
Fast stets trifft er den Ton, den
   richtigen:
»*Herrschaften*, die das Schloß
   besichtigen,
Bitt höflich ich, mit mir zu gehn.
Die *Leute*, die es nicht ansehn,
Die können hier inzwischen warten!«
Und schon verteilt er Eintrittskarten.
Bewehrt mit Filzpantoffeln dürfen
Wir nun durch die Gemächer schlürfen,
Und schlittschuhfahrend probt die
   Glätte
Der Gast vergnügt auf dem Parkette.

»Erbaut im Dreißigjährigen Kriege,
Die Marmor= oder Kaiserstiege,
Die zu den obern Räumen führt!«
Das »Ah!« ertönt, das ihr gebührt.
»Rechts sehn Sie« — alle Hälse recken
Sich gleich gehorsam nach den Decken —
»Ein Bild der Venezianer Schulen:
Zeus mit der Nemosine buhlen —
Erkennbar an dem großen Busen —,
Sie gilt als Mutter der neun Musen!«
Neun Töchter, denkt man, alle
   Achtung —
Doch mitten unter der Betrachtung
Reißt schon, vermöge seines Winks,
Der Führer jeden Kopf nach links

Und ruft »Bestaunt hat dies schon Goethe,
Flora begrüßt die Morgenröte!«
Auch treten wir, auf seine Bitte,
Andächtig in des Raumes Mitte:
»Der Sieg der Weisheit übers Laster,
Gemalt von Zacharias Zaster,
Und hier dazu das Gegenstück:
Die Weisheit wird verhöhnt vom Glück!...
Als ersten Prunkraum sehen Sie
Die sogenannte Galerie.
Der Lüster, allgemein bewundert,
Setzt sich aus über vierzehnhundert
Kristallglastäfelchen zusammen;
Ist jetzt elektrisch zu entflammen —
War aber dazumal noch nicht
Und man benützte Kerzenlicht.
Es folgt das grüne Kabinett.
Mit dem berühmten Hochzeitsbett!

Links: Füllungen, vergoldet Eiche,
Venus belächelt Amors Streiche!
Rechts: Venus raubt dem Mars die Waffen!
Der Künstler — sehen Sie den Affen —
Hat hier sich einen Scherz erlaubt:
Wo der Betrachter steht, er glaubt,
Daß grad auf ihn der Affe schaue.
Das Fürstenzimmer, auch das blaue,
Nach seiner Farbe so benannt,
Original=Damast=bespannt.
He, dort die Dame, nichts berühren!
Wir sind zum Ende mit dem Führen.
Beteiligen sich entsprechend viele,
Zeig ich nun noch die Wasserspiele!«

Wir freilich zählen zu den Eiligen,
Die sich an gar nichts mehr beteiligen.
Befürchtend, daß noch wasserwogisch
Man uns beschütte, mythologisch,
Entfliehn wir, zahlend unsern Zoll:
»Recht vielen Dank, war wundervoll!«
Vermutlich bis ins Greisenalter
Verfolgt uns noch der Schloßverwalter.

Einförmigkeit

Wie fängt die Welt an, sich zu glätten!
Statt in historisch=fremden Städten
Voll Kirchen, Türmen, Toren, Wappen
Noch abends lang herumzutappen,
Ist gleich der Reisende zu Haus:
'S schaut eine wie die andre aus.
Die Bahnhofsanschrift zeigt allein,
Ob es Hannover, Frankfurt=Main,
Ob München, Augsburg, Düsseldorf —
Sonst, zwischen grauem Trümmerschorf
Hochhäuser samt den Kaufhofnamen,
Vertraut bis in die Lichtreklamen.
Wo diese Bauten stehn, man sieht's
Nicht an dem Karstadt und dem Tietz,
Ob diese Stadt gegründet Welf,
Nicht kündet's 4711,
Nicht braucht man zu vermissen meist
Den Klosterfrau=Melissengeist.
Der Fremde sieht, wohin er fuhr,
Ganz sicher aus dem Fahrplan nur:
Weil pünktlich, wie's in diesem steht,
Der Schnellzug wieder weiter geht.
Mitunter, wenn der Gast dann bleibt
Und tags sich durch die Straßen treibt,
Dann sieht er doch, zu seinem Glücke,
Noch hier den Dom und dort die Brücke —
Es weicht vor ihm der Alpdruck da,
Er wär schon in Amerika!

KARTENGRÜSSE

AM KÖNIGSSEE
Hierher, wo einst die Stille wob,
Zehntausendfacher Wille stob;
Fußgänger, Autos fahren wall
So wild, daß (hör den wahren Fall!),
Die sich in Wagenschlangen wagen,
Voll Streitlust auf die Wangen schlagen.
Kaum an den Schiffahrtskassen man
Erwehren sich der Massen kann.
Ich, der ich sonst die Leute meid,
Tu mir in dieser Meute leid.
Auch bin ich müd der steten Pose
Des Manns mit dem Trompetenstoße:
Das Echo von den Wänden schallt.
Die Einsamkeit zu schänden, wallt
Ein Heerwurm rings am Ufer rum. —
Die Stille bringen Rufer um.
Man sollte nur die leisen Rassen
Und nicht die lauten reisen lassen!

STOSS=SEUFZER
Wer hier herauf im Winter wallt,
Fällt in der Wirte Hinterhalt.
Auch sommers, dafür halten wir,
Nur Wegelagrer walten hier.
Man macht vor dem, der hinter wallt,
Im Sommer nicht, noch Winter halt!

Der Unschlüssige

Ein Mensch, zum Bahnhof dauerlaufend,
Mit Seitenstechen, mühsam schnaufend,
Sieht auf die Uhr, es wird zu knapp —
Und augenblicklich macht er schlapp:
Enthoben seinem höhern Zwecke,
Schleicht er jetzt lahm wie eine
    Schnecke;

Nimmt immerhin sich seine Karte,
Daß er den nächsten Zug erwarte.
Und sieht — und meint nicht recht zu
    sehn —
Den Zug noch auf dem Bahnsteig stehn.
Mit seinen letzten Lebensgeistern
Hofft er nun, doch es noch zu meistern;
Setzt an zum Endspurt im Galoppe;
Voll Angst, daß doch das Glück ihn
    foppe,
Läßt jäh er sinken Mut und Kraft. —
Bis er sie wieder aufgerafft,
Vergehn Sekunden, tödlich tropfend.
Der Mensch, mit wilden Pulsen
    klopfend,
Fragt sich im Laufen, ob er träumt:
Der Zug, den er, an sich, versäumt,
Steht noch — gesetzt den Fall, er sei's! —
Ganz ungerührt auf seinem Gleis.
Doch eh der Mensch sich noch im
    klaren,
Beginnt der Zug jetzt abzufahren.
Der Mensch kann noch die Tafel lesen:
Jawohl, es wär sein Zug gewesen.

Regen

Ein Sommerregen ist erfreulich,
Ein Regensommer ist abscheulich.

Alpenglühen

Kein Wunder beut der Menge Halt:
Das Alpenglühn die Hänge malt,
Das Licht strahlt immer reiner aus —
Und doch, es schaut nicht *einer* raus;
Natur kann nicht mehr heute locken:
Beim Nachtmahl alle Leute hocken,
Ich steh noch traumvergessen, eh —
Ich auch hinein zum Essen geh!

Haltung

Weh dem, der unterwegs geneppt,
Den Ärger ständig mit sich schleppt!
Was du bezahlt, verdau's auch seelisch,
Statt daß du's wiederkäust,
    krakeelisch.
Im Omnibus von Tegernsee
Dem schlechten, teueren Kaffee
Noch nachzuzählen seine Bohnen
Bis München, dürfte kaum sich lohnen;
Die schöne Strecke Innsbruck—Wörgel
Sich zu verderben durch Genörgel:
»Zwölf Schilling für den Schlangen=
    fraß!«
Ist auf die Dauer auch kein Spaß.
Seht dort die Landschaft: wie im
    Märchen!
Drin — offenbar! — ein Liebespärchen.
Oh, dürften wir den Worten lauschen,
Die diese zwei — vermutlich — tauschen!
Doch nein! der Mann verdrossen
    spricht:
»Gut war die Wurst in Garmisch nicht!«
Drauf sie, ins Farbenspiel versunken,
»Die hat ja beinah schon gestunken!«
Nun beide, dumpf ins Abendfeuer:
»Und dabei unverfroren teuer!«
Der Mann, bezwingend sich mit Mühe,
Stellt fest, wie schön es alpenglühe.
Doch sie, nicht zum Verzeihn noch
    willig:
»Hier kriegt man überhaupt nichts
    billig!«
An Wurstvergiftung geht zugrunde
Die große Sonnen=Abschieds=Stunde.

Kartengrüsse

WALLFAHRTSORT

Das Händlervolk verläßt sich keck drauf,
Daß hier der Pilger jeden Dreck kauf.
Als »Souvenir« nur Schund erwart',
Wo sich die Welt um Wunder schart.

NORDLANDREISE

Vor Zeiten kaum ein spleen'ger Lord
   nannt'
Als Reiseziel das graue Nordland,
Weil wüst umher die Kunde hallt',
Es sei nur feucht und hundekalt.
Doch ich leg, seit ich dorten war,
Die Schönheit heiß in Worten dar,
Falls wer, wie der Verfasser, wall
Von Wasserfall zu Wasserfall,
Nicht düstrer Fjorde Frieden scheu,
An Gletschern sich entschieden freu.
Er meint, daß — ohne Singerei! —
Im Nibelungen=Ring er sei,
Falls Phantasie ihn rühren kann:
Gleich reiten die Walküren ran!
P.S. Spar nicht als Dummer hier,
Man bietet Lachs und Hummer dir!

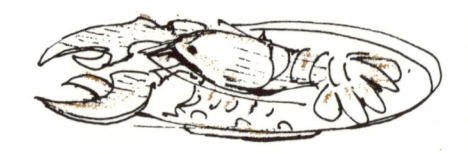

Realitäten

Ach, hoch am Berg die armen Bauern!
So sagt wohl mancher mit Bedauern,
Und doch, das macht sie grade grantig:
Für sie ist's Not, für uns Romantik.
Es weiß, wer die Entwicklung kennt:
Wo Geld hinkommt, kommt auch
   Zement.
Drum wünscht sich der historische
   Schwärmer,
Die Leute blieben besser ärmer.
Der graue halbverfallne Stadel,
Uns scheint er nur von altem Adel,
Die düster hingeduckte Stube,
Die malerische Odelgrube,
Die Holzwand von erlesner Bräune,
Das Schindeldach, die Steckenzäune,
Uns Fremde werden sie beglücken,
Daß wir den Farbfilm auf sie zücken.
Der Bauer denkt: Mit tausend Kilo
Würd ich mir bauen einen Silo!
Und für das teure Holz ist's schad:
Dachplatten her und Stacheldraht!
Idyllisch ist es, zuzusehn,
Wie Bauern in die Kirche gehn
Vom Berg gewandert, stundenweit:
Die alte Zeit, die hat noch Zeit!
Doch anders denkt der Bauernsohn.
Er fährt mit seinem Traktor schon
Und, heimzuholen seinen Vorrat,
Wenn's irgend geht, mit dem
   Motorrad.
Schön ist Alt=Innsbruck, Sterzing,
   Klausen.
Doch möcht'st du, Fremder, selbst so
   hausen?
Im Baedeker steht viel von Goten —
Doch hygienisch ganz verboten
Ist's in den Häusern, schon gerüchig,
Die Treppen morsch, die Mauern
   brüchig.
Und fürs Inferno der Aborte
Fänd Dante kaum die rechten Worte.

Wie malerisch das alte Nest,
Engbrüstig an den Fels gepreßt!
Wie echt, wie alt ist's überall —
Uns freut, ästhetisch, der Verfall,
Solange er gewillt, zu schonen
Die Häuser, die wir selbst bewohnen.
Vor unsrer Augen geht zur Stunde
Der Rest der alten Welt zugrunde,
Die freilich lange schon im Kränkeln.
Nicht viel wird bleiben unsern Enkeln.
Was schadet's wohl? Sie denken schon
In Glas voraus und Stahlbeton!

Das Kursbuch

Ein Mensch ist der Bewundrung voll:
Nein, so ein Kursbuch — einfach toll!
Mit wieviel Hirn ist das gemacht:
An jeden Anschluß ist gedacht:
Es ist der reinste Zauberschlüssel —
Ob München — Kassel, Bremen — Brüssel,
Ob Bahn, ob Omnibus, ob Schiff —
Man findet's leicht — auf einen Griff!
Dabei sind auch noch Güterzüge
In das verwirrende Gefüge
Des Fahrplans ständig eingeschoben!
Die Bahn kann nicht genug man loben!
Der Mensch, in eitlem Selbstbespiegeln,
Rühmt sich, dies Buch mit sieben Siegeln
Zu lesen leicht, von vorn bis hinten,
Trotz seiner vielbesprochnen Finten.
Schon fährt der Mensch nach Osnabrück
Und möcht am Abend noch zurück:
Und sieht, gedachten Zug betreffend,
Erst jetzt ein kleines f, ihn äffend;
Und ganz versteckt steht irgendwo:
»f) Zug fährt täglich, außer Mo.«
Der Mensch, der so die Bahn gelobt,
Sitzt jetzt im Wartesaal und tobt.
Und was er übers Kursbuch sagt,
Wird hier zu schreiben nicht gewagt.

Kurze Saison

Ach, von der Volksschul bis zur Uni
Hat niemand Zeit im Mai, im Juni!
Dafür entläßt dann Mitte Juli,
Geballt die Stadt den Arbeitskuli.
Noch im August, mit einem Schlag,
Ist Schluß, am ersten kalten Tag.
Wie wär, gar im Gebirg, bei Föhn
Doch der September wunderschön!
Vergeblich — nichts zu retten mehr:
Schon stehn die meisten Betten leer.
Und traurig schleicht der letzte Ober
Um Gartentische im Oktober. —

Der Abschied

Ein Mensch, der fort muß — was oft schmerzlich,
Nimmt von dem Freunde Abschied, herzlich.
Sie drücken mannhaft sich die Hände;
Fast werden beide weich am Ende,
Indem sie auseinander gehen:
»Wann werden wir uns wiedersehen?«
Nach Jahr und Tag, in fernem Land?
Nein — gleich am nächsten Zeitungs= stand!
Sie ziehen, schon verschämt, den Hut:
»Nochmals ade — und mach es gut!«
Und gehn, der hierhin und der dort,
In ganz verschiedner Richtung fort.
Doch ist's damit nicht abgetan:
Man trifft sich in der Straßenbahn,
Woselbst man sich, quer durch die Stadt,
Im Grund nichts mehr zu sagen hat.
Der Mensch, bevor er nun verreist,

Hätt' gern noch irgendwo gespeist.
Doch, wie er so den Raum durch=
   streunt —
Wer sitzt dort schon? Sein guter
   Freund!
Der Mensch, davon nicht sehr entzückt,
Hat still und grußlos sich gedrückt,
Und hat, nur durch die Flucht,
   vermieden,
Sich noch einmal verabzuschieden.
Moral: Wenn's schon, mit Schmerz,
   sein muß,
Dann einmal Lebewohl und Schluß!

Der Bummelzug

Ein Mensch, wie aus dem Ei gepellt —
Man sieht sofort, ein Mann von
   Welt —,
Steht nun, seit fünf Minuten schon,
Auf einer kleinen Station,
Und denkt, voll Zorn bis in die Nas':
»Ha! Nur in Bayern gibt's so was!«
Jetzt endlich streckt, auf sein Geklopf,
Der Mann zum Schalter raus den Kopf.
»'s pressiert net!« sagt er zu dem Herrn.
»Der Zug? Nach sechse kommt er
   gern.«
Und rät ihm, menschlich, voll Ver=
   trauen,
Derweil die Gegend anzuschauen.
Der Mensch, zur Wut selbst zu
   verdutzt,
Hat unversehns den Rat genutzt
Und sieht, als wär's zum erstenmal,
Im Abendglühen Berg und Tal;
Er sagt, vergessend seine Eile,
Zum schönen Augenblick: »Verweile!«
Und schaut sogar der braven Kuh
Voll Andacht bei verschiednem zu...
Von fern Geschnauf und Ratter=Ton —

Der Mensch denkt ganz verzaubert:
»Schon?«
Und nimmt kaum wahr, geschweige
   übel,
Die Trödelei der Millikübel.
Ein letzter Blick — ein Pfiff — und
   munter
Geht's weiter, wald= und nacht=
   hinunter.
Der Mensch, gezwungen so zum Feiern,
Träumt oft noch von dem Tag in
   Bayern.

Für Wankelmütige

Die besten Reisen, das steht fest,
Sind die oft, die man unterläßt! —
Nur, daß man *rasch* entscheiden muß,
Damit man nicht lang leiden muß,
An Reisefieber, Tag und Nacht,
Um Reisen, die man gar nicht macht!

57

Der Geschäftsreisende

Schön ist's, zu reisen in Geschäften,
Fährt man, mit eignen Pferdekräften,
An einem schönen Tag im Lenz los,
Mit Waren, welche konkurrenzlos!
Doch wer, um irgendwelche Nieten
In kleinsten Nestern anzubieten,
Als unwillkommener Vertreter
Herunterhaut die Kilometer,
Fast ohne Hoffnung, daß es glückt:
Der sitzt im Zuge, schwer bedrückt.
Das Reisen selbst? Du liebe Zeit!
Da weiß er alles weit und breit:
Er hat schon jeden Wartesaal
Erfüllt mit seiner Öde Qual,
Kennt, kaum daß er ins Kursbuch
    blickt,
Anschlüsse, wie sie auch verzwickt,
Und alle schlechten Betten rings. —
Als er noch jünger war, da ging's,
Da hat er sich als Schimmerfädchen
Ins Grau gewebt ein Zimmermädchen,
Da kannten sie den lustigen Herrn
Und seine Witze nah und fern.
Jetzt aber — täglich auf der Bahn ...
Er kann nicht mehr — es kotzt ihn an!
Doch drohend sieht er's vor sich stehn:
Er kann nur fahren — oder gehn.

Das Zauberwort

Ein Mensch sitzt in der Eisenbahn
Und schaut sein Gegenüber an,
Ein Mädchen, das ihm, scheinbar kühl,
Verbietet jegliches Gefühl.
So schweigend fahren, das ist bitter —
Da steigt ganz plötzlich zu ein Dritter,
Kennt alle beide gut und stellt
Gewandt sie vor, als Mann von Welt.
Gleich bricht der lang gestaute Schwall,
Sie reden wie ein Wasserfall,
Auch als sich jener längst entfernt,
Durch den sie kennen sich gelernt.
'Den fremden Herrn, die fremde Dame,
Erlöst ein Zauberwort: Der Name!
Der Sitte Fesseln jäh zerreißen,
Wenn beide wissen, wie sie *heißen*.
Vertrauen fassen sie geschwind
Und fragen kaum noch, wie sie *sind*.

Platzangst

Ein Mensch, beim Neon=Lampenschein,
Im Eilzug sitzt er, ganz allein.
Dem billigst=besten Zug der Welt,
Den je die Bahn in Dienst gestellt.
Stumm flehen hundert leere Plätze,
Daß irgendwer sich auf sie setze,
Weil dieses a) der Plätze Sinn
und b) der Eisenbahn Gewinn.
Jedoch der Zug, der leere, bleibt
Ganz unbemannt und unbeweibt;
Die Mitternacht ins Fenster schaut —
Es braust und saust gespensterlaut!

Der Mensch, nun schon von Angst
   getrieben,
Steht auf von seinem Platze sieben
Und setzt sich, reihum wechselnd
   fleißig,
Hier auf Platz zwölf, dort auf Platz
   dreißig
Und wandelt überall herum,
Um vorzutäuschen Publikum.
Der Mensch, der sieht, daß er's nicht
   schafft
Mit seiner einen schwachen Kraft —
Fängt bitterlich zu weinen an,
Aus Mitleid mit der Bundesbahn.

Platzwahl

Ein Mensch, am Zuge vor der Zeit
Trifft leere Wagen weit und breit.
Er setzt sich hier, er setzt sich dort
Und geht dann zögernd wieder fort.
Bald ist ihm dies, bald das nicht recht:
Der beste Platz ist ihm zu schlecht.
Nachdem er alles scharf beäugt,
Ist er nun gramvoll überzeugt —
Und auf der ganzen Fahrt gequält —,
Er habe doch nicht gut gewählt.
Ein andrer Mensch kommt spät, verhetzt:
Der Zug ist übervoll besetzt.
Doch sieh: ein Plätzchen ist noch frei!
Der Mensch tut einen Jubelschrei
Und zwängt, durchströmt von solchem Glücke,
Sich kurzentschlossen in die Lücke.
Er freut sich auf der ganzen Fahrt,
Daß Gott sie für ihn aufgespart.

Probleme

Ein Junggeselle, hartgesotten,
Kann leicht der weichern Menschen spotten,
Die, büßend ihre Fleischessünden,
Nachgeben und Familien gründen.
Allein reist einer unbehindert;
Doch was tut einer, der bekindert?
Leicht wär es, sie daheim zu lassen —
Hätt man nur wen, drauf aufzupassen!
Entschließt man sich, sie mitzunehmen,
Gibt's eine Fülle von Problemen,
Wie man es geldlich macht und nervlich.
Und Wankelmut ist ganz verwerflich.
Ja, wer gebunden kind= und keglich,
Braucht Schwung — sonst wird er unbeweglich.

Gegensätze

Ein Mensch, zu reisen um halb zehn,
Beschließt, um sechs Uhr aufzustehn,
Damit er sich nicht hetzen muß:
Gemütlichkeit ist ihm Genuß!
Er blödelt hier, er trödelt dort —
Er braucht ja lange noch nicht fort!
Er trinkt Kaffee und liest in Ruh
Sein Blättchen — er hat Zeit dazu!
Zeit? Höchste Zeit, daß er sich schleune:
Denn plötzlich sieht er, fast ist's neune!
Doch wie er sich auch jetzt noch tummelt —
Zu spät: er hat den Zug verbummelt!
Ein andrer Mensch, der leider glatt
Die Aufstehfrist verschlafen hat,
Wacht auf, sieht auf den ersten Blick
Das äußerst drohende Geschick,
Reißt sich zusammen, und geschwind
Braust auf die Bahn er, wie der Wind,
Erwischt den Zug, wenn auch nur knapp,
Und fährt, ein Sieger, glücklich ab.
Wir hoffen, daß Ihr selbst es wißt,
Daß dies ein Lebens=Gleichnis ist.

Gute Ratschläge

Der beste Rat schier, den wir kennen:
Nie sollst du vom Gepäck dich trennen!
Hast du nur deine Siebensachen,
Kannst du dich unabhängig machen,
Aufbrechen, nie von Angst durch=
   graust,
Den Koffer eisern in der Faust.
Mit einem Wort: So mache fortan's
Als omnia tua tecum portans!
Genausogut nun ist Rat zwei:
Mach vom Gepäck dich möglichst frei!
Im Augenblick brauchst du nur wenig:
Wer ohne Koffer reist, ist König!
Mach's wie du willst — denn, hast du
   Glück,
Dann kehrst du überzeugt zurück,
Du habest glänzend es geschafft,
Mit Körper= *oder* Geisteskraft.
Geht's schief, wirst jedenfalls du
   grollen:
»Ich hätt dem Narrn nicht folgen
   sollen!«

Voreiliger Dank

Ein Mensch, ein fremder, läßt sich gern
Belehrn im Zug von einem Herrn,
Wie er, in Duisburg ausgestiegen,
Nach Hamm den Anschluß könnte
   kriegen.
Der Herr erscheint dem Menschen
   englich,
Er dankt ihm heiß und überschwänglich
Und denkt in Duisburg, ganz verliebt:
Was es doch nette Menschen gibt!
Er eilt — noch immer dankend froh —
In Duisburg auf den Bahnsteig zwo
Und harrt, vertrauensvoll und stramm
Auf den versprochnen Zug nach Hamm.

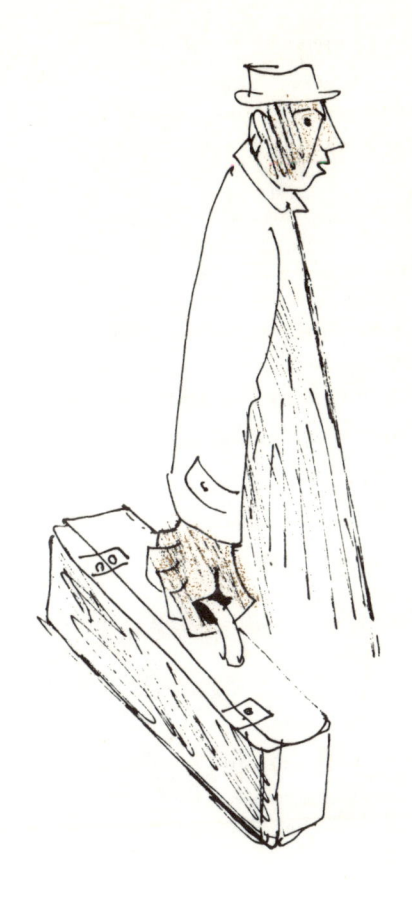

Ein Schaffner, endlich doch befragt,
Schaut groß den Menschen an und sagt,
a) ob er denn nicht könne lesen,
b) wer denn dieser Herr gewesen,
Und c) es sei ein rechter Jammer,
Grad sei davon der letzte Hammer,
Und zwar auf Bahnsteig Nummer
   sieben.
Und sieh: Das Bild des Herrn, des
   lieben,
Ertrinkt in Wut und Rachedurst:
Ein Trottel ist er, ein Hanswurst,
Und vieles noch, was jedermann
Aus eignem Vorrat schöpfen kann.
Der Mensch denkt Jahre lang des Duis=
Burg=Bahnhofs noch und dieses Pfuis.

Zu leicht befunden

Wird Reisen leicht — vergeßt das nicht!
Verliert's auch inneres Gewicht!

Abschied

Schon in der Schule lernten wir:
»Partir — toujours un peu mourir!«
Am schlimmsten sind die zehn Minuten,
Wo wir am Bahnsteig uns verbluten.

Die Zugverspätung

Ein Mensch im Zug nach Frankfurt
 (Main) —
Um vierzehn=vier sollt er dort sein —
Wird schon in seinem Hoffen schwach:
Er ist noch nicht in Offenbach!
Verspätung — eine Viertelstunde!
Des Menschen Plan geht vor die
 Hunde!
Er kriegt den Anschluß nicht nach
 Wimpfen.
Gewaltig fängt er an zu schimpfen.
Ein andrer Mensch, zum Bahnhof
 laufend,
In Offenbach, zerschwitzt und
 schnaufend,
Verliert den letzten Hoffnungs=
 schimmer:
Den Zug nach Frankfurt kriegt er
 nimmer!
Doch wie Musik tönt's an der Sperr':
»Heut ist's nicht eilig, lieber Herr!
Der Zug kommt heute später an!«
Der Mensch lobt laut die Eisenbahn.
»Des einen Eul'«, gilt's wieder mal,
»Ist oft des andern Nachtigall!«

Gepäck

Verschieden war zu jeder Zeit
Der Anspruch auf Bequemlichkeit.
Und auch, was gelten kann als reinlich,
Zeigt Grenzen, die ganz unwahr=
 scheinlich.
Mit nichts als einem zweiten Hemde
Zieht mancher fröhlich in die Fremde,
Um sich, im warmen wie im kalten,
Dortselbst acht Wochen aufzuhalten.
Ja, selbst ganz ohne weiteres Hemd,
Die Zahnbürst in ein Buch geklemmt,
Geht einer wohl auf weite Reisen,
Sich unabhängig zu erweisen.

Am ganzen Leib kein trocknes Fädchen
Kam jüngst zu uns als Gast ein
 Mädchen,
Mit zuversichtlichem Gemüte,
Ihr Handgepäck in einer Tüte.
Gleich nach dem Krieg war im Hotel

Ein edler Greis mein Schlafgesell,
Der nichts sonst abzulegen hatte,
Als sein Gebiß und die Krawatte.
Diogenes bekanntlich fand,
Zu trinken aus der hohlen Hand
Genüge auch und sei bequem.

Je nun, zum anderen Extrem
Scheint uns die beste Weiserin
Eugenie, die Kaiserin:
Sie nahm, nach Suez, seinerzeit,
Als den Kanal man einweihte,
Zweihundertfünfzig Roben mit,
Wobei sie an der Angst noch litt,
Sie habe gar nichts anzuziehn —
Und wem das übertrieben schien,
Der denke an die Mistinguette,
Die, daß sie was zum Wechseln hätt',
Sich Schuhe mitnahm, tausend Paar,
Als sie auf Gastspielreisen war.

Wer reist, der hab wohl leichten Sinn,
Doch Leichtsinn bringt ihm nicht
 Gewinn.
Der eine meint, daß kühner Mut
Genüge und ein grüner Hut,
Der andre schleppt, um nicht zu fasten,
Durch das Gebirge Riesenlasten:
»Die rechte Tour, wenn ein Tourist
In einer Tour auf Touren ißt!« —
Doch sollte er nicht ganz vergessen,
's gibt auch auf Hütten was zu essen!
Der Rucksack ist des Menschen Freund,
Der ziellos durch die Alpen streunt —
Doch ist es falsch, das werd hier
 deutlich,
Nach Rom zu pilgern, rückenbeutlich.
Muß man drum gleich mit Bügeleisen
Zur Stadt der sieben Hügel reisen?
Man sieht, zuwenig und zuviel
Ist wieder mal das Narrenziel!

Reisegenossen

Es ist ein wirklich großer Kummer:
Die Welt wird lauter — und doch stummer.
Wo spricht, selbst in der Eisenbahn,
Ein Mitmensch dich noch herzhaft an?
Die Dame setzt, gleich der Mimose,
Mit Strafblick sich in Abwehrpose,
Der Herr, mit schmetternd knappem Gruß,
Zieht ein den vorgestellten Fuß
Und alles schweigt, höchst abgeneigt —
Das Thermometer sinkt und steigt,
Doch kommt in einem feinen Pullman
Nur äußerst selten über Null man.
Daß heute in der ersten Klasse
Ein Mensch noch mit sich reden lasse,
Wird, man erlebt's, allmählich selten:
Es will kein Mensch als »unfein« gelten.
Die übertünchte Höflichkeit
Europens trifft man weit und breit
Und meistens halten diese Tünchen
Selbst von Hannover bis nach München.
Ist's da wohl falsch, sich einzubilden:
Doch bessre Menschen sind wir Wilden,
Die, in der zweiten (früher dritten)
Doch auch einmal um Feuer bitten,
Ja, selbst die Illustrierten tauschen
Und, streckenweis, ein bißchen plauschen,
Mit nötigem Respekt, natürlich. —
Oft freilich auch, höchst ungebührlich,
Stürzt, wie mit Zähnen sich und Messer
Auf dich ein wilder Menschenfresser
Und eh sich noch die Wege zwieseln,
Gelang's ihm, rein dich abzufieseln:
Bis auf die Knochen, ganz genau,
Kennt er so dich, wie deine Frau,
Indes er selbst, ganz unbenagt,
Kein Sterbenswort von sich gesagt.
Im allgemeinen ist noch größer
Die Zahl der Schön=sich=selbst=Ent=blößer
Die dir erzählen, noch vor Mehring,
Ihr Reisezweck sei Bismarckhering,
Der heut noch seinen Mann ernähre —
Ja, wenn nicht das Finanzamt wäre...
Und zwischen Ulm und Stuttgart brausend
Kommt er vom Hundert schon ins Tausend,
Vom Fußball spricht er und vom Toto,
Er zeigt dir Weib und Kind im Foto
Und schreibt dir auf gleich die Adresse,
Damit man ja nicht sie vergesse. —
Kurz, ob in erster oder zweiter,
Sind oft Erfahrungen nicht heiter.

Arme Reisende

Wir kleinen Reisenden von heute,
Was sind wir doch für arme Leute!
Genötigt, durch die Welt zu rennen,
Von der uns meistens Welten trennen!
Ein Handbuch ist dann besten Falles
Auch wirklich unser Ein und Alles;
Im Ausland gar stehn dumm und
   stumm
Als wahrhaft Fremde wir herum;
Von Kellnern einzig angesprochen,
Verbringen wir die Reisewochen
Mit »Bitte!« »Danke!« — in der Früh:
»Kaffee!« und mittags bloß »Menü!«
Dem Hausknecht sagen wir nur knapp
Und mühsam: »Morgen reise ab!«
Einst zog man aus des Koffers Tiefe
Die prächtigsten Empfehlungsbriefe!
Ach, hätt' man heut die Briefe auch:
Man machte kaum davon Gebrauch!
Gesetzt, daß der Geheimrat Goethe
Uns ehrenvollen Willkomm böte

Und ins Hotel uns ließe sagen,
Bei ihm zu essen, in drei Tagen —
Wir gäben Antwort: »Keine Zeit,
Da sind wir schon, weiß Gott, wie
   weit!«
Für Weimar sind — würd er's verstehn?
Ja nur drei Stunden vorgesehn!
Wir reisen in der Welt herum,
Als wär sie ein Panoptikum.

VERÄNDERUNGEN

Wir wissen's zwar mit dem *Verstand:*
Geändert hat sich allerhand!
Jedoch im *Herzen,* ganz verstockt,
Noch tief das alte Weltbild hockt,
Träg wie der Frosch in seinem Pfuhle,
So wie wir's lernten in der Schule:
Mohr, Krokodil und Elefant
War uns als *Afrika* bekannt,
Und wenn man Wolkenkratzer sah,
Wußt' man, das ist *Amerika.*
Im Glanz von Tausendeiner=Nacht
Erglühte *Asiens* Märchenpracht.
Der Türke, rauchend, trank Kaffee
Und der Chinese seinen Tee.
Die Russen waren groß und bärtig. —
Und so scheint's uns noch gegenwärtig.
Das meiste, was wir so erträumt,
Ist leider längst schon weggeräumt.
Hochhäuser gibt's und Autostraßen,
Wo jüngst die Hottentotten saßen.
Und wo wir noch in tiefster Seele
An Büffel glauben und Kamele,
An Riesenschlangen, Löwen, Tiger,
Ist das Atomzeitalter Sieger.
Trotzdem: wir wollen nicht erwachen —
Die Träume sind's, die glücklich machen!

JE NACHDEM

Verschieden ist, je nach den Szenen,
Das Ziel, das Reisende ersehnen:
Die Griechen, in Kleinasiens Wüsten
»Thalatta!« froh das Meer begrüßten.
Columbus, als er sah den Strand,
»Tierra!« rief er jauchzend, »Land!«
Der Mensch nach einem Menschen schreit,
Erblickt er keinen weit und breit;
Ein andrer, mitten aus dem Trubel,
Begrüßt die Einsamkeit mit Jubel.
Wer hungrig stapft durch Sturm und Frost,
Träumt, wie behaglich in der »Post«
Er vor der warmen Suppe säß —
Indes ein zweiter, sinngemäß,
Vor Sommersglut schier am Ermatten,
Vom frischen Trunk schwärmt, kühl im Schatten.
Ein Mensch, der sich im Fels verstiegen,
Sieht drunten schön die Almen liegen;
Und einer, bergwärts keuchend schwer,
Denkt sich: »Wenn ich erst droben wär!«
Kurz, jeder ist vom Drang beseelt,
Das zu erreichen, was ihm fehlt.

Verwehte Spuren

Nach wochenlangem Weltdurch=
   schweifen
Bräucht manches Zeit, um nachzureifen,
Was, grün gepflückt vom Urlaub=Baum,
Getrieben hat die Blüten kaum,
Geschweige denn die süße Frucht.
Doch in des Jahres rascher Flucht
Verwelkt der Reise frisches Reis —
Vergebens legst du es aufs Eis,
Begießt es mit Erinnerung —
Im Alltag wird's nicht wieder jung.
Du machst verzweifelte Versuche,
Aus deinem Reisetagebuche
Noch köstlichen Gewinn zu ziehn. —

Die Tage, Wochen, Monde fliehn.
Hast du nicht *Bilder* auch gemacht
Und schwarz auf weiß nach Haus
   gebracht,
Ja, selbst in Farben bunt getaucht,
Was man nur zu entwickeln braucht?
Du schwörst, die längst zuviel
   gewordnen
Aufnahmen demnächst schön zu
   ordnen —
Jedoch du findest keine Ruh:
Schon treibst du neuen Reisen zu!
Ein Umbruch kommt, ein Krieg
   dazwischen,
Die Einzelheiten sich verwischen —
Als letzten Rest wirst du bewahren:
»Da war ich auch — vor dreißig Jahren!

Ein Geheimnis

Unheimlich — doch wer merkt das
    schon? —
Ist oft des Reisens Präzision.
Genau, wie du's vorausgesehn,
Am dritten Mai, um sechs Uhr zehn
Steigst du, in München etwa, ein,
Um mitternachts in Rom zu sein.
Und so geht's weiter, Schlag auf Schlag,
Programmgemäß, von Tag zu Tag.
Du bist erstaunt, wie alles klappt,
Sobald du nur dein Geld berappt.

Auf keine Schwierigkeit du stößt:
Dein Reisescheck wird eingelöst,
In Ordnung ist dein Schiffsbillett,
Bereit das vorbestellte Bett,
Der Omnibus fährt pünktlich so,
Wie man's versprochen im Büro,

Und wer sich nicht grad saudumm stellt,
Kommt ohne Stocken durch die Welt.
Halt, halt! Nur nicht zu früh frohlocken:
Just in Trapani bleibst du hocken,
Doch eingeholt noch vom Geschick!
Schief geht — ab diesem Augenblick —
Jetzt alles, ebenso exakt...
Ein Dämon bracht dich aus dem Takt.
Vielleicht geschah's zu deinem Heil:
Denn just der zweite Reiseteil,
Den durchzustehn, mitunter gräßlich,
Bleibt dir fürs Leben unvergeßlich!

Zwischenfall

Ein Mensch erspäht zu seinem Glücke
Im Jahresablauf eine Lücke,
In die er, hart terminbedrängt,
Kühn vierzehn Tage Urlaub zwängt.
Und er bestellt, zum festen Preise,
Sich fix und fertig eine Reise.
Nun heißt es schuften, überlegen,
Heißt es, bestricken den Kollegen,
Daß er den Rest noch übernimmt.
Und endlich ist's soweit: es stimmt!
Ganz abgekämpft von all der Müh,
Denkt stolz der Mensch: »Bis morgen
    früh!«
Der jahrelang nicht weh getan,
Jetzt rührt er sich: der Backenzahn!
Und er tut weh und immer weher:

Der Mensch, ein düstrer Zukunfts=
   seher,
Sieht sich, die Backe hochgeschwollen,
Durchs zahnarztarme Spanien rollen,
Hofft wieder mutig, früh um viere,
Daß doch noch sich der Schmerz
   verliere,
Und weiß, im Wechsel der Entschlüsse,
Um sechs, daß er zum Doktor müsse.
Der Omnibus fährt ab um sieben:
Ein Platz darin ist leer geblieben.

Volle Züge

Der Mensch, der sonst zwar das
   Vergnügen
Recht gern genießt in vollen Zügen,
Legt just beim Reisen, umgekehrt,
Auf volle Züge wenig Wert.

Kartengruss

Rundfunkplage
Wer möchte nicht, in freiern Lagen,
Sich auch einmal im Freien lagern?
Doch Mädchen rings mit Freiern lagen,
Die, nicht nur an den Feiertagen,
Mit Radio ihre Tage feiern,
Und nicht ihr Ohr den Fragern leihen,
Die, ob erlaubt dies Leiern, fragen.

Strohwitwer

Der Urlaub ist erholsam meist
Nicht nur für den, der in ihn reist;
Auch den, der dableibt, freut die
   Schonung,
Die er genießt in stiller Wohnung.
So zählen zu den schönsten Sachen
Oft Reisen, die die andern machen!

Hochbetrieb

Urahn', Großmutter, Mutter, Kind
In dumpfer Stub' beisammen sind —
Dem letzten Raum, der sich noch bietet:
Denn alles andre wird vermietet!
Quer durch die Alpen gellt ein Schrei:
Zimmer frei!

KARTENGRÜSSE

NORDSEE

Du wähnst uns hier auf Sylt in Wonne
Zum Urlaubsglück gewillt in Sonne?
Sähst du des Kinnes Lade beben —
Und so was nennt man Badeleben!
Am Abend ich bei Greisen hock'
Und trinke einen heißen Grog.
Nach Weibern ich, nach faden, schiel' —
Wodurch ich jüngst in Schaden fiel:
Ich schüttete die Hummersoß
Auf meine neue Summerhos!

AM GLETSCHER

Es krachte dumpf im Eise: Wum!
Wir kehrten klugerweise um,
Als in dem grausen Faltenspiel
Fast einer in die Spalten fiel.
Ihr könnt euch eure Witze sparen,
Daß wir nicht auf der Spitze waren:
Hat einer echten Mut, beweist er'n
Oft mehr durch Gipfelwut=bemeistern!

ALL HEIL!

Heut schwelgt, scheint's, in Rekorden
   man,
Wie man uns Radler morden kann!
Der Herrenfahrer wie der Fern=Last —
Sorgt, daß man Radellust verlern fast;
Wollt jeder Haltung wahren, fair,
Noch immer schön zu fahren wär.
Wann wohl der Chor der Tadler ruht,
Daß Unrecht *nur* der Radler tut?
Wie oft sein Brot mit Harm er aß,
Unschuldig schuldig armer Has!
Aufs Fell wird ihm jetzt gleich gerückt —
Einst fuhr dahin er, reich beglückt.
Benutzung eines Rades heißt
Schon fast, daß man zum Hades reist!

INDIVIDUALISTEN

Willst widern (Fremden=) Strom du
   schwimmen?
Träumst du vom Reisen=Selbstbestim=
   men?
Willst du nicht mit der Herde blöken?
Ja, möchtst du widern Stachel löken? —
Heut ist's soweit: wer einzeln reist,
Wird abgeschubst und abgespeist,
Zur *Hochsaison* die ganze Welt
Scheint hoffnungslos vorausbestellt:
»Hier! Platz!!« ruft in der Bahn man
   freudig,
Doch wird man fortgejagt, wie räudig,
Weil, wie man jetzt erst merkt, die
   Wagen
Geheimnisvolle Zeichen tragen,
Draus man ersieht, es säße hier
Nur Reisegruppe Käsebier.
Dasselbe man erfahren muß
Bei Bergbahn oder Omnibus.
Man schlägt vor uns die Türe zu,
Wir sind nicht von der »Reiraru«,
Der Gilde »Reise rasend rund« —
Die Abfuhr ist uns nur gesund!

Nach Hirschbühl bist du oft ge=
   fahren. —
Dort steht, dir schon aus Kinderjahren
Bekannt und seither unvergessen,
Ein Wirtshaus — recht zum Mittagessen.
Du sitzt und du bestellst auch schon —
Da fragt der Kellner nach dem *Bon*,
Und eh du recht begriffen hast,
Wieso, bist du schon nicht mehr Gast;
Und grimmig schaut dich jedermann
Für einen dreisten Burschen an,
Der hinzusetzen sich erkeckt,
Wo für den Stammgast schon gedeckt!
Du wanderst, wie ein Handwerksg'sell,
Demütig schon: — »Vertragshotel!«

»Werkheim« ... und selbst die »Alte
  Post«
(Jetzt »Stafag«) nimmt dich nicht in
  Kost
Und gibt nur mürrische Belehrung:
»Für Freitouristen keine Zehrung!«
Wann gibst du's auf wohl, du Ver=
  wegener?
Ein Ort grüßt jetzt, ein schön gelegener.
In Ruhdorf, endlich, hast du Ruh —
Ja, lieber Wandrer, das meinst du!

Doch fragend, wo man übernachtet,
Hörst du, der Ort sei ganz verpachtet!
Und bis in den November sei
Hier überhaupt kein Zimmer frei.
Drum lasse dir geraten sein,
Mensch, reise nur noch im Verein,
Als Mitglied, Kunde, Stamm, Beleg=
  schaft,
Damit man dich nicht einfach wegschafft
Als störenden Allein=Touristen,
Der nirgends steht auf ihren Listen.

STAMMTISCHGESPRÄCHE

Gesprächsstoff, gar nicht auszuschöpfen,
Wird selbst den allerklügsten Köpfen
Der Austausch jeglicher Erfahrung
Bezüglich ihrer *Urlaubsnahrung*.
Der Virtuos, sonst Töne meisternd,
Erzählt begeistert und begeisternd,
Wie er am Würmsee, in Leoni
Zuerst bekommen Makkaroni
Und nachher, für zwei Mark, man
   denke,
Geschmort in Butter, eine Renke,
Die — doch, schon wird er unterbrochen
Vom Maler, der, erst vor vier
   Wochen —
»Ich sage Ihnen, meine Herrn,
Zu übertreiben liegt mir fern —«
In Glonn aß eine Haxen — soo!

»Wie die verzehrt war, war ich froh!«
Doch eh er sich in Einzelheiten,
Wie er gern möchte, kann verbreiten,
Berichtet laut schon der Verleger,
In Köln bei Schmitz zu essen pfleg' er
Sooft er hinkomm, jedesmal,
Den hochberühmten rhein'schen Aal —
Ihn wiederum setzt außer Kraft
Der Mann der Geisteswissenschaft,
Der, gradezu mit Akribie,
Erzählt von einer Radpartie,
Bei der er, mit noch zwei Gesellen,
Gegessen dreizehn Bachforellen,
Um achtzig Pfennige das Stück —
Und ganz verklärt schaut er zurück
In jene Zeiten, längst verschollen...
Doch aus der Gegenwart, der vollen,
Formt nun der Holzbildhauer plastisch
Die Gans (mit Händen rundend,
   drastisch),
Die, mit den Seinen, vor drei Wochen,
Er abgenagt bis auf die Knochen. —
Im Lauf der Schilderung wächst die
   Größe
Der Gans, wie der Kartoffelklöße,
Bis, unterm wilden Zuruf: »Schluß!«
Der Märchen=Fresser schweigen muß.
Dafür steigt jetzt, als große Nummer,
Des Doktors sagenhafter Hummer,
Der, wenn auch oft und oft serviert,
Doch seine Zugkraft nie verliert.
Der einz'ge, wie er sonst auch dichtet,
Der Dichter, hier auf Ruhm verzichtet
Und er bekennt, bescheiden=klein:
»So oft ich ausgeh, geh ich ein!«

Vom Schlafen

Wohl dem, der in der fremden Stadt
Ein heimeliges Zimmer hat,
In einem Gasthof, klosterstill:
Er kommt nach Hause, wann er will
Und schläft dafür, so lang er mag —
Wenn's regnet, gleich den ganzen Tag.
Mitunter gibt es Wunderbetten,
Wie wir sie gern zu Hause hätten,
So weich, so weiß, so leicht wie Schnee,
Als wiegt' im Arm uns eine Fee.
Nun zählt's wohl zu den ärgsten
  Strafen,
In guten Betten schlecht zu schlafen,
Indes ein schlecht's den Trost uns
  gönnt,
Daß hier ein Gott nicht schlafen könnt.
Nun, wie gesagt, wir schlummern gut.
Nie waren wir so ausgeruht,
So säuglingsrosig=neugeboren,
Wie beispielsweis in den »Drei
  Mohren«,
Im »Fürstenhof«, im »Goldnen Anker«,
Den man verläßt als stiller Danker,
Ja, wie ein Mann, der gramgestimmt
Von seiner Teuren Abschied nimmt.
Man schaut, mit einem Blick voll
  Liebe –
Und auch, daß ja nichts liegen bliebe —,
Ein Weilchen traurig noch herum –
Dann dreht man hart den Schlüssel um,
Und stürzt – denn einmal muß es sein –
Ins wilde Leben sich hinein ...

Sinn des Reisens

Die Meinung von den Reisezwecken
Wird sich durchaus nicht immer decken,
Wie große Zeugen uns beweisen:
Man reise wohl, nur um zu reisen,
Meint Goethe, *nicht* um anzukommen.
Begeistrungskraft, genau genommen,
Sei der ureigenste Gewinn.
Montaigne sieht des Reisens Sinn
Nur darin, daß man wiederkehrt.
Darauf legt auch Novalis Wert;
Er drückt es ungefähr so aus:
Wohin wir gehn, wir gehn nach Haus!
Doch Seume, der — und zwar zu Fuß! —
Spazieren ging nach Syrakus,
Sah geistig=sportlich an die Dinge:
»'s würd besser gehn, wenn man mehr
   ginge!«

Rekorde

»Die Fremden« — legt der eine dar —
»Verschlechtern sich von Jahr zu Jahr!«
Der andre: »Heuer, scheint's beinah,
Sind die vom nächsten Jahr schon da!«
So geht es, wie man deutlich sieht,
Im Grunde abwärts, ganz rapid,
Doch kann, und kaum wo wie in
   Bayern,
Triumphe die Rekordsucht feiern,
Die ungeheure Zahlen nennt:
Vermehrung stündlich zehn Prozent!
Es kommen — amtlich festgestellt —
Mehr Gäste jetzt mit wen'ger Geld.
Das aber wär der Werbung Krone:
Sie kommen wurzweg *alle* — ohne!
Ja, dann noch spräch' man stolzen
   Mutes:
»Welch ein Erfolg — die Menge tut es!«

Rundfahrt

Wohl dem, der durch das Unbekannte
Geführt wird, wie zum Beispiel Dante
Durch Höll und Himmel von Vergil!
Uns freilich würde das zu viel,
Wir hätten heut nicht mehr die Ruh
Und drum auch wenig Lust dazu,
Geführt zu werden so beflissen:

Wir wollen's so genau nicht wissen!
Uns dauert schon ein Stadtrundgang
Und gar per pedes! viel zu lang.
Einst wurde Eiligen vorgeschlagen:
»Besichtigt München in zwei Tagen!«
Wir haben längst uns abgefunden,
Es zu erledigen in zwei Stunden.
Was wollt Ihr? Ist ja alles da!
Dom, Rathaus und Bavaria,
Hofbräu und Maximilianeum,
Deutsches und Nationalmuseum,
Schackgalerie und Haus der Kunst —
Hineingehn auch noch? Keinen Dunst!
Die Residenz, die Feldherrnhalle,
Der Königsplatz im Zweifelsfalle —
»Ach, hier stand Hitlers Braunes
   Haus!?«
Sehr interessant — und damit aus.
Das, notabene, sind die Guten —
Der Böse macht's in zehn Minuten!

Glückssachen

Hier steht ein Wanderer und flucht:
Er hat's im »Bock«, im »Lamm« ver=
 sucht,
Hat sich erkundigt, ob im »Bären«
Noch Zimmer zu vermieten wären,
Hat seine Koffer, schlecht und recht,
Geschleppt zum »Adler« und zum
 »Hecht«,
Ihm schwant's, daß man wohl auch im
 »Schwan«
Ihm kein Quartier mehr biete an.
Nun sehn wir den schon nicht mehr
 wirschen
Heran sich an den »Hirschen« pirschen —
Umsonst die Müh des armen Manns:
's war eine »Ente« mit der »Gans«!
Ein andrer Gast tritt vor der »Gemse«
Ganz selbstverständlich auf die Bremse
Und fragt, ob hier ein Zimmer frei,
Und man sagt freundlich: »Ja, das sei!«
Leicht hört man die Moral hier traben:
»Glück muß man auch auf Reisen
 haben!«

Gruss von der Riviera

Ob wir uns diesen Kastenriesen,
So schwankten wir, zum Rasten kiesen?
Schon seht ihr uns im Riesenkasten
Im Schatten der Markisen rasten.

Trost

Die Welt wird wohl in Ordnung sein —
Nur du paßt nicht mehr recht hinein!
Du siehst am Meer wie in Tirol:
Den andern ist ja pudelwohl!
Und grade das, was dir so gräßlich,
Scheint zum Vergnügen unerläßlich
Den vielen — du meinst, viel zuvielen —,
Die Eis= und Tanz= und Káffe=Dielen,
Wurzhütten, Strandkioske, Buden,
Womit die Welt sie überluden.
Ist längst doch jedem Wirte klar:
Wer Bargeld hat, will eine Bar!

Reklamen, die nicht hergehören??
Ja, siehst du wen wo, den sie stören?
Wer merkt's, daß jeder alte Schuppen,
Ja, häufig ganze Häusergruppen
Blechgrell ihn zwingen zum Gedanken
An Füller, Bleistift oder Banken?
Die überbunten Werbemützen,
Die Schirmchen, die vor Sonne schützen,
Die Fähnchen, die die Wagen
 schmücken?
Ein *Volk* kann man damit beglücken:
Das Kind wie der Erwachsne eilt
Herbei, wird so was ausgeteilt,
Und freudig läuft das Publikum
Mit all dem Werbetand herum

Für Zahnputz oder Sonnenbräune —
Und schmeißt ihn abends an die Zäune.
Zufrieden jauchzet groß und klein:
»Hier bin ich Mensch, hier darf ich's
 sein!«
Und daß die Leut mit Flaschen werfen,
Geht dir, du Schwächling, auf die
 Nerven?
Daß du in Scherben trittst beim Baden,
Ist doch fürwahr ein kleiner Schaden,
An jenem Lustgefühl gemessen,
Mit dem, in schönem Selbstvergessen,
Der Mensch sich zu gegebner Zeit
Von Erdenresten froh befreit.

Du schaust, allein ein Menschenhasser,
Trüb in des Baches klares Wasser,
In das Geschirr, Rad und Matratze
Gleich einem Nibelungenschatze
Für ewige Zeiten man versenkt. —
Du bist der einzige, den das kränkt.
Und tief im Wald, bei Has und Füchsen,
Wen wollten die Konservenbüchsen
Und die zerbrochnen Thermosflaschen
Denn außer dir wohl überraschen?
Und wen der wilde Blumenraub,
Verwelkend hier im Straßenstaub?
Nein, lieber Freund, ergib dich drein:
»Die Welt wird wohl in Ordnung sein!«

Ein Erlebnis

Ein Mensch, der kürzlich ganz privat
Spazieren gehn in München tat,
An Leute aus Versehn geriet,
Die standen wo, in Reih und Glied.
Der Mensch wollt ahnungslos vorbei —
Doch schon erhob sich ein Geschrei
Und drohend wurde er gebeten,
Bei seiner Gruppe einzutreten.
»Wie?« denkt der Mensch, »das ist mir schnuppe,
Ich? Ich gehör zu keiner Gruppe!«
Er protestierte — doch vergebens:
Schon ward, trotz seines Widerstrebens,
Der Mensch mit abgezählt zu vieren
Und — Zeit war keine zu verlieren —
Nach Berchtesgaden abgerollt — —
Wo er ja gar nicht hingewollt.
Dort ward er pausenlos und stramm
Mit abgewickelt im Programm,
Mit allen Sorten von Vehikeln,
Daß, selber sich herauszuwickeln,
Der Mensch nicht fand den rechten Kniff:
Er fuhr mit Bahn, Bus, Lift und Schiff;
Und hat zum Schluß, schon halb betäubt,
Sich auch nicht länger mehr gesträubt.
Als unfreiwilliger Ersatzmann
Sah er den Königssee und Watzmann
Und ward auch, gegen Mitternacht,
Nach München heil zurückgebracht.

Ansprüche

Wir gingen früher, Jahr für Jahr
Dorthin, wo es noch billig war.
Den Bergen fern, was fast uns lieb —
Weil noch ein Rest von Sehnsucht blieb.
Meint ihr, daß man dem »kleinen Mann«
Dergleichen heut noch bieten kann?
Ihn treibt die Gärung in die Ferne,
Vom Baedeker die schönsten Sterne
Und jede höchste Erdenlust
Verlangt er, faustisch in der Brust.
Er hat gelernt, ganz ohne Scheu
Zu gehn ins Grandhotel Savoy,
Denn täglich redet man ihm ein,
Er müsse dort gewesen sein.

Die Kunstreise

Ein Mensch von Bildungsdrang und
 Geist
Ist weit in eine Stadt gereist,
Um dort die für ihn äußerst wichtigen
Kunstschätze gründlich zu besichtigen.
Den Dom, den man bewundern müßte,
Verstellt ein mächtiges Gerüste,
Am Rathaus mauern sie und tünchen,
Der Holbein ist verliehn nach München.
Zwecks Renovierung ist entfernt
Der Pacher, baedeker=besternt,
Noch läßt sich auf Museen hoffen:
Nur mittwochs, drei bis vier Uhr offen!
Zutritt nur auf Bescheinigung!
Geschlossen wegen Reinigung!
Vorübergehend Neuaufstellung! —
Der Mensch, nun schon in Tobsuchts=
 quellung,
Vergebens plärrt, an Glocken zerrt —
Die ganze Kunst ist zugesperrt!
Ha! Denkt der Mensch, mit Groll im
 Busen,
Es gibt ja auch noch andre Musen!
Doch leider, Polyhymnia
Ist grad in Ferien und nicht da.
Melpomene und Thalia heute
Nur spielen für Gefolgschaftsleute.
Terpsichore ist ausverkauft ...
Der Mensch setzt stumm sich hin und
 sauft.

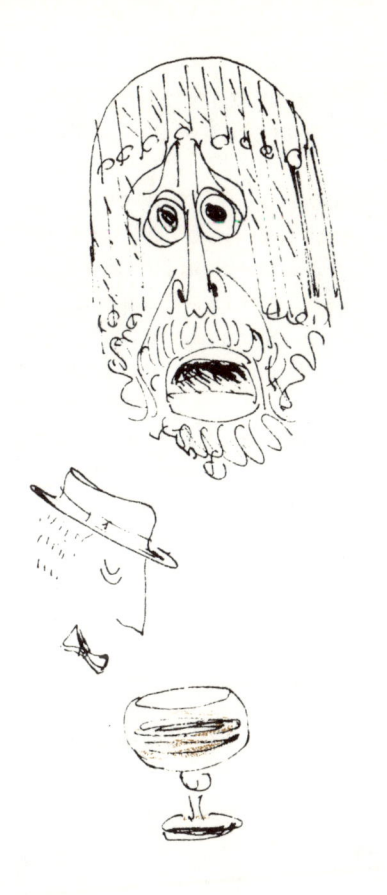

Oh, hüt dich vor Problemen, aschgrau,
Ob wirklich einmal jede Waschfrau —
Zeig dich als Menschen und als Christen
Und laß den Sozialtouristen
Neidlos die Welt durchreisen, weit —
Er sitzt nun mal — im Zug der Zeit!

Kartengruss

aus dem Frankenland

Wie oft sah ich doch schon den Main —
Doch nie wie heut im Mondenschein!
Und obendrein: Schulz lädt aus Spesen=
Erwägungen zu Spätauslesen.
Man könnt — schon sind die meisten
 leer! —
In »Stein und Leisten« leisten mehr!

Die andern

Du möchtest gern alleine wandern —
Doch ständig stören dich die andern.
Auch *du* bist — das bedenke heiter! —
Ein andrer andern, und nichts weiter.

79

Der Reise=Snob

Der Snob wird's bloß belächeln, wenn
Ich Zugspitz ihm und Alpspitz nenn' —
Hausbackne Gipfel nur in Bayern,
Nicht wert, die Namen herzuleiern.
Ganz anders, nimmt man an, er steh
Am Lac lemain (schlicht: Genfer See):
Dent d'Oche, Jumelles, Cornettes de
   Brize,
Den Grammont nennt er uns gewiß,
Denn das, verehrte Herrn und Damen,
Sind literärisch hohe Namen!
Wird er in Mantua sich versagen,
Vom Schloß zu sprechen der Gonzagen?
Er spricht, man kann sich drauf
   verlassen,
In Monaco von Monegassen.
Will er, in herrlichem Verwildern,
Den Park von Taxelreuth uns schildern,
Vergleicht er ihn, im Handumdrehn,
Mit allen Parks, die er gesehn;
Sogar im Schwarzwald, in St. Blasien,
Denkt er an Bäume aus Kleinasien
Und vor dem Palmenwald von Elche
Schwört er, er sah in Bombay welche
Auf seiner großen Indienfahrt —

Kurzum, es bleibt uns nichts erspart.
Ja, auf dem Rund des Erdenballes
Kennt er natürlich schlechtweg alles,
Und nötigen Falles auch noch mehr —
Doch »macht er davon nicht viel her«.
Nur ab und zu, wie eine Blume,
Streut er was ein, zu seinem Ruhme.
Die Namen, die auch uns geläufig,
Ersetzt er durch verschrobne häufig,
Und »im Tyrol« und in »Iberien«
Verbracht' er seine letzten Ferien.
Montreux hat, wie wir selber wissen,
Die schönsten Felder von Narzissen:
Er aber weiß es so zu drehn,
Als hätte *er* nur sie gesehn.
Er bringt dir, als ein Überkenner,
Ganz England leicht auf einen Nenner,
Auch sagt er, dumpf wie aus dem Grab,
Paris — den Rummel lehn' er ab.
Er sei noch heut davon erschüttert,
Wie man ihn schlecht dort abgefüttert.
Vom Kochen wüßten nichts die
   Schweden,
Von Deutschland gar nicht erst zu
   reden!

Hingegen gibt er uns den Rat,
Zu speisen im Valais, im Waadt,
Wo sie die besten Raqueletten,
Die jemals er gegessen, hätten.
Er priese, um uns anzuöden,
Mausdreck auf Artischockenböden.
Wir lieben auch die gute Küche —
Doch unerträglich sind die Sprüche!
Kaum sind wir selbst für was ent=
   flammt —
Was gilt's, daß er es gleich verdammt
Und uns erklärt, mit Zahnwehmiene.

Daß Rom nicht länger Ruhm verdiene —
Ein Ziel des Reisepöbels bloß. —
Doch San Sepolcro sei ganz groß,
Das, höchstwahrscheinlich, außer ihm,
Kaum einer kenne, so intim ...
Dem wahren Kunstfreund Dank und Lob —
Doch unerträglich ist der Snob!

Neuer Reisestil

Wer wollte nicht die Jugend lieben,
Die, von Begeisterung getrieben,
Ganz ohne Geld — das sie verachtet —
Die schöne Welt zu sehen trachtet?
Und (zugegeben, leicht verschlampt)
In Scharen durch die Gegend trampt?
Ein junger Mensch, hat er nur Glück,
Fährt mit im Auto, Stück um Stück,
Wobei er meistens reist und bleibt,
Wie ihn der Zufall grade treibt.
Was er erleben möchte gerne
Ist die *Entfernung* — nicht die Ferne!

In Rothenburg, das wir dem Söhnlein
Gezeigt vom Rathaus bis zum Plönlein,
Sprang uns, aus dem Spitaler Tor,
Flink eine reisige Maid hervor,
Ob sie, nebst umfangreicher Bürde,
Von uns wohl mitgenommen würde.
Wer tät's nicht gern? Wie eine Lilie
Entsprossen besserer Familie
Zog sie, frisch vom Gymnasium
Ein bißchen in der Welt herum.
Nun gut, sie hatte in der Eile
Gelesen auch nicht eine Zeile,
Was auf der Fahrt sie wohl erwarte,
Sie hatte weder Buch noch Karte,
Sie wußte weder Weg noch Ziel —
Wohin sie kam, galt ihr gleichviel.
Vielleicht wußt sonst sie einen Haufen —
Doch keinen Deut von Hohenstaufen,
Von Riemenschneider und Veit Stoß;
Gehört hat sie von Dürer bloß.
Was sie in Rothenburg gesehn?
Nichts — sie kam hin erst abends zehn.
Doch ließ sie auch in Dinkelsbühl
Die Georgskirche völlig kühl.
Ihr Urteil war recht unterschiedlich:
Bald hieß es »prima!« und bald: »niedlich!«
Worin das riesige Kirchenschiff
Natürlich sie mit inbegriff.
In Harburg machten wir noch halt,
Das Schloß zu sehen, grau und alt.
Sie, gleich am Parkplatz, lacht' sich an,
Statt mitzugehen, einen Mann,
Der heute noch bis Lindau fuhr,
Errötend folgt' sie seiner Spur.
Er nahm sie mit und schon ging's los.
Wozu das alles, fragt man bloß.

Verwirrung

Du weißt bestimmt, daß du Athen
Mit eignen Augen hast gesehn,
Hingegen nie Olympia —
Wie? Oder warst du doch schon da?
Von tausend Büchern, Filmen, Bildern
Muß die Erinnerung verwildern.
Sahst du die Landschaft von Duino
In Wahrheit oder bloß im Kino?
Hast du davon soviel gelesen,
Als wärst du wirklich dort gewesen?
Du kannst, wollt wer dich dazu treiben,
Das Matterhorn so gut beschreiben,
Daß — will er's wissen überhaupt —
Dir jeder, daß du dort warst, glaubt;
Kannst, umgekehrt, nach Jahr und
    Tagen,
Fast nichts mehr von Ragusa sagen
Als das, was auch, wer's *nicht* kennt,
    weiß:
Es ist sehr schön, doch ziemlich heiß.
Einst war, was man nicht selber sah
Auf Reisen, überhaupt nicht da,
Und Gottes Land vor einem lag
So herrlich, wie am ersten Tag.
Heut kennst durch Bild, durch Wort
    und Welle
Du's längst, eh du an Ort und Stelle.

Mitbringsel

Hat eine Reise wer gemacht,
Gleich heißt's: »Was hast du
    mitgebracht?«
Urgroßmama, den Schalk im Nacken,
Sprach da: »Zwei kalte Hinterbacken
Bring ich und ein paar müde Füß
Und vom Schwarzpeterl schöne Grüß!«
So derb und karg wie in dem Falle
Antworteten gottlob nicht alle;
Fand doch, wer nur ein bißchen willig,
In aller Welt was, nett und billig.
Doch kann's selbst Guten kaum
    gelingen,
Heut noch was Schönes mitzubringen.
Ist doch die ganze Welt im Grund
Nur übervoll vom gleichen Schund!

Pauschalreisen

Es mischen tief sich Lust und Qual
Dem Menschen, so er reist pauschal.
Er hat gewählt, kann nicht mehr
    wählen:
Nur auf Bezahltes kann er zählen.

Was nützt ihm nun sein Neid, sein
    gelber?
Ist alles doch — sogar er selber —
In seinem Preis jetzt inbegriffen:
Die Fahrt mit Omnibus und Schiffen,
Verpflegung, ja das Trinkgeld gar,
Und alles schon erlegt in bar,
So, daß der Schmerz liegt weit zurück —
Was jetzt noch kommt, ist reines Glück!
O nein, mein Freund, so ist's mit=
    nichten:
Ein Stachel quält: es heißt verzichten!
Dem, der so reist, ergeht es fast
Wie dem Odysseus, der am Mast
Des Schiffes fest sich binden ließ,
Daß er Sirenensang genieß'.
Und völlig taub für seine Bitten —
Bewachend ihn auf Schritt und Tritten —
Den Fehltritt selbst nicht
    ausgenommen —
Führ'n ihn, und es gibt kein Entkommen,
Die Leute, die dazu bestellt,
Quer durch die wunderschöne Welt.
Spräch er zum Augenblick: »Verweile,
Du bist so schön!« Im zweiten Teile
Des Faust kann's jeder lesen klar:
Es wäre aus mit ihm und gar!

Seereisen

Des Reisens wahrer Inbegriff
Das ist und bleibt ja doch das *Schiff*.
Begeistert lobe es mein Reim:
Man sieht die Welt — und ist daheim.
Man geht an Bord — und schon geht's los!
Dem Schlaf entjauchzt uns der Matros,
Und in der Frühe, beim Kaffee,
Ist man auf ziemlich hoher See.
Am Mittag denkt man sich bereits,
Man wär doch besser in die Schweiz — —
Weil, wer von Wohlsein just gestrotzt,
Nur mühsam dem Gefühle trotzt,
Er hab sich »irgendwie« verdorben.
Am Abend ist man halb gestorben,
Und, zweifelnd stark an Gottes Güte,
Verkriecht man sich in die Kajüte.

Dann ist's vorüber — bei den meisten.
Von nun an können sie sich leisten,
Bei, wie sie prahlen, Windstärk' zehn —
Es ist nur drei! — an Deck zu gehn.

Man bete nur, daß man erwische
Die rechte Nachbarschaft bei Tische!
Denn sonst erzählt uns bei der Suppe
Ein Herr vom Rhein, was uns ganz schnuppe,
Beim Fisch ein Fräulein von der Wupper,
Berichtet, was uns noch viel schnupper,
Und, wie du schweigend dich verpuppst,
Teilt man dir mit das allerschnuppst';
Und dauert so was zwei, drei Wochen,
Wirst du von Bord gehn, ganz gebrochen.

Auch hoffe, daß auf dieser Arche
Zu laut dein Schlafgenoß nicht
  schnarche —
Auch damals tat vermutlich weh
Des Nilpferds Nachbarschaft dem
  Reh. —

Erst möchtst die Leut ins Meer du
  werfen,
Die gräßlich gehn dir auf die Nerven —
Dann bist du viel zu faul dazu:
Erfüllt von göttlich reiner Ruh
Unfähig jeglicher Erregung.
Und, notabene, *die* Verpflegung!
Was erst die Landausflüge bieten:
Nur Treffer — ohne alle Nieten!
Bauwerke, durchwegs prima klassisch,
Und wohlgemischte Völker, rassisch,
Dazu die Flora, teils gestrüppig,
Teils palmenstolz und gartenüppig.
Ist's in Neapel uns zu schmierig,
Wird Algiers Bettelvolk zu gierig,
Ist's in Port Said uns nicht geheuer,
Und scheint uns Lissabon zu teuer —
Wir kommen gleich, zu unserm Glück,
Aufs blanke, stille Schiff zurück,
Wo, daß kein Abenteuer peinigt,
Umgehend man uns chemisch reinigt,
So, daß stets ausgeruht und sauber
Die Welt bereist der Seeurlauber.

Tempo

Jahrtausende — von Adam an
Bis zu der ersten Eisenbahn —
Stand fest der Schnelligkeit Begriff:
Der Reiter und das Segelschiff,
Die Taube noch als Briefbesteller —
Nichts auf dem Erdenrund war
  schneller!
Ein Wunschtraum war es, siebenmeilen=
Gestiefelt, durch die Welt zu eilen.

Das Flugzeug, in den Lüften brausend,
Macht in der Stunde heute tausend!
Einst war, wer sich einmal empfohlen
Und fortritt, kaum mehr einzuholen.
Ein Flüchtling — etwa wegen Mord —
War sicher, kam er nur an Bord.
Heut wird zum Beispiel ein Vertreter,
Verreist achthundert Kilometer,
Zurückgerufen, telegrafisch:
An seiner Kette hängt er, sklavisch.
Der Defraudant kennt keinen Punkt,
An dem man ihn nicht rundbefunkt:
Kommt er in Hinterindien an,
Steht der Schandarm schon an der
  Bahn.
Der Forscher mag im Urwald sitzen,
Im Packeis, hoch auf Weltbergspitzen:
Wenn er an seinem Kästchen dreht,
Erfährt sofort er, wie's ihm geht.
Die Welt, so alle Welt behütlich,
Wird, scheint uns, *langsam* ungemütlich.

Vom Zelten

Der Welt erschließt sich eine Welt:
Der jüngste Schlager ist das *Zelt!*
Doch gibt's schon wieder da zwei
    Welten:
Hie Camping! und hie wildes Zelten!
Das Camping ich zuerst erwähne.
Sein Grundsatz lautet: Hygiene!
Mit Meldung, Parkplatz, Klo, Kantinen
Muß es der höchsten Ordnung dienen,
Bei Tag und Nacht ist es bewacht,
Daß niemand Lärm und Unfug macht,
Mit Hilfe von gestrengen Regeln
Schützt sich's vor Dieben und vor
    Flegeln.
Und daß der Mensch nicht ziellos
    streunt,
Wird es natürlich eingezäunt.
Kurzum, es ist der letzte Schlager:
Freiwilliges Internierungslager!
Was aber tut man mit der Jugend,
Die ohne Geld und ohne Tugend
Und leider Gottes, gar nicht still,
Ein wildes Leben führen will?
Kann Menschen man, oft halb erst
    wüchsig,
Im wilden Wald, wo hasen=füchsig
Die Tiere gute Nacht sich sagen,
Zu lassen ohne Aufsicht, wagen?
Wird hier, so wird mit Recht gewarnt,
Nicht böses Tun als Sport getarnt?
Sind diese jungen Menschenkinder
Auch wirklich *Tugend*=Pfadefinder?
Verkehrsfachmann wie Bürgermeister,
Den *wilden* Zeltler von sich weist er,
Der bloß ein schlichtes Stahlroß sattelt,
Im Faltboot auf den Flüssen paddelt.
Nur die Erlegung von Gebühren,
Heißt's, kann zum edlen Camping
    führen.

Der Reiseleiter

In stillem Beileid denken hier
Der armen, braven Menschen wir,
Die, des Kulturtransports Begleiter,
Verpflichtet sind als *Reiseleiter.*
Mit wahren Bären=Seelenkräften
Obliegen teils sie den Geschäften,
Teils stemmen sie, wie Schwer=
    gewichtler,
Die Zentnerlast der Kunstgeschichtler.
Sie dürfen noch nach tausend Fragen
Ein altes Fräulein nicht erschlagen,
Ja, selbst in Sturzseen von Beschwerden,
Nicht einen Zoll breit wankend werden.
Sie müssen, Opfer des Berufs,
Das Nicht=mehr=Rauchen des Vesuvs,
Die Höh, den Umfang seines Kraters,
Das Alter unsres Heiligen Vaters,
Die nähern Daten Wilhelm Tells,
Ja, selbst den kleinsten Schweizer Fels
Erklären aus dem Handgelenke,
Entwirren Knäuel von Gezänke,
Und Antwort stehn dem Herrn, der
    immer —
Wieso?? — bekommt das schlechtste
    Zimmer!
Mitunter wechselt man sie aus:
Wer schadhaft, kommt ins Irrenhaus.

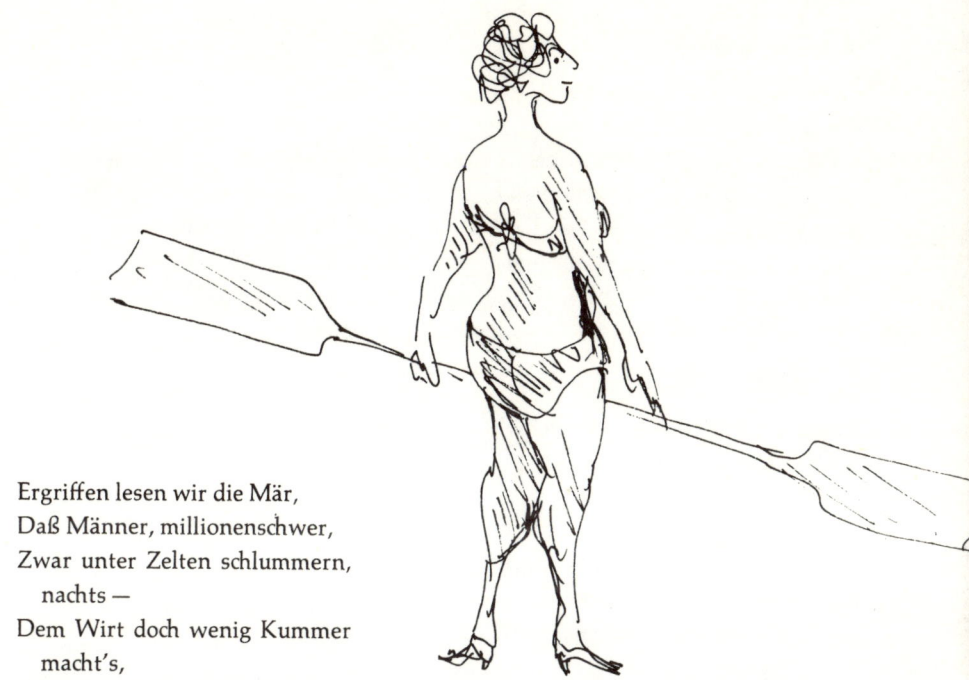

Ergriffen lesen wir die Mär,
Daß Männer, millionenschwer,
Zwar unter Zelten schlummern,
   nachts —
Dem Wirt doch wenig Kummer
   macht's,
Weil sie, den Smoking bei sich habend,
Bei sehr viel Sekt und Tanz den Abend
Bei ihm im Grandhotel verbringen,
Ganz dicke Gelder lassend springen.
Oh, zeltet nur, weil dann, vielleicht,
Die Zahl der freien Betten reicht!
         *
Schon Schillern sehen wir sich giften,
Daß der Nomade ließ die Triften
Einst wüste liegen, wo er strich.

Was gab die Heilige Ordnung sich
Doch Müh, den ungesell'gen Wilden
Zu rufen 'rein von den Gefilden,
Zu lehren ihn die sanften Sitten
Und ihm zu friedlich festen Hütten
Zu wandeln sein beweglich Zelt!
Heut zeltet wieder alle Welt
Und hält es mehr mit Goethe eben:
»Es soll der Mensch in Zelten leben!«

Verkehrsverein

Oft kommt der Gast nicht von allein —
Darum sorgt der *Verkehrsverein*,
Daß Gäste er wie Freizeit lenke.
Er stellt Programme auf und Bänke.
Allwöchentlich läßt er ein Fest los
Und er verbraucht das Brauchtum
   restlos.

Zur Warnung

Dreist wagt die Technik zu bekunden:
Natur ist völlig überwunden!
Der Mensch (oh, Fortschritt, sei
   gesegnet!)
Dem Menschen einzig nur begegnet!
Zu Schlüssen kommen, ziemlich andern,
Oft die, die in den Alpen wandern:
Ein Schneesturm braust und es wird
   neblich;
An Technik fehlt es ganz erheblich.
Natur ist *nicht* zu überwinden,
Kein Mensch ist weit und breit zu
   finden.
Wer also in Gefahr gerät,
Kehr erstens um, noch eh's zu spät,
Und zweitens, kann's kein Wirtshaus
   sein,
Zum mindsten bei sich selber ein:
Natur, uns als gezähmt gepriesen,
Wird unversehns zum wilden Riesen
Und hält sich, gar wenn man sie neckt,
Nicht unbedingt an den Prospekt!

Lebensreise

Wir sehn bei schärferer Belichtung:
Der Mensch reist nur in einer Richtung.
Es liegt so Glück wie Schmerz darin:
Unwiderruflich geht's dahin!
Und leider kann man Rückfahrkarten
In diesem Leben nicht erwarten.

Abgesang

Ein Lied gibt's von Herrn Urian,
Der, weitgereist, verzählen kann,
Wie er genommen Stock und Hut
Und sich die Welt betrachtet gut.
Und alle riefen: Wohlgetan,
Nur weiter so, Herr Urian!
Doch, wie er sprach: Den gleichen
   Sparren
Traf überall ich, die gleichen Narren,
Tat männiglich sich drob empören —
Man riet dem Schwätzer, aufzuhören.
Auch ich, der leider fürchten muß,
Daß man sich ärgert, mache Schluß
Und wünsche meinem Leserkreise
Von Herzen — »trotzdem gute Reise!«

Wundersame Heilkunst

Lob der Heilkunst

Zwar Handwerk oft und nur zum Teil
  Kunst
Ist doch das Wichtigste die Heilkunst.
Gäb sonst ein Künstler so bescheiden
Sich ab mit kleinen Erdenleiden?
Unsterblichkeit ist Künstlers Ziel —
Heilkünstler wollen nicht so viel:
Sie sind zufrieden, kommt's soweit,
Daß nachläßt nur die Sterblichkeit.
Die andern Künste sind im Grunde
Doch nur Genüsse für Gesunde:
Mitunter mehr als ein Gedicht
Den Kranken ein Rezept anspricht,
Und mehr als ein Gemäld ihm gilt
Ein wohlgetroffenes Krankheitsbild,
Weil ihm vor allem daran liegt,
Daß selbst er wieder Farbe kriegt.
Hörst du vor Schmerz die Engel singen,
Der Doktor zwingt ihn, abzuklingen.
So ist im Arzte Blüt und Kraft
Vereint von Kunst und Wissenschaft.

Die Ärzte

1.
Die Ärzte sind verschiedner Art;
Ich schildre den zuerst, der zart:
Oft ist er wie ein Lämmlein sanft,
Noch spielend an des Todes Ranft,
Erzählt uns muntre Anekdötchen,
Macht Männchen oder gibt uns
  Pfötchen.
Er zwitschert fröhlich wie ein
  Schwälbchen

Und er verschreibt ein harmlos
   Sälbchen,
Tablettchen oder bittere Pillchen
Und funkelt schalkhaft durch sein
   Brillchen
Mit Äuglein, frömmer als ein Rehlein —
Selbst Darmkrebs nennt er noch
   Wehwehlein.
Froh ist am Schluß das arme Kränkchen,
Wenn er nun fortgeht, Gott sei
   Dänkchen.

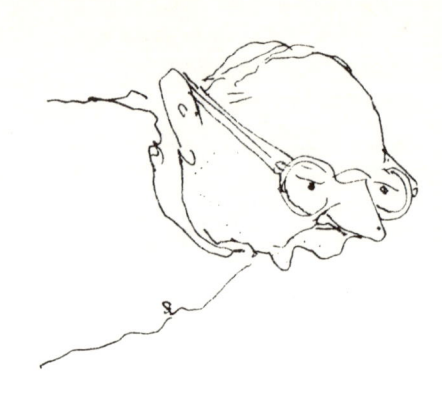

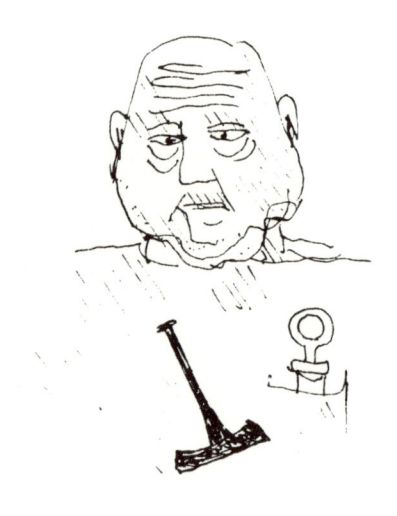

»Im Kopf fehlt's? Nun, das dacht ich
   gleich —
Da ist ja das Gehirn schon weich!«
Holt er den Nagel von der Zeh
Und man erklärt, das tue weh: —
»Wenn's wohl tät, wärt ihr da in
   Haufen,
Und ich käm gar nicht mehr zum
   Schnaufen.«
Er knurrt wohl auch, ein wüster Spaßer:
»Sie stehn ja bis zum Hals im Wasser!«
Auch sagt er, statt uns Trost zu gönnen:
»Viel wird man da nicht machen
   können!«
Scheint er als Mensch auch nicht
   vergnüglich,
Ist er doch meist als Arzt vorzüglich.

2.
Wenn ich den Läppischen nicht lobe,
Ist doch auch unerwünscht der Grobe.
Er mustert streng uns, herzenskalt:
»Was, über sechzig sind Sie alt?
Da wird es sich wohl nicht mehr
   geben —
Nun ja, wer will denn ewig leben?«
»Gelebt, geliebt, geraucht, gesoffen —
Und alles dann vom Doktor hoffen!«
So etwa spricht er, grimmig barsch:
»Nicht zimperlich jetzt. Ausziehn,
   marsch!«

3.
Sag ich zu beiden Fällen nein —
Fragt ihr: »Wie soll der Arzt denn sein?«
Die Antwort hab ich da geschwind:
So, wie gottlob fast alle *sind!*
Der gute Arzt ist nicht zu zärtlich,
Doch ist er auch nicht eisenbärtlich.
Nicht zu besorgt und nicht zu flüchtig,
Er ist, mit einem Worte, tüchtig.
Er ist ein guter Mediziner,
Erst Menschheits=, dann erst Geldver=
 Diener.
Gesunde fühlen sich wie Götter
Und werden leicht am Arzt zum
 Spötter.
Doch bricht dann eine Krankheit aus,
Dann schellen sie ihn nachts heraus

Beim allerärgsten Sudelwetter
Und sind ganz klein vor ihrem Retter.
Der kommt — nicht wegen der paar
 Märker,
Die Nächstenliebe treibt ihn stärker,
(Schlief er auch noch so süß und fest)
Zu kriechen aus dem warmen Nest.
Behandelt drum den Doktor gut,
Damit er euch desgleichen tut!

Der Zahnarzt

Nicht immer sind bequeme Stühle
Ein Ruheplatz für die Gefühle.
Wir säßen lieber in den Nesseln,
Als auf den wohlbekannten Sesseln,
Vor denen, sauber und vernickelt,
Der Zahnarzt seine Kunst entwickelt.
Er lächelt ganz empörend herzlos
Und sagt, es sei fast beinah schmerzlos.

Doch leider, unterhalb der Plombe,
Stößt er auf eine Katakombe,
Die, wie er mit dem Häkchen spürt,
In unbekannte Tiefen führt.
Behaglich schnurrend mit dem Rädchen
Dringt vor er bis zum Nervenfädchen.
Jetzt zeige, Mensch, den Seelenadel!
Der Zahnarzt prüft die feine Nadel,
Mit der er alsbald dir beweist,
Daß du voll Schmerz im Innern seist.
Du aber hast ihm zu beweisen,
Daß du im Äußern fest wie Eisen.
Nachdem ihr dieses euch bewiesen,
Geht er daran, den Zahn zu schließen.
Hat er sein Werk mit Gold bekrönt,
Sind mit der Welt wir neu versöhnt
Und zeigen, noch im Aug die Träne,
Ihr furchtlos wiederum die Zähne,
Die wir — ein Prahlhans, wer's
 verschweigt —
Dem Zahnarzt zitternd nur gezeigt.

Lauter Doktoren

Ein kleiner Unfall ist geschehn:
Rasch heißt's, nach einem Doktor sehn!
Das ist nicht schwer — die Welt ist klug,
Doktoren gibt es grad genug!
Der erste, den man rufen will,
Ist leider nur ein Dr. phil.
Der zweite, welcher helfen soll,
Ist ausgerechnet ein rer. pol.
Der dritte, dem man auf der Spur,
Stellt sich heraus als Dr. jur.
Der vierte ist ein Dr.=Ing.,
Der fünfte, endlich, medizin'sch.
Doch schlimmer als ein Erzquacksalber:
Er ist nur Dr. ehrenhalber!

Gemütsleiden

Es können die Gemütskrankheiten
Nur, wo Gemüt ist, sich verbreiten;
Drum gehen auch, zu unserm Glück,
Gemütskrankheiten stark zurück.

Wandlungen der Heilkunst

Es wechseln ärztliche Methoden
Beinah so wie die Damenmoden:
Klistieren, Schröpfen, Hygiene,
Schilddrüse, Blinddarm, Mandeln, Zähne —
Auf all das stürzt sich voller Kraft
Der Reihe nach die Wissenschaft.
Was gestern galt, das wird als Wahn
Gewiß schon heute abgetan.
Doch glücklich, wer, eh es zu spät,
Was morgen Mode wird, errät.
Nur ist vergeblich alle Müh,
Errät es einer — allzufrüh.

Bäder

Wenn sie als Kind zu heiß uns baden,
So merkt man später wohl den Schaden.
Doch kann man auch mit kalten Duschen
Uns unsre Jugend arg verpfuschen.

BLINDDARM

Der Blinddarm lebt im dunklen Bauch,
Ist nicht nur blind, ist taubstumm auch,
Ein armer Wurm, unnütz und krumm
Und, höchstwahrscheinlich, schrecklich dumm,
Infolgedessen leicht gereizt,
Sobald sich irgend etwas spreizt.
Wir merken's leider meist zu spät,
Wenn dieser Wurm in Wut gerät.
Denn, ach, er kann's nicht anders künden
Als durch ein heftiges Sich=entzünden.
Wie wollt man ihn um Ruhe bitten? —
Kurzweg wird er herausgeschnitten.
Und ohne Wurmfortsatz wird jetzt
Das Leben einfach fortgesetzt.

SCHNUPFEN

Beim Schnupfen ist die Frage bloß:
Wie kriege ich ihn — wieder los?
Verdächtig ist's: die Medizin
Sucht tausend Mittel gegen ihn,
Womit sie zugibt, zwar umwunden,
Daß sie nicht eines hat gefunden.
Doch Duden sei als Arzt gepriesen,
Der Nießen milderte zu Niesen.
Der bisher beste Heilversuch
Besteht aus einem saubern Tuch,
Zu wechseln un=ununterbrochen
Im Lauf von etwa zwei, drei Wochen.
Zu atemschöpferischer Pause
Bleibt man am besten still zu Hause,
Statt, wie so häufig, ungebeten
Mit bei Konzerten zu trompeten.
Rezept: Es hilft nichts bei Katarrhen
Als dies: geduldig auszuharren.
Der Doktor beut hier wenig Schutz —
Im besten Fall nießt er nur Nutz.

ERSTE HILFE

Man liest zwar deutlich überall:
Was tun bei einem Unglücksfall?
Doch ahnungslos ist meist die Welt,
Wie sie beim Glücksfall sich verhält.

ERKENNTNIS

Zwei Dinge trüben sich beim Kranken:
a) der Urin, b) die Gedanken.

EINBILDUNG

Wir sehn mit Grausen ringsherum:
Die Leute werden alt und dumm.
Nur wir allein im weiten Kreise,
Wir bleiben jung und werden weise.

Apotheker

Ein Glück, daß wir der Medizinen
Nicht völlig gratis uns bedienen,
Nein, daß das Schicksal, mild und weise,
Schuf hohe Apothekerpreise.
Nicht immer ist ein Arzt dein Retter,
So er dein Schwager oder Vetter
Und ringsum an beherzte Huster
Umsonst verteilt die Ärztemuster.
Im Kostenlosen liegt ein Reiz:
Man frißt's hinein aus purem Geiz.
Ja, würden nach gehabten Proben
Die Leute wenigstens noch loben!
Doch sagen sie, es sei ein Dreck
Und habe alles keinen Zweck!
Der hohe Preis als höherer Wille
Schlägt ab den Sturm auf die Pastille.
Denn noch ein jeder hat bedacht sich,
Wenn's heißt: »Macht fünf Mark drei=
   undachtzig.«
Es lobt darum ein weiser Seher
Der Säftleinmischer, Pillendreher
Uraltes, heiliges Geschlecht,
Das zwar nicht billig — aber recht!

Holde Täuschung

Bei Nikotin und Alkohol
Fühlt sich der Mensch besonders wohl.
Und doch, es macht ihn nichts so hin,
Wie Alkohol und Nikotin.

Vorsicht!

Du kriegst, wenn du sie nicht schon
   hast,
Gastritis leicht als Wirtshaus=Gast.

Zuversicht

Am Abend sieht man manchen
   Kranken
Gewaltig Medizinen tanken:
Für Herz und Magen, Kopf und Nerven
Füllt er sich an mit Heilkonserven;
Er hofft, daß morgen früh die Gaben
Gewirkt beim Aufstehn werden haben.
Und gläubig schließt er seinen Pakt
Schon jetzt mit dem Futur exakt.

Mensch und Unmensch

Wer tiefer nachdenkt, der erkennt:
Mensch sein ist fast schon: Patient.
Doch sind wohl aus demselben Grund
Unmenschen durchwegs kerngesund.

Schütteln

Auf Flaschen steht bei flüssigen
   Mitteln,
Man müsse vor Gebrauch sie schütteln.
Und dies begreifen wir denn auch —
Denn zwecklos ist es *nach* Gebrauch.
Auch Menschen gibt es, ganz verstockte,
Wo es uns immer wieder lockte,
Sie herzhaft hin= und herzuschwenken,
In Fluß zu bringen so ihr Denken,
Ja, sie zu schütteln voller Wut —
Doch lohnt sich nicht, daß man das tut.
Man laß sie stehn an ihrem Platz
Samt ihrem trüben Bodensatz.

Warnung

Daß von der Welt Besitz er nehme,
Erfand der Teufel das Bequeme.

Versicherung

Unsicher ist's auf dieser Erden,
Drum will der Mensch versichert
   werden.
Hat er die Zukunft nicht verträglich,
So wird's ihm vor ihr unbehaglich.
Das Leben, ständig in Gefahr,
Zahlt er voraus von Jahr zu Jahr,
Daß auch an unverdienter Not
Er was verdient, selbst durch den Tod.
Die Krankheit wird schon halb zum
   Spaße,
Weiß man: das zahlt ja doch die Kasse!
Und wär das Leben jäh erloschen,
Gäb's hundert Mark für einen Groschen.
Ja, so ein Bursche spekuliert,
Daß durch Gesundheit er *verliert!*
Der Teufel aber höhnisch kichert:
»Wie seid ihr gegen *mich* versichert?«
Ja, stellt der Teufel uns ein Bein,
Springt die Versichrung meist nicht ein.
Der allzu Schlaue wird der Dumme:
Zum Teufel geht die ganze Summe,
Und wirklich wertbeständig bliebe
Auch hier nur: Glaube, Hoffnung,
   Liebe!

Hausapotheke

Krank ist im Haus fast immer wer —
Mitunter muß der Doktor her.
Der Doktor geht dann wieder fort,
Die Medizinen bleiben dort
Und werden, daß den Arzt man spare,
Nun aufgehoben viele Jahre.

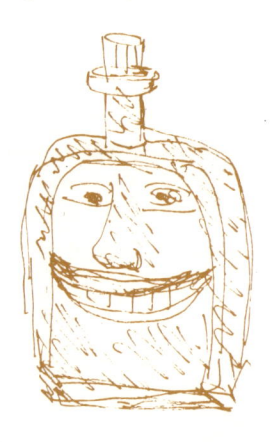

Unordnung ist ein böses Laster:
In einem Wust von Mull und Pflaster,
Von Thermometern, Watte, Binden
Liegt, oft nur schwer herauszufinden,
Inmitten all der Tüten, Röhren,
Die eigentlich nicht hergehören,
Das, wie wir hoffen, richtige Mittel
Mit leider höchst verzwicktem Titel:
Was von den .. in und .. an und .. ol
Tät unserem Wehweh wohl wohl?
Nur Mut! Was etwa gegen Husten
Im vorigen Jahr wir nehmen mußten,
Wir schlucken's heut bei Druck im
   Bauch —
Und — welch ein Wunder! — da hilft's
   auch!
Wenn überhaupt nur was geschieht,
Daß uns der Schmerz nicht wehrlos
   sieht —
Er wird nicht alles sich erlauben,
Stößt er auf unsern festen Glauben!
Von dem bewahrt euch drum ein
   Restchen
In eurem Apothekerkästchen!

Mitleid

Das Mitleid kann, selbst echt und rein,
Mitunter falsch am Platze sein.
Mit Takt gilt es zu unterscheiden,
Was jeweils heilsam für ein Leiden,
Ob Händedruck aufmunternd, stark,
Ob in die Hand gedrückt zehn Mark.

Verschiedne Einstellung

Als man zu Massen, wüst und dumm,
Zerrieb das Individuum,
Hat sich die Welt nicht sehr gekümmert.
Doch jetzt, wo man Atom
   zertrümmert —
Im letzten Grund nur folgerichtig —
Nimmt sie das ungeheuer wichtig!

Besuche

Liegst du in deinem Krankenzimmer,
Dann freun Besuche dich fast immer.
Du harrst von Stund zu Stunde still,
Ob einer zu dir kommen will:
Just, wenn des Hemdes du ermangelst,
Nach der bewußten Flasche angelst,
In heißen Fieberträumen flatterst,
In einem kalten Wickel schnatterst,
Das Thermometer stumm bebrütest,
In jähem Schmerzensanfall wütest —
Dann, für Sekunden unerbeten,
Wird einer an dein Lager treten
Und gleich, errötend, wieder gehen
Ganz leise, taktvoll, auf den Zehen...

Ein andermal an deinem Lager
Stehn grade Bruder, Schwester,
 Schwager:
Nach leeren Wochen plötzlich drei —
Als vierter kommt der Freund vorbei.
Er kündet jedem, der erbötig:
»Besuche hat der gar nicht nötig!«
Und wieder liegst in dumpfer Pein
Du lange Tage ganz allein.

Kunst

Mitunter fälscht wer, gar nicht schlecht,
Ein Krankheitsbild, als wär es echt.
Dann wird, es richtig zu bewerten,
Der Doktor gar zum Kunstexperten.

Scheintote

Lang lebt noch, rüstig und betagt
Manch einer, den man totgesagt.
Doch nicht so leicht mehr hochzukriegen
Ist einer, den man totgeschwiegen.

Wartezimmer

Der Hausarzt kommt nicht mehr wie früher.
Du bist ein Selbst=dich=hin=Bemüher.
Im Wartezimmer — lang kann's dauern! —
Mußt du auf den Herrn Doktor lauern,
Der, wie's der Reihe nach bestimmt, 
Den einen nach dem andern nimmt —
(Soferne du nicht wöhnest arg,
Daß er noch viele schlau verbarg
In Nebenräumen, Küch' und Keller,
Um sie dann vorzulassen, schneller.)
Dortselbst, in schweigend stumpfem Ernst,
Du warten kannst — wenn nicht, es lernst.
Dann endlich trifft dich ein beseeltes:
»Der Nächste, bitte! Na, wo fehlt es?«

Nun gibt's von Leidenden zwei Sorten:
Den einen fehlt's zuerst — an Worten.
Den andern fehlt's gleich überall:
Sie reden wie ein Wasserfall.
Der Doktor, geistesgegenwärtig,
Wird leicht mit beiden Sorten fertig.
Maßgebend ist ihm ja im Grund —
Nicht dein Befinden — sein Befund.

Schönheit

Die Welt, du weißt's, beurteilt dich,
Schnöd wie sie ist, nur äußerlich.
Drum, weil sie nicht aufs Innere schaut,
Pfleg du auch deine heile Haut,
Daß Wohlgefallen du erregst,
Wo du sie auch zu Markte trägst.
Die Zeitung zeigt dir leicht die Wege
Durch angepriesene Schönheitspflege.
Durch Wässer besser als mit Messer
Hilft dir ein USA=Professer,
Und ein Versandgeschäft im Harze
Hat Mittel gegen Grind und Warze
Und bietet dir für ein paar Nickel
Die beste Salbe gegen Pickel.
Sie macht die Haut besonders zart,
Ist gut auch gegen Damenbart,
Und ist, verändert kaum im Titel,
Auch ein erprobtes Haarwuchsmittel,
Soll gegen rote Hände taugen
Und glanzbefeuern deine Augen
Und wird verwendet ohne Schaden
Bei Kropf und bei zu dicken Waden,
Ist aber andrerseits bereit,
Zu helfen gegen Magerkeit
Und ist, auf Ehre, fest entschlossen,
Zu bleichen deine Sommersprossen.
Sie wird sich weiterhin entpuppen
Als Mittel gegen Flechten, Schuppen,
Ist, was besonders angenehm
Für Frauen, gut als Büstencrem
Verwendbar, und zwar, wie man wolle,
Für schwache Brust und übervolle.
Sofern du Glauben schenkst dem Frechen,
Hast nichts zu tun du, als zu blechen.
Die Salbe selbst wird, nachgenommen,
Und wohntest du am Nordpol, kommen.

Einsicht

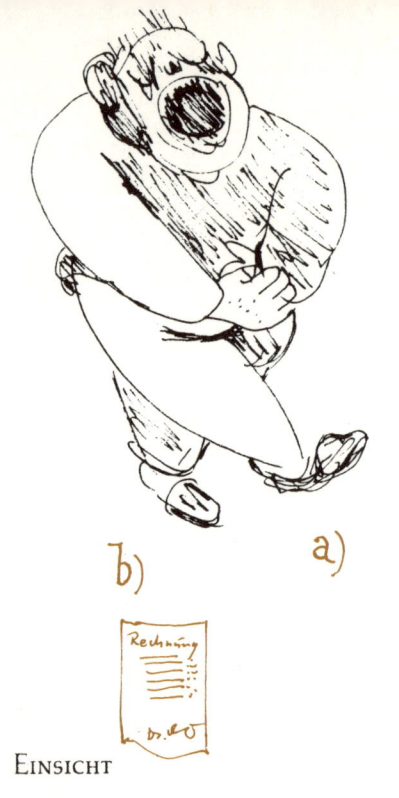

Der Kranke traut nur widerwillig
Dem Arzt, der's schmerzlos macht und billig.
Laßt nie den alten Grundsatz rosten:
Es muß a) wehtun, b) was kosten.

Warnung

Die Hybris sitzt im Wesen tief
Dem, der (ger=)manisch=depressiv.

Heilmittel

Der Weise, tief bekümmert, spricht:
An guten Mitteln fehlt es nicht,
Zu brechen jeden Leids Gewalt —
Nur kennen müßte man sie halt!

Kongressitis

Mißtrauisch sehn wir den verstärkten
Auftrieb zu Mediziner=Märkten:
Anstatt wie früher, still daheim
Der jüngsten Forschung süßen Seim
Zu saugen aus der Fachzeitschrift,
Die Ärzteschaft sich heute trifft
In Tokio und in Daxelburg,
Wo Internist sich und Chirurg
Bereden teils und teils belauschen,
Das neuste Wissen auszutauschen.
Kaum sind sie, wunderbar gespeist,
Nach Köln und Hamburg heimgereist,
Nach München, Tübingen und Gött=,
Schon ist das Neuste ein Gespött
Und wieder müssen Räder rollen,
Weil sie noch Neueres wissen wollen.
Der Arzt des Fortschritts sei gepriesen
Im Gegensatz zum Feld=Wald=Wiesen=,
Der, fern der jüngsten Wissenschaft
Zu Hause Krankenscheine rafft.
Doch *einen* Vorteil hat auch *der:*
Er kann gleich kommen, ruft ihn wer.

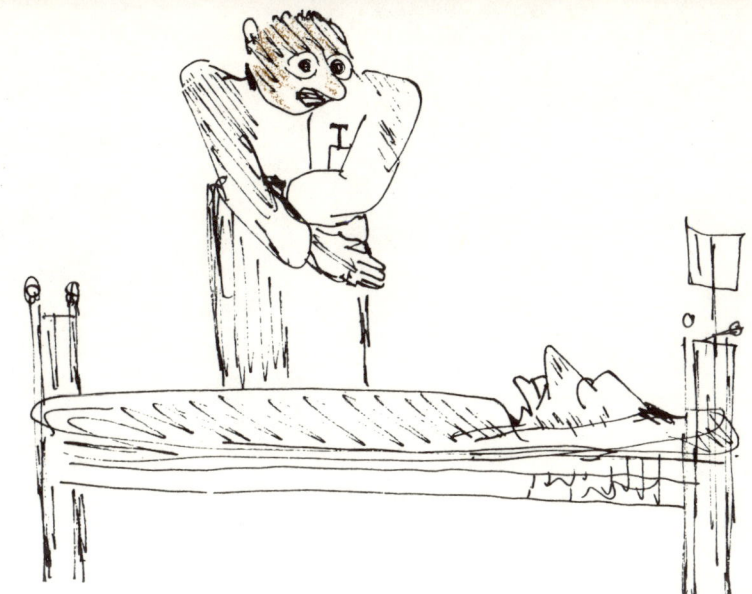

Halali

Der Krankheit wird gewaltig jetzt
Vermittels Treibjagd zugesetzt.
Höchst logisch wird von allen =logen
Was irgend möglich, einbezogen.
Der Psycho=, Uro=, Bakterio=,
Laryngo=, Neuro=, Röntgeno=
Und viele andere beäugen
Die Fährte, sich zu überzeugen,
Daß, immer enger schon verbellt,
Die Krankheit ausweglos umstellt.
Zuletzt wird sie, auf Tod und Leben,
Dem Chef zum Abschuß freigegeben.

Der Unentwegte

Du kommst zum Doktor als ein Mann,
Der allerhand erzählen kann.
Du bist an Nerven recht zerrüttet:
Zweimal warst du im Krieg verschüttet.
Er hört kaum hin und sagt: »Jawohl —
Doch wie steht's mit dem Alkohol?«
Du schwörst: Kein Tröpfchen mehr
    seit Jahren!
Doch deine Ehe sei verfahren:
Drei Kinder krank, die Frau sehr bös —
Vielleicht macht dies dich so nervös?
»Hum«, brummt der Doktor, »ich
    versteh —
Wie aber ist's mit dem Kaffee?«
Seit Wochen, schwörst du, keinen
    Schluck
Und wenn, dann höchstens Muckefuck.
»Ja«, sagt der Doktor, »immerhin —
Doch wie steht's mit dem Nikotin?«
Du schwörst — und flehst, daß er dir
    glaubt:
Nichtraucher seist du überhaupt.
»Dann!« sagt der Doktor, »ist kein
    Grund
Zur Krankheit — Mann, Sie sind
    gesund!«

Arztwechsel

Der Hausarzt, tüchtig und bescheiden,
War einst der Hüter unsrer Leiden.
Er ward uns Helfer, ward uns Freund. —
Jetzt wird nur noch herumgestreunt.
Half nicht der erste Herr Professer,
Dann ist gewiß der zweite besser,
Und bald — das ist bei uns so Sitte —
Denkt man, der beste sei der dritte.
Ein jeder fängt von vorne an,
Tut, was die andern schon getan:
Sollt er sich fremder Einsicht beugen?
Nein, er muß selbst sich überzeugen!
Er läßt den ganzen Heiltumsschatz,
Vom EKG bis Grundumsatz,
Frisch auf uns los; und wenig gilt
Das jüngst erstellte Röntgenbild.
Nach mancher Messung und
   Verbuchung
Sind wir jetzt reif zur Untersuchung,
Bei der wir wieder neu erfahren,
Was man uns schon gesagt vor Jahren,
Und wofür wir auch danken, kindlich:
Daß unsre Galle reizempfindlich,
Und unser Herz ein bißchen groß —
Daß aber sonst nicht recht viel los.
Wir tragen leichter unsre Qual
Ein Jahr lang — bis zum nächstenmal...

Aufschub

Der Tod hat es in unsern Tagen
Nicht mehr so leicht: er muß sich
    plagen!
Die Medizin, die meisterliche,
Kommt mehr und mehr ihm auf die
    Schliche.
Er kann, selbst wenn es Gott befohlen,
Uns nicht, so mir nichts, dir nichts,
    holen.
Der Mensch fuhr früher rasch dahin —
Jetzt bremst man mit Penicillin.
Und einer, der vor Gottes Stufen
Bereits so gut schien, wie gerufen:
Der Arzt, wer weiß, ob auch zum
    Glück,
Ruft in das Leben ihn zurück.
Und doch, mag man ihn manchmal
    stoppen,
Läßt sich der Tod am End nicht foppen;
Und mehr als einem tat's schon leid,
Daß er nicht ging — zur rechten Zeit.

Geschenke

Wenn bummelnd durch die Stadt du
    gehst
Und müßig vor Geschäften stehst,
Schau in die Läden nicht zu scharf,
Die zeigen »Krankenhausbedarf«.
Sie preisen zwar mit milden Worten
Das Folterwerkzeug aller Sorten,
Doch dich ergreift ein eisiger Schreck —
Am besten schaust du schleunig weg.
Nicht freilich so zur Weihnachtszeit,
Wo auch der Bandagist bereit,
Zu fördern lieblich den Gedanken,
Wie man erfreu die armen Kranken.
Er schmückt (statt's gar nicht herzu=
    zeigen)
Ein »Entlein« grün mit Tannenzweigen;
Um medizinisch ernste Spritzen
Läßt hold er goldne Sternlein blitzen
Und ein begehrenswertes Bruchband
Versieht er fromm mit einem
    Spruchband,
Das von der Zeit, so gnadenvoll,
Die Menschen überzeugen soll,
Sofern sie guten Willens sind —
Und etwas Passendes sich find.

Vergebliche Warnung

Der Leib sagt es der Seele oft,
Daß er auf ihre Besserung hofft;
Er fleht, das Rauchen einzudämmen,
Ihn nicht mit Bier zu überschwemmen,
Ihm etwas Ruhe doch zu gönnen —
Bald werd er's nicht mehr schaffen
    können.
Die Seele murrt: »Laß dein Geplärr!
Du bist der Knecht — ich bin der Herr!«
Der Körper, tief beleidigt, schweigt —
Bis er dann eines Tages streikt:
Die Seele, hilflos und bedeppt,
Den kranken Leib zum Doktor schleppt.
Und was, meint Ihr, erfährt sie dort?
Genau dasselbe, Wort für Wort,
Womit der Leib ihr Jahr und Tag
Vergeblich in den Ohren lag.

Zum Trost

Leicht sieht ein jeder, der nicht blind,
Wie krank wir, trotz der Ärzte, sind.
Doch nie wird man die Frage klären,
Wie krank wir ohne Ärzte wären.

Wandlung

Daß wir den Arzt nicht fürchten dürfen,
Ist klar — doch wenn wir tiefer schürfen,
So kommen wir auf den Gedanken:
Heut fürchtet mehr der Arzt die
    Kranken!

»Schein«-Behandlung

Scheinkranke stellen gern sich ein,
Genügt dazu ein Krankenschein.

Patent

Der Kranke greift zur Medizin,
Froh überzeugt, sie heile ihn.
Doch ist sie leider, gleich der Nuß,
Gebannt in den Patentverschluß.
Der Ärmste plag sich, wie er mag:
Geheimnisvoll am lichten Tag
Läßt sich mit Hebeln nicht und
    Schrauben
Die Büchse ihren Inhalt rauben.
Hätt er die Medizin genommen,
Der Kranke wär davon gekommen.
Doch starb er noch in selber Nacht:
Er hat das Dings nicht aufgebracht.

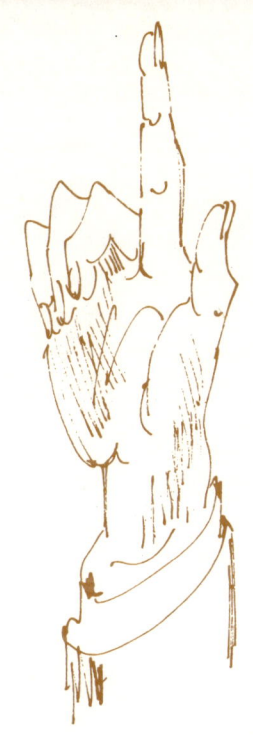

Zweifache Wirkung

Das ist der Krankenhäuser Sinn,
Daß man — wenn's geht — gesund wird drin.
Doch wenn man's ist: dann schnell heraus!
Ansteckend ist das Krankenhaus.

Wohlfahrt

Was ist gar vieler Menschen Traum?
Die Rentenfrucht am Leidensbaum.

Schlafmittel

Der süße Schlaf, naturgesteuert,
Wird, ach! jetzt barbitursäuert.
Das muß sich rächen auf die Dauer:
Das Aufstehn, morgens, fällt uns sauer!

Ärger

Es gilt, just bei nervösen Leiden,
Aufregung aller Art zu meiden;
Besonders, wie der Doktor rät,
Vorm Schlafengehen, abends spät.
Noch mehr fast, fleht er, gib dir Müh,
Dich nicht zu ärgern in der Früh.
Und bitte, ja nicht zu vergessen:
Niemals, vorm, beim und nach dem Essen.
Wer streng zu folgen ihm, bereit,
Hat, sich zu ärgern, kaum mehr Zeit.

Undank

Ein guter Arzt weiß gleich oft, wo.
Statt daß man dankbar wär und froh,
Ist man so ungerecht und sagt:
»Der hat sich auch nicht arg geplagt!«
Ein andrer tappt ein Jahr daneben —
Mild heißt's: »Müh hat er sich gegeben!«

Diener und Herr

Ist auch an sich der Mediziner,
Wie sonst kaum wer, der Menschen
  Diener,
So ist er doch der Herr zugleich;
Und willig beugen arm und reich,
Ablegend Hemd und Rang und Titel,
Sich vor dem Mann im weißen Kittel.

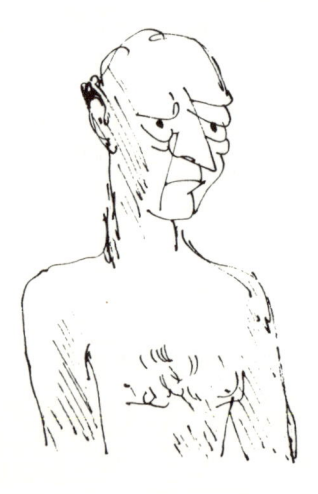

Hoffnungen

Nicht nur die stolze Firma Bayer,
Nein, auch der Apotheker Mayer
Und Hinterhuber, der Drogist,
Sehn, was die Welt an Pillen frißt
Und nährn die Hoffnung drum im
  Busen,
Daß sie, schier so wie Leverkusen,
Und andere Erzeugungsstätten
Glück mit dergleichen Sachen hätten.
Soll er denn, fragt sich jeder Brave,
Für ewig sein der Handelssklave
Der Firmen all, der reichen, großen?
Kann er nicht selbst noch Pulver stoßen
Und Pillen drehn, wie es der Ahn
Jahrhunderte hindurch getan?
Der Anfang ist oft klein, ja winzig,
Knoblauchig oder pfefferminzig,
Doch Kühnere voll Tatkraft werfen
Sich schon auf Kreislauf, Herz und
  Nerven
Und, leicht durchsetzt mit Welt=
  anschauung,
Auf die geregelte Verdauung.
Im Laden ein Plakat schon prunkt:
»Erkennst du deinen dunklen Punkt??
Er wird durch Mittel prompt erhellt,
Von mir persönlich hergestellt!«
Und vor des Schöpfers innerm Blick
Steht schon, gewaltig, die Fabrik.

Inserate

Selbst Blätter, die sonst ernst zu
    nehmen,
Sich nicht der ganzen Seiten schämen,
Darauf sie, dienstbar dem Gesindel,
Anpreisen jeden Heilungsschwindel.
Das aufgeklärte Publikum
Ist heut ja noch genauso dumm,
Wie in der Zeit der Wunderkuren,
Zahnbrecher und Geheimtinkturen.
Ja, es vertraut, so blind wie nie,
Dem Teufelsspuke der Chemie.
Muß man sich dem Erfolg nicht beugen,
Wenn Frauen schockweis ihn bezeugen,
Die alle, hergezeigt in Bildern,
Eingehendst die Verdauung schildern,
Die sie, durch das besagte Mittel,
Abmagern ließ um gut ein Drittel?
Der Gatte, Jugendglanz im Blicke,
Nennt sie nun nicht mehr »meine
    Dicke«,
Er sagt: »Mein Mädchen!« zu der
    Stolzen,
Bewundernd, wie sie hingeschmolzen.
Die Welt wird mager — nur die Blätter,
Die werden durch die Firma fetter,
Die weiter nichts braucht abzuführen,
Als ihre Inserat=Gebühren.

Stoffwechsel

Höchst unterschiedlich im Vertragen
War auch seit je der Seelenmagen,
So daß ein chronisch=milder Gram
Dem einen gar nicht schlecht bekam,
Der reagierte andrerseits
Schlecht auf akuten Ärger=Reiz.
Ein zweiter, ohne jede Störung
Nährt sich von Jähzorn und Empörung,
Wogegen jede Art von Stauung
Sich schlüge bös auf die Verdauung.
Man sieht, auch seelisch schmeckt dem
    Esser
Hier dies und dort das andre besser.

Reiskur

Der Patient hat fest versprochen,
Nur Reis zu essen, sieben Wochen.
Erst tut er's streng: salzlos, gewässert,
Dann insgeheim schon leicht verbessert;
Dann in der Form des süßen Breis;
Dann Reis mit Huhn; dann Huhn mit
    Reis —
Um im Gefühle eines Helden
Beim Doktor wieder sich zu melden.
Und sieh! Der Patient hat Glück:
Der hohe Blutdruck ging zurück
Und beide singen Lob und Preis
Dem wundertätig=edlen Reis.

Guter Zuspruch

Wenn sonst ein Gatte an was litt,
Beleidete die Frau ihn mit.
Doch trifft man auch das Gegenteil —
Die Frau nur schimpft: »Natürlich,
　　weil:
Du einfach nie zum Doktor gehst;
Barfuß auf kalten Böden stehst,
Nie pünktlich nimmst die Medizin,
Hinarbeit'st selbst auf den Ruin,
Beim Baden immer untertauchst,
Den ganzen Tag Zigarren rauchst,
Hineinfrißt, was du nicht verträgst,
Am Ast, auf dem wir sitzen, sägst,
Zu jeder Warnung blöd nur lachst,
Nie ernstlich dir Gedanken machst — —
Das würde dir vielleicht so passen,
Als Witwe mich zu hinterlassen!«
So schlägt sie nieder ihn mit Keulen
Und jetzt fängt sie gar an zu heulen.
Der Mann, gelockert und bewässert,
Verspricht, daß er sich schleunig
　　bessert. —

Kassenhass

Ein Mann, der eine ganze Masse
Gezahlt hat in die Krankenkasse,
Schickt jetzt die nötigen Papiere,
Damit auch sie nun tu das ihre.
Jedoch er kriegt nach längrer Zeit
Statt baren Gelds nur den Bescheid,
Nach Paragraphenziffer X
Bekomme vorerst er noch nix,
Weil, siehe Ziffer Y,
Man dies und das gestrichen schon,
So daß er nichts, laut Ziffer Z,
Beanzuspruchen weiter hätt.
Hingegen heißt's, nach Ziffer A,
Daß er vermutlich übersah,
Daß alle Kassen, selbst in Nöten,
Den Beitrag leider stark erhöhten
Und daß man sich, mit gleichem
　　Schreiben,
Gezwungen seh, ihn einzutreiben.
Besagter Mann denkt, krankenkässlich,
In Zukunft ausgesprochen häßlich.

Mahnung

Die Welt, bedacht auf platten Nutzen,
Sucht auch die Seelen auszuputzen;
Das Sumpf=Entwässern, Wälder=Roden
Schafft einwandfreien Ackerboden
Und schon kann die Statistik prahlen
Mit beispiellosen Fortschrittszahlen.
Doch langsam merken's auch die
　　Deppen:
Die Seelen schwinden und versteppen!
Denn nirgends mehr, so weit man sieht,
Gibt es ein Seelen=Schutzgebiet:
Kein Wald, drin Traumes Vöglein
　　sitzen,

Kontaktarmut

Daß er an Spannung nichts verliert,
Lebt heute jeder isoliert.

Kein Bach, drin Frohsinns Fischlein
  blitzen,
Kein Busch, im Schmerz sich zu
  verkriechen,
Kein Blümlein, Andacht draus zu
  riechen.
Nichts, als ein ödes Feld — mit Leuten
Bestellt, es restlos auszubeuten.
Drum, wollt ihr nicht zugrunde gehn,
Laßt noch ein bißchen Wildnis stehn!

Psychoanalyse

Ein kluger Seelen=Wurzelgraber
Weiß viel ans Licht zu bringen — aber
Vergeßt dabei das eine nicht:
Die Wurzeln sterben ab im Licht!

Angstträume

Wen hätt nicht schon der Traum
  gepackt,
Daß er dahinläuft, splitternackt,
Sich furchtbar schämt — und doch so tut,
Als liefe er recht frohgemut,
Ganz ohne Angst vor all den Leuten,
Die schon mit Fingern auf ihn deuten.
Wer reicht ihm einen Lendenschurz?
Wer gräbt ihm frei des Traumes Wurz?
Hat's einen Sinn, nach dem Erwachen
Der Welt den Traum bekanntzumachen?
Wird seine Frau ihn recht verstehn?
Soll er zum Therapeuten gehn?
Soll er bei Freud und Adler schürfen,
Ob wir dergleichen träumen dürfen?
Vielleicht verrät der Mensch, als nackter,
Den baren Mangel an Charakter?
Eh dies entschieden, sinkt zum Glück
Der böse Traum ins Nichts zurück.
Beim ersten Blick auf Hemd und Hosen
Verschäumt er leicht im Wesenlosen.

Vertrauensarzt

Du sollst dem Arzt vertraun — gewiß!
Nur dem Vertrauens= traust du miß,
Weil er bestellt, zu schauen scharf,
Ob man dir selbst vertrauen darf.

Der Landarzt

Des Landarzts Mühsal, oft geschildert,
Hat sich zur »Spritztour« jetzt
  gemildert.

Röntgenbild

Ein Meister allen Jüngern riet,
Nur das zu glauben, was man sieht.
Und doch — der Einwand sei erlaubt,
Daß mancher das sieht, was er glaubt.

Trübe Erfahrung

Als Kind schon wir zu hören kriegen,
Daß wir, wie wir uns betten, liegen.
Doch dann sehn anders wir's verkettet:
Wer richtig liegt, wird gut gebettet.

Lebe gefährlich!

Die Welt geht morgen vielleicht unter.
Wir sind, verhältnismäßig, munter —
Vielmehr, ganz unverhältnismäßig!
Vergnügungssüchtig und gefräßig,
Neugierig, harmlos, guter Dinge —
Als ob die Welt *nicht* unterginge.
Der Nachwelt ist dann unerklärlich,
Wie wir, gefährdet und gefährlich,
Geschritten, doch wohl ahnungslos,
Durch diese Zeiten, riesengroß.
Nichts da! Wir haben's schon gewußt! —
Wir haben leider halt gemußt;
Und mit der größten Zeit verweben
Die kleinsten Zeiten sich zum Leben.
Doch wie, im Kampf an allen Fronten,
Wir trotzdem uns behaupten konnten,
Wird – sucht's auch mancher zu be=
 schreiben –
Ein ewiges Geheimnis bleiben!

Anthropologie

Die Wissenschaft noch heute fabelt,
Wann Mensch und Affe sich gegabelt
Und, ohne weiter Zeit zu schonen,
Wirft sie herum mit Jahrmillionen.
Es waren unsre frühsten Ahnen
Die Untermenschen, Subhumanen.
Dann, kurze Zeit und reichlich spät,
Drang beinah durch Humanität,
Indes das Prähumane, (Vor=)
Unendlich langsam sich verlor.
Schon aber rückten, schrecklich schnell,
Posthominiden an die Stell,
Nachmenschen also, sozusagen,
Wie wir sie sehn in unsern Tagen.
Der Mensch, der Menschheit alter
 Traum,
Trat somit in Erscheinung kaum.
Ihn gab's — fällt auch die Einsicht
 schwer —
Noch nicht: da gab's ihn schon nicht
 mehr.

Manager

Beklagenswert, wer sich verschworen,
Er hab noch niemals Zeit *verloren*.
Bekenn er lieber, unumwunden:
Er hab noch niemals Zeit *gefunden*.

Gleichgewicht

Was bringt den Doktor um sein Brot?
a) die Gesundheit, b) der Tod.
Drum hält der Arzt, auf daß *er* lebe,
Uns zwischen beiden in der Schwebe.

112

Salben

Die beste Wirkungskraft verliert
Die Salbe, die zu dick geschmiert.
Auch Zuspruch, wenn er heilen soll,
Sei darum nicht zu salbungsvoll.

Letteritis

Ganz plötzlich wird es dir bewußt:
Erkrankt ist deine Leselust!
Nach welchem Buche du auch faßt,
Keins, das zu deiner Stimmung paßt!
Du gibst nichts hin — es gibt nichts her:
Bald ist's zu leicht, bald ist's zu schwer.
Mit leerem Herzen und Verstand
Starrst du auf deine Bücherwand:
Die altbewährte, edle Klassik
Ist dir auf einmal viel zu massig
Und über die moderne Lyrik
Denkst du schon beinah ehrenrührig.
Der Reißer selbst, in dessen Flut
Du sonst gestürzt voll Lesewut,
Wirft heut dich an sein Ufer, flach;
Dein Drang zur Wissenschaft ist
    schwach;
Und das gar, was sich nennt Humor,
Kommt dir gequält und albern vor.
Geduld! Laß ab von aller Letter!
Es wird sich ändern, wie das Wetter:
Schon morgen, unverhofft genesen,
Kannst du dann lesen, lesen, lesen!

Schulmedizin

Den Durchfall finden wir in Massen,
Besonders bei den *untern Klassen*,
Wo er befällt oft gleich ein Drittel.
Fleiß wäre hier das beste Mittel.
Das Leiden ist nicht tödlich zwar,
Doch braucht's zur Heilung rund ein
    Jahr.

Guter Rat

Liegt wer im Bett, ist schlimm er dran —
Schon weil er nirgends hingehn kann;
Es sei denn — Leid macht innerlich —
Er ginge ausnahmsweis' in sich.
Hier aber wurde viel versäumt:
Kalt ist es und nicht aufgeräumt.
Drum sorg, daß du dein Innres immer
Auch brauchen kannst als Kranken=
    zimmer.

Ausweg

Wer krank ist, wird zur Not sich fassen,
Gilt's, dies und das zu unter*lassen*.
Doch meistens zeigt er sich immun,
Heißt es, dagegen was zu *tun*.
Er wählt den Weg meist, den bequemen,
Was *ein*= statt was zu *unter*nehmen!

Lebenssaft

Einst glaubte man, ein eigner Saft
Bewirke unsre Lebenskraft;
Doch hat die Forschung dann bewiesen,
Man lebe einfach, ohne diesen.
Nur kommt's uns neuerdings so vor,
Als wär's — gewesen! — der Humor.

Warnung

Manch einer, der so hingelebt,
Schreckt aus dem Schlummer auf und
   bebt:
Ihm ist, als hört' er, voll Entsetzen,
Den grimmen Tod die Sense wetzen!
Schon zwickt's ihn hier, schon zwackt's
   ihn dort:
Er muß was tun — und zwar sofort!
Angstwinselnd er um Aufschub fleht,
Schwört, daß er gleich zum Doktor geht,
Daß er verzichtet, wenn's sein muß,
Auf Rauch= und Alkoholgenuß,
Ja, Sanatorien besucht,
Statt weiter schnödem Mammon rucht.
Doch andern Morgens, beim Erwachen,
Wagt er, sich selber auszulachen:
So, spricht er dreist, kann man sich
   täuschen:
Nichts mehr von Sensen=Wetz=
   Geräuschen!
Doch eines Tags ist's dann zu spät:
Der Tod hat lautlos ihn gemäht.

Schwacher Magen

Ein Jüngling, einen frohen Abend
Im Freundeskreis genossen habend;
Belügt sich, schon ins Bett gesunken,
Er habe gar nicht viel getrunken.
Doch schon erfaßt ihn wild und schnell
Das sogenannte Karussell.
Er bittet Gott in seiner Pein,
Nachsichtig noch einmal zu sein,
Und nun bekennt er, reueoffen:
»Jawohl, ich hab zu viel gesoffen.
Ich tu es nie mehr, werde brav —
Nur heute gönne mir den Schlaf!«
Nun, es kann sein, er kommt hinüber,
Doch meistens endet so was trüber. —
Der Wein gilt zwar als Sorgenbrecher,
Doch oft ist halt der Magen schwächer.

Konsultation

Wird ein Familienmitglied kränklich,
So zeigt sich jedermann bedenklich
Und — was auch ganz vernünftig — rät,
Zum Arzt zu gehen, eh's zu spät.
Man gibt so lange keine Ruhe,
Bis jener schwört, daß er es tue.
Man fragt ihn sanft, man fragt ihn grob,
Zum Schluß fragt man ihn nur noch: »ob?«
Er kann dann schon Gedanken lesen:
Ob nämlich er beim Arzt gewesen?
Je nun, er geht denn auch zum Schluß,
Weil er doch einmal gehen muß.
Fragt dann der Arzt schon in der Türe
Ihn höflich, was ihn zu ihm führe,
Kann er es sagen ganz genau:
»Nur der Befehl von meiner Frau!«

Schönheits=Chirurgie

Sei's, daß du nur ein Wimmerl hast,
Sei's, daß dir deine Nas nicht paßt,
Daß Kinn und Wange dir zu faltig,
Daß dir dein Busen zu gewaltig —
Kurz, daß Natur dir was verweigert,
Beziehungsweise grob gesteigert,
Brauchst, in der Neuzeit, der bequemen,
Du das nicht einfach hinzunehmen.
Es bleiben schließlich nur die Affen
So häßlich, wie sie Gott erschaffen —
Die Ärzte so *uns* modeln sollen,
Wie Gott uns hätte schaffen *wollen*.

Gesunde Umwelt

Gewiß, wir haben allen Grund
Zu lachen, wenn wir selbst gesund.
Doch sei auch innig Gott gedankt,
Wenn niemand sonst im Haus erkrankt,
Wenn Weib und Kind und Ingesind
Wohlauf und ganz in Ordnung sind,
Verwandte, Freunde sich nicht legen —
Gar mit dem Anspruch, sie zu pflegen;
Wenn Milchmann, Krämer, Schneider, Schuster,
Nicht bettgefesselt sind als Huster,
Die Zeitungsträgrin jederzeit
Von Kraft erstrahlt und Rüstigkeit.
Nur eins: halt deine frommen Triebe
Nicht gleich für reine Nächstenliebe:
Gesundheit wünschst du allen ihnen,
Damit sie *deinem* Wohlsein dienen!

Theorie

Heil dem, der rundherum gesund,
Auch seelisch ohne Klagegrund,
Nach einer wohldurchschlafnen Nacht,
Springt aus dem Bette, daß es kracht!
Die Sonne scheint, es ist halb sechs —
Der Mensch, das herrliche Gewächs,
Sich fühlend als der Schöpfung Krone,
Treibt froh, mit Rundfunk oder ohne,
Den Frühsport, duscht im kalten Strahl,
Verzehrt vergnügt ein reichlich Mahl,
Liest seine Zeitung sorgenfrei,
Legt pünktlich auch sein Morgenei
Und eilt, der eignen Spannkraft froh,
In Werkstatt, Schule und Büro,
Wo, bis ihn wieder Nacht umhüllt,
Er weit mehr als sein Soll erfüllt.
Verdrossen liest man dies Gedicht:
So müßt es sein — so ist es nicht!

Kreislaufstörung

Das ist der Kreislauf dieser Welt:
Mit sauerm Schweiß verdient man Geld,
Mit süßem Leichtsinn wird's verlumpt —
Das beste Herz uns nichts mehr pumpt.
Im Kreise laufen wir verstört,
Bald stockt das Blut, bald wallt's
  empört.
Unlustgefühle aller Art,
Selbst Schwindel bleibt uns nicht
  erspart.
Man trifft — was leicht wär zu be=
  weisen —
Die Störung in den besten Kreisen.

Zugluft

Red dich nicht allzusehr in Hitzen —
Wo Windige beisammen sitzen!

Für Kahlköpfe

Als sichres Mittel gegen Glatze
Ist folgendes Rezept am Platze:
Man laß, im Lauf der nächsten Jahre
Sich einfach wachsen graue Haare —
Wozu der Grund sich leicht ergibt —
Die färbe man nun, wie's beliebt.

Zaubervorstellung

Der Psychotherapeut macht's fein:
Erst fragt er viel in dich hinein,
Dann holt er, wie's der Zaubrer tut
Mit dem Kaninchen aus dem Hut,
Die Fragen wieder aus dir raus —
Und dankt vergnügt für den Applaus.

Lebensrechnung

Leicht ändern wir die Einzelposten —
Im ganzen nie die Lebenskosten.
Wir zahlen drauf, genau genommen,
Grad, wo wir billig weggekommen.

Das Muster

Man kennt im Gasthaus die Besteller,
Die schaun erst auf des Nachbarn Teller:
Und äße der den Bart Jehovas,
Sie sprächen: »Ober, mir auch so was!«
Dieselbe Sorte Mensch erwählt
Die Krankheit, die grad wer erzählt
Und kriegt, in des Berichts Verlauf,
Erst richtig Appetit darauf.

Fünftagewoche

Wie wär geblieben alles gut,
Hätt Gott am sechsten Tag geruht!
Er wär nur kommen bis zum Affen —
Der Mensch wär blieben unerschaffen!

Sportliches

Bei Lebensläufen sehn wir's klar:
Wer läuft, der läuft auch schon Gefahr!

Wickel

Schon seinen Lebenslauf beginnt
Höchst ungern man als Wickelkind.
Und jeder weiß von den Gefahren,
Die drohn in den Entwicklungsjahren.
Jedoch, selbst wenn man diese glatt
Schon lange überwunden hat,
Stellt sich noch spät der Alpdruck ein:
Nur ja in nichts verwickelt sein!

Am Tisch des Lebens

Wünsch nicht nur »Guten Appetit!«
Wirk auch als Wirt ein wenig mit!
Zu spät für den, den wir begraben,
Das: »Wünsche, wohl gelebt zu haben!«

Witz

Der Witz ist Würze und nicht Speise;
Nie reiche man ihn löffelweise!
Zuträglich — gar bei scharfem Witze —
Ist höchstens eine Messerspitze!

Begegnung

Zwar fragen uns Bekannte stets,
Wenn sie uns treffen: »Na, wie geht's?«
Doch warten sie so lange nie,
Bis wir es sagen könnten, wie.
Wir stellen drum statt langer Klage
Sofort die kurze Gegenfrage.
Dann ziehen höflich wir den Hut
Und sagen beide: »Danke, gut!«
Wir scheiden, ohne uns zu grollen —
Weil wir's ja gar nicht wissen wollen.

Pfarrer Kneipp

In einem Dörflein, weltverloren,
In Stefansried, ist er geboren,
Bei Ottobeuren — und der Knabe
Ist drum ein unverfälschter Schwabe.

Im Mai des einundzwanziger Jahres,
Und zwar am siebenzehnten war es,
So daß — aha, das dachten wir! —
Er in das Leben trat als Stier.
Wie hätt er, kämpfend bis zuletzt,
Sich in der Welt sonst durchgesetzt!?
Der Vater mit dem Namen Xaver,
Ein Weber war's, ein armer, braver,
Die Mutter (der Ergänzung halber)
Rosina hieß, geborne Schalber.
Um Mitternacht der Bub kam an.
Man taufte ihn Sebastian.
Die Not war groß, das Häusl klein,
Der Baschtl, unterm Dach allein,
Lag wach oft, in des Sommers Glut
Und, winters, in des Schneesturms Wut.
Erdäpfel gab's, doch nicht viel Schmalz;
Es reichte manchmal kaum zum Salz.
Und eine Watschen gar bekam
Das Kind, als es sich selbst eins nahm.
Der Baschtl ward ein Hüterbub;
Und wenn die Mutter Kalmus grub,
Die Magenwurz (gut fürs Verdauen),

Dann lehrte sie ihn schon vertrauen
Dem reichen Heiltumsschatz der Kräuter,
Dem er dann Forscher ward und Deuter.

Verbürgt ist, daß er einer Kuh
Schon schaute voll Verständnis zu,
Die für ihr Bein, das müd und lahm,
Zur Wasserheilkur Zuflucht nahm.
Und daß er — drin ein Meister später —
Als Barfußgeher, Wassertreter
Beim Hüten schon sich konnt bewähren,
Muß man nicht eigens wohl erklären.
Fast jeder Mensch hat eine Sehnsucht,
Ein Ziel, auf das er loszugehn sucht.
So kam denn den Sebastian
Die Lust zum Geistlich=Geistigen an.
Doch wie? Das Häusl voller Schulden!
Im Sack nicht einen einz'gen Gulden!
Vergebens, daß man sich bewarb.
Die Mutter an der Schwindsucht starb
Und auch der Vater war oft krank —
Der Sohn mußt an die Weberbank.
Vier Schwestern waren noch im Haus —
Der Traum vom Studium schien aus.
Es hieß bereits: »Du bist zu alt!«
Doch er versucht' es mit Gewalt.
Drei Jahre plagt' er sich von Stund ab,
Spart' jeden Gulden sich vom Mund ab

Und hatte siebzig schon beisammen —
Da ging samt seinem Geld, in Flammen
Das Elternhaus, das kleine, auf.
Jetzt, meint ihr, er verzichtet drauf?
Im Gegenteil, er dacht' erst recht
Zu werden noch ein Gottesknecht —
Und war schon einundzwanzig Jahr!

Wen Gott führt, der reist wunderbar:
In Grönenbach, im Tal der Iller,
Da lebte ein Kaplan, ein stiller,
Berühmt ob seiner guten Werkle,
Das war der liebe Doktor Merkle,
Ein Vetter von der Mutter her.
Am Anfang schien's selbst dem zu
. schwer,
Wie aus dem Burschen, ungeschlacht,
Man einen geistlichen Herrn noch macht.
Er lehrte ihn zuerst Latein,
Wies ihn in Dillingen dann ein;
Der Bischof auch gab seinen Segen;
Nichts stand dem Studium mehr
 entgegen.
Da fiel den armen Bastian
Ganz unverhofft die Schwindsucht an.
Das düstre, sonnenarme Heim
Ließ aufgehn rasch der Krankheit Keim.
Vergeblich schien der Ärzte Rat;
Er war ein »Friedhofskandidat«.
Kaum, daß er an des Lebens Rand
Mit letzter Kraft das »Abs« bestand.
In München war's dann fast noch
 schlimmer.
Er saß in seinem armen Zimmer
Am Unteranger, sah hinaus
Und dachte oft: Jetzt ist es aus!
Doch siehe da — der Himmel wollte,
Daß »Pfarrer Kneipp« er werden sollte!

Es stehn in Münchens Bibliotheken
Gewiß unzählige Scharteken —
Doch mußt' der Zufall von den vielen

Just eine in die Hand ihm spielen:
»Wie Doktor Johann Siegmund Hahn
Gewendet frisches Wasser an,
Erneuert von Professor Oertel...«
Da las nun Kneipp manch kräftig
 Wörtel,
Wie dies: »Die Wasserkur beruht
Nur auf Vertraun, Geduld und Mut.«
»Die Grazien der Humanität:
Frischwasser, Frischluft und Diät!«
Und plötzlich traf es ihn mit Wucht:
»Brustschwäche oder Lungensucht«
Stand da — der Jüngling las und las
Und tat danach: und er genas!
Er ward gewiß nicht durch ein Wunder
Von heut auf morgen ein Gesunder,
Ganz langsam ging's das erste Stück
Und mehr als einmal fiel er rück.
Nach Dillingen zurückgekehrt,
Saß unser Kneipp nicht still am Herd:
Er ging, ganz heimlich, tief im Winter
An die vereiste Donau hinter,
Zu baden an verschwiegner Stell
Und dann nach Haus zu laufen schnell.
Die Wirkung dieser Roßkur war,
Wie er bekennt, nicht schädlich zwar,
Doch lernte er, gerad durch sie,
Daß man die Hydrotherapie,
Soll sie aus Unfug werden Fug,
Gestalten kann nicht mild genug.
Daß man nicht schroff sie übertreib:
Kein andrer warnt so ernst wie Kneipp!

In München, wo der Theolog
Nun ins Georgianum zog,
Entdeckte er das Instrument,
Das heut man als sein Sinnbild kennt:
Es fiel ins Aug dem jungen Manne
Des Gärtners stehngelassne Kanne.
Und die verhalf ihm erst zum Ruhme:
Er goß sich selbst — wie eine Blume!
Natürlich heimlich, nachts, verwegen —

Und später auch noch zwei Kollegen.
So legte damals er den Grund
Zur Lehre: Wasser macht gesund!

Noch Hahn sah darin Hoffnung
  blinken:
Man müsse auch viel Wasser trinken!
Kneipp war in seiner ersten Zeit
Aus Wissens=Durst dazu bereit.
Doch später, als er das verwarf,
Trank lieber Bier er, nach Bedarf.
Stets ließ er weg, was übertrieben:
Das wirklich Gute ist geblieben!
Auf dieser Wissensstufe fand
Er auch zu Prießnitz, Hufeland,
Es hört' der spätre Wörishofer
Zuerst hier auch von Pettenkofer,
Der gleichfalls allem auf der Spur,
Was uns zurückführt zur Natur.

Kneipp ward nun — es war hohe Zeit! —
Zum Priester feierlich geweiht,
Beging, bei einem ungeheuren
Andrang, Primiz in Ottobeuren
Und fing, recht alt schon, als Kaplan
In Bieberbach sein Wirken an.
Gemütvoll, wie er war, erfreute
Die Kinder er und armen Leute,
Sie, denen all sein Wirken galt,
Auch als berühmt er war und alt.

Natürlich ging in Bieberbach
Kneipp brav auch seiner »Kneippkur«
  nach:

So traf ihn eine alte Mutter
Beim Wassertreten in der Schmutter
Und sicher mußt ihr fremd erscheinen
Ein Geistlicher — mit nackten Beinen.

Kneipp kam dann in das Dörflein Boos;
Dort war sein Wirkungskreis schon
  groß,
Und alsbald man geschrieben las:
»Kurvorschrift für Columba Haas!«
Ein wichtiges Blatt Papier, aus dem
Wir heut erkennen sein System.

Weitum galt er als Wundertäter —
Doch leider gab es auch Verräter.
Die hetzten, wegen Pfuscherei,
Auf den Kaplan die Polizei.
Der Babenhauser Richter lachte,
Als Kneipp zwei Gulden Buße brachte,
Und fragte selber gleich um Rat,
Weil ihm das »Reißen« wehe tat.
Kneipp ließ sich nicht die Schneid
  abkaufen:

»Herr Richter, das kommt nur vom Saufen!«
Und immer wieder gab es Ärger —
Schon schrieb ihm Doktor Königsberger,
Des Bischofs würdiger Dekan,
Das Pfuschen ginge nicht mehr an,
Kneipp könnt, der Geistlichkeit zum Schaden,
Fahrlässige Tötung auf sich laden!

Zwar hat selbst das Gericht bestätigt,
Daß Kneipp sich einwandfrei betätigt,
Und wenn er es nicht weiter treib',
Könnt er, wie jedes alte Weib,
Auch ohne Amt und Doktortitel
Empfehlen hauserprobte Mittel.
Nun, wenn's auch noch mal abging glimpflich,
Kneipp fand doch die Verwarnung schimpflich.
Und düster wurde sein Gegrübel …
Aus dem riß ihn ein großes Übel:
Die Cholera, aus München, fand
Den Weg hinaus ins flache Land!

Der graue Tod, als ersten traf er
Den Vater Kneipp, den alten Xaver,
Und bald in Boos, kaum noch zu retten,
An dreißig lagen in den Betten.
Kneipp suchte mit Wacholderdämpfen
Und Schweiß die Seuche zu bekämpfen.
Und es gelang! Von Stunde an
Hieß er der »Cholera=Kaplan«.
Und diesmal Arzt und Richter schwieg:
Zu überzeugend war sein Sieg!
Nicht lang nach solchen Katastrophen
Ward Kneipp versetzt — nach Wöris=hofen.
Sein Vorgesetzter, sein erboster,
Schickt' ihn als Beichtiger ins Kloster
Zu den Dominikanerinnen —
Dort sollt er sich darauf besinnen
Daß eines Gottesknechtes Teil
An dieser Welt das Seelenheil.
Der Mensch, heißt's, denkt, Gott aber lenkt:
Just hier hat Kneipp die Welt beschenkt!

Arm schien das Kloster, ungepflegt.
Kneipp hat sich gleich ins Zeug gelegt,
Als Landwirt sich gezeigt betriebsam,
Mehr als den frommen Schwestern liebsam.

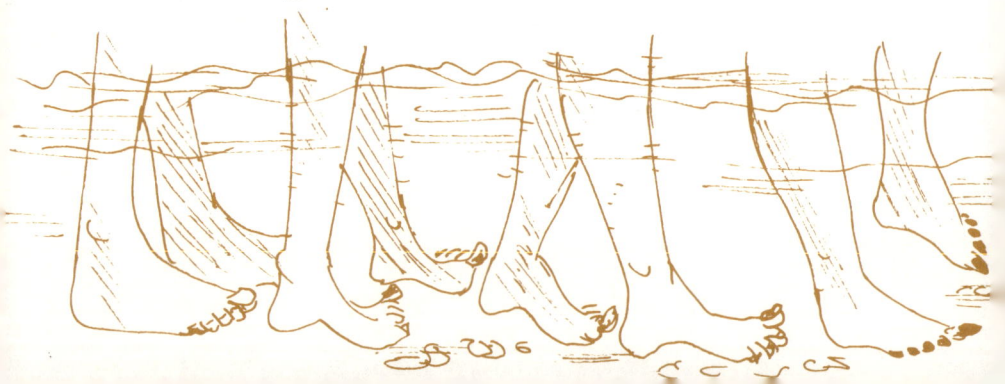

Auch drangen aus der Klosterküche
Die wunderlichsten Wohlgerüche.
Und alsbald wußten kluge Deuter:
»Der Kneipp, der sammelt Wunder=
 kräuter!«
So war es auch: für jedes Weh
Fand man bei ihm den rechten Tee.

Nun käm, schier endlos, ein Kapitel,
Wie Kneipp, durch seine schlichten
 Mittel
Die Armen mitleidsvoll geheilt,
Und wie, von weither oft geeilt,
Allmählich kamen auch die »Bessern«
Und ließen sich von ihm bewässern.
Wie täglich er verschrieb, begoß

Manch edle Dame, schon in Jahren,
Ward angehalten, Mist zu fahren.
Er selbst, von altem Bauernschlag,
Schuf Neuerungen jeden Tag
Und werkte selber wie ein Knecht.
Der Oberin war das schon recht
Und auch den Schwestern, allzu=
 frömmlich,
Ward tätiges Leben nur bekömmlich.
Zuerst verlachten ihn die Bauern,
Bis sie erkannten, daß die sauern
Allmählich wurden süße Wiesen:
Da haben sie ihn laut gepriesen.

Nun war ihm, auch im neuen Haus,
Gegangen längst der Ruf voraus,
Daß er ein Freund der Wasserkuren,
Des Barfußgehens auf den Fluren.
Und doch war man erst fassungslos:
»Wie braucht er so viel Wasser bloß?«
Bald sah man — und man sah's nicht
 gern —
Im Gänsemarsch drei geistliche Herrn
Barfüßig durch die Wiesen gehn,
Den ersten Kneipp=Verein entstehn.

Und wie sein Ruhm ihn schier verdroß.
Er wurde einfach überlaufen!
Bald warf der Andrang übern Haufen
Den Vorsatz, nicht mehr zu kurieren.
Wie hätt' er auch sich sollen zieren,
Bei all dem Elend, all dem Schmerz?
Er hatte ein zu gutes Herz
Und, ob sie ihn erdrückte fast,
Nahm er auf sich die schwere Last.
Wir müßten lange auch erzählen,
Wie man's verstand, den Mann zu
    quälen,
Mit Spott, Verleumdung und Verbot
Bis, dreiundsiebzig, aus der Not
Ihm half der Fortschritt neuer Zeit:
Er brachte die Kurierfreiheit!
»So er nicht operiert und impft
Und selbst sich einen Doktor schimpft,
Darf jeder heilen, wie er mag!«
Das war für Kneipp ein großer Tag!
Zwar machten daraufhin erst recht
Die Ärzte ihm sein Heiltum schlecht —
Der große Ziemßen war nicht klüger
Und hieß ihn einen Erzbetrüger —
Doch war nunmehr dem wackren
    Schwaben
Im Ernste nichts mehr anzuhaben.
Er goß voll Seelenruhe weiter,
Im allgemeinen ziemlich heiter,
Doch oft auch grob und unverblümt —
Und wurde immer mehr berühmt.
Fast jeder kennt ja heut sein Bild:

Die Augenbrauen buschig=wild,
Darunter gütig klar der Blick,
Die Nase derb, die Lippen dick,
Die Wangen fest und fest das Kinn —
Nicht ohne Spur von Eigensinn —
Das Käppchen auf dem weißen Kopf,
Meist offen ein Soutanenknopf:
So sitzt, im Munde die Zigarre,
Er da, daß er der Kranken harre,
Die er zumeist durchschaute gleich:
So, wenn ihr Ohr zu welk und weich,
Ihr Auge trüb, die Haut zu schlaff —
So mancher Kranke war ganz baff,
Wenn er, den viele Professoren
Gegeben hatten schon verloren,
Bereits beim ersten kalten Strahl
Gelindert spürte seine Qual.

Das Dorf war klein — der Zudrang groß.
Der Meinungsstreit brach alsbald los,
Und es ging hin und her das Wort:
Ob Bauernnest — ob Badeort?
Der Fortschritt fand gar viele Tadler —
Der Wirt vom »Rößle« oder »Adler«,
Der war natürlich nicht dagegen,
Und auch der »Sonne« kam's gelegen,
Daß man von einem, der sich sonnte,
Pro Nacht ein Fünfzgerl nehmen konnte.

Die Fremden schliefen überall,
In Nachbardörfern, Scheune, Stall —
Und doch: Europas Länder gaben
Sich hier ein Stelldichein in Schwaben.
Um Kneipp, der Heilkunst wuchtigen
   Fels,
Erwuchsen nach und nach Hotels
Und immer neue Kuranstalten —
Der Fortschritt war nicht aufzuhalten.

Kneipp war im Hauptberuf noch immer
Seelsorger geistlicher Frauenzimmer,
Des Klosters fördernder Berater
Und vieler Waisenkinder Vater.

Als dann der alte Pfarrer starb
Und Kneipp sich um das Amt bewarb,
Wollt, wie schon oft, man's hinter=
   treiben —
Doch diesmal durft er siegreich bleiben:
Und einundachtzig im April
Ward er, trotz allem Ränkespiel,
Mit sechzig Jahren endlich Pfarrer —
Ein später Lohn dem stillen Harrer!
Der kleine Merkle, der Kaplan,
Ein seither längst berühmter Mann,
Der unserm Bascht vor langer Zeit
Gebahnt den Weg zur Geistlichkeit,
Der Kneipps vertrauter Freund
   geworden,
Kam nun seit Jahren aus dem Norden
Und ließ dem Meister keine Ruh:
»Zu Hilf brauchst einen Doktor du!«
Schon liegend auf den Tod darnieder
Beschwor den Freund er immer wieder
Bis Kneipp — wenn kaum auch über=
   zeugt —
Sich diesem klugen Rat gebeugt.
Bernhuber hieß der Doktorsmann —
Er kam von Türkheim, nebenan —
Der mit der alten Feindschaft brach.
Es folgten viele andre nach,
Baumgartner etwa oder Schalle —
Wir können sie nicht nennen alle.
Daß seine Lehre man sich merk',
Schrieb Kneipp sein erstes größres
   Werk —
Für das gab's einen Titel nur:
Schlicht hieß es: »Meine Wasserkur«.
Herr Huber, Kempten, auf gut Glück,
Riskierte kühn — sechshundert Stück
Und hatte — wie Verleger oft —
Erfolg damit, recht unverhofft.
Heut sind's, im Lauf so vieler Jahre,
Sechshunderttausend Exemplare!
Für Kneipp, dem fremd war der
   Gedanken,

Geld abzunehmen einem Kranken,
Wuchs nun aus seinen Büchern Segen:
Glatt hunderttausend Mark erlegen
Fürs Priester=Kurhaus konnte er.
Und zu verdienen mehr und mehr
Ging er, Gepriesnes noch zu preisen,
Auf mühevolle Vortragsreisen,
Vom Ungarland bis an den Rhein,
Und selbst nach Frankreich weit hinein.
Ja, er eroberte Berlin!
Und wo er selber nicht kam hin,
Da warb, daß man im Bild ihn seh,
Für ihn Kathreiners Malzkaffee.
Sein Buch ward überall gelesen,
Kneipp war bekannt bei den Chinesen,
Es hatten Hottentott und Russe
Schon was gehört von seinem Gusse.
Er war nächst Bismarck — denkt nur an! —
Der weitesthin berühmte Mann!

Nun ward er Monsignore gar
Und, wie der Papst schier, unfehlbar.
Die Kinder, die seit frühsten Tagen
Dem Vater Kneipp am Herzen lagen,
Bekümmerten auch jetzt ihn viel:
Er baute ihnen ein Asyl,
Und sorgte, opfernd ein Vermögen,
Daß sie ein prächtig Haus bezögen.

In Wörishofen zu der Zeit,
Ward nur gebaut und eingeweiht.
Die Leute sahen den Profit,
Und plötzlich taten alle mit —
Ein kleiner Rest nur, haßvergiftet,
Hat noch geschimpft und brandgestiftet.
In jedem zweiten Haus beinah
Man eine »Kneippkur« blühen sah.
Da kam von ihm ein kalter Guß:
Mit weitern Gründungen ist Schluß!
Kneippstätten wuchsen rings im Land,
Ja, ein »Weltkneipp=Verein« entstand.

Und seines Wirkens Krönung kam:
Der Papst den Guß gar von ihm nahm!
Was für ein Stolz mußt ihn beseelen:
Er durft' dem Herrn der Welt befehlen!

Kneipps Stärke, die einmalig große,
War seine klare Diagnose!

Manch einer kam, um ihm zu klagen,
Am Herzen fehl es ihm, am Magen
Und man vermöge sein Gebrechen
Mit keiner Heilkunst anzusprechen.
Doch Kneipp sah auf den ersten Blick:
»Dir fehlt sonst nichts, du bist zu dick,
Und du hast ungesundes Blut,

Und dir fehlt Lebenslust und Mut!«
Manch einer hieß ihn darum Flegel;
Doch bessre Einsicht war die Regel:
Kneipp band sie mit den festen Tauen
Von Liebe, Hoffnung und Vertrauen. —
NB! Die stärksten Rettungsanker
Braucht oft ein eingebildet Kranker.

Wir könnten noch in vielen Strophen
Jetzt schildern, wie in Wörishofen
Kneipps Werk sich auswuchs, riesen=
  haft;
Es wurde fast zu viel geschafft.
Vergnügungsstätten, Wasserleitung,
Blitzphotographen, eine Zeitung,
Elektrisch wurden Bahn und Licht. —
Doch Vater Kneipp blieb selber schlicht.

Er, eines armen Webers Sohn,
Der eine runde Million

Für seine Kranken ausgegeben,
Fuhr fort, arm wie ein Mönch zu leben.
Zum Hausrock dient' ein alter Mantel —
Und doch, die giftige Tarantel,
Die Presse, stach mit mancher Zeile.

Dann gab's noch Streit mit Prior Reile,
Der, an der Spitze seiner Laien,
Sich wollt vom Meister gar befreien —
Kurz, noch in seinen letzten Jahren
Mußt Undank Vater Kneipp erfahren.

Der Mann, in seiner Art so einzig,
Starb achtzehnhundertsiebenund=
  neunzig.
Im Juni am Fronleichnamstag
Er auf dem Totenbette lag,
Rund sechsundsiebzig Jahre alt . . .
Der oft dem Tod geboten Halt,
Ward, bis zuletzt voll tätiger Kraft,
Nun auch von ihm dahingerafft.

Ein Schicksalsscherz: Gerade Kneipp
Kriegt' ein Gewächs im Unterleib —
Und blieb, als alles riet zum Messer,
Sich treu: mit Wasser heilt man besser!
Das hätt' den Gegnern können passen,
Hätt' er sich operieren lassen!
Was soll man streiten her und hin:
War's Einsicht oder Eigensinn:
Zuletzt hilft Messer nicht noch Guß,
Weil jeder Mensch halt sterben muß.

Doch wer zählt die Millionen Kranken,
Die Leben und Gesundheit danken
Dem Webersohn aus Stefansried?
Die Welt singt ihm das Lobeslied.

So lang's wird Menschenherzen geben,
Wird Pfarrer Kneipp in ihnen leben!

Schweigende nackte Männer

Von Zeit zu Zeit habe ich das Bedürfnis, mich als echten Römer zu fühlen: eine Toga umzutun, in die Sandalen zu schlüpfen und in den — freilich etwas kümmer= lich nachgeahmten — Thermen des Caracalla zu lustwandeln. Ich gehe in das Mül= lersche Volksbad zum Schwitzen. Ich lasse wohlbeleibte Männer um mich sein, mit glatten Köpfen, so wie sie sich der ahnungsvolle Cäsar einst gewünscht hat. Natürlich ist auch manchmal ein Spindeldürrer dazwischen, mit einem hohlen Cassius=Blick; aber der wird mit Recht nicht für voll genommen und sogar mit argwöhnischen Augen verfolgt; was tut ein Magerer zwischen all den Fetten, deren saubere Absicht, ein paar Pfund wegzuschwitzen, so einwandfrei zu er= kennen ist?

Meistens rufe ich zuerst meinen Freund Georg an, den berühmten Dichter, da= mit das Römer=Gefühl vollkommener werde. Denn wenn man ihn, den gebürtigen Regensburger, anschaut, meint man wirklich, er müsse ein Nachfahr eines Legio= närs sein aus dem alten Regina Castra; einen herrischen, breitflächigen Römer= kopf hat er auf, ein schwerer, mächtiger Mann ist er, und darüber hinaus ist es eine edle Lust, mit einem Klassiker baden zu gehen, der Jamben und Trochäen schreibt, wie weiland Horaz.

Mitunter reden wir auch einmal über solch klassische Verse im römischen Bad, und dann werden nicht nur tausend, sondern zweitausend Jahre wie ein Tag, die Verwandlung in die Antike gelingt vollauf, und das Sudatorium wird noch um ein paar Grade heißer von unseren hitzigen Gesprächen. Meist aber schweigen wir. Denn das Bad ist, im allgemeinen, eine Stätte der Stille.

Ein strenger Ritus, ein stets wiederholter Ablauf, ein geradezu animalischer Prozeß ist dieses Baden. Ob die alten Römer mehr geschwätzt als geschwitzt haben, weiß ich nicht; zu den Ausschweifungen der Badestuben des Mittelalters will ich nicht abschweifen; da bleibt uns der Schnabel sauber. Früher brachte wenigstens noch eine verschollene Haarnadel vom letzten Damentag eine Erinnerung an die weibliche Welt. Jetzt aber gibt sich eine schier mönchische Bruderschaft der Männer schweigend den harten Regeln der Reinigung hin. Nach einem gramvollen, ja, kilogramvollen Blick auf die Waage weiß jeder, was er und was ihn erwartet: Wortlos begibt er sich in die selbstgewählte Hölle, setzt sich auf einen der glühendheißen Eichenstühle und harrt stumm der ersten Tropfen. Hier findet kein Ausgleich zwischen Mitteilsamkeit und Wißbegier statt, der Blick auf das Thermometer, auf die Uhr und die langsam wachsenden Bächlein, die vom Haupt und allen Gliedern zu Boden rinnen, nichts sonst.

Es soll Männer geben, die in den ganzen zwei Stunden nichts sagen als an der Kasse »Dampfbad mit Massage!« und vielleicht noch »Grüß Gott!« und »Auf Wiedersehen!« zum Badeknecht. Denn selbst dem Masseur kann man sich stumm überantworten, so wie einst Wedekind auf die Frage des geschwätzigen Barbiers, wie er die Haare geschnitten haben möchte, knurrte: »Schweigend!« Ein gutes Trinkgeld ist den Leuten lieber als jede Ansprache.

Aber wir eilen dem Ritus voraus. Nach der Hölle — wie schrecklich, wenn sie ewig währte! — wechselt man hinüber ins Fegefeuer, das mit seinen fünfzig Wärmegraden nach den siebzig, achtzig des Caldariums geradezu gemütlich ist. Und hier, wenn wir das Wort wagen dürfen, tauen die Männer auf. Wenn überhaupt, hier ist der Ort des Sich=einander=Näherns, der gegenseitigen Beobachtung, ja selbst der unverbindlichen, fast durchwegs harmlosen »Schaffnergespräche«, wie der Maler Max Unold sie genannt hat.

Was freilich ein echter, stoischer Dampfbader ist, der redet auch hier schweigend. Er faßt den nackten, oder vielmehr nur ausgezogenen Nachbarn ins Auge, er studiert sozusagen die Fauna der Sauna, er schätzt ab, wer und was der andere sein könnte. Er zieht ihn, im Geiste, wieder an und stellt anzügliche Vermutungen auf, wie er dann wohl aussähe. Vom Kopf, von den Händen, erfährt er am meisten — der madenbleiche Fettwanst hat nichts zu sagen. Oft genug kommt es zu heimlichen Zwiegesprächen, erdachten Gesprächen, wie sie jetzt die große Mode sind. Gern würde zum Beispiel der Badegast einen Kameraden auf seine Narben oder Stümpfe ansprechen, denn er könnte sich's, selbst im Besitz solcher Ehrenurkunden, getrost leisten. Und schnell wäre dann ein Gespräch von Krieg und Kriegsgeschrei im Gange — aber wir lassen's lieber. Kein Kunststück, einem schlanken Braungebrannten, der nur eine von der Sonne ausgesparte »Naturbadehose« trägt, auf den Kopf bzw. sein Gegenteil zuzusagen, daß er den Sommer südlich verbracht haben muß; doch genügt uns ja die Feststellung.

Ein Bacchus, den Bauch auf den Knien, mag beim Anblick einer zwei Meter hohen Hopfenstange Gefahr laufen, vor Lachen zu platzen — aber er läßt zur rechten Zeit die Luft zwischen den Zähnen abpfeifen; und auch der Dünne grinst ohne Worte.

So sind die meisten also große Schweiger; aber nicht einmal beim Militär haben wir lauter Moltkes gehabt, und so sind auch hier Leute genug, die brennend gern

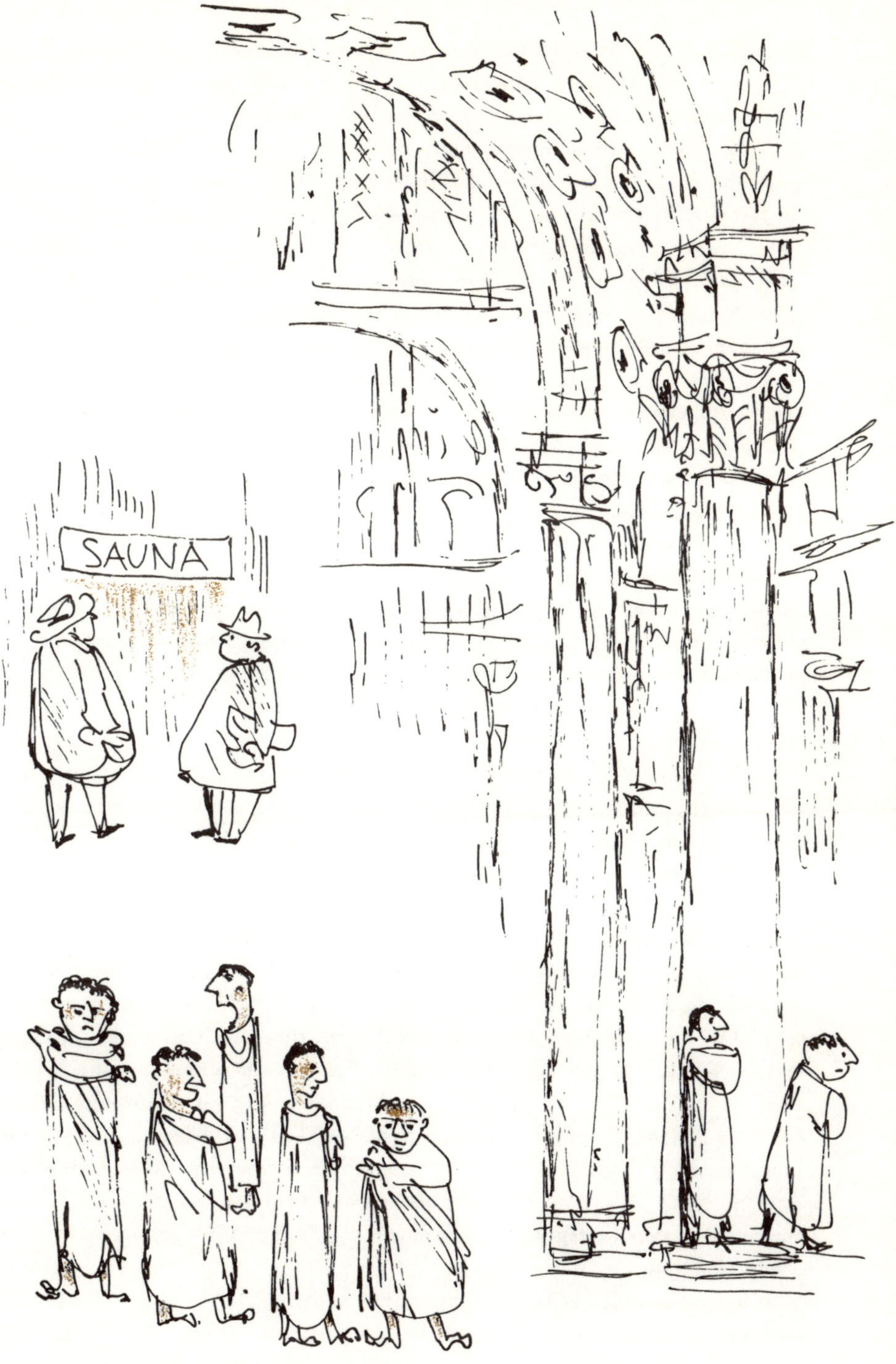
SAUNA

reden oder angeredet würden. Der sieggewohnte Bonvivant der Operette ist ganz geschmerzte Eitelkeit, daß ihn niemand an dieser Stätte mit einem schallenden: »Ja, grüß Gott, Herr Kammersänger!« begrüßt — er argwöhnt, mit Unrecht, daß da lauter Böotier herumhocken. Dort brütet ein Halbschwergewichtler vor sich hin, von Zeit zu Zeit mit dem Schabholz den Schweiß abstreifend, und da hockt ein Jockey, der den letzten Tropfen aus seinem dürren Leib preßt — sie *müssen* leichter werden, wo die Fettwänste nur möchten. Und niemand tut ihnen den Gefallen, vom Boxring oder vom Stall zu reden. Das Rätsel, was sie für einen Beruf haben könnten, ist sogar für einen Anfänger allzuleicht.

Stammgäste sind da, die man seit vielen Jahren kennt, vielleicht hat man vor Urzeiten mit dem einen oder andern schon geplaudert und ist wieder auf den kurzen Augengruß zurückgegangen — man hat eine kleine Seelenprobe genommen, damals, nach mehr besteht kein Bedürfnis. Aber den »Indianer« spreche ich heute endlich an, eine hakennasige Rothaut, mit undurchdringlich versteinertem Gesicht, einen Mann, der die Körperkultur als Weltanschauung zelebriert. Über siebzig muß er schon alt sein, denn vor einem halben Jahrhundert ist er mein Turnlehrer gewesen. Die verschlossenen Züge öffnen sich leuchtend, er ist fast närrisch vor Freude, daß ein Mensch ihn anspricht, wer mag wissen, wie einsam er im Leben steht. Schon habe ich Angst vor der nächsten Bade=Zukunft, unendliches Palaver wird mich erwarten; aber er kommt nicht mehr, vielleicht ist er krank oder gar gestorben, obwohl er es, seinen Bemühungen nach, auf hundert gesunde Jahre hätte bringen müssen.

»Wenn mancher Mann wüßte, wer mancher Mann wär...« Kann sein, wir sind mit Weltberühmten in der gleichen Badestube gesessen, mit Nobelpreisträgern, Feldherrn, Bergassessoren mit dem Anspruch auf zwei Dutzend Todesanzeigen. Vielleicht aber gäbe es nur Enttäuschungen, und der Herr, den wir für einen General ohne Uniform gehalten haben, ist nur ein Generalvertreter in Uniformen.

Jedenfalls haben wir ihn furchtlos betrachtet, vor nackten Menschen haben wir keine Angst, es ist ja ein altes Schutzmittel, sich hohe Vorgesetzte ohne Kleider vorzustellen. Und nun gar hier, im Dampfbad, wo sich keiner dem andern vor= stellt! Das kann freilich auch zu Verwicklungen führen, ich habe das im ersten Weltkrieg erfahren bei einer Entlausung: Splitternackt drängelten die Mannschaften um die Tür, und einer, dem es besonders eilig war, wurde von einem andern zur Rede gestellt. Er ließ sich nichts gefallen, ein Wort gab das andere, eine homerische Schimpferei hob an, jeder spielte darauf an, daß der Ober den Unter steche — bis sich zuletzt jeder als Feldwebelleutnant auswies, »ein Offizier mit einem Mannschaftsgesicht«, der gewiß war, daß ihn der andere nicht übertrumpfen könnte.

Solche Fehden gibt es im Frieden nicht — höchstens bleibt es im Dampfraum oder bei den Brausen bei erbitterten Zwiegesprächen ohne Worte: der eine schraubt den Dampf auf, daß es nur so zischt, der andre dreht mit Nachdruck wieder zu, der erste reibt wieder auf — sie messen sich wütend mit den Augen, der

Schwächere macht den Klügeren, und der »Platzhirsch«, mit wildem Brunstschrei, behauptet das Feld.

Trotzdem, an Gesprächsfischern fehlt es nicht, die die lockendsten Köder aus= werfen, um einen Nachbarn an den Haken der Unterhaltung zu kriegen. Mitunter gelingt's, es gibt da Künstler (wir kennen sie aus der Eisenbahn und Sommer= frische), die, ohne von sich selbst nur ein Wort zu verraten, dem andern im Nu sämtliche Personalien entreißen. Oft aber zappelt sich der fetteste Karpfen wieder von der Angel los, grad in dem Augenblick, wo der Fischer sich bereits im sichern Besitz einer neuen Bekanntschaft wähnt.

Wieder andre gibt's, die in wunderlicher Selbsttäuschung glauben, weil sie selber nackt sind, dürften sie die nackte Wahrheit ungestraft sagen. Sie kramen allerlei Geheimnisse aus, werfen mit bekannten Namen um sich, bekennen ihre schönen Seelen — und siehe da, im Grund haben sie recht: keiner der nackten Männer hört ernsthaft hin. Gespräche, die auf der Trambahn, im Wirtshaus die dümmsten Folgen haben würden, hier verplätschern sie in Wasser, gehen sie in Dampf auf.

Nun könnte ein Laie meinen, das lauwarme Rundbecken müßte doch eigentlich ein Pfuhl des Gequakes sein. Aber die Riesenfrösche, ganz dem Animalischen hin= gegeben, kennen, wie das Tier überhaupt, keine Unterhaltung. Und auch die Störche, die herumstelzen, klappern höchstens mit den Holzsandalen. Im Dampf aber, in der Tropenqual, hat jeder mit sich zu tun, nur geisterhaft tauchen im dich= ten heißen Nebel die schwer schnaufenden Kolosse auf — keine Gelegenheit zu »echten« Gesprächen.

Dann kehrt der Badegast in seine Zelle zurück, zieht den Doktor, den Regie= rungspräsidenten oder den Metzgermeister wieder an, versichert sich durch einen Griff, daß seine Papiere an seiner Brust ruhen und geht — in den Maientag hinaus oder in den Novemberabend, irgendwohin, wo er recht nach Herzenslust reden kann, nach all dem schweigenden Schwitzen.

Sauna=Gespräche? Ich fürchte, der Schüler hat das Aufsatzthema verfehlt. Aber als Dampfbader seit dreißig, vierzig Jahren habe ich halt nur das schreiben kön= nen, was ich erlebt habe.

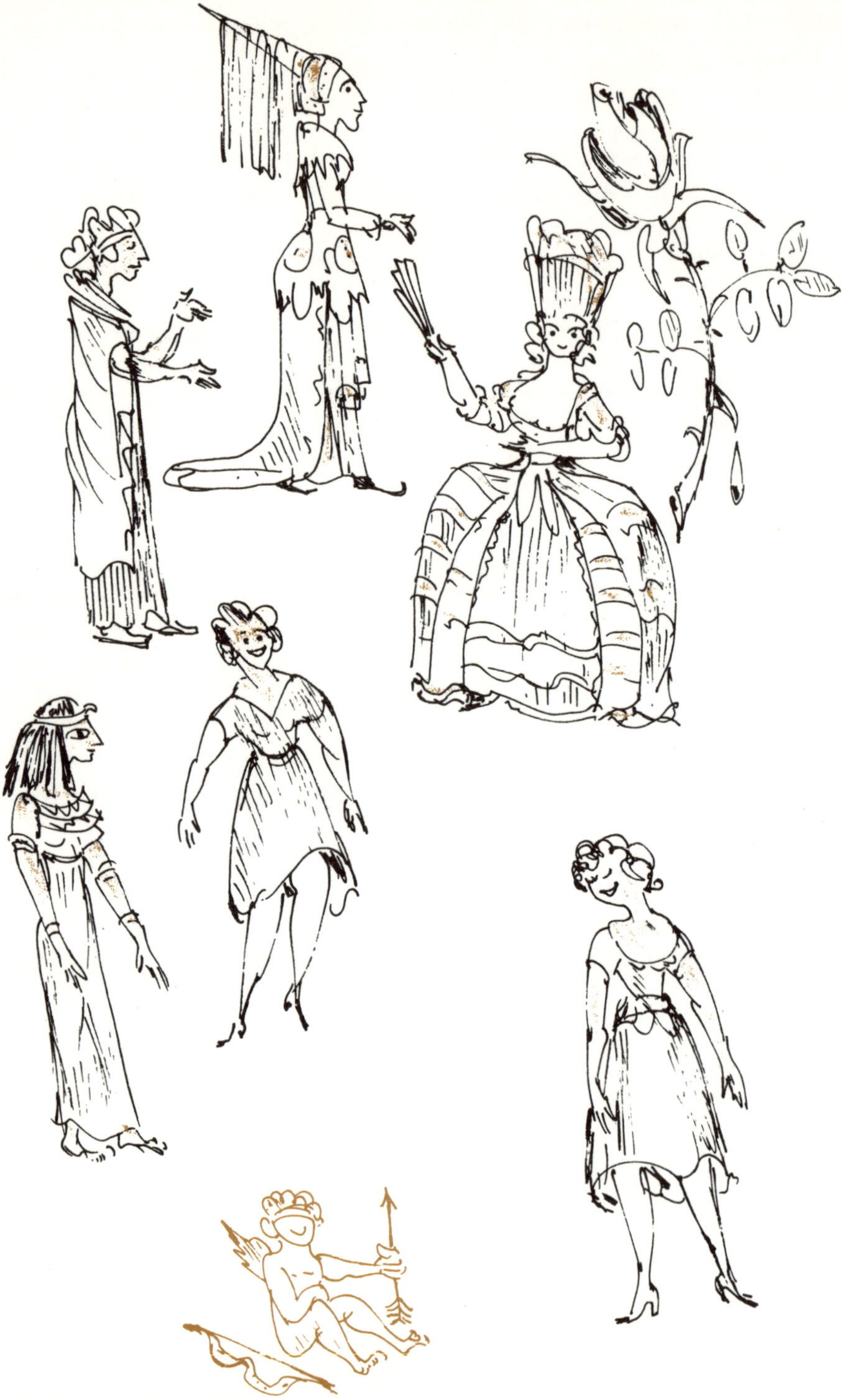

Die Frau in der Weltgeschichte

Die Antike

Man sieht an all den Marmortrümmern,
Wie reich an schönen Frauenzimmern
Gewesen sein muß die Antike:
Sei's nun Athene oder Nike,
Sei's, was man mit Erstaunen sieht,
Ein reizender Hermaphrodit.
Oft fehlt der Kopf zwar den Gestal=
  ten —
Worauf es ankommt, blieb erhalten.

Es bleibe nun dahingestellt,
Ob damals, in der alten Welt,
Vor nahezu dreitausend Jahren,
Die Weiber wirklich schöner waren
Sowohl persönlich wie auch rassisch,
Mit einem Worte: einfach klassisch —
Ob nicht vielmehr die armen Griechen
Beim Anblick der lebendigen Schiechen
Sich flüchteten in ihrer Qual
Ins steingewordene Ideal —
Wir Armen jedenfalls sehnen
Uns nach dem Glücke der Hellenen.

Eh Aristophanes, der Spötter,
Herunterriß die lieben Götter,
Gab's auch in Hellas weit und breit
Die schöne, gute alte Zeit.

Nun, man erzählt wohl nicht viel Neus,
Berichtet man vom Vater *Zeus*,
Wie der die Hera hat betrogen
Und wie er überall rumgezogen.

Für einen Gott war's keine Kunst,
Zu kommen in der Weiber Gunst.
In *ausgewählter Garderobe*
Stellt' er die Tugend auf die Probe:
Die Danae war flugs ihm hold,
Als in den Schoß er fiel als Gold.
Was heutzutag im Korb der Hahn,
War er bei Leda leicht als Schwan.
Zur Io kam er erst in Wolken,
Dann hat er sie als Kuh gemolken.

Doch Hera hat bei Tag und Nacht
Mit *Argusaugen* ihn bewacht,
Und wenn dann nichts mehr half sein Blitzen,
Ließ er die Kühe schnöde sitzen
Und irgendwo verlassen kalben
Mit ganzen Göttern oder halben.

Wer glaubt wohl, daß *Europa* gar
Ursprünglich eine Jungfrau war?
Es gab der Viechskerl Zeus sich hier
Tatsächlich als ein echter Stier,
Entführte sie auf seinem Rücken,
Um sich dann später feig zu drücken,
So daß dies gottverlassene Land
Europa seitdem wird genannt.

Nicht Zeus allein hat damals freilich
Benommen sich so unverzeihlich;
Die Götter, Göttinnen, Heroen —
Wie haben all die Sinnenfrohen
Der Liebe ohne Maß gehuldigt
Und mit dem Mythos sich entschuldigt!

Ob mythisch, ob nur sodo=mythisch,
Wir nehmen dies nicht weiter kritisch
Bei einem solchen Hochbetriebe
Zielloser Durcheinander=Liebe.
Der Vater — höchster Götteradel,
Die Mutter — nur ein Waschermadel,
Ein Heer von Satyrn, Nixen, Hexen,
Bis dann mit Ödipuskomplexen,
Familiengreueln, Mord, Inzest
Zu Ende ging das schöne Fest.

Doch sollen *wir* heut prüde schimpfen
Auf die Sirenen oder Nymphen?
Uns ärgern, daß schon die Najaden
Erfunden das Familienbaden?
An der *Zentauren* wilde Ritte
Das Maß anlegen unsrer Sitte?

Wenn Götter nicht mehr lieben dürfen
Vergnügt und frei von Selbst=
 vorwürfen,
Was soll dann, fern von Aphrodite,
Erlaubt sein *uns* auf dem Gebiete?
Gerade *Aphrodite* war es,
Die schamlos mit dem feschen *Ares* —
Der freilich herrlich, Glied um Glied —
Dem eignen Mann, dem garstigen Schmied,
Versuchte Hörner aufzusetzen:
Der aber fing in starken Netzen
Das lästerlich verbuhlte Paar,
Und splitternackend, wie es war,
Gab er's, der eignen Ehr Verächter,
Preis dem homerischen Gelächter.

In Liebesdingen mehr als toll
Trieb es natürlich der *Apoll*,
Der unterm Vorwand der Verpflichtung
Für Schauspielkunst, Gesang und
 Dichtung
Sich an neun Musen durft begeistern —
Noch heut ein Vorbild allen »Meistern«

Der Schwester, Artemis, hingegen
War an den Männern nichts gelegen.
Sie badete im Mondenscheine
Mit ihren Frauen ganz alleine.

Aktäon, der, was er nicht sollte,
Mal auch was Nettes sehen wollte,
Schlich eines Nachts heran recht nah,
War ganz verwirrt, was er da sah
An Busen, Beinen, Hinterteilen,
Und er versäumte, zu enteilen.
Die Göttin dreht' sich barsch herum:
»Was kraucht denn dort im Busch
    herum?«
Und schon ward für sein frevles
    Pirschen
Verwandelt er in einen Hirschen.
So was pflegt heut nur zu geschehen
Den Männern, wenn sie *nichts* gesehen.

Noch weniger ist mit Fraun zu spaßen,
Wenn sie ergreift der Wahn der
    Massen
Durch einen Scharlatan, dem's glückt,
Sie wild zu machen und verrückt.
So einer war Dionysos,
Der sie, Naturheilkundiger bloß,
Mit Traubenkuren und mit drastischen

139

Nicht mit den Mädchen zu vergleichen,
Die nachts bei uns durch Straßen
    streichen,
Die »Süßer Bubi« zu uns sagen
Und sich dann recht gemein betragen —;
Nein, jenen, die die alten Weisen
In Worten höchsten Lobes preisen
Und die in jeder Hinsicht prima,
Wie Phryne, Lais, Diotima.
Sie waren reizend, klug und willig —
Doch höchstwahrscheinlich auch nicht
    billig.

Erotopsycho=heilgymnastischen,
Höchst überspannten Stab=Freiübungen
Gebracht bis zu Bewußtseinstrübungen.

Mänaden, die vor Wollust beißen,
Am liebsten gleich den Mann zerreißen,
Scheint es in unserm nüchternen Leben
Nur äußerst selten mehr zu geben,
Obwohl sie uns viel lieber wären
Als beispielsweise die *Megären*,
Nach denen niemand trägt Verlangen,
Weil sie, den Kopf voll giftiger
    Schlangen,
Selbst für den Fall, daß sie uns küßten,
Uns unsympathisch bleiben müßten.

Medusen sind auch heut nicht selten
In jenen Halb= und Zwischenwelten:
Gesichter, herrlich anzuschauen,
Doch kalt und herzlos, daß vor Grauen
Das Blut beim Anblick uns erstarrt.
Weh dem, der sich in sie vernarrt!

Viel lieber lauschen wir dem Märchen
Von jenen reizenden *Hetärchen*,
Die, in der Liebe höchst erfahren,
Den Griechen wahre Engel waren —

Weit mächtiger als mancher Heros
War ehedem der kleine Eros,
Er, der einst Welten hat zertrümmert,
Muß psychopathisch und verkümmert
Jetzt in Romanen und Broschüren
Ein akademisch Leben führen.
Als *Amor* in der Volksausgabe
Ist er noch heut ein wackrer Knabe,
Obgleich er auch seit seiner Kindheit
Viel eingebüßt von seiner Blindheit
Und mit dem alten Pfeil=Betrieb
Rein technisch schon im Rückstand
    blieb

In der Antike auch beginnen
Die ersten Frauenrechtlerinnen.
Es schwuren, keinen Mann zu schonen,
Die kriegerischen *Amazonen*.

Eins leuchtet uns dabei nicht ein:
Sie sollen hübsch gewesen sein —
Hat doch das weibliche Geschlecht
Sofern es hübsch ist, *immer* recht!

Von allem, was aus Adams Rippe
Abstammt, das schlimmste war
 Xanthippe,
Die *Sokrates*, dem Philosophen,
Die Welt gemacht zum Höllenofen.
Nun war vielleicht die Frau Professor
In Wirklichkeit doch etwas besser
Als ihr so reichlich schlechter Ruf.
Man denke, welche Qual es schuf,
Vermählt zu sein, ganz mild einmal
Gesagt, mit einem Original!
Vielleicht war sie sogar ganz häuslich?
Doch Sokrates benahm sich gräuslich,
Ging unrasiert und schlecht gewaschen,
Mit ausgerissenen Manteltaschen,
Natürlich immer voller Bücher
Und ohne frische Taschentücher,
In staubigen Stiefeln ins Kolleg,
Daß mancher dachte auf dem Weg:
»Wer zieht von diesem Schmutzian
Denn wohl die *saubern* Kragen an?«
Und jede Hausfrau wird begreifen:
Xanthippe hatt' ein Recht zu keifen.

Auf alle Fälle sehn wir grausend,
Daß selbst im klassischen Jahrtausend
Die Welt ein wohlgerüttelt Maß
Von unsympathischen Frau'n besaß.

Doch nicht nur, wenn das Weib ab=
 scheulich,
Auch Schönheit wirkt oft unerfreulich;
Des zum Beweise nenn ich da
Euch gleich die schöne Helena.
Herr *Paris* hat für sich den Ruhm,
Als erster Gent im Altertum
Bewiesen aller Welt zu haben,
Daß Mannesehre, Geistesgaben,
Charakter, höhere Gesinnung
Zwecklos für eines Weibs Gewinnung,
Wenn solche Operetten=Helden
Wie Paris ihren Anspruch melden.
Geht es uns nicht schon auf die Nerven,
Daß Göttinnen sich unterwerfen
Dem Urteil dieses arroganten
Hanswursten, den sie gar nicht kannten?
Ja, daß sie direkt aus dem Himmel
Herkamen zu dem Hirtenlümmel?
Sie hätten vorher wissen können:

Wem wird er schon den Apfel gönnen
Als dieser hübschen, hohlen Puppe,
Der Tugend wie auch Weisheit
 schnuppe!

Doch daß dann wegen dieses Laffen
Die ganze Welt griff zu den Waffen,
Nur weil dem alten Menelaus
Der Schuft sein Weibchen spannte aus,
Das ist uns heut ganz unbegreiflich!
Heut überlegt man Kriege reiflich.
Ein solcher Grund ist mehr als peinlich;
Drum hat auch damals höchstwahr=
 scheinlich
Man stark betont schon in der Presse
Das überseeische Interesse.

In Troja machte bald dann mies
Ein Mädchen, das *Kassandra* hieß.
Unpatriotisch war das, schlecht!
Doch, leider Gotts, sie hatte recht!
Und was, nur wegen Helena,
Auch nach dem Kriege noch geschah!
Sie selbst, die angerührt den Leim,
Fuhr, mir nichts, dir nichts, wieder
 heim.
Doch der Odysseus beispielsweise
War noch zehn Jahre auf der Reise
Rund um die ganze Odyssee,
Bis er kam zu Penelope.

Es weiß Homer von seinem Helden
Manch Abenteuer zu vermelden.
Es bleibt uns ziemlich unverständlich,
Warum nicht bei Kalypso endlich
Geblieben dieser Einfaltspinsel
Auf jener wunderschönen Insel!
Daß er nicht lange im Bezirke
Der bösen Zauberhexe Kirke
Verweilt, das nenn ich klug gehandelt,
Weil Männer sie in Schweine wandelt,
Was allerdings bei einiger List
Für Weiber gar kein Kunststück ist.
Gut ist ein Zauberspruch erst, wenn er
Die Schweine wandelt um in Männer.
Doch weniger lobenswert ist dies,
Daß er Nausikaa sitzen ließ,
Zu der er müd und krank und lahm
Und völlig abgerissen kam.
Sie hat ihn liebevoll bemuttert,
Herausstaffiert und durchgefuttert.
Er hat geschmaust nur und erzählt,
Statt daß er sich mit ihr vermählt —
Und, als er sich herausgefressen,
Sie schnell verlassen und vergessen.

Er kam daheim grad recht zur Feier
Der frechen, flegelhaften Freier.

Die hat Odysseus glatt erschossen
Und glücklich dann sein Weib um=
 schlossen,
Die ihn erwartet voll Gesittung;
Doch schrecklich war die Eh=Zerrüttung,
Die Agamemnon angetroffen,
Was meterweis zu Dramenstoffen
Und Opern ward gewertet aus —
Elektra beispielsweis von Strauß.

Viel Unheil auch die Götter brauten
Der Heldenschar der Argonauten.
Herr *Jason* etwa war ein solcher;
Er hatte aus dem Land der Kolcher,
Wo er noch andres führt' im Schilde
Sich eine junge, hübsche Wilde,
Medea, mit nach Haus gebracht.
Doch dorten ward er ausgelacht,
Weil sie, ihm ward's auch selbst bald klar,
Nicht ganz gesellschaftsfähig war.
Dazu ward sie auch alt und fett,
Er fand sie plötzlich nicht mehr nett;
Beglückt von neuen Liebeshimmeln
Versuchte er, sie abzuwimmeln.
Sie ging auch wirklich später fort,
Doch vorher gab's noch Mord um Mord.
Drum zeigt der Rat auch viel Verstand:
»Heirate niemals außer Land!«

Recht schlecht es später auch erging
Herrn *Gyges* mit dem Zauberring.
Es war auch etwas Oberfaules,
Daß ihn der König, der Kandaules,
Bewog im Anflug toller Laune,
Daß er sein Eheweib bestaune.
Nun war der gute Gyges zwar
Kraft seines Ringes unsichtbar,
So daß er ungeniert ganz nah
Die Königin sich ausziehn sah.
Doch sei's, daß sie ihn doch erblickt,
Sei's, daß er heimlich sie gezwickt,
Sie merkte, daß ein Mann im Zimmer,
Und Gyges machte es noch schlimmer,
Indem er plötzlich sagte laut:
»Ich hab ja gar nicht hingeschaut!«
Worauf sie zischte: »Schurke, lüg es,
Jetzt kenn ich dich, du bist der Gyges!«
Sie gab ihm anderntags die Wahl,
Zu töten ihren Herrn Gemahl,
Wo nicht, den Tod selbst zu erleiden —
Nun, das war einfach zu entscheiden.

Er hat Kandaules umgebracht
Und seitdem jahrlang, Nacht für Nacht,
Geschlafen bei der Königin —
Und schaute wirklich nicht mehr hin!

Wir wenden unsern Redestrom
Nun weiter, in das alte *Rom*,
Das von Aeneas ward gegründet,
Der mit Latinus sich verbündet,
Des Kind Lavinia er umwarb
Und kurz erst kriegte, eh er starb.
Wir würden ihm sie gerne gönnen,
Doch hätt er's billiger haben können,
Wär er geblieben bei der Dido,
Die sich, ein Opfer des Cupido,
In des Aeneas Heldenkraft
Unseligerweise hatt vergafft.
Schon hatte sie ihn fast umgarnt,
Da wurde er »von Zeus gewarnt«,
Wie man voll Heuchelei es hieß,
Wenn einer eine sitzen ließ.

In Rom war'n Frauen anfangs rar,
Denn jenes erste Zwillingspaar,
Von dem die Stadt, so sagt man, stamme,
Hatt eine Wölfin nur zur Amme.

145

Drum mußte man durch Raub gewinnen
Die nötigen *Sabinerinnen*.
Es klingt ja zwar ein bißchen roh,
Doch heut wär manche Mutter froh,
Käm so ein Römer nur und möcht er
Doch endlich rauben ihre Töchter.
Dabei war für die wirklich Frommen
In Rom auch sonst ein Unterkommen.
Wen niemand mochte zur Gemahlin,
Die wurde eben dann *Vestalin*,
Daß sie das öffentliche Feuer
Im Vestatempel stets erneuer,
Verzichtend auf den eignen Herd —
Doch auch der Staatsdienst ist was
  wert!

Rom stand in voller Jugendkraft,
Solang das Weib dort tugendhaft.
Doch diese Kraft muß bald erlahmen,

Wenn aus den Frauen werden Damen,
Die sinnlos sich die Zeit vertreiben,
Romane lesen, Briefchen schreiben,
Fast jeden Tag im Zirkus sitzen
Und sonst dergleichen Kinkerlitzen,
Nachts ausgehn, dann bis Mittag
  schlafen —

146

Sogleich erinnern wir uns da
Der Königin *Kleopatra;*
Schon Cäsar war als alter Knabe
Erlegen der Verführungsgabe,
Mit der sie ihn vermocht zu fesseln.
Da saß er arg bald in den Nesseln,
Und nur mit ganz genauer Not
Entging er dort dem Heldentod.

Nachdem sie sich in ziemlich rüder
Art auch erledigt ihrer Brüder,
Saß sie vergnügt auf ihrem Thron,
Bis sie zuletzt dem Mark Anton
Das Mark aussog bis auf die Knochen
In jahrelangen Flitterwochen.

Dafür den Mann zum Arbeitssklaven
Erniedrigen; der soll es zahlen,
Wie sie sich schmücken und bemalen.

Die Männer freut's noch, diese Deppen,
Wenn ihre Frau'n sie gründlich neppen,
Den ganzen Tag die Stadt durchlaufen
Und teures Glump zusammenkaufen,
Dann beim Konditor Schlagrahm
    schlecken
Und flirten mit den dümmsten Gecken.

Die Hausfrau, die zu sparen trachtet,
Die kocht und wäscht, wird nicht
    geachtet,
Nur die, die jung, hübsch, elegant,
Wird von den Männern anerkannt.
Kurzum, in Rom, wie überall,
Kam eines Tages der Verfall.

Dann war sie leider schon zu alt
Und ließ drum den Augustus kalt,
Und ihr blieb nichts bei solchen
   Mängeln,
Als schließlich sich davonzuschlängeln.
Denn die Erkenntnis, sie sei häßlich,
War mehr noch als der Tod ihr gräßlich.

Wie sehr der Frauen gute Sitten
In Rom im Lauf der Zeit gelitten,
Man unschwer aus den Versen sieht
Des Martial, Horaz, Ovid;
Auch Juvenal, Terenz, Tibull
Beweisen, daß Moral gleich Null.
Schulknaben ließ man ohne Strenge,
Buhlknaben gab's die schwere Menge.
Familienleben, Kinderkriegen —
Welch proletarisches Vergnügen!
In der Gesellschaft konnt man hören
Nur mehr von Schneidern und Frisören.
Doch nicht allein der Lippenstift —
Es herrschte bald auch Dolch und Gift,
Womit die Damen Tag und Nacht
Sich gegenseitig umgebracht.
Und jede Frau trug ein paar Fläschchen
Mit sich in ihrem Abendtäschchen.
Ich könnte leicht historisch dienen
Mit *Agrippinen, Messalinen,*
Die, ohne Angst vorm Staatsanwalt,
Wen sie nicht mochten, machten kalt.
Doch mach ich hier mit Grausen Schluß —
Es steht ja so im Tacitus,
Dem römischen Historienschreiber,
Der, ohnehin kein Freund der Weiber,
Haarklein und lesenswert uns schildert,
Wie Rom zur Kaiserzeit verwildert.

Die Neuzeit

Was man in unsern Büchern dreist
Als sogenannte Neuzeit preist,
Ist auch schon wieder lange her —
Fünfhundert Jahre ungefähr.

Schon damals hat die Frau, wie heut,
Das *Mittelalter* arg gescheut;
Auch Frau Europa träumte nur
Von Schönheit und Verjüngungskur.
Sie dachte, wenn die klassischen Alten
Sich so vorzüglich einst gehalten,
Lag's nur an der Antike Kraft.
Sie braute drum sich einen Saft
Aus humanistisch=klassischen Kräutern
Und trank ihn, ohne ihn zu läutern.
Und bald, nach einigem Magendrücken,
Schien die Verjüngungskur zu glücken.
Europa stand im vollen Glanze
Der Neugeburt, der *Renaissance*.

Doch war, man kann das leicht
  erwischen,
Halt doch manch giftiges Kraut
  dazwischen,
Und grad die Renaissancefrauen

Betrachten wir darum mit Grauen,
Weil manches Unheil sie gestiftet
Und ihre Männer oft vergiftet,
Die ihrerseits auch, roh und kalt,
Statt Liebe brauchten nur Gewalt.
Wobei ich noch im Zweifel bin,
Ob wirklich solche Teufelin

Viel ärger sind oft giftige Kröten,
Die ohne solche Tränke töten.
Noch mächtiger wird der Unterrock

Lucrezia Borgia ist gewesen,
Wie wir in der Geschichte lesen.

Ich nähme, ohne Angst vor Mord,
Zur Freundin wenigstens sie sofort;
Denn sie war schön, reich, klug und heiter.
Was will ein Mann denn da noch weiter?

Nun im Verlaufe des *Barock*,
Und sinnverwirrend lebensfroh
Herrscht er erst recht im *Rokoko*.
Das Weib, sonst Herrin kaum im Haus,
Wächst sich zur Weiberherrschaft aus.

In Engelland, das seinen Namen
Nicht wohl den engelhaften Damen
Verdankt, die dort herangewachsen,
Vielmehr dem Volk der Angelsachsen —
Herrscht' jener *Heinrich der Achte*,
Der sich aus Weibern nicht viel machte,
Sobald, und dies gelang ihm leicht,
Bei ihnen er sein Ziel erreicht.
Er teilte anfangs Bett und Thron
Mit Katharina Aragon,

Bald drauf nur mehr den Thron und
   schließlich
Ward ihm auch dieses zu verdrießlich:
Bezog der Liebe hohe Schulen
Dann buhlend mit der Anna Boleyn,
Doch plötzlich müde ihrer Süße,
Legt' er den Kopf ihr vor die Füße;
Nahm eine dritte sich, Johanna,
Als vierte wieder eine Anna;
Doch schien ihm keine was zu taugen.
Dann aber macht' ihm schöne Augen
Kathrina Howard, und er nahm sie,
Sah jedoch bald, daß ohne Scham sie
Die Augen, leicht und lebensfroh,
Den andern machte ebenso,
Und jeder Junker mit ihr junkte.
Er war sehr heikel in dem Punkte,
Weil er nicht ohne Recht sich dachte:
Bin ich als Heinrich schon der Achte,
Will ich, daß bei der Königin
Der erste ich und einzige bin.
Und um zu wissen sonnenklar,
Daß mindestens er der letzte war,
Macht' er nicht weiter viel
   Geschichten,
Befahl kurzweg, sie hinzurichten.
Ihn selbst berührte das nicht weiter,
Kaum, daß sie tot war, sprach er heiter:
»Versuchen wir einmal die nächste!«
Es war schon immerhin die sechste.
Es holte sich der alte Narr
Die Witwe Katharina Parr;
Die hat dann seinen Tod erlaubt,
Ihn zwar nicht be=, doch überdauert.

In Frankreich herrschte, fragt nicht wie,
Die *Katharina Medici*,
Die, eine giftgeschwollne Natter,
Dem Schwiegersohn, dem Henriquatre,
Vergällend seine Hochzeitsnacht,
Die Hugenotten umgebracht.

In Rußland ist es ja schon immer,
Ob mit, ob ohne Frauenzimmer,
Wüst zugegangen, und uns dienen
Zum Beispiel auch zwei *Katherinen*.
Die erste, die dann späterhin
Emporstieg bis zur Kaiserin,
Entstammt aus Livland oder wo.
Ihr erster Mann war dumm und roh,
Wie dort die Mehrzahl der Bewohner;
Er war ein schwedischer Dragoner,
Der zweifellos sich oft besoff.
Sie ward das Mensch des *Menschikoff*,
Als bald darauf die Russen kamen
Und alles, auch die Weiber, nahmen.
Der arme Menschikoff erfreute
Nicht lang sich seiner schönen Beute;
Denn die kam Petern gleich, dem
    Großen,
Gefährlich nahe an die Hosen.
Zuerst regierten sie zu zweit,
Dann sie allein noch kurze Zeit,
Man muß gestehen, ganz untadelig.

Die Zweite nun, die war zwar adelig —
Tat viel für Kunst, Kultur und
    Handel —,
Doch scheußlich war ihr Lebenswandel.
Unheimlich war der Männer Zahl,
Die heimlich waren ihr Gemahl.
Die Herrlichkeit blieb oft nur kurz,
Auch Orlow endete durch Sturz,
Und oft fiel — und dann ging's noch
    kürzer —
Mit dem Gestürzten gleich der Stürzer.
Viel länger als so mancher Brünstling
Hielt Graf Potemkin sich als Günstling,

Der allerdings als Mann und Zar
Wohl auch kein Impotemkin war.

Inmitten der Kathrinen steht
Die Kaiserin Elisabeth.
Als Zarin gut, jedoch persönlich
Sehr sinnlich, eitel und gewöhnlich.
Sie hatte, wie es damals Brauch,
Liebhaber massenweise auch;
Zum Beispiel bracht's ein Hirtenknabe
Durch ihre Gunst zum Marschallstabe,
Den er in süßen Schäferstunden
Gewiß in ihrem Bett gefunden,
Wodurch man widerlegt, es gäbe
Nur in Tornistern Marschallstäbe.

Noch andere Elisabethen
Historisch uns entgegentreten,
So, blicken wir nach England hin,
Die »*Jungfräuliche Königin*«;
Zwar zu dem lasterhaften Lester
Stand sie wohl kaum wie eine
   Schwester,
Und ziemlich rasch kam an sein Ziel
Essex mit dem Essexappeal.
Daß er ein Hoch= und Staatsverräter,
Hätt sie ihm noch verziehen später,
Doch daß er alt sie fand, verrostet,
Das hat ihm dann den Kopf gekostet.

In einem Bette von Intrigen
Bei einer Königin zu liegen,
Ist, dessen sei man sich bewußt,
In keinem Fall die reine Lust.
Bei ständiger Furcht vor Todesstrafen
Könnt' mancher selbst *allein* nicht
   schlafen.
Maria Stuarts Hauptgefahr
War's, daß sie jünger, hübscher war
Als die Elisabeth, die fand,
Daß sie die Schönste sei im Land.

Ihr ging es nicht um Macht und Titel:
Doch als ihr half kein Schönheitsmittel
Sich *herzurichten*, da war's klar,
Daß jene *hinzurichten* war.

Noch wäre zu erwähnen da
Östreichs *Marie Theresia*
Mit ihrem Prinzgemahl, dem
 Fränzchen,
Der, als ein rechtes Lämmer=
 schwänzchen,
Auch, als er später Kaiser hieß,
Der Frau fast alles überließ:
Regieren, Haushalt führen, siegen,
Erst recht natürlich Kinder kriegen,
Und nur, daß sechzehn sie bekam,
Beweist den Anteil, den er nahm.

So ist denn diese Frau es wert,
Daß sie die Nachwelt preist und ehrt.
Gleich ihr voll seelischen Gehalts
War *Liselotte von der Pfalz*,
Die Briefe schrieb, so herzlich=rauh,
Wie keine zweite deutsche Frau.
Es galt ihr ganzer Kampf und Spott
Der tiefverhaßten „alten Zott",
Der bösen Frau von Maintenon,
Die schlau beherrschte Frankreichs
 Thron.

Gewiß mag man bei Sonnenkönigen
In puncto Frauen viel beschönigen,
Nur wegen seines Damenflors
Wird niemand tadeln Louis quatorze,
Und jeder gönnt dem Roi soleil,
Daß er sich seinen Lebensmai

Ist es doch andrerseits entzückend,
Und mancher wünscht von Zeit zu Zeit
Ein bißchen Sittenlosigkeit,
Wenn auch vielleicht nicht so en gros,
Wie's damals war im Rokoko.

Louis quinze war tot. Und pflichtgemäß
Vertrieb das ganze Pack Louis seize.
Zu spät — ich brauch nur zu erwähnen:
»Die Weiber wurden zu *Hyänen* ...«,
Um zu beweisen, klipp und klar,
Daß alles jetzt verloren war.

Verlängert hat bis in den Winter.
Bei ihm steckt' sonst auch was dahinter.
Doch bei Louis quinze war's schließ=
 lich nur
Frau Fisch noch, alias Pompadour,
Und, beinahe schlimmer noch als die,
Die abgefeimte Dubarry.
Zwei echte Rokoko=Kokotten,
Die voll kostspieliger Marotten
Dem König zwar das Dasein würzten,
Doch Frankreich tief in Schulden
 stürzten.

Ein Weib, das sehr viel Geld verpraßt,
Ist viel geliebt und viel gehaßt,
Denn einerseits das Volk bedrückend,

Und hiermit wären wir soweit,
Wir kommen nun zur neuesten Zeit.
Doch will es mir da besser scheinen,
Wir bleiben mehr im allgemeinen,
Und lassen, würd sich's oft auch lohnen,
Die großen Haupt= und Staatsaktionen.

Die Frau'n im neunzehnten Jahr=
 hundert,
Die man geliebt, gehaßt, bewundert,
Sind uns ja schon so nah gerückt,
Daß kein historischer Abstand glückt.
Das gilt gewiß in jeder Richtung.
Zum Beispiel diene uns die Dichtung:
Wenn auch Herr *Johann Wolfgang
 Goethe*
Uns manchen Stoff zur Forschung böte,
Er bringt uns in Gewissensnot;
Obzwar schon hundert Jahre tot,
Scheint's uns doch oft, als wär's erst
 gestern,
Und drum fällt es uns schwer zu lästern.

Zwar daß er, klassisch stark verpflichtet,
Hermann und Dorothee gedichtet,
Das mag man ungestraft erwähnen.
Getrocknet sind auch schon die Tränen
Der ungezählten netten Mädchen
Wie Lily, Friederike, Käthchen,
Mit denen er sich einst verlobt
Und seinen Sturm und Drang geprobt.
Doch ungern leuchten wir hinein
In die Affäre Frau von Stein,
Wo sich die Welt den Kopf zerbricht:
Hat er nun oder hat er nicht?

Doch wollen wir's uns auch verkneifen,
Jetzt literarisch abzuschweifen.
Denn nach der Klassik kommt ja nur
Im Grund die Asphaltliteratur,
Die uns erfüllt mit Zorn und Trauer,
Wie beispielsweise Schopenhauer,
Der dünkelhaft sich hat erfrecht,
Den Mann als schöneres Geschlecht
Der Mit= und Nachwelt darzustellen:
Schmach über diesen Junggesellen!

Nicht weit von der Begriffsverwirrung
Ist's zu der Sexualverirrung,
Die aus den Worten Nietzsches spricht:
»Beim Weib vergiß die Peitsche nicht!«

Und was erst schrieben die Modernen?
Wir wollen's gar nicht kennenlernen!
Verdammen wollen wir's, verbrennen —
Und dazu braucht man's nicht zu
   kennen!

Man merkt, die Neuzeit schafft Verdruß,
Und darum machen wir jetzt Schluß.
Wir sahn, wie lüstern und intim
Es war im ancien régime.
Als das Empire dann kam zum Sieg,
Trug sich die Damenwelt antik,
Moralisch ziemlich ungefestigt
Ging sie, von Kleidern kaum belästigt.
Doch mit dem Gürtel, mit dem Schleier
Macht' schnell ein End das *Biedermeier*,
Das, eingerechnet selbst Berlin,
So ungeheuer *einfach* schien
Und doch schon Anno dazumal
Uns brachte *doppelte* Moral.

Doch sieh! Aus dieser stickigen Luft
Kommt auch der Freiheit neuer Duft:
Es brachte der Kaffeegenuß
Den weiblichen Zusammenschluß.
Debatten gab es, wüst und scharf,
Was der Mann muß, soll, kann und
   darf,

Und es entstand mit einem Schlage
Die fürchterliche *Frauenfrage*,
Auf die man bis zur heutigen Frist
Noch ohne gültige Antwort ist.

Vieldeutig ist des Weibes Art
Selbst in der straffen Gegenwart.
Dies zeigt der Wandel schon der Moden
Vom Reifrock bis zum Jägerloden.
Der Weltkrieg neue Sorgen schuf:
Die Frau drang ein in den Beruf,
Sie wollte frei sein und gleich *wie* frei:
Vorurteils=urteils=teils= und kniefrei.

Doch nach dem ersten wilden Drang
Ward ihr vor ihrer Freiheit bang,
Und ratlos stand sie, selbst in Hosen,
Allein im Männlich=Grenzenlosen.
Zwar glaubt sie noch, es sei der *Sport*
Ihr tatenstolzer Tugendhort;
Im Grunde sehnt sie sich zurück
Nach Mädchenglanz und Mutterglück.

Auch wir, obgleich wir gar nicht prüde,
Sind eigentlich der Freiheit müde,
Und mancher denkt so manches Mal:
»Willkommen wiederum, Moral!«
Was wir erreicht mit vieler Müh:

Das freie Bein, die Nacktrevue,
Wird wieder bald zum alten Märchen,
Zum Ehepaar das Liebespärchen;
Zurück dreht sich des Schicksals
    Rädchen.
Es werden wieder junge Mädchen
Behütet rein wie eine Lilie
Erblühn im Schoße der Familie —
Und eines Tages stehn wir da
Und sprechen wieder — mit Mama!

Und westlich, östlich, südlich, nördlich
Hemmt man den Liebestrieb behördlich,
Soferne er nicht seine Kraft
Stellt in den Dienst der Volkswirtschaft.

Eins gilt auch jetzt noch in der Welt:
Die schönen Frauen kosten Geld.
Und nördlich, südlich, westlich, östlich
Ist Kostenloses selten köstlich.
Nur wünschen darf der Mann natürlich
Gebührenfrei — nicht ungebührlich!
Und jeder denkt da oft und gerne
An *Filmstars*, Operettensterne,
An Girls, an Schönheitsköniginnen
Und wird vor Sehnsucht fast von
    Sinnen.

Hier naht zum Schluß der Moralist,
Der für uns Arme tröstlich ist,
Und taucht mit Worten, süß wie Honig,
Höchst gründlich in die Weltenchronik.
»Schaut«, spricht er, »in die Zeit
　zurück:
Wem brachten Frauen wirklich Glück?
Millionen Männer, ja Milliarden,
Darunter Könige, Helden, Barden,
Soldaten, Bürger, Bauern, Knechte,
Sind dem verderblichen Geschlechte
Durch die Jahrtausende verfallen.
Nun, und was blieb von ihnen allen?

Die Liebesglut, die sie durchlodert,
Ist eitel jetzt und staubvermodert.
Drum, wer historisch es betrachtet,
Das Weib nur fürchtet und verachtet!«

Und trotzdem rat ich: Lebt und liebt,
Es ist das Schönste, was es gibt!
Wer noch ein Herz hat, der verzichte
Auf alle Frau'n der Weltgeschichte
Und hoffe, daß just er das könnte,
Was wenigen das Schicksal gönnte:
Mit seinem Glück, wär's noch so klein,
In seinem Kreis zufrieden sein!

Viechereien

Zum Geleit

Im Anfang, wie es bibelklar
Geschrieben steht, der Logos war.
Das Zoon kam sodann, das Vieh:
Und so entstand *Zoologie*.
Die lernt man heute sehr bequem,
Seit sich der hochgeschätzte Brehm
Bemüht hat, die zu viel gewordnen
Verschiednen Tiere neu zu ordnen.

Auch Roths Tierleben ward gerühmt —
Doch sagten viele unverblümt,
Zum Lesen nicht noch Zahlen willig:
»Wir möchten's lieber kurz und billig!«
Ich habe, solchem Wunsch verpflichtet,
Das Buch gekürzt und umgedichtet.

Wie stehn zum Tiere nun die Menschen,
Besonders wir, die abendländschen?
Die Erde wird stets öder, glätter
Und gar der Allerwelts=Großstädter
Tut mit dem Tier sich heute schwer:
Er kennt es kaum in Freiheit mehr.
Der Mensch, entfremdet der Natur,
Steht selbst sich gegenüber nur.
Dafür sieht er im Buch, im Bilde,
Im Farbenfilm das Tier, das wilde,
Und *weiß* von all den Bestien mehr
Als vor ihm wußte irgendwer.
Was noch so selten, zeigt der Zoo.
Und doch, wir werden nicht recht froh;
Erleben wir doch nur am Rand
Dies alles und aus zweiter Hand.
Ach, es ersetzt uns kein Bestseller
Die kleinste Maus im eignen Keller.

Die Affen

Gott schuf, so weit die *Bibel* gilt,
Den Menschen als sein Ebenbild.
Und sie erzählt nun ziemlich lange
Vom Paradies, von Apfel, Schlange,
Erbsünde, Sintflut und Messias.
Die *Forschung* aber sucht im Trias
Und späterhin im Tertiär,
Ob nicht darin zu finden wär
Das lang gesuchte Bindeglied,
Aus dem es auch der Blinde sieht,
Daß wir, vermeintlich Gottes Kind,
Nur ganz gemeine *Affen* sind.

Die Wissenschaft setzt an die Hebel
Beim Urschleim und beim Urweltnebel
Und liegt ihr irgendwas verquer,
War alles halt *noch* länger her.
Denkt man sich eine Weltzeit=Uhr,
So lebt der homo sapiens nur
Von vollen vierundzwanzig Stunden
Auf dieser Erde fünf Sekunden —
Davon schon vom Neandertaler
Vier bis zum ersten Steuerzahler!

Wie aber kam das Menschen=Vieh
So rasch zur Neunten Sinfonie,
Zum Faust, zu Kant, zur Himmelskunde
In einer einzigen Weltsekunde?
Wie sollte man da Brücken schaffen,
Wo noch so große Lücken klaffen?
Wohl steht geschmiert von Kinderhand:
»Du bist ein Aff!« an jeder Wand,
Wohl macht uns die Erkenntnis baff,
Daß, wer kein Bargeld hat, ein Aff,

Und doch — selbst wenn wir überzeugt,
Der Mensch sei auch ein Tier, das säugt —
Paßt uns die ganze Sache schlecht:
Wer weiß, die Bibel hat doch recht,
Die sich nicht einläßt mit dem Affen
Und sagt: Der Mensch ist gotterschaffen.

Es lebt der *Affe* (simia)
In Afri= und Amerika,
In Asien auch, dort, wo's nicht kalt;
Und meistenteils haust er im Wald.
Von Früchten nährt sich dieser Schlecker,
Der Affenbrotbaum ist sein Bäcker.

Wir glauben, ihn verlange sehnlich,
Daß er uns Menschen sähe ähnlich:
Mehr scheint es, daß er uns verachtet,
Wenn er uns *unverwandt* betrachtet.

Die Menschen werden auf der Welt
In Massen billig hergestellt;
Jedoch für äußerst kostbar gelten
Die *Menschenaffen:* sie sind selten!
Und alle Welt ist darum froh,
Hält sich der Aff gesund im Zoo.

Daß er sich Menschenfrauen raubt,
Hat vom *Gorilla* man geglaubt.
Nicht nötig hätt er's hierzulande,
Wo doch — oh, welche Affenschande! —
Die Weiber, denn das Weib ist schwach,
Selbst laufen jedem Affen nach.

DICKHÄUTER

Der *Elefant* (einst mit p=h)
Lebt noch, zum Teil in Afrika,
Zum Teil in Indien und es
Gibt drittens ihn auf Celebes.
Den Elefanten kennt die Bibel,
Er steht in jeder Kinderfibel,
Durch Rilke dann und wann bekannt
Ist auch der weiße Elefant.
Viertausend Kilo er oft wiegt,
Frißt Heu nach Zentnern, so er's kriegt.
Acht Meter lang, mißt man ihn ganz,
Ist er vom Rüssel bis zum Schwanz.
Müßt einer schildern ihn genau,
Schrieb' er am besten: groß und grau.

Der wilde Elefant geht lang
Entgegen schon dem Untergang,
Mit Riesenschritten, hören wir,
Wie's zukommt solchem Riesentier.

Uns steigen Tränen in die Wimpern:
Bedenkt, ganz öde Leute klimpern
In Schweinfurt oder Osterode
Das tote Tier noch ganz zu Tode.
Ersatz gibt's – freilich einen schwachen:
Aus Mücken Elefanten machen!

Das *Nilpferd*, Hippopotamus
Vom griechischen Worte »Pferd« und
   »Fluß«,
Hieß einst bei den Ägyptern Rer.
Bis 50 Zentner wird es schwer.

»Um das *Rhinozeros* zu sehn,
Beschloß einst Gellert auszugehn« –
Das darf als sehr vernünftig gelten,
Denn heute noch ist's bei uns selten.
Der Fachmann weiß, das kommt daher:
Es gibt beinahe keines mehr!

So manche Tiere haben Namen,
Nicht wissend, wie sie dazu kamen.
Da hat's das *Nashorn* gut – es weiß,
Daß ganz zu Recht es Nashorn heiß'.

Weh dem – wir wissen's selbst,
   gewitzt –
Wer irgendwas von Wert besitzt!
»Im Urwald – und echt Elfenbein?«
So sagt der Mensch, »ja, muß das sein?«
Und ach, schon wird das edle Tier
Erschossen, nur für ein Klavier.

Das indische trägt ein starkes Horn
Und mitten auf der Nase vorn,
Das afrikanische zwei Hörner,
Davon das größre noch viel vörner,
Damit das zweite, weiter hinten,
Auch noch genügend Platz kann finden.

Daß man sie auseinanderkennt,
Man letztres Doppelnashorn nennt.
Das Nashorn lebt gern ungesellig,
Die Weibchen sind oft ungefällig;
Doch sind die Mütter, wie man schrieb,
Zu ihren Näschen=Hörnchen lieb.

Ein Scherenfernrohr von Natur —,
Zeigt wo sich eines Feindes Spur,
Das Zebra und die Antilope,
Die, trauend solchem Periskope,
Mit ihnen vom Sahara=Rand
Hinweiden bis ins Zululand.
Auf einen grünen Zweig kommt leicht
Das Tier, das bis zum Wipfel reicht;
Daß es mit Wasser sich besäufe,
Spreizt es geschickt die Vorderläufe,
Denn zu den Fluten reicht es nur
Als geometrische Figur.

Wir mühen uns mit ganzer Seele,
Zu unterscheiden die *Kamele*
Und sind uns nie darüber klar:
Was ist Kamel? Was Dromedar?
Und welche Rolle spielt denn hier
Das sogenannte Trampeltier?
Wir lesen's nach in dicken Schmökern:
Das, was herumläuft mit zwei Höckern
In Asien, fern bei den Chinesen,
Das ist ein trampeltierisch Wesen.
Doch was, verhältnismäßig nah,
Einhöckrig lebt in Afrika,
Das wird ein Dromedar genannt.
Gleichwohl sind sie ganz nah verwandt:

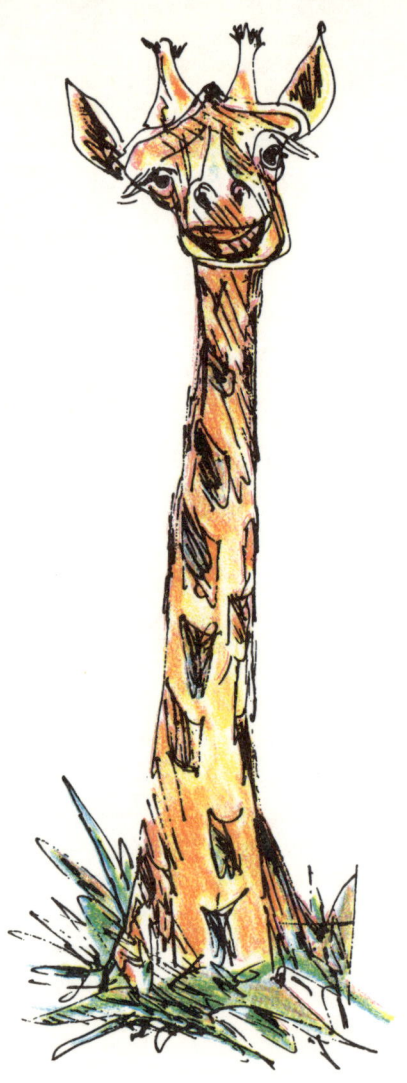

HUFTIERE

Zum Edelsten, was Gott geschaffen,
Sechs Meter hoch!, zählt man *Giraffen*.
Zwei Meter zwanzig sind sie lang.
Ein plumper Paß ist oft ihr Gang.
Doch wenn sie in Galopp sich setzen,
Kann sie ein Rennpferd kaum erhetzen.
Der Kopf hat Hörner, wie bei Schnecken,
Der Leib zeigt große braune Flecken,
Mit denen sie im Busch sich tarnen.
Sie selber, als die Höchsten, warnen —

Der Aar, der ihm zerhackt den Schädel
Ja, der ist edel, der ist edel!
Doch schon auf niedrigerer Stufe
Steht etwa Schlagen mit dem Hufe.
Vom Spucken aber, Stinken, Pissen —
Pfui Teufel! — wollen wir nichts wissen.

Willst du nicht selber stehlen, dann
Schaffst du dir eine *Ziege* an,
Die, zupfend andrer Leute Kräuter,
Heimbringt die Milch in ihrem Euter.

Schon in der grauen Vorzeit traf
Als braves Haustier man das *Schaf*.
Und wirklich, wie bequem ist das:
Statt daß man mähen läßt das Gras,

Was sie auch höckrig unterscheide —
Kamele sind sie alle beide!
Wir merken's uns, ein halbes Jahr,
Dann wird es wieder, wie es war:
Bis wir zuletzt uns nicht verhehlen:
Wir zählen auch zu den Kamelen.
Kamele gehen, wie ich höre,
Durch Wüsten und durch Nadelöhre
Und dienen selbstlos vielen Zwecken —
Berühmt sind die Kamelhaardecken.

Das *Lama* lebt in fernen Landen
Und zwar hauptsächlich in den Anden;
Es wird ob seines Fells gehalten.
Des Lamas Lippe ist gespalten.
Ein Luder ist es, ein verdrucktes:
Kommt man zu nahe ihm, so spuckt es.

Es wehrt sich schließlich jedermann,
Wie er's am vorteilhaftesten kann.
Nur sieht's der Gegner nicht gern ein
Und nennt dann scheußlich und gemein
Des lieben Nächstentieres Waffen,
Die eigens Gott für es geschaffen.

Der Löwe, der den Feind zerfleischt,
Dafür den Ruhm des Helden heischt.

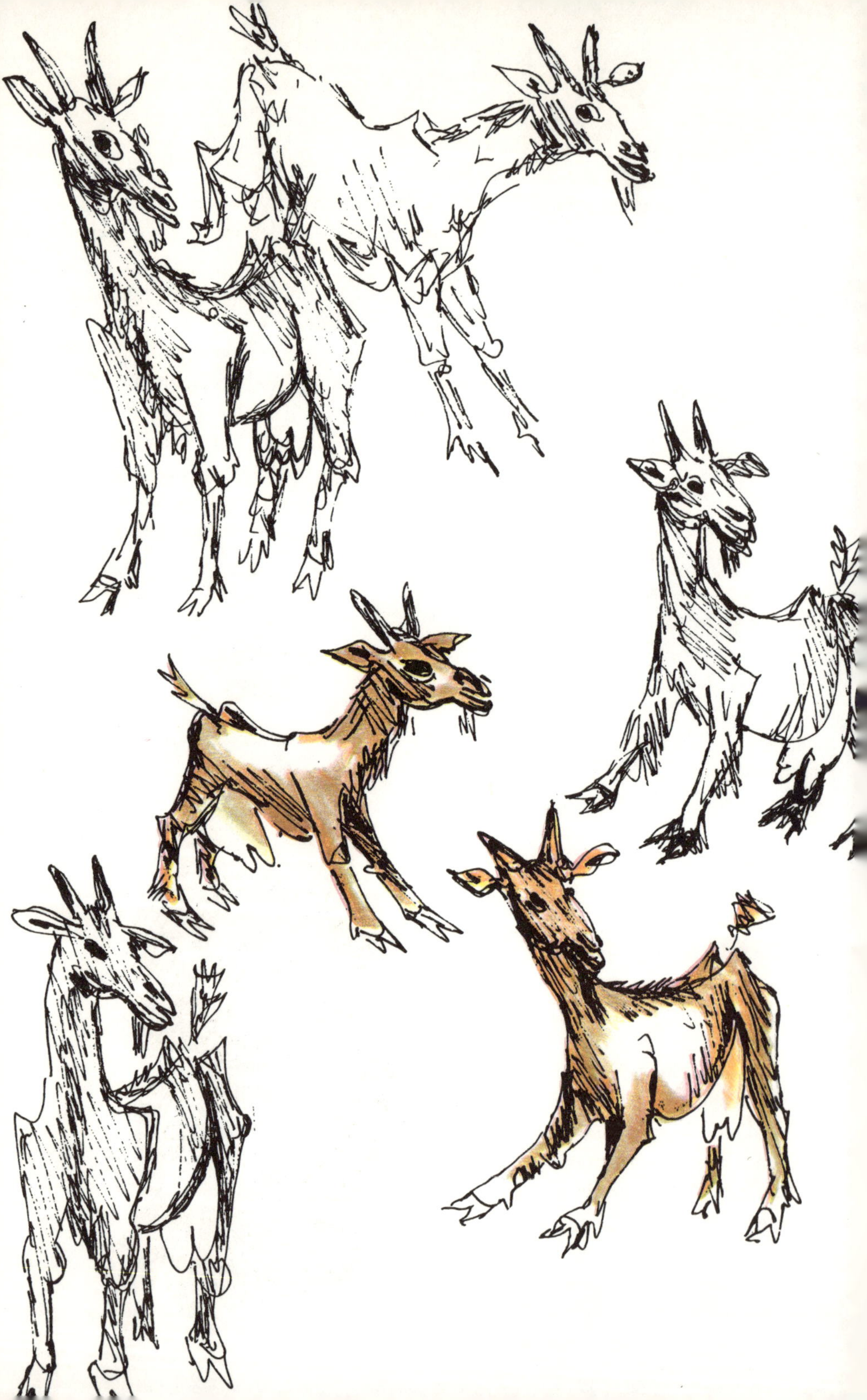

Läßt man vielmehr das Mäh gleich
   grasen.
Es freut sich am geringsten Rasen.

Der *Schafochs* ist, wenn man nicht blind,
Das Bindeglied vom Schaf zum *Rind*.
Um Gras und Heu gut zu vertragen,
Ist vierfach aufgeteilt der Magen,
Den Gott dem Wiederkäuer gab:
Wanst (oder Pansen), Netz, Blatt, Lab.
Auch Professoren (zweiter Güte)
Käun wieder die Kathederblüte.
Die abendländische Kultur
Verdanken wir dem Rindvieh nur:
Der Stier im Joch, im Stall die Kuh —
Nur wenig kam da noch dazu!
Das brave Tier von Haut bis Mist
Dem Menschen restlos dienstbar ist —
Nicht rastlos: meist braucht's nichts zu
   tun,
Als sich vom Nichtstun auszuruhn.
Gar viel, was von dem Tier man spricht,
Ist falsch: der Büffel büffelt nicht;
Der Stier bemüht sich nicht wie du
Oft hoffnungslos um eine Kuh,
Und gar vom Ochsen nimmt man an
Verschiednes, was er gar nicht kann.

Nie Lopen man zu seh'n mehr kriegt:
Die *Anti=Lope* hat gesiegt!
Die *Antilopen* ähneln bald
Dem Hirschen mehr und Reh im Wald,
Bald mehr der Ziege, mehr dem Rind:
Man sieht, daß sie verschieden sind.
So gibt's zum Beispiel in den Tropen
Sogar Hirsch=Ziegen=Antilopen.

Kurz aus der Hirschfamilie nenn
Den Damhirsch ich, den Elch, das Ren.
Frei laufen nicht mehr viele *Elche*;
Im Zoo hingegen gibt's noch welche.

Nicht oft glückt's, daß man Hirsche seh;
Doch kennt (noch!) jedes Kind das *Reh*,
Das, Capreolus schon genannt,
Durch Kapriolen ist bekannt.
Fehlt es an Mut auch unserm Rehchen,
Anmutig ist's von Kopf bis Zehchen.
Das Reh lebt einzeln und in Rudeln
Und schmeckt sehr gut mit breiten
   Nudeln.

Vom Hirsch zum Schwein dient uns als
   Mittler
Der *Schweinshirsch* gegen strenge
   Krittler.
Das *Schwein* moralisch zu betrachten
Ist falsch: der Blickpunkt liegt im
   Schlachten.
Bedeckt mit Schmutz und groben
   Borsten
Haust unser *Wildschwein* in den
   Forsten,
Im deutschen Dichterwald sogar. —

Wie die Beamten, Jahr um Jahr,
Bringt's, steigend stets in Rang und Titel,
Zur »groben Sau« der schwarze Kittel.
Man unterscheidet allgemein
Das Front= und das Etappenschwein.

Vom *Hausschwein* läßt sich nicht bestreiten:
Rein specklich hat es gute Seiten.
Zu rühmen sind nicht nur die Würste —
Die Borste gibt die beste Bürste;

Schweinsleder – schön, und lange hält's.
Ganz wertlos ist der Schweinepelz.
Schwein muß man haben — überall:
Drum ist die Welt *ein* Schweinestall.
An jedem Trog die Säue fressen.
Wer das beklagt, darf nicht vergessen,
Daß träge, feig und unbedacht
Er manches Sch'wein mit fettgemacht.
Das deutsche Sparschwein wird zer=trümmert,
Worum kein Schwein sich weiter kümmert.

Ein Eselskinn der Simson trug,
Mit dem er die Philister schlug.
Ein Esel stand an Jesu Krippe,
Mit einem Esel floh die Sippe;
Der Herr zog unter Jubelrufen
Ein in die Stadt auf Eselshufen.
Auch Strabon, Plinius, Xenophon,
Sie kennen unsern Esel schon.

Noch trifft man überall ihn südlich,
Als Knecht der Ärmsten, unermüdlich.
Die größten Lümmel auf ihm hocken;
Er rackert sich mit Steinerbrocken,
Schleppt auch von Schilf oft eine Last,
Daß drunter er verschwindet fast.
Trotz Hitz und Fliegen, spät und früh,
Gibt er sich eine Eselsmüh.
Merkt erst die Welt, daß zahm du bist,
»Ja« schreist und sogar Disteln frißt,
Wirft sie sich auf zu deinem Herrn. —
Zu spät fängst du jetzt an zu plärrn.
Wer einmal sich hat hergegeben
Zum Esel, bleibt's fürs ganze Leben
Und seine Leiden macht's nicht quitt,
Glückt ihm einmal ein Eselstritt.

»Ein schneller Hund, ein braves *Pferd*
Sind mehr als zwanzig Weiber wert!«
So sagt ein Sprichwort der Araber.
Ganz ähnlich heißt's auf bairisch aber:
Der Bauer meint: »Wenn d'Weiber
   sterbn,
Na is des weiter koa Verderbn.
Wenn aber d'Roß amal verreckn,
Des is a ganz an andrer Schreckn!«
Man sieht daraus, wie alle Welt
Das edle Pferd in Ehren hält;
Ist der Kentaur auch, bis zum Nabel
Ein Mensch, dann Roß, nur eine Fabel,
Kann man daraus des Pferdes Blüte
Doch rückverfolgen bis zur Mythe.

Unpaarzeher

Der *Esel*, meist genannt mit Tadel,
Ist doch ein Tier von altem Adel.
Von Syrien bis nach Persien trifft
Man früh ihn selbst, wie in der Schrift.
Den Bileam, von Haß umgarnt,
Hat seine Eselin gewarnt;
Und Saul konnt, suchend Eselinnen,
Sich gar ein Königreich gewinnen.
Auch heut noch nützt es immerhin,
Sucht man die rechte Eselin.

Das *Zebra*, aus Südafrika,
Halb Pferd, halb Esel — *noch* ist's da.
Zum Dichterroß taugt's nicht, das Zebra:
Nichts reimt auf es sich, außer Bebra.
Daß nicht das Fußvolk ziellos schweift,
Die Straßen man jetzt zebra=streift.

RAUBTIERE

Obwohl das Leben täglich lehrt,
Daß nur bestehn kann, wer sich wehrt,
Gebt ihr, selbst blutige Kriege führend,
Nicht nach und, das ist beinah rührend,
Mit ungebrochnem Mute glaubt ihr,
Der Mensch sei gut und sei kein Raub=
  tier.
Ich gebe zu, schon werden wir
Allmählich ganz zum Herdentier,
Und glückt's, den letzten Wolf zu töten,
Sind wir befreit von allen Nöten.
Als Zoologe stell jedoch
Ich fest: Raubtiere gibt es noch!
Als Raubtier springt mit einem Satze
Ins Auge uns die echte *Katze*.
Welch tiefer Zwiespalt der Natur:
Man spricht von *falschen* Katzen nur
Und muß den Grundsatz hier ver=
  fechten:
Am falschesten sind grad die echten!

Der *Löwe*, ungern seh'n wir's ein,
Soll just der Tiere König sein?
Das edle Pferd, der treue Hund,
Sie wären's wohl mit besserm Grund.
Nein — brüllt uns einer richtig an,
Zeigt uns die Pranke und den Zahn,
Dann sind wir still, wenn auch nicht
  gern
Und anerkennen ihn als Herrn.
Dem Löwen schon war wohlbekannt
Dies: »Oderint, dum metuant!«

Er läßt den andern karge Reste —
Der Löwenanteil ist das beste.
Hebt er die Stimme furchterregend,
Im Grimme seinen Schwanz bewegend,
Vor Blutdurst riechend ganz betäubend
Und seine mächtige Mähne sträubend,
Wird's (wie es schon beschrieben
  Schiller)
Im weiten Umkreis still und stiller.
Den Christen wie den Muselman
Kommt heimlich ein Gegrusel an.

Der *Tiger* wird drei Meter lang;

Mit seinem leisen Katzengang
Ging er noch jüngst vom Amurfluß
Und China bis zum Kaukasus.
Jetzt aber geht, zu unserm Glück,
Der Tiger überall zurück:
Dem Menschen weicht der alte Krieger,
Der ist noch wilder als der Tiger.
Ist es dem Tiger wohl, so schnurrt er;
Doch wenn er böse wird, dann knurrt er.
Es steht drum auch mit gutem Grund
Am Käfig stets: »Nicht necken und
Nicht füttern!« Denn mit Schwieger=
　müttern
Würd jeder sonst die Tiger füttern.

Der *Leopard* viel Schaden tut,
Denn stets nimmt er zum Baden Blut.
Ob Puma, Gepard, Ozelot —
Wir unterscheiden's noch zur Not.
Wenn man im Tierpark so was trifft,
Hält man sich an die Überschrift.

Die *Katze* kennt so ziemlich jeder;
Da braucht's nicht viel aus meiner
　Feder.
Sprichwörter gibt's da einen Haufen:
Man soll sie nicht im Sacke kaufen,
Doch auch nicht aus demselben lassen;
Wie Hund und Katze, heißt's, sich
　hassen,
Gleich ihr verbergen seine Krallen,
Stets wieder auf die Füße fallen,
Nachts musizieren, schier zum Grausen,
Und nicht verlernen je das Mausen;
Wie sie gehn um den Brei herum. —
Wer hängt der Katz die Schelle um?
Die Welt zu entkatzifizieren
Die Mäuse Tag und Nacht studieren.
Was hilft der ganze Weisheitsschatz?
Es ist doch alles für die Katz!

Den *Dachs*, vor sechzig Jahren bald,
Sah ich als Kind noch oft im Wald.
Rar wurde Meister Grimbarts Spur.
Vermehrt hat sich der Frechdachs nur.

Der *Skunk* (Amerika), der Stänker,
Ist wie der Dachs, nur etwas schlänker.
Hier, Leser, geb ich einen Wink dir:
Laß niemals ein dich mit dem Stinktier!
Das heißt in übertragnen Worten:
Hüt dich vorm Pöbel aller Sorten.
Der *Marder*=Mörder ungezügelt
Auf alles stürzt, was nur geflügelt —
Von Büchmanns Worten abgesehn,
Von denen dürft er nichts verstehn.
Erwischt oft in der Großstadt ward er,
Als Post= und Überzieher=Marder.

Kein Pelz auf Erden ist so nobel
Wie der vom armen kleinen *Zobel*.
Ja, wirklich arm! Die Welt vergißt,
Daß das sein einziger Mantel ist.
Er lebt, und bald nicht mehr im Plural,
Von Ostsibirien bis zum Ural.
Die Krone, die einst trug der Zar,
Ursprünglich Zobelmütze war.
Oft ist wer kein' Schuß Pulver wert:
Den Zobel schlägt man, umgekehrt,
Weil viel zu wertvoll für das Schrot
Sein Pelz wär, roh mit Knüppeln tot.
Das große *Wiesel* lebt bei uns.
Es färbt (auch kleine Wiesel tun's)
Im Herbst bis auf den Schwanz sich
    weiß,

Damit man *Hermelin* es heiß.
Die Fürstenmäntel hat's verbrämt
Und deren Träger oft beschämt.
Oft herrschten die, durch Schrecken
    groß;
Der Mantel nur blieb fleckenlos.

173

Die Männer gelten oft als herzlos,
Die ihre Frauen lassen *Nerz*=los.

Vom *Bären* steht in jeder Chronik,
Er nährt von Pflanzen sich und Honig;
Erst spät hat er das Fleisch entdeckt,
Nachdem er einmal Blut geleckt.
Drum achte stets man darauf scharf,
Daß Blut nicht erst geleckt sein darf.

Die *Wölfe* einzeln nichts bedeuten:
Gefährlich werden sie als Meuten.

Mit Wölfen heulen — böser Wahn!
Wir haben's lang genug getan.
Dann sahn wir, von Verblendung frei:
's war fast kein echter Wolf dabei.
Des Wolfes Milch ist so beliebt,
Daß es gar Wolfsmilchschwärmer gibt.
So etwa nährten sich als Kinder
Von Wolfsmilch Romas große Gründer.
Der Wolf — jedoch genug von ihm!

Genannt wird Meister Isegrim
Mit Meister Reineke, dem *Fuchs*,

Die Hunde

Von Wolf und Fuchs nicht ohne Grund,
Kommt man gewöhnlich auf den *Hund.*
Auch vom Schakal solln welche
    stammen,
Was wieder andre streng verdammen.
Doch war's beim Urhund schon, wie
    später:
Nicht immer kennt man seine Väter.
Der Hund, so wie er heute ist,
Ist ein Geschöpf der Menschenlist.
Er wurde immer neu gekreuzt,
Das Ohr gestutzt, der Schwanz
    geschneuzt.
Die Schwierigkeit, die wir geschildert,
Erhöht sich, weil der Hund verwildert
Und mit der Steppe dreistem Sendling
Nun wieder Blendling zeugt um
    Blendling.
Wohltätig ist der Kreuzung Macht,
Wenn sie der Mensch bezähmt, bewacht;
Doch wehe, wenn sie losgelassen,
Die Gassigeher, auf die Gassen,
Wo jeder freche fremde Köter
Herzudrängt sich als Schwerenöter.
Gelingt die unverhoffte Flucht mal,
Dann ist's vorüber mit der Zuchtwahl!
Es kommt zu Spitzdachspudelpinschen
Und solchem Zeug, das wir nicht
    wünschen,
Bekannt als Promenademischung.
Der Mensch mißgönnt die Herz=
    erfrischung
Dem Hund, wie umgekehrt genau
Dem Liebespärchen der Wauwau.

Wie schwankend, ach, verhält im **Grunde**
Der Mensch sich selber gegen Hunde:
Sie sind ihm Sinnbild höchster Treue,
Der Förster preist des Dackels Schläue,
Selbst große Denker sehen wir

Auch so ein Held des Fabelbuchs.
Der macht's, und besser, mit der
    Schläue,
Scheinheiligkeit und falschen Reue.
Trotzdem, das ist der Lauf der Welt,
Wird häufig selbst ein Fuchs geprellt;
Sei's, daß durch eine Gans verführt,
Er gradwegs ins Verderben schnürt,
Sei's, daß den giftigen Käs er frißt,
Den er dem Raben stahl mit List.
Man kennt die Sache mit den Trauben;
Mißt er den Weg, darf man's nicht
    glauben,
Denn was er redet, ist Geflunker,
Doch lebt er brav in seinem Bunker
Und ist, was sonst der Schelm auch
    trieb,
Als Ehemann und Vater lieb.
Und auch als Hausherr ist er schlau,
Er wildert nie bei seinem Bau:
Wenn der Bezirksinspektor fragt,
Kein Nachbar über Diebstahl klagt.

Gewogen einem Pudeltier.
Dann wieder sagen diese Herrn,
Der Teufel sei des Pudels Kern.
Auch spricht man roh und voller Hohn
Von »zynisch« und von »Hundesohn«.
Der Schoßhund ist von Lieb umgeben,
Doch »möcht kein Hund so länger
   leben«.
Der Mensch wüßt gerne, gramzerwühlt,
Wie sich ein Hund denn selber fühlt:
Ob menschenüberlegen, freudig,
Ob minderwertig, mies und räudig,
Und bis der Mensch herausgekriegt,
Wo denn der Hund begraben liegt,
Kann selbst er vor die Hunde gehn —
Wie soll der Hund da *uns* verstehn?

Insektenfresser

Gar reiche Auswahl hat auf Lager
Natur auf dem Gebiet der Nager.
Fast jeder nennt zuerst die Maus —
Doch nur der Fachmann kennt sich aus
Und trennt mit einem scharfen Messer
Vom Nager den *Insektenfresser*,
Wie Spitzmaus, Maulwurf oder Igel,
Sowie das Fledermaus=Geflügel.

Der *Igel* kommt, auf leisen Sohlen,
Am Abend, hurtig und verstohlen.
Tags auszugehn er sich geniert,
Denn immer ist er unrasiert.
Betrachten wir den Igel näher,
Ist er ein guter Europäer,
Wie Wilhelm Busch schon festgestellt:
Bewaffnet, doch ein Friedensheld.
Das Tier ist taktisch sehr gewandt:
Die Igelstellung ist bekannt.
Die Fabel, das hätt's nicht gebraucht,
Stellt ihn als Spießer hin, der raucht,
Der seine Frau ans Ziel gesetzt
Und so den Hasen totgehetzt;
Daß ihm der Maul= den Vorwurf macht,
Er hätt' ums Wohnrecht ihn gebracht,
Ist zweifellos noch abgeschmackter:
Sanft ist der Igel von Charakter.

Nagetiere

Australien etwa ausgenommen,
Sind Nager überall hingekommen.
Zwar in der Sippe finden wir
Kein großes Vieh, kein hohes Tier.
Im Grund hat's keiner weit gebracht.
Doch seht nur, was die Masse macht!
So ist's: grad von den miesen Rassen
Gibt's allenthalben Riesenmassen.

Das *Eichhorn* hüpft von Ast zu Ast,
Ja, schwanzgesteuert, fliegt es fast.

Recht strenge urteilt in dem Punkt,
Wenn du ihn fragst, der Forstadjunkt,
Der's wegen seinem Waldgefrevel
Ausrotten möcht mit Pech und
　Schwefel.

Bedrohlich, das erfuhren wir,
Ward oft das (Volksge=)*Murmeltier.*

Der *Hase* ist ein liebes Tier,
Des Feldes und des Waldes Zier.
Lateinisch lepus timidus,

Ist er auf deutsch ein Hasenfuß.
Doch nur ein Dante wär' der Schildrer
Der Hölle, die von Fuchs bis Wildrer
Dem armen Meister Lampe droht.
Ja, viele Hunde sind sein Tod.
Obwohl der Hase nun kein Held,
Muß er doch täglich neu ins Feld.
Gezwungen, immer auszurücken,
Weiß er auch trefflich sich zu drücken.
Ein »alter Has« kennt jeden Schlich.
Schlägt Haken, überkugelt sich;
Mit offnen Augen schläft das Vieh,
Und wie es läuft, das weiß man nie.
Der Has sein Leben gern genösse,
Wenn man nicht immer auf ihn
　schösse.
Zum Glück sind es nicht lauter Treffer;
Wenn, legt man gerne ihn in Pfeffer.
Den Rücken aber und den Schlegel,
Die spickt und brät man in der Regel.

Daß ihn wer jag in unsre Küche,
Sind meistens lauter leere Sprüche.
Das »Haserl« (Faschings=, Ski= und
　Bett=)
Gilt jung als ganz besonders nett,
Doch zeigt als Ehfrau Meistrin Lampe
Sich leider oft als eine Schlampe,
Der viel gefällt, was nicht erlaubt. —
Wenn auch die Jugend nicht mehr
　glaubt,
Daß es ihn gibt: der *Osterhas*
Macht doch im Frühling allen Spaß.
Das *Stachelschwein* (lateinisch hystrix)
Macht manchmal ein Geräusch, ein
　flüstrigs,
Wenn's mit den Stacheln rasselt, zornig.
Halb haarig ist sein Fell, halb dornig.
Stumpfsinnig haust's, doch spitz be=
　stächelt,
Wo ihm Homerus' Sonne lächelt.

Zu große Näh, meint Schopenhauer,
Verträgt nur schwer man auf die Dauer.
Wollt seine Stacheln jed's entfalten,
Die Welt wär nicht mehr auszuhalten.

Den *Hamster* gar in Kriegsnotzeit
Sahn wandern über Land wir weit,
Als Zeitgenossen, unerfreulich. —
Doch auch das Darben war abscheulich!
Goldhamster hält man teils im Stall,
Teils findet man sie überall.

Weltbürger sind die Mäus' und *Ratten:*
Von Heimatliebe keinen Schatten!
Kein Lebewesen breitet besser
Sich aus als dieser Allesfresser.
Der Mensch allein hält unerschüttert,
Sogar mit Phrasen bloß gefüttert,
Auf Erden selbst den kargsten Platz.
Er ist noch zäher als der Ratz.
Man weiß, daß Ratten oft in Massen
Das Schiff, bevor es sinkt, verlassen.
Auch kennen wir den Rattenfänger,
Ja, Rattenkönig — doch nicht länger:
Erwähnt sei nur die nimmersatte,

Meist nachts erst muntre Leseratte.
Sie wäre höchstens zu vergiften
Mit Akten oder Dienstvorschriften.
Die Ratte, wenn sonst nichts zu kriegen,
Macht sich aus Wiegendrucken Wiegen.
Papier(geld) frißt auch gern die nette,
Sündteure Ratte vom Ballette.

Nun käm am Ende noch die Maus. —
Doch leider ist die Predigt aus.

ZAHNLÜCKER

Nicht ausgesprochne Weltbeglücker
Sind offensichtlich die Zahnlücker —
Obwohl der Zahn mehr Unheil stiftet,
Ob, wie bei Schlangen, er vergiftet,
Ob, wie beim Tiger, er zu reißig,
Ob, wie beim Nager, er zu fleißig —
Ganz abgesehn vom Zahn der Zeit,
Dagegen keiner ist gefeit.

Das *Riesenfaultier*, mammutgroß
Und faul natürlich, bodenlos,
Ist ausgestorben, wie man weiß:
Man hat es umgebracht, mit Fleiß!

Ein kleines lebt noch, namens Ay,
In Uru= wie in Paraguay.
Es rührt sich, hängend hoch im Baum,
Mitunter ganze Tage kaum.
Die Früchte wachsen ihm ins Maul,
Doch ist's zum Fressen noch zu faul.
Um aber nicht vom Ast zu fallen,
Besitzt es große Sichelkrallen.
Noch nie hat es daran gedacht,
Wie weit durch Arbeit *wir's* gebracht:
Zum Ende der Gemütlichkeit,
Zu Kriegen — wahrlich, herrlich weit!
Vielleicht kehrt, als zum einzigen
    Glück,
Der Mensch zur Faulheit noch zurück!

Beutel- und Kloakentiere

Das Beuteltier lief einst herum
Auch hier im Mesozoikum;
Doch sind, woran wohl niemand
    deutelt,
Wir längst schon völlig ausgebeutelt.
Die Tiere, wohl nicht mehr ganz fertig
Von Gott gemacht, sind gegenwärtig —
A) überhaupt, was sie wohl kränkt —
B) auf Australien, beschränkt.
Bauchläden zeichnen dortselbst aus
Fuchsdachsbärwolfhundbilch und Maus.
Spruchbeutel zählen nicht dazu.
Wir kennen nur das *Känguruh*,
Das — leider nicht von mir erdacht —
Leerbeutlig große Sprünge macht.
Das neugeborne, winzige Kindel
Zuerst nicht Wiege braucht und
    Windel;
Acht Monde es im Beutel lebt,
Eh es den Kopf zum Lichte hebt.
Es hat das Glück, genau genommen,
Zweimal auf diese Welt zu kommen.
Selbst später wird's, wenn's tags getollt,
Nachts in den Beutel eingerollt.
Auch uns die Kinder, die wir kriegen,
Oft lange auf dem Beutel liegen.
Wir bringen noch das *Schnabeltier*;
Es ist das reinste Fabeltier —
Denn was von Ente, Lurch und Biber
Dem lieben Gotte noch blieb über,
Hat er zusammen hier gesetzt
Und mußte lachen selbst zuletzt:
Es ward ein Tier, ein ungefügtes —
Doch für Australien genügt es.

WALTIERE

In alter Zeit — es war einmal! —
Da lebte noch im Wald der Wal,
Er hatte Füße, gar mit Hufen,
Und schien zum Seemann nicht berufen.
Wie er ins Wasser kam und Eis,
Gehört zu dem, was niemand weiß.
Daß ihn die ahnungslosen Alten
Für einen echten Fisch gehalten,
Ist klar, denn gradso schaut er aus.
Man weiß auch heut noch nichts
    genau's.
Zwei Sorten Wal sind zu erwähnen:
Die eine ist bewehrt mit Zähnen,
Die andere, schon mehr entartet,
Ist statt gezähnt nur noch bebartet.
Doch Haare auf den Zähnen nie,
Gottlob, hat dieses Riesenvieh.

Der Tierwelt mächtigster Vertreter
Wird lang mitunter dreißig Meter,
Wiegt siebzig Tonnen, nur im Mittel —
Davon allein der Speck ein Drittel.
Sein Maul ist groß, sein Schlund ist
    klein,
Kaum, daß ein Hering geht hinein.
Drum lebt, trotz seinem Riesenkiefer,
Der Wal von Meeresungeziefer.

Um noch mit Zahlen aufzuwarten:
Fünf Meter lang sind seine Barten.
Dreihundert Stück, im Maule drinnen.
Das Fischbein wir daraus gewinnen,
Das wir jedoch fast nie mehr brauchen,
Seit unsre vielgeliebten Frauchen
Weghungern das verwünschte Fett,
Statt es zu zwängen ins Korsett.

Hier müßten eigentlich wir stoppen;
Doch nehmen wir hinzu die *Robben* —
Walrossig, hundig oder öhrig —
Als mittelbar zum Wal gehörig.
Sie watscheln, noch nicht fisch=
    entschlossen,
Mühsam an Land auf ihren Flossen.
Haarrobben haben nicht das Ziel,
Die Damen zu erfreun als Seal;
Doch zahlt, wie immer auf der Welt,
Mit seiner Haut, hat wer kein Geld.

Die Fische

Wer in die Flüsse schaut, ins Meer,
Empfindet sie als äußerst leer;
Und wer mit Netz fischt oder Angel,
Der meint, an Fischen sei ein Mangel.
Brehm aber weiß es wieder besser,
Er sagt, die Mehrzahl der Gewässer
Sei reich an Fischen, ungemein.
Und wenn er's sagt, wird's wohl so sein.

Der *Hering* lebt in Salzgewässern —
Teils in der Nordsee, teils in Fässern.

Mit Prügel schlägt man tot und Ruder
Das allzu arglos=arme Luder.
Der Eskimo zapft aus den Robben
Den Tran und trinkt ihn, ganze
   Schoppen.
Die Robbe liebt den Hering sehr.
Sie lebt im kalten Beringmeer,
In Grönland und in Labrador,
Auch tief im Süden kommt sie vor.
Das *Walroß* wohnt, entsetzlich dick,
Als Pazifist im Pazifik.
Mitunter schwimmt's mit großer Eile,
Doch sonst vergeht's vor Langeweile.
Specknackig, borstenbärtig, g'sund,
Trifft auch in München, kugelrund,
Urviecher man, mit kurzem Hals. —
Wal=Münchner sind das keinesfalls!

Auf Bänke setzt er sich zur Paarung.
Er ist des armen Mannes Nahrung,
Doch waren froh, ihn sich zu kaufen,
Bereits die Salier und Staufen.
Wenn es auch umgekehrt erst schien:
Bismarck ward weltberühmt durch ihn.

Dem Heringszug, meist fahrplanmäßig,
Folgt Wal und Hai und Mensch
   gefräßig.
Die Hanse, beispielsweis' in Bergen,
Ward reich einst an den Schuppen=
   zwergen;
Das Heringsschwinden ist erklärlich,
Denn zehn Milliarden fischt man
   jährlich.
Den Hering, meergrün, silbern, reizend,

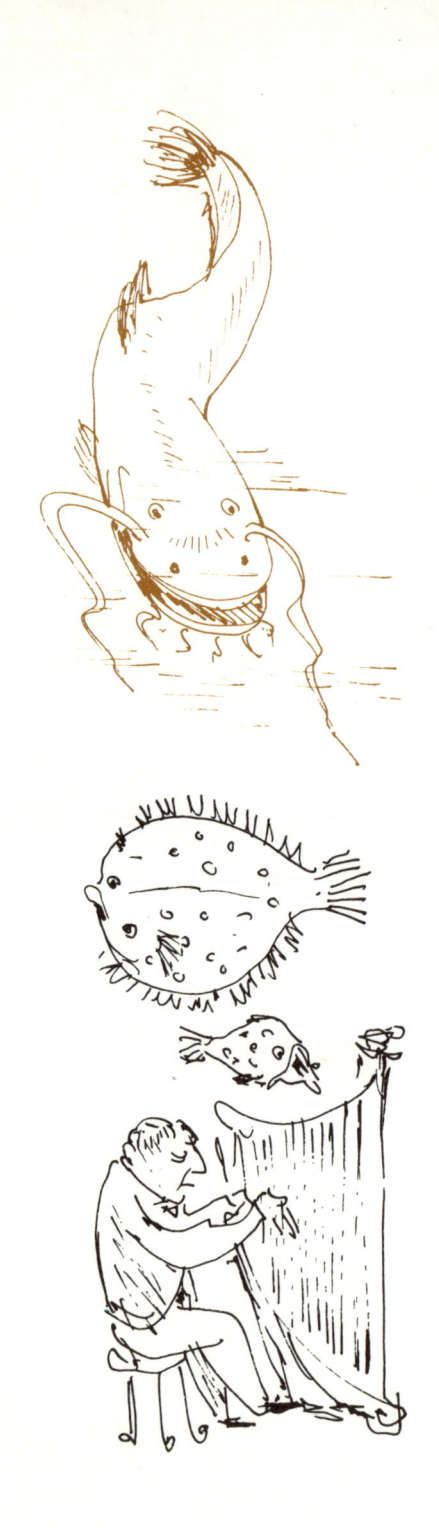

Hat erst der Mensch, ihn räuchernd,
　　beizend
Und rollend so gemein entstellt. —
Genauso wichtig für die Welt
Als Nahrungsmittel sind die *Dorsche* —
Wobei ich weiter nicht erforsche,
Wie zueinander stehn genau
Aalraupe, Schellfisch, Kabeljau.
Nicht schmeckt, sogar nach Wässern,
　　Häuten,
Der Klippfisch, Stockfisch bessern
　　Leuten.

Hingegen *Schollen* sind begehrt:
Wohl dem, den eigne Scholle nährt!

Nackt, schwarz, mit langem Bart der
　　Wels
Haust tief im Schlamm und hohlen Fels.

Schwer fängt den *Lachs* (den Salm)
　　mein Reim:
Er wird, an sich im Meer daheim,
Geborn im Fluß, vertrackter Weise,
Von seinen Eltern, auf der Reise.

Der *Huchen* wird bis zentnerschwer.
Er geht nicht, wie der Lachs, ins Meer.

Die rotgetupfte *Bachforelle*
Steht häufig an der gleichen Stelle.

Teils blaugesotten, teils als resche
Bratfische ißt man Renk und Äsche.

Ob man ihn siede, brate, backe —
Von auserlesnem Wohlgeschmacke
Ist, wenn zu alt nicht und verschleimt,
Der *Karpfen*, auf den nichts sich reimt.
Weshalb die Dichter, die den Fisch
Sonst gerne bringen auf den Tisch,
Nur selten greifen in die Harpfen,
Ein Lob zu singen auf den Karpfen.

Wer dächt bei einem Karpfenteich
Nicht an den bösen *Hecht* sogleich?
Lang steht er steif als wie ein Stecken,
Um jäh, dem Tiger gleich an Schrecken
Sowie an queren, dunklen Streifen,
Die armen Fischlein anzugreifen.

Der *Hai* ist auch ein wüster Fresser,
Der einzige Fisch, dem mit dem
   Messer —
Wie sonst die Anstandsregel scharf —
Zu Leib gegangen werden darf.

Was sonst noch haust im Reich
   Neptuns,
Ist, leider, viel zuviel für uns.

Der Fisch, als Fastenspeis' gepriesen
Und auch als »Steckerlfisch« der
   »Wiesen«,
Hat schon seit Urzeit hohen Ruhm.

Sinnbild ward er dem Christentum.
Ein armer Fischer war Sankt Peter;
Zum Menschenfischer ward er später.
Es sei drum auch die letzte Zeil
Der alte Sportgruß: »Petri Heil!«

Kriechtiere

Die Fische sind nun durchgenommen.
Kriechtiere jetzt und *Lurche* kommen.
Reptilien (Schlangen, Schleichen,
  Echsen)
Zähl'n zu den ersteren Gewächsen,
Doch untern Lurchen trifft man solche,
Wie Frösche, Salamander, Molche.
Bei Kröten geht es mitten durch:
Mit Schild: Reptil, doch ohne: Lurch.

Auf jeden Fall: wir finden beide
Recht tief schon sitzen in der Kreide,
Wo Viktor Scheffel unter Palmen
Sie traf und unter Schachtelhalmen.
Unzeitgemäß war'n sie unsagbar:
Sie waren einfach nicht mehr tragbar,
Und wüst im Schlamm versank als
  ganzer
Schon in der Urzeit mancher Panzer.
»Nach uns die Sintflut!« — aber nein:
Sie tappten mitten schon hinein!
Schlecht Wetter machte auf die Dauer
Den Sauriern das Leben sauer,

Es fror sie scheußlich an den Beinern,
's kam vom Verkalken zum Versteinern,
Sie ließen ihre wilde Welt,
Um, staatlich an= und ausgestellt,
Zwar unbeheizt, in den Museen,
Doch sonst gemütlich rumzustehn.
Den Lindwurm sahen noch, den
  Drachen,
Die schönen Jungfraun wir bewachen,
Ein Untier, schreckenvoll und greulich.
Doch seit die Welt nicht mehr jung=
  fräulich
Und auch gar nicht mehr ritterlich,
Da weint' der Lindwurm bitterlich.
Gezählt war'n seine Erdentage —
Er flüchtete ins Reich der Sage;
Als in die Litratur Verschlagner
Lebt er bei Schiller noch und Wagner.

So manche wissen mit den *Schlangen*
Im Grunde nicht viel anzufangen.
Wir kehren uns da nicht daran
Und fangen mit den Schlangen an.

Sie sind teils riesig, teils ganz klein.
Und haben weder Arm noch Bein.
Jedoch der Forscher schließen muß,
Einst hatten Schlangen Hand und Fuß.
Das Tier im Staub müßt uns erbarmen:
Wie strampelt doch mit seinen Armen
Und Beinen oft ein Kind vergnügt!
Daß sie so boshaft ist und lügt,
Kommt nur daher, daß man sie tritt
Und daß sie stets Verachtung litt.
Der Mensch selbst den Charakter
    wandelt,
Wenn man nicht menschlich ihn
    behandelt.
Die Schlange, bis zum Schwanz nur
    Hals
Und doppelzüngig jedenfalls,
Ist unbewaffnet, notabene,
Hier andersrum: bis auf die Zähne!
Als Gott darüber nachgedacht,
Was man aus Nichts am besten macht,
Da schoß er weit gleich übers Ziel —
Zwei Menschen waren schon zu viel!
Man weiß, die Schlange, tief verderbt,
Hat uns den Sündenfall vererbt.
Ja, wenn wir seither klüger wären!

Doch immer wieder Schlangen nähren
Am Busen wir — und nicht nur kleine:

Die Abgott=Schlange ist so eine!
Der Menschheit brachte Schlangen=
    dienst,
Wo er auch auftrat, nie Gewinst.

Die Schlange trinkt, den Durst zu
    löschen,
Gern Milch; sonst nährt sie sich von
    Fröschen,
Verschlingt die Ratten und die Mäuse
Und frißt das Ei samt dem Gehäuse,
Das sie im Schlunde erst zerbricht. —
Doch »Schlangenfraß«, den mag sie
    nicht.
Was man sich kaum zu wünschen traut,
Sie kann's: sie fährt aus ihrer Haut.

Die Bibel schon erwähnt ein großes
Wett=Schlangenzaubern unter Moses,
Wo unter allgemeinem Schrecken
Zu Nattern wurden Wanderstecken.
Auch heut sind wenige geübter
Darin, als Inder und Ägypter.

Taub sind die Schlangen, und das Flöten
Wär, sagt man, durchaus nicht von=
 nöten.
Auf Filz läßt beißen man so lang,
Bis sie es müde wird, die Schlang.
Auch in der Eh' gibt's auf, wer sieht,
Er beißt beim andern auf Granit.
Ein Rat: Gift sich nicht sammeln lassen!
Beim Biß ist Schnaps erlaubt in Massen.

Hutschlangen von der Gattung Naja —
Am Nil wie auch am Himalaya —
Uräus — oder Cobra heißen;
Ins Gras beißt jeder, den sie beißen.
Blind schleichen Fraun, obzwar nicht
 gern:
Die Brillenschlang mißfällt den Herrn.
Puff=Ottern — sagt das nicht genug?
's geht so wo gar nicht hin, wer klug.
Die Rotkreuzottern sind von Nutzen,
Die Hauskreuzottern Fenster putzen
Und fressen Staub und gar mit Lust,
Wie es Mephisto schon gewußt.
Die Viper trägt ein Doppelhorn,
Und zwar an ihrem Kopfe, vorn;
Wogegen Klapperschlangen ganz
Weit hinten klappern mit dem
 Schwanz.

Gnug von dem Giftzeug ist geschrie=
 ben. —
Doch Ringelnattern soll man lieben
Als hausbehütend zahme Schlangen. —
Vom Frosch kann man das nicht ver=
 langen;
Er hat zu ihnen eine schiefe
Und stark verzerrte Perspektive.

Drei Indianer, müd vom Laufen.
Die setzten sich, um zu verschnaufen,
Auf einen »Baumstamm« ach, vielmehr,
Sie wähnten, daß es einer wär.
Kaum daß der erste richtig saß,
Die *Riesenschlange* ihn schon fraß.
Die andern, sehend dies Gefresse,
Entflohn und brachten's in die Presse.
Noch ärger, bei Homerus schon:
Die Schlangen des Laokoon.
Doch wollen wir uns lieber hüten,
Zu tauchen in verschollne Mythen.
Auch Luftschlang, Ansteh=, Heizungs=,
 See=
Sowie die Schlangenlinie,
Worunter auch die Serpentinen,
Nicht weiter Würdigung verdienen.

Echsen

Zum Fremden=Strome ward der Nil.
Flußaufwärts floh das *Krokodil*.
Der Heimat weint es nach voll Sehnen –
Nichts wert sind Krokodiles Tränen.
Man sagt vom Krokodil, es zeige
Auf trocknem Land sich ziemlich feige,
So daß man's leicht am Schwanze packe;
Auch wenn man laufe zicke=zacke,
So heißt es, daß man ihm entrönne,
Weil's gradeaus bloß laufen könne.
Jedoch beweist es Kraft und List,
Sobald es erst im Wasser ist.

Das *Leisten*=Krokodil vom Ganges
Ist ein beinah neun Meter langes.
Dort, als Begräbnisinstitut
Nährt auch der *Gavial* sich gut.
Je nach der Kaste und der Kasse
Läßt man sich fressen erster Klasse.
Oft spielt er den Justizminister:
Wenn einer schuldig ist, den frißt er.
Ein Mensch, verdächtig böser Taten,
Muß durch den heiligen Ganges waten.
Doch leider ist bei solchen Possen
Justizirrtum nicht ausgeschlossen.
Vom Krokodilgeschlecht entfällt
Ein Teil auch auf die Neue Welt;
Nur anders von Gebiß und Lippen
Sind diese Mississippisippen.
Den Alligator kennt ein jeder;
Er liefert uns das schönste Leder.
In seinem Sumpf herrscht Neid und Stunk,
Fast wie bei Presse, Film und Funk.

Die *Eidechs*, heut meist winzig nur,
Ist dennoch adlig, und zwar ur=!
Sie stammt – und hat es nachgewie=
 sen –
Von jenen alten Saurier=Riesen,
Die, der Feudalzeit Fürst – und Grafen,
Seither in steinernen Särgen schlafen,
Und zwar nicht nur als Nebenlinie,
Nein, schnurgerad, wie eine Pinie,
Als Eidechs=Eidechs, sozusagen,
Im Adelsbuche eingetragen.
Sie selber kein Gedächtnis hat:
Was eben war, vergißt sie glatt!
Der alte Goethe schon erkennt's:
Kurz ist des Tieres Existenz.
Der Mensch sein Leben erst verlängert,
Indem er's mit Erinnrung schwängert.
Die Echsen klettern rasch und kühn.
Sie sind bald grau, bald braun, bald grün.

Manch eine leuchtet wie Smaragd.
Im Sommer gehn sie auf die Jagd;
Auf Burgen, winters, wohl vergraben
Freun sie sich, nichts zu tun zu haben.

Nicht immer kann der Volksmund
    taugen:
Die *Blindschleich* hat zwei goldne
    Augen
Und daran sogar Augenlider.
Sie kommt mit lebenden Jungen nieder.
Wir streifen kurz nur die Agamen;
Der Moloch ist nur mehr ein Namen.
Gefräßig aber zeigt sich doch
Auch heut der Militär=Moloch.
Mitunter trifft uns, hinterhäuslich,
Ein *Basilisken*=Blick, ganz scheußlich.
Das Beste: scharf ins Auge fassen
Und sich nicht bange machen lassen!
Das meiste vom Chamäleon —
Am Mittelmeere — wißt ihr schon:
Es kann in vielen Farben spielen,
Mit jedem Auge anders schielen.
Es ist darum von alters her
Das Sinnbild der Politiker.
Was wir nur wünschen, wild ergrimmt:
Der *Gecko* an den Wänden klimmt.
Schildkröten gibt es in zwei Gruppen:
Für Schildpatt und für Turtle=Suppen.
Im schweren Panzer die Karette
Muß schlafen nachts sogar im Bette.
Nicht wie die Venus schön von Milo
Erweckt, mit rund fünfhundert Kilo,
Die Riesenschildkröt, feist wie zart,
Nur Fleischeslüste niedrer Art.

LURCHE

Der *Kröte*, nicht zu ihrem Heil,
Begegnet manches Vorurteil.
Ihr Auge, schön und seelenvoll,
Sie uns doch mehr empfehlen soll;
Des Märchens heimlichste Gestalt,
Wird sie voll Weisheit und uralt.
Was tun, wenn immer wieder flöten
Uns gehn die paar ersparten Kröten?

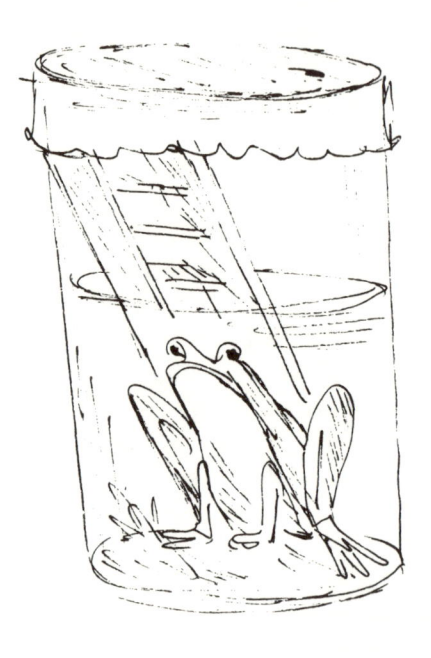

Der *Laubfrosch*, den im runden Glas
Manch grüner Junge wohl besaß,
Verkündete auf seiner Leiter,
Ob's Wetter schlecht wird oder heiter,
Nicht falscher, als der Rundfunk
    später. —
Wir liebten, älter dann und Väter,
Den Nacktfrosch (nicht der Abenteuer
Gefährlich süße Ungeheuer):
Die Kinder, die im Wasserbecken
Der Eltern Jubel baß erwecken.
Mit Recht sagt man: ein nasser Frosch.

Der Frosch ist meist ein Wasserfrosch.
Den Knallfrosch wir, den pulver=
    scharfen,
Als Buben voller Tücke warfen.
Der Ochsenfrosch mit seinem Brüllen
Soll halb Amerika erfüllen.
Er platzt sogar, aus Geltungstrieb.
Man hat ihn nur zum Fressen lieb,
Wie Wahrheit überhaupt und Fabel
Trägt quasi ihren Frosch im Schnabel.

Die Frösche, die im Eise staken,
Beschlossen, nicht mehr wüst zu quaken,
Sobald, denkt des Gedichts von Goethe,
Der Frühling Raum zum Singen böte.
Doch, käm ein Völkerfrühling gar,
Es quakte wieder doch die Schar.
Noch eins: Seid milde in dem Punkt:
Die *Unke* weiß nicht, daß sie unkt!
Eh uns im Halse wächst ein Frosch
Und Lesers Lurche=Liebe losch,

Rasch weiter zu den *Salamandern*.
Bergmandel nach dem Regen wandern,
Kohlschwarze Gummi=Ungeheuer.
Schwarzgelb und größer ist der Feuer=.
Den Feiersalamander lieben
Studenten — nur, wenn er gerieben.
Der große *Olm* lebt in Dalmatien
In Grotten — keine der drei Grazien,
Man sieht's, an seiner Wiege stand.
Den *Axolotl* Humboldt fand
In Mexiko, wo Vitzliputzli
Dem kleinen Tiere seinen Schutz lieh.
So sind wir durch das Kriechtier ganz
   durch,
Von Schlang und Echse bis zum
   Schwanzlurch.

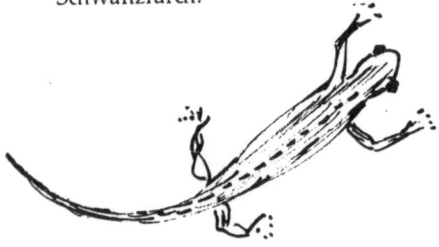

DIE VÖGEL

Bei Forschern ist der Satz beliebt,
Daß es nichts gibt, was es nicht gibt.
Und zu beweisen wär rein vöglich,
Daß nichts in der Natur unmöglich.
Leicht sei der Vogel, meint zwar jeder,
Zu kennen an Gesang und Feder,
Und dennoch bangt man, ob man's
   trifft,
Als Vogelsteller wie als Schrift=,
Auch wenn man sich, auf daß es glückt,
Mit fremden Federn manchmal
   schmückt.
Einst ging der Vogel auf vier Füßen;
Die Vorderbeine einzubüßen,
War aber für ihn recht vergnüglich;
Er kann jetzt, ausgestattet flüglich,
Sich schwingen vogelfrei ins Blau,
Die Welt sehn aus der Vogelschau;
Er kommt, was schwer der Mensch
   erreicht,
Auf einen grünen Zweig gar leicht.
Zum Schnabel wurden Mund und
   Nasen,
Die Knochen sind voll Luft geblasen,
Und Fieber, ohne daß es schad,
Hat meist er, über vierzig Grad.
Es wird sein Sang zur hohen Kunst
Besonders um die Zeit der Brunst,
Die ja, man weiß aus eigner Lieb es,
Triebfeder künstlerischen Triebes.
Die Männchen sind die bessern Töner,
Sie sind auch hochzeitskleidlich schöner.
Der eine macht es mehr durch Lieder,
Der andre mit dem Goldgefieder.
Spaßvögel sind oft ziemlich locker;
Nestflüchter gibt es und Nesthocker.
Standvögel bleiben, wo sie sind;
Strichvögel wechseln wie der Wind;
Zugvögel ziehn nach Afrika

Und sind oft in vier Tagen da,
Wenn sie nicht in das Netz geraten
Der Italiener, die sie braten.

Der Vögel König, wie ihr wißt,
Der *Adler*, weil rein aarisch, ist.
Seit Urzeit war's des Aars Bestreben,
In höchsten Kreisen nur zu schweben.
Doch seine Gegner sehen kalt
In ihm das Sinnbild der Gewalt.
Dem Heiligen Römischen Reich zur Zier
Ward er bestellt als Wappentier.
Von den zwei Köpfen ist nicht klar,
Ob einer nicht ein Dummkopf war.

Der Adler nicht, wie mancher glaubt,
Der *Falk* ist das Familienhaupt;
Als Kind schon lernt er das Gerüttel.
Der edle Jagdfalk wird zum Büttel,
Ja, wird im Menschendienst ein Schuft:
Er holt den Reiher aus der Luft.
Der *Bussard* kreist, zumeist ein Paar,
Hoch über uns das ganze Jahr.

Jedoch ausschließlich für die Mäuse
Und Schlangen zieht das weitre Kreise.

Der *Geier* scheußliche Natur
Befähigt sie zur Müll=Abfuhr.
Bestattungen, sowohl in Masse,
Besorgen sie, wie erster Klasse,
Zu welchem Zweck man für sie eigens
In Indien baut den Turm des Schwei=
　　gens.
Der Mensch stürzt (ihr meint, besser
　　sei er?)
Sich auf die Erbschaft wie ein Geier.

Noch gibt's den *Kondor* in den Anden.
Bei uns die Lämmergeier schwanden.
Nur noch im Film sieht man sie horsten.
Ihr Barthaar sind nur Stoppelborsten,
Falls jemand meint, ihr Haupt umrahm's
Wild wie bei Nietzsche oder Brahms.
Gewöhnlich nach verlornen Kriegen
Sieht man die *Pleitegeier* fliegen
Und was an Geiern sonst da haust
Und von dem Aase schmutzig schmaust.

Die *Eule ist* (lateinisch strix)
Berühmt ob ihres scharfen Blicks.
Als kluge Menschen gelten jene,
Die eulenäugig (wie Athene).
Die Eul ist nur durch Schweigen klug.
Lautlos, gespenstisch ist ihr Flug.

Im Finstern schlagen wir ein Kreuzchen,
Hörn klagen wir das arme *Käuzchen*.
Vorm Totenvogel jedem graut's.
Und doch, als komisch gilt der Kauz.
Er selbst legt darauf wenig Wert.
Den Eulenspiegel, umgekehrt,
Freut sein spaß=vögliches Bestreben:
Es muß auch solche Käuze geben!

Der *Uhu*, Bubo oder Auf
Hält tags sich im Verborgnen auf,
Weil er fürs helle Licht nicht schwärmt;
Der Spott der Vögel ihn umlärmt;
Doch nachts, wenn seine Sterne strah=
    len,
Gedenkt er's ihnen heimzuzahlen.
Der Uhu ist zwar sehr gefräßig,
Jedoch im Trinken ist er mäßig.
Der »b'suffne Uhu« ist daher
Vertretbar wissenschaftlich schwer.
Die *Edelraben* oder Kolk=
War'n einst bekannt im deutschen
    Volk,
Als man sie unter jedem Galgen
Um die Gehenkten sich sah balgen.
Sie hackten bei dem Leichenschmaus
Einander nie die Augen aus.
Oft meint man, daß man Raben sähe,
Doch ist es nur die Rabenkrähe.
Ihr Unterschied ist unerheblich
Zur Nebelkrähe, die, wenn's neblich,
Von Osten kommt, im Herbst und
    Winter.

Saatkrähen, bläulich, stelzen hinter
Dem Pflug her, nach Gewürm zu gra=
 ben.
Das Volk nennt auch die Krähen:
 Raben.
Sie werden zahm zwar, lernen sprechen,
Doch bleibt die Neigung zum Ver=
 brechen.
»Grab, Grab!« der Unglücksrabe schreit
Und geht auch immer schwarz gekleid't.
Hingegen für die eigne Brut
Die Rabeneltern sorgen gut,
In »Rabentraulichkeit« zusammen.
Drum sollt man sie nicht *nur* ver=
 dammen.
Die Krähe oft auf Eier trifft,
Auf denen klar steht: »Vorsicht, Gift!«

Sie stirbt, weil sie nicht lesen kann:
Man sieht, an Bildung ist was dran!
Wird irgendwo ein Ring gestohlen,
Dann war'n's gewiß die »Dacheln«,
 Dohlen,
Auf die man erst Verdacht geschöpft,
Wenn man den Falschen schon geköpft.
»Soll'n dich die Dohlen nicht umschrein',
Mußt Knopf nicht auf dem Kirchturm
 sein!«
Zum Raben so was wie ein Schwäher
Ist Garrulus, der *Eichelhäher*.
Kaum sind die Kirschen recht im Fleisch,
Naht er mit häßlichem Gekreisch,
Um uns bereits am frühen Morgen
Die Müh des Erntens zu besorgen.
Doch gerne trägt am Hut ein jeder
Die weiß und blaue Häherfeder.

Der *Specht* (von Spähen oder Spech=
 ten)
Schaut stets im Walde nach dem Rech=
 ten.
Vom Morgen bis zum Abenddämmern
Hört man ihn wild an Bäumen
 hämmern.

Noch kommt der große Buntspecht vor.
Er brachte es bis zum Major.
Der Schwarzspecht sieht die Zukunft
 schwarz:
Dahin gehn Schwarzwald, Spechtshart,
 Harz.
Der Grünspecht grünt in Schnee und
 Eis;
Er gilt im Volk als Naseweis.

Noch weitaus wuchtiger, rein nasisch,
Doch afrikanisch oder asisch
Ist, ohne jegliches Gemogel,
Der *Hornrab* oder Nashornvogel.
Das Weibchen wird, was man bedauert,
Mit Lehm vom Männchen eingemauert,
Gefüttert nur durch einen Spalt.
Auf solche Weise – mit Gewalt! –
Erhält der Ehemann es keusch. –
Er fliegt mit sausendem Geräusch.

Man sagt, der Wahrheit nicht gemäß,
Daß wer nur wie ein Vogel äß.
Ganz falsch! Hier dien uns als Beweis
Der *Martinsvogel* oder Eis=.
Ein Mensch, so gierig auch nur halb,
Fräß jeden Tag ein ganzes Kalb.
Wir sahn den Vogel winters flitzen,
Am Bach wie Edelsteine blitzen.
Bis wir ihn zeigen unserm Sohn,
Lebt er nur mehr im Lexikon.
Vorbei, wie man auch drüber klage,
Sind längst die halkyonischen Tage.

Den ganzen Tag, damit du's weißt,
Sagt dir der *Kuckuck*, wie er heißt.
Kein Mensch den Kuckuck je vergißt –
Der weiß, was Propaganda ist.
Viel gilt – und gar beim erstenmal –
Sein Ruf uns als Orakelzahl.
Oft kennt man ihn vom Pfänden nur.
Beliebter ist die Kuckucksuhr.
Ein jeder weiß das mit dem *Ei*.
Im Sommer stirbt des Kuckucks
 Schrei ...
Und niemand sieht's: wo flog er hin?
Drum hält man für unsterblich ihn.
Der *Wiedehopf*, der Kuckucksküster,
Ist kein so freudevoll Begrüßter,
Trotz seinem schönen Federnschopf,
Denn leider stinkt der schmutzige
 Tropf.
Der *Storch* – wie könnt es anders
 sein? –

Stellt sich bei so viel Vögeln ein.
Von fremden Vögeln zählt dazu
Der würdevolle *Marabu*,
Auch Adjutant; bei heiklen Sachen
Weiß er: »Nur Ruhe kann es machen!«
Zu kümmern sich um jeden Dreck,
Ist auch des Adjutanten Zweck.
Im Zoo sieht man *Flamingos* steh'n,
Die rosig in die Zukunft seh'n.

Der *Klapperstorch*, Freund Adebar,
War einst in Deutschland gar nicht rar.
Ins selbe Nest flog stets das Pärchen.
Jetzt wird er mehr und mehr zum
   Märchen,
Und jeder Knirps weiß, was das heißt,
Daß er ins Bein die Mutter beißt.
Der Storch, der selbst nicht singen kann,
Erklärt drum, viel sei nicht daran.

Vom *Reiher*, der nun an der Reih,
Gibt's Fisch= und Edel=, also zwei.
Des einen Schopf drei Federn
   schmücken,
Der andre trägt sie auf dem Rücken.
Der Mensch, von ihrer Pracht gereizt,
Hat drum den Reiher einst gebeizt,
Das heißt, durch einen Falken fassen
Und hernach wieder fliegen lassen.

Der *Ibis* war am Nil geheiligt;
Unwissend selbst und unbeteiligt
Führt', als Nutznießer des Systems,
Er dort ein Leben, ein bequem's.

Der *Kranich* fliegt und geht zu Fuß.
Er hat — und heißt darum grus grus —
Den Gruß, wie Schiller uns gedichtet,
Des Ibykus wohl ausgerichtet.
Auf Schusters Rappen *Trappen* laufen.
Atrappen gab's, statt was zu kaufen.
Sehr häufig wird in Wörishoffen
Der *Wassertreter* angetroffen;
Ihn zu verspotten, wäre töricht.
Rohrdommeln tummeln sich im
   Röhricht.
Die wackern Jäger rüsten sich
Um Oculi zum Schnepfenstrich.

Die *Schnepfe*, feld=wald=wiesenländlich,
Ist unterschieden, selbstverständlich,
Von jener, die in dünnen Strümpfen
Herumstreicht in den Großstadt=
   sümpfen,
Meist seelisch wüst, doch schön
   behintert,
Und die dortselbst auch überwintert;
Die Großstadt=Schnepfe ist viel träger —
Leicht ist die Jagd für Schürzenjäger.

Zum *Regenpfeifer*, dem Bengt Berg
Gewidmet hat ein eignes Werk,
Zählt auch der *Kiebitz*, unbeliebt,
Wenn er uns gute Lehren gibt.
Er ist ein aufgeregter Schreier;
Doch herrlich schmecken seine Eier.

Dem Singschwan (cygnus musicus)
Schwant's manchmal, daß er sterben muß;
Dann läßt er vorher, süß und bang
Ertönen seinen Schwanensang:
Bekannt ist jener der Romantik;
Die Welt von heute ist so grantig,
Daß sie dahinstirbt, ganz gesanglos —
Was bei dem Lärm ja auch belanglos.

Die *Gans* tat viel für unser Wohl:
Sie rettete das Kapitol,
Sie mußte Federn lassen, viele,
Für Betten und für Gänsekiele,
Womit manch Großer schrieb, was jetzt
In »Gänsefüßchen« wird gesetzt.
Von Nutzen ist es, sie zu braten —
Doch weniger, sie heizuraten. —
Zwar, wenn man auf die Preise schaut,
Kriegt man schon eine Gänsehaut:
Einmal im Jahr man vielleicht kann's
Sich leisten als Kirchweihnachtsgans.
Die Zeitungsente ausgenommen,
Ist auch die *Ente* uns willkommen,
Die jeden Dreck, auf Wunder=Art,
In Fleisch verwandelt, feist und zart.

Der *Möwe* Leibspeis ist der Fisch.
Sie hat ihn alle Tage frisch,
Sofern sie nicht, ein wüster Schreier,
Rumzieht als Großstadt=Abfall=Geier.
Die Möwen sind sehr spitzgeflügelt.
Schon Morgenstern hat witzgeklügelt,

Unschuldig wie ein Fragebogen,
Anmutig kommt der *Schwan* gezogen,
Hebt seinen Hals, den süßen, weißen —
Um bös zu zischen und zu beißen.
Das eitle Tier hat seine Sorgen:
Die wüsten Beine hält's verborgen.
Wir kennen es aus Kunst und Märchen;
Fürs Leben treu ist sich ein Pärchen,
Bis ihre Ehe zäh wie Leder.
Denn eine Leda kriegt nicht jeder.
Seit der Antike ist's vorbei
Mit dieser Art von Schwanerei.
Das Ei des Höckerschwans man hält
Fürs größte unsrer Vogelwelt.

Sie sähn in ihrem weißen Flaus,
Als ob sie Emma hießen, aus.
Doch uns, ob mit, ob ohne Emma,
Ergreift viel ernster das Dilemma,
Was just für Möwen wir an süßen
Wie salzigen Gewässern grüßen;
Denn unser Wissen ist recht schwach.
An Binnenseen ist's oft die Lach=.
Doch andre, die ihr ziemlich gleichen,
Im Durchzug auch vorüberstreichen.

Des *Riesenalken* Spur verliert sich
Schon achtzehnhundertvierundvierzig.
Wobei doch ziemlich sonderbar,
Daß man genau das weiß aufs Jahr.
Man zahlte für ein Riesen=Alk=Ei
Schon immer mehr als für ein Kalkei,
Doch hab vergessen ich die Summe.
Auf Helgoland die Trottel=Lumme,
Sowie die Teiste und den Lund
Gibt's noch in großer Zahl zur Stund.
Vom Sturmgevögel nenn ich bloß
Den schwarzbeschwingten *Albatros,*
Der weit durchs Meer des Südens
  strolcht
Und tagelang den Schiffen folgt.
Der *Pelikan* ins Herz sich sticht,
Aus übertriebner Mutterpflicht.
Doch ist der *Pinguin* der beste:
Er wahrt sich seine weiße Weste.
Kaum noch ein Vogel, sondern dicklich
Zum Seehund mehr sich hin entwicklich,
Sitzt er, gelangweilt und oft müd wohl,
Das ganze Jahr auf seinem Südpol. —
Zum Glück kein Zigarettenraucher:
Er würde sonst zum Kettenraucher.

Der Schwimmer Haupterzeugnis ist
Guano, der berühmte Mist.
Die Folge *eines* Vogeldrecks
Ist nur ein ärgerlicher Klecks,

Doch Schmutz gehäuft mit Zinseszins,
Gibt hohe Berge des Gewinns.

Des Friedensstifters Ruhm genoß,
Wer Öl einst auf die Wogen goß.
Heut bringt's, als Untat, nur Verderben
Das schauerliche Vogelsterben!

Wir kommen zu den *Hühnern* nun.
Vom indischen Bankiva=Huhn
(Fasanenartig) abgeleitet,
Ist jetzt das Haushuhn weit verbreitet.
Der Hühnerzüchter, fast schon manisch,
Kreuzt und veredelt welsch und
  spanisch,
Zieht Nackthals, Leghorn, Steiermärker,
Bald in bezug auf Eier stärker,
Bald mehr als Brat= und Suppenhuhn,
Bald mehr zum Spaß, wie's Struppen=
  huhn.
Besonders kühne Hühner seien,
Sagt man, die Hähne der Malaien.
Eunuchen wir *Kapaunen* nennen;
Poularden fettgemachte Hennen.
Besonders hat die Zucht der Küken —
Die Bäurin weiß es — ihre Tücken.
Kaum wächst ein Tierlein, so ein lieb's,
Fällt es schon um und hat den Pips.

Der Hahn im Korb ist meist ein Tropf.
Wer hätt nicht gern sein Huhn im Topf?
Vom alten Turmhahn gibt Bericht
Uns Mörike — ein Prachtgedicht.
Den roten Hahn setzt man aufs Dach.
Krampfhennen kräht kein Gockel nach.
Der Schnapphahn sucht was zu
  erwischen.
Den Knurrhahn zählt man zu den
  Fischen.
Kokett ist Frankreichs Hahn im
  Wappen.

Der Hahnenkamm ziert Narrenkappen:
Mephisto trägt die Hahnenfeder,
Des armen Hahnrei's spottet jeder.
Das Hühnerauge einsam wacht
Oft in der tiefen Mitternacht.
Es weissagt, wie der Hahn, das Wetter.
Der weckt mit Kikeriki=Geschmetter
Die Frühaufsteher, die dann dumm
Den ganzen Tag oft stehn herum.
Ein guter Hahn wird selten fett.
Geh mit den Hühnern früh zu Bett!
Jedoch, als Ausnahm von der Regel:
Das Sumpfhuhn wird erst abends
   kregel.
Und: Junggesell wie Gockel enden
Oft unter einer Köchin Händen.

Vom *Perlhuhn* sagte Morgenstern,
Es zähle seine Perlen gern;
Doch der Kollege irrt dabei,
Denn zählen kann es nicht bis drei.
Als Gott den *Pfau* gemacht, den pavo,
Da sprach er zu sich selber: »Bravo!«
Als Rangabzeichen mußten dienen
Die Federn einst den Mandarinen,
Als dort geherrscht der alte Zopf
   noch. —

Wir stecken Orden uns ins Knopfloch.
Am Phasis=Fluß zuerst erschauten
Den *Goldfasan* die Argonauten.
Wie teuer *uns* die »Goldfasanen«
Noch kämen, konnten sie nicht ahnen.

Der *Auerhahn*, teils bunt, teils schwarz,
Lebt im Gebirg — auch noch im Harz,
Beginnt, in Lichtungen des Walds
Im März mit der berühmten Balz.
Er knappt und trillert, schleift und
   sträubt
Die Federn, wankt auch, wie betäubt.
Dann reitet — wenn ihr Jäger fragt —
Der Hahn vom Baum ab, wenn es tagt;
Der Auerhahn, ums Morgenrot,
Stirbt einen schönen Liebestod:
Vor Lust merkt er den Jäger nicht;
Der schießt, beim ersten Büchsenlicht.
Der *Birkhahn* treibt es fast noch kühner.
Jedoch die Schnee= und Haselhühner
Sind in der Hinsicht ziemlich lahm;
Sie leben nämlich monogam.

Das *Rebhuhn*, auf lateinisch perdix,
Ist ein Geschöpf, ein beinah erdigs.
Nur schwer sieht man's am Boden hocken.
In Ketten fliegt's, als würf wer Brocken.
Der Mensch zählt's zu den edlen Künsten,
Dergleichen Vögel sanft zu dünsten;
Und ohne alle Trauer schaut
Die Leichen er auf Sauerkraut.

Noch ein Bekannter fehlt, ein guter:
Der *Truthahn* ist es, unser Puter.
Er ist sehr dumm, doch noch viel dümmer
Die Pute ist, das Frauenzimmer.

Früh hat die *Taube* sich bewährt:
Sie hat zuerst fern=aufgeklärt;
Als Vater Noah in dem Kasten
Genug vom Schwimmen hatt' und Fasten,
Da schickte er die Taube aus —
Den Ölzweig brachte sie nach Haus.
Seitdem besteht ein frommer Glaube,
Es gebe eine Friedenstaube.
Matthäus ohne Falsch sie nennt;
Das kann nur tun, wer sie nicht kennt.
Besonders meint die Stadt Venedig
Es mit den lieben Täubchen gnädig.
Lockvögel sind dort diese braven
Für ungezählte Fotografen.
Das Lied: »Wenn ich ein Vöglein wär...«
War einmal riesig populär:
Die Taube hat, der Venus heilig,
Vermittelt Liebeswünsche eilig.

Der *Papagei* lebt hier und da:
In Asien und in Afrika,
Amerika, wo aus Peru
Einst kam der Inkakakadu.
Jedoch die Hälfte ist australisch.
Der Papagei ist musikalisch,
Und Plinius bereits führt an
Den Vogel, welcher reden kann.

Und köpflich=schöpfisch, schwänzlich=
    quastisch
Geschmeidlich glänzen, ganz phan=
    tastisch.

So bunt, jedoch vergleichsweis riesig,
Die Vögel sind, die *paradiesig*.
Noch unsre Mütter sahn wir schwelgen
Im Putz von solchen Vogelbälgen.
NB! Des Weibchens schlichte Mode
Bewahrte es vorm frühen Tode.

Nur ungern meldet der Verfasser,
Daß unser *Sperling* (Spatz, Sperk,
    Passer)
Als Ahnherr gilt von Fink und Star,
Ja, von der ganzen Vogelschar.
Die, ungeheuer artenreich,
Durchzieht Feld=, Wald= und Garten=
    reich;
Sagt man doch selbst vom *Leierschwanz*,
Ein Sperlingsvogel sei er ganz.
Die teilen die Akzentesetzer
In Sänger, Schreier ein und Schwätzer.
Die Schwätzer, schöne Vögel, wohnen
Im Stromgebiet der Amazonen.
Schönschwätzer, wie auch Süß=,
    Schnell=, Klug=
Und Schreier gibt's auch hier genug.

Kreuzritter brachten, Seeleut später
Ihn her zu uns, als brave Väter.
Selbst Alexander kannt' ihn schon;
Berühmt ist der von Robinson.
Der Indio hält sie wie Hühner.
Teils sind sie grün, teils noch viel
    grüner,
Und schildern könnt man kaum den
    Fittich
Von Amazone, Lori, Sittich.

Man sagt, daß seinen Vogel habe
Jedweder, der durchs Leben trabe.
Doch leider treffen wir fast nie
Darunter einen *Kolibri*,
Die, klein mitunter wie die Hummeln,
Westindiens Blütenreich durchtummeln

Konservativ bis in die Knochen,
Bleibt alle zweiundfünfzig Wochen
Der *Spatz*, wo er geboren ist;
Pfeift von den Dächern, lärmt und frißt.
Er pocht drauf, daß der »kleine Mann«
Vom Staate was verlangen kann.
Wer übertrumpft, durch sein Schon=
    hiersein,
Des Staren gültigen Quartierschein?
Wer stiehlt den Bissen von der Gabel,
Pickt Huhn und Meisen unterm
    Schnabel

Vorweg die hingeworfne Krume,
Und wer bracht's dadurch just zum
    Ruhme,
Im Mund des Volkes allgemein
Ein Sinnbild des Erfolgs zu sein?
Ja, kämen ab und zu nicht Katzen,
Die ganze Welt wär voller Spatzen —
Grad weil es sich nicht würde lohnen,
Auf sie zu schießen mit Kanonen.

Da loben wir doch mehr die nettern —
Die *Finken* nämlich, ihre Vettern.
Denn schon im März, noch lang vor
    Tag,
Freut uns ihr schmetternd heller Schlag.
Der Buchfink heißt nur so: denn lesen
Kann nicht ein Wort das kleine Wesen.
Der Schmierfink kann mitunter
    schreiben,
Doch ließe er es besser bleiben.
Ein hübscher Grünfink oder Zwunsch
Wär manches Vogelfreundes Wunsch.
Im Winter, wenn's verschneit und eisig,
Kommt oft zu Tausenden der *Zeisig*
Und singt vorm reichen Bauernhofe
Bescheiden seine Bettlerstrophe,
Indes, schwarzköpfig, rotberockt,
Der *Gimpel* feist im Baume hockt:
Als Dompfaff, würdig und geweiht,
Zählt er zur Vogel=Geistlichkeit.
Jedoch, da er kein Kirchenlicht,
Der Gimpelfang Erfolg verspricht.

Er ist ein nettes Tier, ein zahm's
Und singt — natürlich nicht gleich
    Brahms.
Der *Girlitz* kann's noch wundervoller;
Am schönsten singt der Harzer Roller,
Sein gelber Vetter aus *Canarien*.
Dem bringen bei die höchsten Arien
Die Züchter, liebe alte Männer,
Die ohne Beispiel sind als Kenner.
Wer sie was fragt, ist schon verloren,
Denn sie erzähln ihm welk die Ohren
Von all den Arten, ihrer Haltung,
Von Stimme, Farbe und Gestaltung.

Das Vogelsterben ist zum Jammern:
Es wurden rarer selbst die *Ammern*.
Goldammern werden langsam grau,
Sogar in Oberammergau.

Ein jeder Vogel singt zunächst,
Sagt man, wie ihm der Schnabel wächst.
Kreuzfinken freilich wächst er schief.
Bemuttert die Natur sie stief?
In Ehr'n der Schnabel ward erworben:
Eh unser Herr am Kreuz gestorben,
Die Vöglein wollten retten ihn,
Bemüht, die Nägel auszuziehn.
Kreuzschnäbel, wie der Volksmund
    spricht,
Ziehn auf sich Zahnweh, Rheuma,
    Gicht,
Die sie an unsrer Statt befällt,
Wenn man sie sich im Käfig hält.

Als Musiker=Familien groß
Sind Finken nicht und Gimpel bloß,
Wie bei den Menschen Bach und Strauß:
Der *Rotschwanz* auch samt seinem
  Haus
Gab große Sänger zum Theater.
Der Rotschwanz selber zwar, der
  Vater,
Scheint's, wenig Unterricht genoß er,
Doch ließ er seinen Sprößling Sprosser
Ausbilden, wie's ja oft der Fall,
Und seine Tochter Nachtigal!.
Weit hat's gebracht, beim Tonfilm gar,
Sein Vetter, der berühmte Star.

Der *Sprosser* (oder Philomele)
Hat reines Gold in seiner Kehle.
Er wohnt meist von der Oder östlich.
Die *Nachtigall*, als Sängrin köstlich,
Ist unscheinbar und stellt nichts vor;
So ist's auch oft mit dem Tenor:
Kaum tut der nämlich seinen Mund auf,
Schon ändert sich sein Wert von
  Grund auf.

So mancher Mensch, der darauf schwört,
Er hab die Nachtigall gehört,
Verfiel nur holdem Selbstbetrug:
Es war die *Drossel*, die so schlug.
Wenn sich im März der Abend rötet,
Wie feurig süß die Amsel flötet!
Der *Star* auch, wenn Natur noch
  zaudert,
Den Frühling von den Dächern plaudert;
Doch hat er, seit sein Ruhm ertönt,
Sich Star=Allüren angewöhnt.
Es geht nicht mehr im alten Turnus
Auf Vortragsreisen unser *sturnus*.
Der sonst in Feld und Hain gestreunt,
Wird ausgesprochner Großstadtfreund,
Der, offenbar geschmacksverirrt,
In Straßenschluchten schwirrt und
  klirrt.

Man klatscht und lärmt und pfeift
  ihn aus,
Umsonst: der Star hält's für Applaus.
Daß schlecht die Presse von ihm spricht,
Hilft nichts, denn Zeitung liest er nicht.

Wer 'nausschaut in der Früh, den
  freut's,
Sieht munter er am Fensterkreuz
Die lieben, immer gierigen *Meisen*
Sich tummeln und was Gutes speisen —
Sofern sie nicht die Gans umdrängen,
Die wir hinaus ins Kalte hängen.
Der Kenner nur sieht es genau,
Ob's (größre) Kohlmeis oder Blau=,
Gemeinsam ist die Brust, die gelbe.
Sie singen Jahr für Jahr dasselbe;
Doch wenn auch klein ihr Repertoire,
Ist's doch stets wieder wunderbar.
Hier fügt mit Recht an der Beschreiber
Spechtmeisen wie den lustigen *Kleiber*.
So wie die Raben und die Häher

Wird er ein Pflanzer und ein Säer,
Weil er vergißt von heut auf morgen,
Wo er sein Hamstergut verborgen.
Als einziger klettert er kopfunter.
Baumläufer, sonst genauso munter
Doch nicht so bunt, am Stamme hüpfen,
Insekten aus der Rinde lüpfen.

Was wußten wir für lustige Stücklein
Noch von dem listigen *Grasmücklein;*
Das darf man nicht erwarten länger:
Klein wird die Schar der Gartensänger,
Schwarzplattl, Fitis, Spötter, Müller;
Es ist im Laub schon lange stiller,
Und nur des Weidensängers »zilp=zalp«
Ertönt, Gesang halb und Geschilp halb.

Um's kurz zu machen bei den *Lerchen,*
Muß man sie arg zusammenpferchen
Und darf von Heide=, Ohren=, Hauben=
Sich keine Schilderung erlauben.
Die *Feld=* ist's, deren Gottesloben,
Das Menschenherz zu Gott erhoben,
Wenn sie, am Lied emporgeklettert,
Schier unsichtbar in Lüften schmettert.

Die *Schwalbe* wirkt auf uns poetisch,
Man ehrt sie oft wie einen Fetisch
Und hält es für ein großes Glück,
Kehrt sie ins alte Nest zurück.
Sie kommt erst im April und Mai,
Meist einzeln, höchstens zwei bis drei;
Das alte Sprichwort meint deshalb,
Den Sommer mach nicht eine Schwalb.
Und oft schon im August, im späten,
Sitzt sie zu Tausenden auf Drähten,
Die Urbica und Rustica,
Laut zwitschernd reiselustig da.

Das Handwerk, dies nur nebenbei,
Betreiben Sperlingsvögel drei:
Die Weber, Töpfer und die Schneider —
Doch Schlimmes gilt's zu künden, leider,
Vom Schrecken aller Gartenbürger,
Dem »Großen Grauen«, unserm
    Würger.
Der nimmt die Kleinen sich aufs Korn,
Packt sie und spießt sie auf den Dorn.
Beschaut man manchen Spießer näher,
Ist er auch so ein Halsabdreher.

Man brauchte nicht den Brehm zu
    wälzen,
Man kennt sie selbst, die netten *Stelzen*;
Die Bach= vor allem, die schwarzweißen,
Auch »Waschermadl« oft geheißen.
Meint man, daß sie ins Wasser kippen,
Sie nur mit ihren Schwänzchen wippen
Und fliegen ein paar Steine weiter;
Sogar bei Regen sind sie heiter.
Man trifft heut manchen Zaungast
    zwar,
Doch der *Zaunkönig*, der wird rar,
Der durch die Gärten, grün umbuscht,
So winzig wie ein Mäuschen huscht.

Die Urbica, die Mehl=, Dach=, Haus=,
Ist kleiner und schaut schwarzweiß aus.
Die große Rustica, auch Rauch=,
Ist blauschwarz, rostrot, weiß am Bauch.
Von Schwalben trennt ein strenger
    Regler
Die *Mauerschwalb*, als echten Segler.
Doch sind sie alle kurz beschnabelt,
Spitzflügelig und schwanzgegabelt
Und tun sich, kümmerlich von Zehen,
Schwer mit dem Gehen und dem
    Stehen.
Wenn hoch sie oder niedrig fliegen,
Heißt's, daß wir andres Wetter kriegen.
Vom Nest der Schwalbe noch ein
    Wörtel:
Sie macht mit Speichel an den Mörtel.
Ein festes Haus hat seinen Nutzen:
Es braucht nur jährlich frisch verputzen.
Die Dachschwalb mehr tut als genug
    noch:
Sie mauert's zu, bis auf das Flugloch.

So wär's denn mit den Vögeln aus. —
Halt, halt! Noch kommt der Vogel
   Strauß,
Der bisher, dumm und ganz verschreckt,
Den Kopf hat in den Sand gesteckt;
Mit ihm erscheint die Straußenschar:
Der Kiwi, Nandu, Kasuar.
Sie hören es von Herzen gern:
Straußfedern sind jetzt unmodern.
Beneidenswert, wär noch zu sagen,
War immer schon der Straußenmagen.
Wohl dem, der frißt, was ihm gefällt,
Und glatt verdaut die zähe Welt.

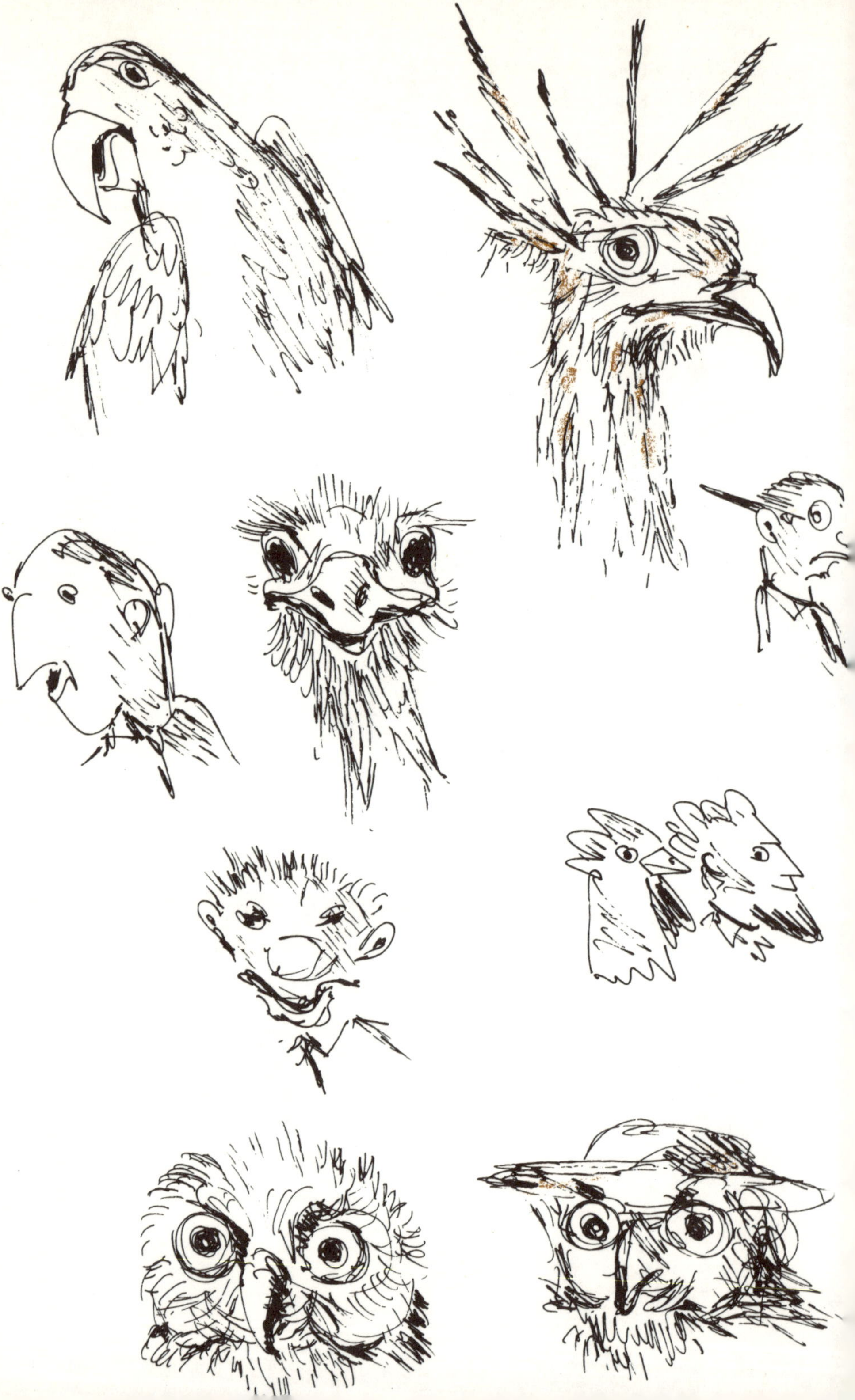

Oktoberfest

Zu Münchens schönsten Paradiesen
Zählt ohne Zweifel seine Wiesen.
Im Frühling, Sommer, auch im Winter
Ist allerdings nicht viel dahinter,
Da ist sie nur ein weiter Plan,
Ein Umweg für die Straßenbahn.
Jedoch im *Herbst* ist dieser Platz
Des Münchners wundervollster Schatz.
»Auf geht's«, mit dieser Lustfanfare
Eröffnet man in jedem Jahre
Das Volksfest, welches hochgepriesen
Der Münchner bündig nur nennt »D' Wies'n«.

Nur ungern, das sieht jeder ein,
Geht auf die Wiese man allein,
Denn wenn man in der Budenstadt
Nicht gleich den richtigen Anschluß hat,
Dann steht man stur in dem Gedudel,
Fühlt sich wie ein begoss'ner Pudel,
Schweift stumm und traurig her und hin,
Besauft sich höchstens ohne Sinn,
Denkt »Fauler Zauber«, »Alter Leim«,
Und geht verdrossen wieder heim.

Höchst unbeliebt sind die Begleiter,
Die rücksichtslos, geschäftig=heiter

Im Volksgewühl an allen Kassen
Gerade dich vorangehn lassen,
Großmütig in der Tasche graben,
Doch leider grad kein Kleingeld haben,
Die tückisch warten bis zum Schluß,
Wo irgendeiner zahlen muß,
Und die erreichen mit viel List,
Daß du dann dieser eine bist!
Mit andern Worten, derben, kurzen,
Kein Mensch macht gerne eine Wurzen.

Doch was ist auf dem bunten Feste
Zu nennen wohl das nächste beste?
Hier schmort die Schweinswurst auf dem Rost,
Dort schenkt man Wein und Apfelmost,
Hier sieht man bei fidelen Schrammeln
Sich wieder andre froh versammeln,
Und schon wird an dem dritten Punkt
Die Dünne in den Senf getunkt.
Dort fieselt wer an seinem Tisch,
Beziehungsweis am Steckerlfisch
Und leckt mit einer kaum geringern
Begierde an den eignen Fingern.
Die Wünsche werden immer kühner
Und blicken auf gebratne Hühner,
Die unerschwinglich sind zumeist,
Auch wenn man sie nur »Hendln« heißt.

Doch schau, was kommt am Schluß heraus?
Der Bierpalast mit Hendlschmaus,
Wo ungeheure Blechmusiken
Den Lärm durch Rauch und Bierdunst schicken
Und wo die Menge brausend schwillt,
Vom Bier zum Teil schon ganz erfüllt,
Teils erst vom Wunsch, erfüllt zu werden,
Doch durchwegs selig schon auf Erden.
Es laufen Kellnerinnen emsig
Durch alle Reih'n, wo wild und bremsig
Die Menge ohne Unterlaß
Sich heiser schreit nach einer Maß.
Zwölf Krüge an den Brüsten säugend,
Wirkt solche Wunschmaid überzeugend.

Wer zählt die Völker, kennt die Namen,
Die gastlich hier zusammenkamen?
Von Augsburg und vom Isengau,
Von Freising, aus der Hallertau,
Aus Franken, Schwaben, Sachsen, Hessen,
Die Preußen selbst nicht zu vergessen,
Doch will das Volk zum Bier auch Spiel,
Drum sucht man noch ein andres Ziel;
Man stürmt die Wunderstadt der Buden
Mit Löwenmenschen, Botokuden
Und ist schon tief hineingeraten
In Zauberwälder von Plakaten,
Die in phantastisch grellen Bildern
Die Märchenwelt der Wiesen schildern.
Hier ist ein Zwillingspaar verwachsen,
Aus Siam oder nur aus Sachsen,
Die Seekuh ist halb Fisch, halb Weib,
Die Dame ohne Unterleib
Wetteifert mit der Pantherdame,
Usamba=Wamba ist ihr Name,
Der wonnevoll nach Wüste schmeckt,
Ihr ganzer Leib ist braun gefleckt;
Ein Schlangenmensch grotesk sich renkt,
Beim Schichtl sich das Fallbeil senkt.
Kurzum, was grauenvoll und selten,
Wird angepriesen vor den Zelten,
Bis, was der Vorhang tief verbirgt,
So zwingend auf die Neugier wirkt,
Daß wir uns ahnungsvoll und schauernd
(Erst hinterher das Geld bedauernd)
Hindrängen, um, hereingebeten,
Das Innere staunend zu betreten.
Da stehn sie, ahnungstief wie Kinder,
Vor einem Manne im Zylinder,
Und in die Menge, die sich staut,
Brüllt dieser Mensch entsetzlich laut:
»Sie sehen hier für billiges Geld
Das größte Phänomen der Welt!
Das Urwelträtsel jeder Rasse!
Zur Kasse, Kassa, Kassakasse!
Das Phänomen der Mumienleichen!
Die Glocke gibt das letzte Zeichen!

Enthüllung magischer Natur!
Zehn Fennich! Für Erwachsne nur!«
Der Schweiß ihm aus den Haaren rinnt:
»Zehn Fenniche! Der Akt beginnt!«

Man sucht sich nunmehr als Stratege
Nach Kräften immer neue Wege.
Hinweg von Flöh'n und Marionetten
Und Wachsfigurenkabinetten,
Heraus jetzt aus den wilden Dünsten
Von Papa Schichtls Zauberkünsten,
Zu neuem Ziel hinauf, hinan,
Hinein in eine Achterbahn!
Man fühlt sich sanft emporgehoben
Und sieht die Lichterstadt von oben,
Wie alles glänzt und dampft und braust,
Bis unverhofft man abwärts saust
In Stürzen, wollustangsterregend,
Besonders in der Magengegend.
Wie herrlich da die Weiber kreischen,
Indes verzückt in fremden Fleischen
Im selig=wirren Klirren, Schwirren,
Die Männerhände sich verirren.
Wie schnell macht solche Fahrt gefährtlich,
Man wird zu zweien schon recht zärtlich,
Und mancher legt um manches schlanke
Gewölbe die Beschützer=Pranke.
Das ist die hochberühmte Zeit
Der Münchner Urgemütlichkeit,
Wo an den bunt besetzten Tischen
Die Unterschiede sich verwischen,
Die Herkunft, Bildung, Geld, Beruf
Dem Menschen oft zum Unheil schuf.
Der Maurer hockt bei dem Professer,
Und zwar je enger, um so besser,
Und auch die andern sitzen da,
Mit Leib und Seel' einander nah.
Nicht lästerlich und liederlich,
Nur schwesterlich und brüderlich.
Man sucht sich wild ins Volk zu mengen,
Sich in die andern einzuhängen.
Schiffsschaukelorgelorgien rasen

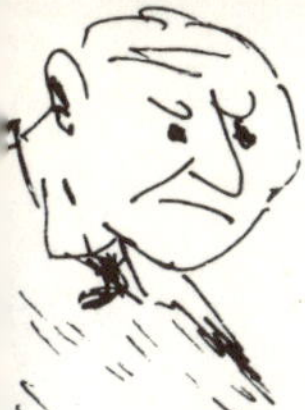
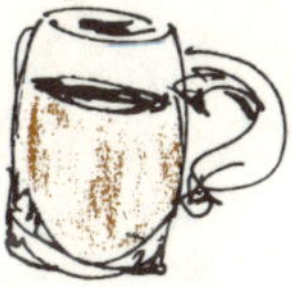
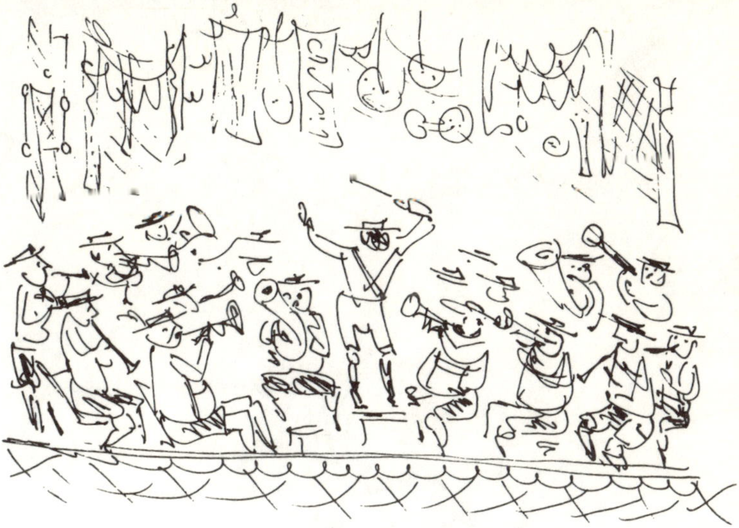
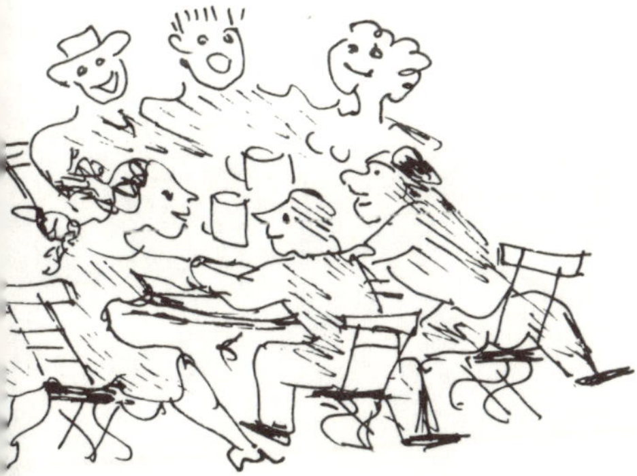
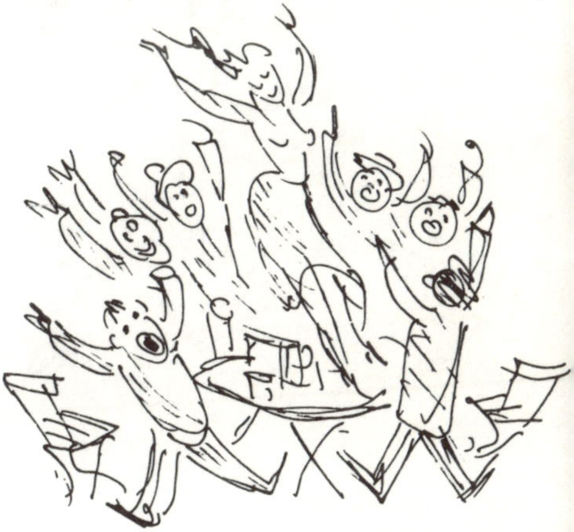
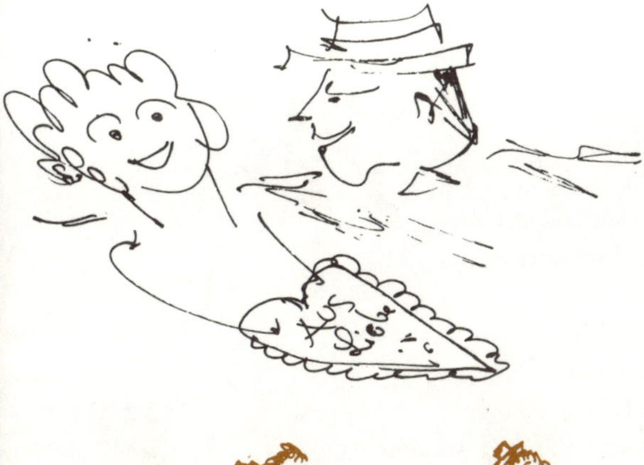

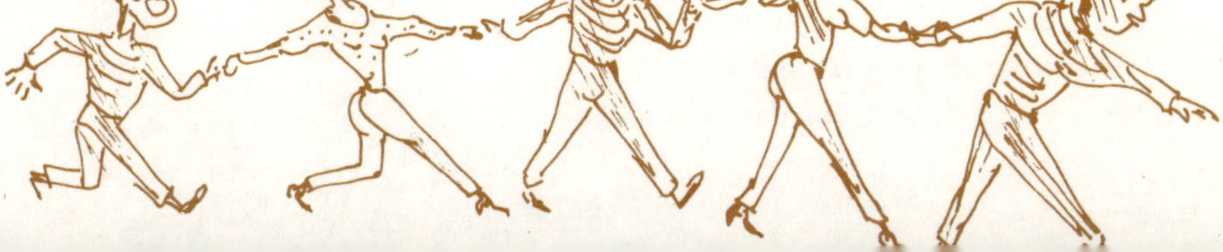

Mit Trommeln und Trompetenblasen,
Sirenenheulen, Schiffsgebimmel
Stürzt unabsehbar mit Gewimmel
Zu ewig neuer Lust entfacht
Die Menge in die Wiesenschlacht.
Es blitzt von Purpur, Perlenflitter,
Die Schweinswurst raucht am glühnden Gitter,
Die Rösser stampfen stolz und schwer,
Die Banzen rollen prächtig her,
Der Kasperl krächzt »Seid's alle da?«
Und tausendstimmig jauchzt es: »Ja!«
Und ringsum brodelt's, brandet's, gaukelt's
Und rollt's und rutscht's und schießt's und schaukelt's,
Das Jahr ist lang, die Wies'n kurz,
Hinein denn in den wilden Sturz!
Zufrieden jauchzet groß und klein:
»Hier bin ich Mensch, hier darf ich's sein!«

UNTER   BRÜDERN

DER REGENWURM

So einen lieben, zärtlichen Stefan wie heute haben wir schon lang nicht mehr gehabt. Sommer ist's und Sonntag; wie ein munterer, liebreizender Film läuft er ab, ohne Pause, ohne Störung. Stefan hat im Bett mit mir geschäkert, jetzt wäscht er mich als Badeknecht, seift mich ein, duscht mich, trocknet mich ab. Das Frühstück ist voller Zärtlichkeit und Poesie, der Vormittag vergeht in liebendem Eifer und in unermüdlicher Hilfsbereitschaft. Er bringt den Liegestuhl in den Garten, er läßt sich Märchen erzählen, er umhüpft und umsorgt mich, ich bin ganz gerührt, wahrhaftig, wie ein Engel sieht er aus, blond und blau, mitten im Grünen, falterleicht spielend zwischen bunten Blumen, selig und sündelos — »mir ist, als ob ich die Hände ums Haupt ihm legen sollt', betend, daß Gott ihn erhalte so rein und schön und hold« — und ganz zufällig greife ich in die Rocktasche, die Hand fährt erschrocken und angewidert zurück, was kann das nur sein? Ich fingere noch einmal herum, es ist was Kaltklebriges, Ekelhaftes und — wahrhaftig, das rührt sich ja! Ich ziehe einen fetten, einen ungeheuren Regenwurm ans Licht.

Selbst ein Münchner Kriminaler würde auf die Vermutung kommen, daß das der Stefan getan haben dürfte — nicht durfte, müßte — nicht mußte; kurz, daß er allein für eine solche Untat in Frage kam.

Hab' ich da fahrlässigerweise oder gar aus Gehässigkeit was gegen die Münchner Kriminaler gesagt? Das kann sich nur auf solche einer fernen Vergangenheit beziehen; bei uns war eingebrochen worden, und wir holten die Polizei, die nach geraumer Zeit in Gestalt eines treuherzig aus wässerigen Augen blickenden Schnauzbarts erschien. Er besah sich genau die unverkennbaren Spuren, hin und her, dann stellte er sich stolz vor uns hin und sprach seine Überzeugung aus, daß hier ein Einbruchsversuch stattgefunden haben müsse. »Deshalb haben wir Sie ja geholt!« sagten wir ganz bescheiden. »Haben Sie«, erkundigte er sich mit selbstgefälligem Scharfsinn, »Freunde oder Bekannte?« »Freilich, Bekannte zu Hunderten, aber wieso...?« »Sie haben also keinen bestimmten Verdacht?« Wir hatten

215

keinen. »Dann —«, meinte er achselzuckend, »wird sich nicht viel machen lassen.«

Die Sache blieb damals auch wirklich im dunkeln. Aber diesmal hatte ich einen Verdacht. Und trotzdem, trotz der klarsten Indizien, war ich im Zweifel: wie konnte dieses liebe Kind, auch jetzt noch die Unschuld selber, mir dieses gräuslich Regenwurmungeheuer in die Tasche gespielt haben? Und wann vor allem? Lückenlos, so schien mir, war der Tag abgelaufen, nicht eine Minute war dazwischen gewesen, in der er die schwarze Tat hätte vollbringen können.

Ich will nicht sagen, daß nicht auch der Thomas, im gleichen Blütenalter, eines solchen Schabernacks fähig gewesen wäre — aber sein Gewissen hätte ihm keine Ruhe gelassen, er hätte zu kichern angefangen, hundert Andeutungen gemacht, und zum Schluß wäre er geplatzt vor Neugier, Indianertänze hätte er aufgeführt und mich aufgefordert, doch einmal in meine Tasche zu greifen. Der Stefan aber, von keines Gedankens Blässe angekränkelt, zeigte sich lieb und harmlos wie zuvor; und auch ich tat nicht dergleichen, ich ließ den Regenwurm wieder in die Tasche verschwinden und beschloß, zu prüfen, welchen Druck sein Gemüt wohl aushalten würde.

Der schlichte Hinweis, daß die Amsel dort vermutlich Regenwürmer suche, ließ ihn völlig ungerührt. Das Stichwort gab ihm keinen Stich. Er hatte sogar die Dreistigkeit, mich in ein Gespräch über den Nutzen des Regenwurmes zu verwickeln. »Die Fischer«, sagte ich listig, »wie zum Beispiel der Onkel Bi, brauchen die Regenwürmer zum Angeln — und ich habe das Fischen eigentlich nur deshalb aufgegeben, weil mir der Wurm am Haken so leid getan hat. Dir tut, scheint's, so ein Wurm nicht leid?!« Stefan überhörte die Frage, er berichtete ganz sachlich, daß er am vorigen Sonntag mit dem Onkel Bi und dem Jan und dem Jörg gefischt habe: »Da haben wir unter den alten Brettern Würmer gesucht und in eine Blechschachtel getan.« »Da gehören sie auch hin«, sagte ich drohend — aber ehe ich ihn packen konnte, gab er dem Gespräch blitzschnell eine andere, eine düstere Wendung: »Wenn wir tot sind, gelt, Papi, da fressen uns die Regenwürmer.« »Ja, ja«, knurrte ich, ärgerlich, daß er mir so knapp vor dem Ziel noch einmal entwischt war. Ich ging zum entscheidenden Angriff über: »Du, scheint's, graust dich vor den Regenwürmern nicht?« Jetzt mußte er wohl die Waffen strecken. »Nein«, sagte er — »aber die Chinesen, die essen sogar die Regenwürmer! Das täte ich nicht!« So ein abgefeimter Bursche! Wohl oder übel mußte ich ihn gar noch aufklären, daß das mit den chinesischen Regenwürmern ganz anders sei als bei uns — »Im Salat!« rief er lustig. »Im Salat«, sagte ich streng, »kann es bei aller Aufmerksamkeit einmal vorkommen, daß ein winziges Würmchen sich zwischen die Blätter verschlüpft; dann macht man kein solches Geschrei wie du neulich, sondern trägt ihn ganz still hinaus.« »In den Garten?« fragte er scheinheilig. Jetzt hab' ich genug, der Ärger reißt mich hin. »Ja, jedenfalls steckt man ihn nicht in die Tasche!« rufe ich, »und wie kommt überhaupt ein solches Ungeheuer in meine Rocktasche?!«

Ich zog den gewaltigen Wurm heraus und hielt ihn dem Stefan unter die Nase. »Du weißt es schon!« kicherte er unbehaglich, und wuppdich war er verschwun=den. »Du kommst sofort her!« rief ich ihm nach, aber er kam natürlich nicht.

Ich hatte gesiegt, aber es war keine Umfassungsschlacht, kein Cannae, ein ordinärer Sieg war es, genau besehen, ein Pyrrhussieg. Schweigend trug ich den sich windenden Wurm in die hinterste, schattige Gartenecke.

Atavismus

So vorsichtig wir sind, es kann nicht ausbleiben, daß wir uns auch bei Tisch einmal darüber unterhalten, daß alles teurer wird und daß die Mami für das bissel Fleisch und Wurst zehn Mark beim Metzger gelassen hat; auch das Ge=müse und das Obst sind im Preise stark gestiegen.

Trotzdem lassen wir's uns weiter gut schmecken, bis wir plötzlich merken, daß der Stefan verdächtig still geworden ist. »Was ist denn dir über die Leber ge=laufen?« frage ich, »du ziehst ja den Kopf ein wie eine Schildkröte!« Und die Mami, die doch ihren heiklen Feinschmecker kennt, reicht ihm den Teller mit dem Stück schneeweißen, säuberlichst geputzten Schellfisch und ermuntert ihn zu essen. »Danke, nein!« sagt er tonlos und greift entschlossen zu einer Schnitte trocknen Brotes. Unserm Zureden setzt er ein bedrücktes, hartnäckiges Schwei=gen entgegen. »Aha!« sage ich — und mir geht ein Licht auf —, »der Urgroßvater kommt heraus!« Wirklich, auch dem Vater meiner Mutter, einem sonst starken und freudigen Esser, konnte es jäh den Appetit verschlagen, wenn er zu hören bekam, daß eine Regensburger um zwei Pfennige teurer geworden sei.

Der Meisterkoch

Stefan wepst in der Küche herum, er will mitkochen. Die Ruth verscheucht ihn vom Herd und Tisch, die Mutter stampert ihn aus der Küche, ohne auf seine Begeisterungsausbrüche zu hören: »Ich weiß ein Repzett, ich weiß ein Repzett!« Wie immer, wenn sie ihn abschieben will, rät sie ihm, doch zum Papi zu gehen, der sich droben in Sehnsucht nach seinem Möpschen verzehre.

Also erscheint Stefan bei mir, ein hochwillkommener Unterbrecher meiner verseschmiedlichen Schwerarbeit, sucht ohne Umschweife den schönsten Bogen Papier, legt ihn vor mich hin und sagt: »Schreibe! Ich weiß ein Repzett!«

»Wie? Ein Rezept zum Kochen?« frage ich scheinheilig, »oder eins gegen den Husten?« Stefan würdigt mich gar keiner Antwort. »Schreibe!« sagt er gebieterisch. Sparsam, wie ich bin, nehme ich, Stefans Bogen beiseite schiebend, einen Zettel aus dem Kasten, der schon einseitig beschrieben ist; aber da komme ich bei meinem Diktator schlecht an. Mit schweigendem Nachdruck vertauscht er seinerseits wieder die beiden Blätter. Und behält mich scharf im Auge, während er sich den Text überlegt.

»Kartoffeln — halt! Schreibe: heiße Kartoffeln — geschälte heiße Kartoffeln in Butter legen und nach allen Seiten umdrehen! Hast du das geschrieben?« »Ja«, sage ich gespannt, »und weiter?«

Stefan ist tief gekränkt. »Weiter? Weiter nicht. Du wirst sehen, das ist ausgezeichnet. Heb' es gut auf, ich weiß vielleicht noch ein Repzett, wenn du wartest!«

Ich habe gewartet, ein Jahr und länger. Aber nie wieder hat mir Stefan ein Rezept diktiert. Und als mir der schöne weiße Bogen gelegentlich unterkam, habe ich ihn seufzend zu zwei Notizzetteln zerschnitten wie so manchen eignen kühnen Versuch, aus dem nichts mehr geworden ist.

Bange Augenblicke

Meine Frau ist verreist, der Zimmerherr ist fort, die Kinderschwester ist mit dem Thomas spazierengegangen. Das sonst so unruhige Haus liegt in Sonntagsstille, ich sitze an meinem Schreibtisch, die Helma, auch schon halb zum Ausgehen gerüstet, bewacht in der Küche den Festtagsbraten, und der dreijährige Stefan ist in seinem Zimmer eingesperrt — mag er dort anstellen, was er will, viel Schaden kann er ja nicht tun: das Fenster ist verriegelt, die Wände sind ohnehin verschmiert und zerkratzt, das Spielzeug zertrümmert. Die blonde Bestie ist so gut aufgehoben wie ein Tiger in seinem Käfig. Draußen ist es auch ruhig, in Gärten und Straßen rührt sich kein Mensch, es ist ein urgemütlicher, einsamer, schier ländlicher Vormittag, heraußen vor der Stadt, Fenster und Türen sind wohl verschlossen, niemand kann stören, sogar gegen unerwünschten Besuch können wir uns totstellen.

Plötzlich zerreißt gräßliches Geschrei die göttliche Ruhe des Hauses: Stefan hat also doch eine unvorherzusehende Möglichkeit gefunden, zu spielen, uns einen Streich zu spielen — ich stürze hinüber, sperre die Tür auf — da hängt der Knirps im halben Klimmzug am Schrank und angelt verzweifelt mit den Beinen nach einem Halt. Er hat einen Stuhl auf das Schaukelpferd gestellt, das schwankende Gebäude ist unter ihm weggerutscht, und nun zappelt er brüllend zwischen Himmel und Erde, bis ich ihn mit raschem Griff umfasse und auf den Boden stelle.

Auch Helma, das junge Hausmädchen, ist auf das Wehgeschrei herbeigelaufen, sie war gerade auf einen Sprung in ihrem Stübchen gewesen, um ihre Verwandlung von einer Werktagsraupe in einen Sonntagsschmetterling fortzusetzen — wie sie geht und steht, saust sie die Treppe herunter; und schnauft erleichtert auf, wie sie den kleinen Bösewicht heulend, aber unbeschädigt am Boden stehen sieht: Mein Gott, was hätte nicht alles geschehen können!

Wir schelten den Burschen, während wir an unserm Geiste alle Unglücksmöglichkeiten schaudernd vorüberziehen lassen, heftig aus, er entzieht sich wieselflink solch unerwünschter Predigt durch die Flucht — »Du bleibst da!« drohe ich, »sofort gehst du her!« ruft ihm Helma nach, wir lachen noch und denken nichts Arges — da hat er schon die Tür hinter sich zugeworfen, wir schießen beide drauf los, drücken die Klinke nieder — zu spät, mit einer unbegreiflichen Fixigkeit hat der Bösewicht den Schlüssel im Schloß umgedreht — wir sind gefangen!

Wir schauen uns an und lachen schallend. Eine lustige Geschichte, denken wir. Und ich gar, ich alter Esel, überlege mir, ob da nicht Gott Amor höchstselbst in das Büblein gefahren sei, der Schalk. Denn wenn's wahr ist, daß Gelegenheit Liebe macht, was für eine Gelegenheit hat der kleine Kuppler da listig geschaffen! Aber das schäkermütige Wort erstirbt mir im Munde, und meine liederlichen Betrachtungen stellen sich umgehend als höchst unzeitgemäß heraus. Wohl hat auch Helma fleischliche Gedanken, aber ihr Schreckensruf: »Der Kalbsbraten!« weist in eine ganz andere Richtung ...

Wir hören Stefans tappende Schritte sich entfernen, wir rütteln an der Tür, wir schreien: »Aufmachen!« Wir hören ein silbernes Lachen, es muß ein Riesenspaß für ihn sein, daß *wir* jetzt als Gefangene toben. »Willst du aufsperren?« »Nein!« klingt es fröhlich aus dem Treppenhaus. Ich versuche es mit Drohungen, Helma setzt mit Sirenengesang ein, wenn mir der Atem ausgeht. Stefan sagt: »Nein!«

Uns beiden wird immer klarer bewußt, wie dumm unsre Lage ist: auf die Rückkehr der Schwester können wir nicht warten. Nachbarn zu erreichen, müßten wir gellend um Hilfe rufen — wer tut das gern? Und sie könnten höchstens uns mit einer Leiter aus dem Zimmer holen — aber ins Haus, in die Küche vor allem, würden wir nicht anders als durch ein eingeschlagenes Fenster gelangen. Und was

kann dem Stefan alles zustoßen, wenn er in seiner dreisten Art auf Entdeckungs=
reisen geht?

Der Braten schmort im Rohr, die Kartoffeln dampfen auf dem Gas, wer weiß, ob noch genug Wasser im Topf ist. Die kostbaren Minuten verrinnen. Wir bet= teln, wir locken, wir beschwören. Und Stefan jauchzt. Eine solche Heidengaudi hat er noch nicht erlebt. Endlich fällt mir etwas ein: der Bär! Es ist ein ganz kleiner, billiger, arg geschundener, augenloser, schmutziger Wollknäuel — aber Stefan verehrt ihn abgöttisch. Der muß uns helfen. »Stefan!« rufe ich hinaus und mache ein herzzerreißendes Gestöhne und Gebrumm dazu, »der arme Bär ist so krank, er will dir etwas sagen!« Gottlob, die Kinderschritte tappen näher. Ich schildere die Leiden des armen Tieres und seinen glühenden Wunsch, zum lieben Stefan hinauszukommen, in allen Tönen. Schon scheint's halb gewonnen: der liebe Stefan rüttelt an der Klinke. Noch einmal werden wir blaß, wie, wenn das Kind jetzt zwar öffnen möchte, aber nicht kann? Zusperren ist leichter als aufsperren, auch sonst im Leben ... Endlich, auf die Bitten und Belehrungen des Bären hin, dreht sich der Schlüssel — die Tür ist doppelt verschlossen. »Anders herum!« fleht der Bär. »Geht nicht!« ruft der Stefan von draußen; gleich wird er zu heulen anfangen. Wenn er zappelig wird, ist alles verloren. Aber die Liebe zum Bären, die schafft's. Zweimal knirscht der Schlüssel, wir reißen die Tür auf, und während der Stefan seinen Bären begeistert an sich drückt (und sich weder um meine Zornes= noch Freudenausbrüche schert), rennt Helma in die Küche, um in letzter Minute mit Wassers Schwall die verschmachtenden Kartoffeln und den verbrutzelnden Braten zu retten ...

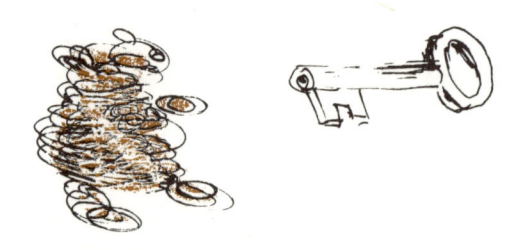

Die Fischgräten

Thomas, im August 1949, ohnehin ein ganz schlechter Esser, weigert sich, den guten Seehecht auch nur zu versuchen, aus Angst, auf eine Gräte zu stoßen. Ich lasse ihm das nicht durchgehen, suche ein schönes Stück heraus und sage: »Für jede Gräte, die du findest, kriegst du zehn Pfennige!«

Er ißt brav das Stück, erbietet sich, als wäre er von seiner Grätenangst geheilt, mit verdächtigem Eifer, das Gerippe noch vollends abzuräumen, an dem noch schöne weiße Fleischteile haften.

Er legt säuberlich die Gräten auf seinen Tellerrand, ich sage ahnungsvoll: »Für *diese* Gräten, die du da zusammenträgst, gilt es fein nicht!« Worauf er bitterlich zu weinen anfängt. Er ist tief gekränkt, daß ich mein Versprechen nicht halten will — er hat ja schon, mit vieler Mühe, ein wahres Vermögen zusammengebracht. Jeder Versuch der Aufklärung ist vergebens, wobei fraglich bleibt, ob der Bub so einfältig oder so abgefeimt ist ...

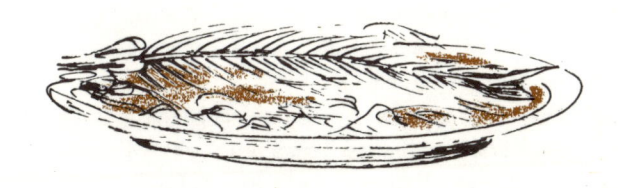

Eine Mark

Stefan hat auf seine Schultafel geschrieben: »Mitbringen Papier, Schere, eine Mark.« Er hält mir die Tafel unter die Nase; aha, sage ich, da macht ihr wohl was Schönes für Weihnachten! Er nickt eifrig. Einen Augenblick stutze ich: eine ganze Mark ist viel Geld; aber es eilt, meine Frau ist nicht daheim, daß ich sie fragen könnte, ich bin auch mit dem Kopf schon wieder bei meiner unterbroche= nen Arbeit: Stefan nimmt mit Dank, aber ohne jede verdächtige Aufregung das blitzende Geldstück, steckt es in die unergründliche Hosentasche, und fort ist er.

Es ist der reine Zufall, daß ich, nach Tagen, auf die Mark zurückkomme, beim Mittagessen. »Das ist ja nicht möglich!« ruft die Mami, und auch mir fallen meine ersten Bedenken wieder ein. »Hast du die Mark auch wirklich der Lehrerin gegeben!?« fragt die Mami drohend. Stefan antwortet mit einem festen »Ja!« und löffelt seelenruhig seine Suppe weiter. »Stefan, Stefan!« warnt das Eltern= paar unisono, und es ist bereits der Tubaton des Jüngsten Gerichts in ihrer Stimme: »Wir werden das Fräulein Vaitel fragen, ob du ihr die Mark gegeben hast!« »Ich habe doch schon gesagt: Ja!« erklärt Stefan, ganz gekränkte Unschuld. Und meine Frau fragt wirklich, bei nächster Gelegenheit. Ja, sagt die Lehrerin, das stimmt, Stefan hat mir eine Mark gebracht. Aber — er hat sich fünfundneunzig Pfennige herausgeben lassen!

Unsre Strafpredigt macht keinen Eindruck auf Stefan: »Ihr habt gefragt, ob ich dem Fräulein Vaitel die Mark gegeben habe, und ich habe Ja gesagt. Sonst habt ihr ja nichts gefragt ...«

»Und wie bist du denn überhaupt draufgekommen, ›eine Mark‹ auf die Tafel zu schreiben?«

»Das ist mir ganz plötzlich eingefallen, wahrscheinlich, weil ich an meine Sparkasse gedacht habe ...«

Zu Stefans Gunsten muß gesagt werden, daß neunzig Pfennige aus den Hosentaschen wieder beigebracht werden konnten.

Der Schwur

Der vierjährige Thomas ist ein liebenswürdiges und hilfsbereites Kind; und wo er sich im Hause nützlich machen kann, tut er's. Vorausgesetzt natürlich, daß es ihm selber Spaß macht. Wie zum Beispiel, zum Gärtner Schammerl zu gehen und die Viktualien fürs Mittagessen einzukaufen.

Der Gärtner Schammerl hat, keine zweihundert Meter von uns, auf einem von mannshohem Unkraut überwucherten Trümmerfeld, eine Baracke bezogen, in der er allerlei Gemüse, Obst und Grünzeug feilbietet, nichts Besonderes freilich, denn grad erst beginnt der Währungsschnittlauch zu wachsen, das dicke Butterbrot des Wirtschaftswunders wagt noch kein Mensch zu ahnen.

Zwar liegt der kleine Laden an der Hauptstraße, aber auf unserer Seite, so daß der Thomas ungefährdet seinen Weg machen kann. Und wenn er in spätestens zehn Minuten nicht zurück ist, schauen Vater, Mutter oder Magd um die Ecke, ob er noch nicht herantrabt.

Er beeilt sich auch immer, denn die ärgste Beschämung für ihn ist, daß ihn wer im Geschäft selbst abholt und damit zeigt, daß man ihm eine so wichtige Aufgabe doch allein noch nicht anvertrauen kann. Da wird er dann rasend vor Wut, wirft alles hin und rennt heulend heim, sich im Garten zu verstecken.

Der Gärtner Schammerl ist ein gutmütiger, fröhlicher Mann mit einem Rübenkopf, kräftig, jung noch, aber im Krieg ist ihm der linke Arm lahm geschossen worden, und an der rechten Hand fehlen ihm drei Finger, es schaut ein bißchen grauslich aus, wenn er mit Daumen und Zeigefinger, wie mit einer Krebsschere, die gelben Rüben ergreift oder einen Kohlkopf mit einer schleudernden Bewegung an die Brust drückt, um ihn zur Waage zu tragen. Aber Thomas liebt ihn, wegen seiner Späße und wohl auch wegen der Kirschen und Pflaumen, die für ihn abfallen.

Übrigens ist der Knirps, gottlob und im Gegensatz zu uns Schüchterlingen seinerzeit, die wir als Kinder uns in keinen Laden trauten, ein mutiger, ja ein gestrenger Einkäufer; und wenn wirklich der Kunde König ist, dann ist der Thomas der verheißungsvollste Kronprinz, der sich denken läßt.

Er behauptet — wenn's sein muß, mit kühner, aber nicht frecher Rede — seinen Platz, wenn ihn die Großen wegdrängen möchten, er schaut wie ein Luchs, er richtet auch tapfer und treu aus, daß der Rettich gestern pelzig war, und er ruft dem Gärtner Schammerl mit seiner Pipsstimme warnend zu: »Daß du mir fein was Gutes gibst, sonst komm ich nimmer!«

Wieselflink läuft er, und atemlos stellt er das Körbchen auf den Küchentisch, und nun will er aber auch noch gelobt sein, daß nichts vergessen ist, weder die Petersilie noch die Zwiebeln, und es erfreut ihn unbändig, wenn die Mami sagt, daß das die schönsten Radieschen sind, die sie seit langem gesehen hat. Er ist sich seiner Wichtigkeit voll bewußt und nimmt es für bare Münze, wenn wir sagen, ohne ihn ginge es nicht.

Wo viel Licht ist, da ist viel Schatten. Der Thomas hat also irgendwas angestellt, eine Blume geknickt, ein Loch gegraben, einen Löffel verworfen — es gibt einen Klaps und den herben Tadel, daß er ein böses, ein ganz und gar unnützes Kind sei.

Den Klaps und das böse Kind hätte er noch hingenommen; aber unnütz? Das ging gegen seine Ehre. »Nie wieder gehe ich für euch zum Gärtner Schammerl!« ruft er drohend. Wir ertragen es mit Fassung, sehr zum Schmerz des zürnenden Achill.

Am andern Tag, die Mami hätte gern ein paar Stangen Lauch gehabt, erinnert sich Thomas rechtzeitig seines Schwurs: »Nie wieder gehe ich für euch zum Gärtner Schammerl«, ruft er grollend und bemerkt gar nicht, daß ihn niemand darum gebeten hat. Der Vater geht selbst die paar Schritte, um die Kleinigkeit zu besorgen. Am dritten Tag zieht es ihn schon an allen Fingern nach dem Körbchen; und in seiner Zornesstimme ist schon ein ersticktes Schluchzen: »Nie wieder...« — »Ja, wir wissen es bereits, auf dich ist nicht mehr zu rechnen!«

Niemand schickt ihn, niemand bedarf seiner. Er fühlt sich völlig übersehen. Um so lauter brüllt er: »Nie wieder gehe ich für euch zum Gärtner Schammerl!« Unversöhnlich, unbeugsam ist sein Wille. Sogar abends, im Bett, an Stelle des Nachtgebets, muß er's uns noch einmal mitteilen, daß er eisern entschlossen sei, uns seine unentbehrlichen Dienste, den Gärtner betreffend, nie mehr zur Verfügung zu stellen.

Länger wollen wir ihn nicht leiden lassen. Am vierten Tag streicht er sehnsüchtig in der Küche herum. »Jetzt brauchten wir halt ein liebes Kind«, klagt die Mami, »das uns zwei Pfund schöne, rote Tomaten beim Gärtner holt!« Noch steht er verstockt in der Ecke, das »Nie wieder...« zuckt und zerrt schon an seinen Lippen. »Kann nicht ich...?« frage ich scheinheilig; aber die Mami sagt: »Nein, das kann nur der Thomas!«

Und der Thomas weint und lacht zugleich, Erlösung und Jubel überströmen sein Gesicht, er reißt das Körbchen an sich, wartet das Geld gar nicht erst ab — »zwei Pfund?« fragt er noch zurück, und wie ein Pfeil dahin schnellt er zum Gärtner Schammerl.

Des Sängers Fluch

Thomas, an die fünf Jahre alt, verlangt jeden Tag eine Geschichte von mir, seit anderthalb Jahren. Und an Sonn= und Feiertagen zwei. Da geht nun auch der größte Vorrat einmal zu Ende, Grimms Märchen sind erschöpft, der Kalif Storch ist oft und oft erzählt, Andersen und Christof von Schmid sind ausgebeutet, und selbst die Scheherazade wäre verlegen, was sie an passenden Abenteuern noch bieten könnte.

Da muß ich denn einen tieferen Griff in die deutsche Dichtung tun, um den Bedarf einigermaßen zu decken. In schlichtes Deutsch zurückversetzt, gewann der Taucher wie der fromme Knecht Friedolin ungeahnte Märchenwirkung, der Kampf mit dem Drachen wurde neu gekämpft, und vor dem Löwen und Tiger des Handschuhs fürchtete ich mich beinahe selber.

Thomas hat seine mutigen Tage, an denen er allerhand verträgt und, wenn man ihm nur klar beweist, daß dem Missetäter Recht geschehen ist, vor den grausamsten Strafen nicht nur nicht zurückschreckt, sondern sie selbst gebiete= risch fordert. Aber zu anderen Zeiten ist er leicht gerührt, und als ich ihm Uhlands Ballade von des Sängers Fluch vorsetzte, stieß ich auf unerwartete, tränenreiche Widerstände.

In der Schilderung von Tyrannen und pechschwarzen, weite Reiche beherr= schenden Bösewichtern haben wir ja inzwischen einige Erfahrung gewonnen, aber *mein* König ließ alles weit hinter sich, was je blutig und finsterbleich auf einem Thron gesessen hatte. Denn, sagte ich mir, wenn den Burschen sein Schick= sal später ereilt, muß es ein klarer Sieg des Guten über die Niedertracht werden. Aber mein Sohn — von wem mag er's haben? — zeigte eine schwer zu bekämp= fende Liebe zum monarchischen Prinzip. Aufs schönste stellte ich ihm das Sänger= paar vor, den würdigen Greis im schneeweißen Bart und den herrlichen Jüngling im blonden Lockenhaar, wie sie, die Lust und auch den Schmerz zusammen= nehmend, ihr Lied vor dem König ertönen ließen. »Vielleicht«, sagte Thomas streng, »hat er keine Musik hören wollen. Ich darf ja auch nicht immer Grammo= phon spielen, wenn ich möchte.« »Aber Thomas«, wies ich ihn zurecht, »da braucht er doch nicht gleich mit dem Schwert nach dem armen Knaben zu wer= fen!« »Vielleicht«, meinte Thomas zweifelnd, »hat er ihn gar nicht treffen wol= len! Und wenn der alte Mann ein Zauberer war, du sagst doch, er hat zaubern können, dann hätte er seinen Sohn ja wieder lebendig machen sollen. Da hätte sich der König und die liebe Königin gefreut.«

»Das hat er auch!« log ich, »aber dann hat er ein fürchterliches Gewitter her=
gezaubert, und es hat geblitzt: hui! und gedonnert, wumberumbumbum! Und
der Sturm ist gegangen, daß die Ziegel vom Dach —« »Der arme König!« schrie
Thomas angstvoll, »und die Königin hat überhaupt nichts dafür können!« »Nein,
die war unschuldig!« mußte ich zugeben, »aber der König, Thomas, bedenk doch,
der Bösewicht, der muß doch seine Strafe haben, dem ist doch Recht geschehen!
Also, ganz schwere Wolken kommen, es fängt an zu regnen, zu hageln, und auf
einmal zittert und kracht das ganze Schloß ...« Thomas klammerte sich flehend
an meinen Arm: »Laß doch, bitte, den König sagen, daß er's nie wieder tun will!«

Ich wurde weich. Mit Donnerstimme ließ ich den alten Harfner fragen, ob der
König von nun an brav sein wolle. Und er versprach's hoch und heilig. Thomas
strahlte. »Und sooft seitdem wieder Musikanten auf das Schloß kamen«, endete
ich meinen Lügenbericht, »ging der König selber an die Haustür und machte
ihnen auf, und die Königin fragte sie gleich, ob sie Hunger hätten und was ihre
Leibspeise sei. Und da sagten sie ...« »Kartoffelpuffer!« rief Thomas freudig,
und im Grund waren wir beide glücklich darüber, daß einmal etwas in der Welt
besser hinausgegangen ist, als es die düstern Gesänge unserer Dichter künden.

Traktat über Erziehung

»Erziehung ist das größte Problem und das schwerste, was dem Menschen kann aufgegeben werden. Denn Einsicht hängt von der Erziehung und Erziehung hängt von der Einsicht ab.«

Also sprach der große Kant, aber weder unser Lehrer in der Volksschule noch unsere Eltern oder gar Großeltern haben eine Zeile von ihm gelesen; und so haben sie nie erfahren, daß Erziehung überhaupt ein Problem sei.

Nun kann man Kinder gut erziehen, und sie werden tüchtige Menschen — das ist zum Glück noch immer der häufigste Fall; man kann sie schlecht erziehen, und, damit muß man dann rechnen, sie mißraten völlig. Man kann sie aber auch gut erziehen, und sie werden trotzdem Taugenichtse. Und schließlich kann man sie überhaupt nicht erziehen — und siehe da, sie gedeihen prächtig. Darum sagt schon Demokritos: »Kindererziehung ist eine unsichere Sache; wenn sie glückt, so ist es Kampf und Sorge gewesen, wenn sie aber nicht glückt, ist der Kummer mit keinem andern zu vergleichen.«

Jedenfalls war Erziehung bisher eine Kunst, jetzt läuft sie Gefahr, eine Wissenschaft zu werden. Die probaten Hausrezepte der Pädagogik sind in Verruf geraten, die höhere Seelenkunde hat die Herrschaft angetreten, Richter wie Erzieher sind verwirrt vom Verworrenen — denn wer möchte noch gradan ein Urteil sprechen oder auch nur Kopfnüsse austeilen, wo er so viel Verantwortung auf sich nimmt, an den tieferen Geheimnissen vielleicht roh vorbeigegangen und an unermeßlichem Schaden schuldig zu sein.

Meine Söhne, so klein sie waren, haben ihre mächtige Beschützerin Psychoanalysia längst schätzen gelernt, und wir müssen ihnen dankbar sein, daß sie uns bei der Erziehung beraten. »Du verstehst die Kinderseele nicht!« ruft mir Thomas zu, und wenn er durch seine Ungezogenheit die Gemütlichkeit des Mittagessens zerstört hat, sagt er strafend: »Du verdirbst dir alles selbst!«

Ein Glück noch, daß er keine Fachschriften liest und nicht erfährt, »daß einer beängstigenden Frühreife der Jugend eine ebenso beängstigende Unfähigkeit zur Erziehung gegenübersteht, derber gesagt: Frühreife auf Infantilität trifft.«

Nun, gar so infantil fühle ich mich nicht, von der Mami ganz zu schweigen. Wir sind keine zerstörte Familie, die Nestwärme unseres trauten Heims steigert sich mitunter zu einer Bruthitze, wäre ja gelacht, wenn wir mit zwei solchen Burschen nicht fertig werden sollten, noch dazu, wo uns so viele Freunde mit guten Ratschlägen zur Seite stehen. Die Kinder anderer Leute zu erziehen, gehört ja zu den größten Freuden des Daseins, besonders für Junggesellen und Tanten, die es mit dem abgründig weisen Griechen halten, der da sagt: »Ich liebe Kinder — darum will ich selbst keine haben!«

Leider widersprechen sich die guten Lehren entschieden. Moralische Ermahnungen, als »Macht der Persönlichkeit« hoch gepriesen, werden von anderen, Wilhelm Busch zum Beispiel, dem Hohngelächter preisgegeben.

Essensentzug — ein todsicheres Heilmittel! Ach, wo doch das arme Kind ohnehin so schlecht ißt! Ja, aber wenigstens den Nachtisch? Gibt's bei uns kaum — und Obst ist als Vitaminspender nötig!

Stecken Sie doch das Kind einfach ins Bett, das ist das mildeste Abfuhrmittel, das — aber nein, ich habe doch gelesen, daß man Kinder nicht eine Minute im Bett lassen soll, wenn sie nicht schlafen; sie kommen nur auf schlechte Gedanken — Sie verstehen mich schon!

In die Ecke stellen? Sehr gut, falls Sie genug freie Ecken und ein Kindermädchen zur Beaufsichtigung haben.

Ins Finstere einsperren? Ha! Noch zu unserer Zeit gab's den »Schwarzen Salon«, mit Heulen und Zähneklappern, Gespensterfurcht und Schreikrämpfen. Wer wollte in unserem so betulichen und tabulichen zwanzigsten Jahrhundert zu so was raten?! Gönnen wir doch wenigstens den unschuldigen, beziehungsweise schuldigen Kindern ein Leben ohne Angst!

Wir kommen der Sache schon näher — sozusagen dem Grund=Stock der Knabenerziehung. Ich weiß, lieber Leser, daß man Kinder nicht antasten darf, sondern nur mehr antesten, das allerdings schonungslos im Dienst der Wissenschaft.

Ein Hirnbatzl ist roh, eine Kopfnuß gefährlich, der Watschenbaum darf nicht mehr umfallen, das Ohrwaschlrennen ist wegen Bedrohung der Gesundheit längst verpönt, das Ziehen an den Haaren entwürdigend und der Klaps mit der flachen Hand zu schmerzhaft — für den, der ihn verabreicht.

Wie sag ich's meinen Eltern? »Ein Mensch« ist für die »Prügelstrafe«, die »körperliche Züchtigung«?! Wenn ich nur solche Worte höre, wird mir schon übel: teils beim Gedanken, daß es Unmenschen gibt, die wirklich prügeln, teils, weil allzu empfindsame Seelen gleich Zeter und Mordio schreien, wenn Vater oder Mutter bei ihrem sechs, sieben Jahre alten Söhnchen nach langen Verwarnungen und Drohungen die Probe aufs Exempel machen. Natürlich darf es sich da nur um einen Überbrückungskredit zwischen Kindheit und Halbwüchsigkeit handeln; wer einen Buben mit neun Jahren noch haut, der hat den Anschluß verpaßt.

Vor allem gilt es, Versprechungen wenigstens von Zeit zu Zeit zu halten. Nichts ist falscher, als die maßlos übertriebene Prahlerei, man werde so einen Burschen durch Sonne und Mond prügeln, nie wahrzumachen und — ungestraft bleibt nicht ungestraft! — alle Gewitter wieder blitz= und witzlos abziehen zu lassen.

Was ein echter Bub ist, den juckt das Fell, der lechzt danach, daß es einmal einschlägt — wobei es natürlich Sorge der Eltern ist, daß der Strahl nicht ohne Wahl zuckt und daß die Blitzableiter in Ordnung sind.

»Ich versprach dir, einmal Spanisch zu kommen!« habe ich, selten genug, auch dem Thomas und dem Stefan schon zitiert — und siehe da, der Erfolg war, auf Wochen hinaus, großartig. Die Hosenspannung ist ein bewährtes Mittel zur Entspannung.

Nicht in der Wut! Das ist mein Wahlspruch; mir hat's immer weher getan, als den Buben ihre anderthalb Treffer getan haben konnten. Nur in der Wut! So sagen die andern zur Entschuldigung, so etwa schon um 1400 der einäugige Dichter (Säufer und Raufbold) Oswald von Wolkenstein: »Zornig schlag ich meine Kinder oft hinhinder!«

Leicht könnte ich aus den vielen Dankschreiben der Literatur Proben bieten, von Horaz bis Justus Möser und Goethe, dessen Motto zum ersten Buch von Dichtung und Wahrheit natürlich längst nicht mehr so wörtlich genommen wird, wie er und die alten Griechen es taten. Mörike, das einzige Kind, beklagt sich, daß er nicht auch Schläg für Sechse bekommen hat, was, zugegeben, eine starke dichterische Übertreibung ist. Und Gottfried Keller, ein empörter Feind rohen Abstrafens, meint gleichwohl, daß, solange die Goldne Zeit nicht gekommen, kleine Buben geprügelt werden müssen. Er hätte sich gewiß, wenn er die Fort= schritte der Pädagogik und die Ungewißheit ihrer Ergebnisse geahnt hätte, weit vorsichtiger ausgedrückt.

Nicht strafen, sondern helfen! Das haben schon unsere Großeltern gewußt, als sie uns mit den Worten: »Wart, euch werd ich helfen!« und mit dem Stock in der Hand nachliefen.

Ratschläge — nicht Schläge gebt euern Kindern; aber guter Rat ist oft teuer — oder vielmehr, er wird leicht zu billig; auch die *Ratschläge* darf man nicht ab= nutzen. Nie ohne Not — nur in der Not! Nie nach Indizien, nie, wenn der kleine Sünder es nur »genau beisammen hat« — nur in flagranti, auf frischer Untat: Sie setzt auf geheimnisvolle, uralte Weise das Einverständnis, den Gedanken an Schuld und Sühne in Bewegung, ja, eine gewisse Befriedigung, gleich in bar alles bezahlen zu dürfen — natürlich muß die vor= beziehungsweise übergelegte Rech= nung gerecht und preiswert sein.

Die Frage, ob man noch und noch einmal Gnade für Recht ergehen lassen und die schon erhobene Waffe vor den Buben strecken soll, wäre nur von Fall zu Fall zu entscheiden. Jedenfalls darf man die Flinte nicht ins Korn werfen, die Lausekerle heben sie sofort unter Triumphgeheul auf und richten sie — meistens, gottlob! nur bildlich gesprochen — gegen ihre Erzeuger; das ist peinlich, auch wenn sie nicht geladen war.

Manches Rohrstock=Rührstück könnte ich erzählen: Thomas rettete sich oft im letzten Augenblick: »Darf ich dir die Geschichte noch ganz kurz erklären?« Er durfte, obwohl eigentlich die Akten schon geschlossen waren. Stefan wies schon als ganz Kleiner die Drohung mit einem Klaps mit rollenden Augen, vorgeschobener Unterlippe und deutendem Finger entschlossen zurück: »Frech auch noch!« rief er mir, den Spieß umdrehend, zu und riet mir, mich nicht einzumischen, sondern ins Bett zu gehen. Welch ein Freudengeheul des älteren Bruders über diesen Schiffbruch väterlicher Steuerungsversuche! Und später hat er mich durch seine rechtzeitige Belehrung, wie unfein es sei, als der Stärkere auch noch einen Stock zu nehmen, wirklich von meinem Vorhaben abgebracht.

»Ihr Erwachsenen nehmt die Kinder viel zu ernst!« sagte eines Tages Thomas und tat damit einen Schuß ins Schwarze der heutigen Pädagogik. Jedenfalls, ganz ohne Humor geht es nicht — was ja auch durch die Überfülle spaßig=herzhafter Redewendungen bewiesen werden könnte, die einem solchen Unternehmen vorangehen oder es begleiten. Wer die »Jugend großer Deutscher« nachliest, kann vom Bakel und Haselzepter bis zum Pfeifenrohr die Mittel der Väter und Schulmonarchen nachprüfen, aus kleinen Buben große Männer zu machen — und wenn's nicht gar zu arg herging, hat die Liebe nicht darunter gelitten.

Freilich: »cum grano salis«, sagt der Lateiner — ein Quentchen zu viel und nicht nur dem Delinquentchen, sondern der ganzen Familie ist das Gericht versalzen.

Das Lotterielos

In der Lotterie haben schon viele große Männer gespielt, ich muß das wissen, denn ich habe ein Buch darüber geschrieben. Und wenn schon der erwachsene Adalbert Stifter kindlich genug war, auf einen unfehlbaren Treffer zu hoffen, ist es für den neunjährigen Thomas keine Schande, daß er sich fest und steif einbildet, man brauche nur ein Los zu nehmen, um viel Geld zu gewinnen. Ich selber habe als Kind noch klügere Berechnungen angestellt: wenn man alle Lose kauft, so dachte ich, kann einem der Haupttreffer nicht auskommen.

Jedenfalls, wir hatten den Thomas auf seine erste größere Reise mitgenommen und spazierten in der ehrenfestesten Stadt der Welt, in Bern, durch die steinernen Bögen, an einem blitzblauen Sommertag, der ein gediegenes Vertrauen schenkt, daß das Abendland so schnell noch nicht untergeht, und daß die Schweiz ihr letztes Sängerfest, Sechseläuten und Bundesschießen in einer fernen Zukunft feiern wird.

Solch eine Jubelfeier war offensichtlich auch soeben wieder im Gange, denn an allen Straßenecken wurden Lose ausgeboten. Mich ergriff eine frohmütige Zuversicht, einen Franken dranzusetzen, in der Fremde sozusagen mein Glück zu versuchen; und ich drückte dem Thomas die Silbermünze in die Hand, auf daß er's der Frau Fortuna opfere. Es bedurfte einigen Zuredens, ja strengen Befehls, bis der schüchterne Bub die paar Schritte tat, die auch ein Sonntagskind tun muß, um goldne Früchte einzuheimsen. Er kam aber sogleich ziemlich verwirrt zurück, er war nicht auf Frau Fortuna persönlich gestoßen, sondern auf ihren Stellvertreter, einen alten Mann, der ihm in reinstem Schwyzerdütsch etwas Unverständliches mitgeteilt und den Franken verächtlich von sich gewiesen hatte.

Es stellte sich heraus, daß die Eidgenossen auch hier, ohne Rücksicht auf die Kosten, alles gründlich machen — kurz und gut, das Los kostete fünf Franken; dafür war aber auch, besten Falles, eine bare Million zu gewinnen. So viel wollte ich nun ja weder einsetzen noch erhoffen, aber dem Thomas die bereits üppig aufblühende Freude wieder welken machen, wollte ich erst recht nicht — und so zahlte ich denn mit einem blitzblanken Fünffrankenstück, und Thomas suchte sich, vor Erregung zitternd, sein Los heraus.

Eine Erinnerung schoß mir durch den Kopf; vor mehr als einem Menschenalter war ich hier in Bern gewesen, daheim in Deutschland geisterten die Milliarden und Billionen noch — und unser Gesandter, ein Freund meines Vaters, führte mich aufs »Schänzli«, zeigte mir die rollende Kugel und schob mir fünf Franken hin, damit ich spielen sollte. Ich dachte: gleich wird's losgehen! und wollte mir, völlig unerfahren, wie ich war, einige Anweisungen erbitten — da griff schon eine Harke nach meinem Geldstück, und weg war es ...

So schnell war's diesmal nicht gegangen. Ich hatte mit Bedacht bezahlt, das Los war ein sicherer Bürge ehrlichen Spiels. Thomas hüpfte vor Vergnügen, schwenkte das Blättchen in der Hand, las es und ließ es uns abwechselnd lesen. Nur mit Mühe war er zu bereden, daß es in meiner Brieftasche am besten aufgehoben sei — oft und oft wollte er sich in der Folge davon überzeugen, daß es noch unverloren und ungestohlen dem Tag der Entscheidung entgegengehe.

Das Stückchen Papier wurde dem Buben zum Inbegriff der Schweiz, des Wohlstands und Bürgerglücks; manches Schöne, das wir auf der Reise noch sahen, sah er nur halb, dafür schwelgte er in Vorstellungen, was er mit dem Haupttreffer — denn nur um diesen konnte es sich handeln — anfangen würde. Der Goldrausch hatte ihn erfaßt, er redete uns die Ohren welk.

Geld verhärtet das Gemüt: dem kleinen Bruder wollte er nichts geben; uns Eltern aber ein Haus bauen, das liebe, dankbare Kind! Freilich, wenn er groß wäre, müßten wir, wegen Eigenbedarf, ausziehen. Mit ungeheuerlichen Funk- und Fernsehgeräten wollte er unser trautes Heim vergewaltigen — kurz, es war nicht mehr auszuhalten.

Wir kamen nach München zurück, wir erzählten Freunden und Bekannten von unserer Reise und, wie hätte es anders sein sollen, wir sprachen auch von dem

Los und dem glücksnärrischen Thomas, der sich in immer wilderen Phantastereien erging, was er mit der Million alles unternehmen würde.

Die Wirkung war verblüffend: nicht nur einmal, nein, oft und immer wieder, warfen unsre Bekannten eine Frage auf, an die wir zuerst überhaupt nicht gedacht hatten: die Rechtslage! Laien holten Gründe und Gegengründe aus der Tiefe ihres Gemüts, Juristen führten erbitterte Kämpfe gegeneinander, schleppten dicke Gesetzesbücher herbei, suchten sich an Reichsgerichtsentscheidungen zu erinnern, erboten sich, bei amtlichen Stellen Erkundigungen einzuziehen; sie befragten mich hochnotpeinlich, wie sich, ganz genau, der Vorgang abgespielt habe, ob ich die Absicht gehabt hätte, meinen Sohn in den Besitz eines Vermögens zu bringen, oder nur, ohne Vorbedacht, in bedenklicher Gutmütigkeit, dem Buben eine kleine Freude machen wollte; ob der Thomas, mit fünf Franken beschenkt, selbständig gehandelt habe und somit Eigentümer des Loses geworden sei oder ob er lediglich als der Kaufbeauftragte gelten dürfe.

Die Ansichten klafften weit auseinander. Selbstverständlich, erklärten die einen, gehöre der Gewinn den Eltern — keineswegs, ereiferten sich die andern: der Sohn sei der Besitzer des Loses und habe unumschränktes Recht auf das Geld. Für die Zeit seiner Minderjährigkeit müsse ein Vermögensverwalter bestellt werden, wozu günstigen Falles der Vater ausersehen werden könne.

Allerdings, räumten andre ein, dürfe man die Erziehungskosten und somit die Aufwendungen für einen gehobenen Haushalt aus dem gewonnenen Gelde bestreiten, was andre wieder schroff ablehnten, die eine mündelsichere Anlage forderten.

Menschen, die bei den grimmigsten politischen Händeln kalt zu bleiben pflegten, redeten sich die Köpfe heiß, und einmal mußten wir zwei Gäste, die sich ganz ineinander verbissen hatten, mit sanfter Gewalt auf die Straße drängen, wo sie, wie wir bemerkten, bis in Nacht und Nebel hinein ihren Streit forttrugen.

Es sei ferne von mir, die Leser in diesen Strudel der Meinungen hineinzureißen oder gar ein salomonisches Urteil von ihnen zu verlangen. Denn der größte Glücksfall, den wir uns — den völlig zerschmetterten Thomas natürlich ausgenommen — erwarten durften, trat ein: wir gewannen nichts!

Uraltes Spiel

»Ein Uhr hat's geschlagen — und die Hex ist noch nicht da!« So begann unsre Großmutter, und so mag die Urgroßmutter der Urgroßmutter schon begonnen haben, leise und gelassen, unangekränkelt von der Seelenlehre und Tiefenforschung unsrer Tage.

Die Kinder, sie hörten es gerne. Sie konnten es gar nicht genug hören, wir lauschten gruselbeklommen, und daß ich's nur gestehe, Thomas und Stefan bestürmen auch mich wieder und wieder; und schwach, wie ich einmal bin, ich schlage allen wohlerkannten Erziehungsgrundsätzen ein Schnippchen und fahre, immer noch ganz harmlos, fort: »Zwei Uhr hat's geschlagen — und die Hex ist noch nicht da!«

Pause. Stefan hängt an meinen Lippen, Thomas reibt sich verlegen die Hände, und die ersten wollüstigen Schauer gehen über seinen Rücken. Dumpf und drohend tönt es: »Drei Uhr hat's geschlagen ...« Und dann kommen, eilig, wie raschelnd und flüsternd, die nächsten Stunden — und längst noch — die Kinder wissen's — ist die Hex nicht da. »Sechs Uhr hat's geschlagen« ... das klingt ganz gemütlich; ja, die Feststellung, daß die Hex noch nicht da sei, entbehrt nicht einer sachlichen Nüchternheit. Thomas und Stefan, das ist der Zweck dieser Atempause, erholen sich von ihrem wonnigen Unbehagen, aber zugleich erwarten sie fiebernd die stärkste von meinen Künsten, die volle Entfaltung aller schauspielerischen Mittel.

Dunkel wie Eulenruf, geheimnisvoll wie Unkengeläute, naht die siebente, die achte Stunde; knarrend wie Froschgeplärr, krächzend wie Rabenschrei kommt die Meldung, daß die Hexe noch immer auf sich warten lasse. Aber sie schwirrt schon in den Lüften, das merkt man an der hohlen Gespensterstimme, die die neunte, die zehnte Stunde verheißt.

Die Kinder hören es gerne — zur Tröstung der Leser sei es gesagt, denen jetzt schon das Gruseln kommt, nicht über die Hex, sondern über den mit Entsetzen Scherz treibenden Vater.

Stille, Totenstille. Elf Schläge, ganz langsam in das Schweigen geklopft — und dann, eiskalt, wie aus tiefer Winternacht, wie ein Wind, der das Fenster aufstößt: »Elf Uhr hat's geschlagen —« und, nach langer Pause, tonlos, stockend: »und die Hex ist noch nicht da!«

Jetzt ist der Höhepunkt der Spannung erreicht, jetzt muß es, wenn alles gut enden soll, schnell gehen: »Zwölf Uhr hat's geschlagen«, noch dumpf und ge= messen — dann aber das schrille Geschrei, als ob die ganze wilde Jagd durch den Schlot hereinächze und poltere: »Und die Hex ist daaa!«

Das ist der sehnlich=grausend erwartete Augenblick, wo sich die Hexenhände kitzelnd und zwickend und zwackend auf die quietschenden, kichernd sich wehren= den Buben stürzen. Der uralte Schluß des Textes: »Mein Lungerl, mein Leberl, wer hat's gefressen? Du!« geht bereits im großen Gelächter unter, der Darsteller ist bald erschöpft, der Thomas geht zu beachtlichen Gegenangriffen über, und der Stefan, wie berauscht, jauchzt: »Noch mal! Noch mal!«

Aber es ist genug — die Mami, die mehr auf der Seite der modernen Pädagogik steht, heißt mich einen alten Kindskopf, der auch nicht mehr gescheiter wird — und der Spuk ist vorbei. Mit einem Wischer löscht die Mami das bei Stefan noch einmal aufkichernde Feuer, und wir drei Männer erwarten still das Abendessen — denn später, kurz vorm Ins=Bett=Gehen, würde ja auch ich nicht solch frevlen Spiels mich vermessen.

Poetisches Mittagessen

Beileibe nicht immer geht es im Hause des Humoristen so lustig zu, wie es die freundlichen Leser sich vorstellen, die da glauben, der Vater dichte am Vor= mittag ein paar heitere Verse und schaukle sich am Nachmittag auf dem Ast, den er sich gelacht hat.

Aber auch den Verdacht der unfreundlichen Leser muß ich zurückweisen, daß, nach Abzug der launigen Schriftstellerei, für den Hausgebrauch nur ein launischer, sagen wir getrost, ein stinkgrantiger Mensch übrig bleibe, der Schrecken der Familie.

Heute jedenfalls ist ein besonderer Tag, der Studiosus Thomas ist mit leidlichen Erfolgen in seine ersten Weihnachtsferien gekommen, und auch der Abc=Schütze Stefan hat's gut getroffen.

Die drei Männer sind wieder einmal um des Vaters Schreibtisch versammelt, und Thomas möchte wissen, ob Dichten eigentlich schwer sei. »Gar nicht«, sage ich, »wenn's einer kann. Wie ich so alt war wie du, habe ich schon viele Gedichte gemacht; man muß nur ein Wort suchen, das sich auf ein andres reimt. Paß auf, sogar der Stefan wird's lernen!«

Und ich fange an: »Es war einmal ein Bösewicht, der war so bös, ihr glaubt es ...« »Hör sofort auf!« unterbricht der Stefan den poetischen Elementarunter= richt, er ahnt zu deutlich, wo das Ganze hinauswill. Der stegreifdichtende Vater sucht also etwas anderes: »Es war einmal eine Maus, die saß vor ihrem ...«

»Haus!« »Da kam mit einem Satz herzu die schwarze ...« »Katz!« »Die Maus zu ihrem Glück, schlüpft in ihr Loch ...« »zurück!« »Jetzt steht der Stefan dort und jagt die Katze ...« »fort!« »Und furchtlos aus dem Häuschen kommt gleich das liebe ...« »Rotkäppchen!« sagt Stefan, unsicher lächelnd. »Aber Stefan! Erstens, das reimt sich doch nicht, und zweitens ...« »Ich weiß schon, du meinst das Mäuschen, aber das ist doch keine Überraschung!«

Nun bedrängt mich der Thomas, ich soll's mit ihm versuchen, aber es ist Essenszeit, und wir beschließen, ausnahmsweise unser Spiel bei Tisch fortzuset= zen. »Paßt auf, wie da die Mami staunt! Ich hoff', sie ist heut gut ge—« »launt!« rufen beide jubelnd.

Wir stellen uns gleich mit einem gereimten Spruch vor: »Wir wuschen uns die Hände frisch und kommen pünktlich auch zu ...« »Tisch!« Die Mami merkt noch nicht viel; wir müssen ihr stärker zusetzen: »Wie wir mit Vergnügen hören, gibt es Ochsenfleisch mit —« Aber das Echo bleibt aus: die Möhren kennt bei uns niemand, und auch ich habe sie nur aus Not in meinen Sprachschatz aufgenom= men. Zum Ausgleich versuche ich's auf altbayrisch: »Guat hamma's heut troff'n, Buam! — Rindfleisch gibt's mit gelbe ...« nein, die schriftsprechende Familie hat auch dafür keinen Sinn, alle schauen mich befremdet an, und die Mami meint liebevoll, ob ich übergeschnappt sei. Aber so schnell will ich den Spaß nicht auf= geben und warte spöttisch mit dem Vers auf: »Also, meine lieben Bübchen, sagen wir halt Gelbe ...« »Rübchen!«

Inzwischen fangen wir, schweigend, zu essen an; nur der Stefan redet drauf los, wider alle Verabredung reine Prosa. Ich beschließe also, die Dichtkunst in den

Dienst der Erziehung zu stellen: »Halte, erstens, deinen Schnabel; zweitens, richtig deine ...« »Gabel!« »Auch der Thomas nähme besser in die rechte Hand das ...« »Messer.« Es klappt vorzüglich.

Jetzt aber drehen die dreisten Buben den Spieß um und nehmen ihren Meister in die Lehre: »Das Fleisch ist heute ausgezeichnet!« sagt der Thomas und schaut mich herausfordernd an. Gleich aufs erstemal hat er mich erwischt; denn wenn ich nicht »ereignet« drauf reimen will, was nur der alte Goethe einmal gedurft hat, weiß ich mir nicht zu raten. Und der Stefan macht sich's noch leichter, er bittet ganz scheinheilig um eine Kartoffel.

Auf den einzig gängigen Reim hilft mir meine Frau, indem sie gebieterisch sagt, es sei jetzt Schluß mit der Blödelei. Und da kann ich schnell noch das Ungereimteste zusammenreimen: »Ich stehe unter dem Pantoffel und schweige drum von der Kartoffel!«

Noch einmal wagt der Thomas, unter gestrengem Blick, das Feuerchen wieder anzuschüren: er möchte wissen, was ein Schüttelvers ist. »Ein Wortspiel«, sage ich, »schwer zu finden, schwer zu erklären ...« »Bitte, mach einen!« »Ich muß einmal den Ärmel schütteln, vielleicht ist einer drin! — Ihr schlingt, kaum kann's die Mutter fassen, ganz ungeheure Futtermassen!« Niemand findet das besonders witzig, und Thomas sagt: »Ich will dir nicht weh tun, aber das gefällt mir nicht!« »Besser kann's halt der Papi auch nicht!« meint die Mami, wobei das »auch« vermutlich ein hohes Lob sein soll. Mir aber ist doch was Kniffliches eingefallen, und so schließe ich das gebrauchslyrische Mittagessen unwiderruflich mit den Worten: »Steht nachher leis auf, geht gleich zum Eislauf!«

Der Dichter als Maler

Zum Malen und Zeichnen bin ich, weiß Gott, nicht geschickt; aber der kleine Stefan verlangt jeden Tag ein Gemälde von mir. »Mal Er mir die ganze Welt!« heißt es in dem alten Schulbuchgedicht von Balthasar Dunker, und Stefans Anspruch ist nicht viel geringer: »Mal Er erst das ganze Dorf und die Kirche drinnen!« Und davor ein Haus, das genau wie unsres aussehen muß, wehe, wenn ein Fenster vergessen ist!

Denn aus jedem Fenster muß ein Mitglied unserer Familie herausschauen. Zuvor jedoch heißt es, die nötige Landschaft hinzuzaubern, hochromantisch natürlich, aber zugleich ein für allemal bis ins kleinste festgelegt.

Im Vordergrund links ist ein Seeufer mit landendem Dampfschiff, rechts ein Bahnhof mit abfahrendem Zug. In der Nähe des Hauses hat ein Auto zu stehen, deutlich als unser neuer Volkswagen »Philipp II« zu erkennen. Hier ist Stefan mein strenger Lehrmeister, er kennt alle Autotypen und läßt keine Verwechslungen zu.

Den Mittelgrund bildet das Haus sowie die in Bäumen halbverborgne Kirche; mein Auftraggeber hat mich, gottlob! noch nicht entlarvt, daß ich mit wucherndem Grün architektonischen Schwierigkeiten ausweiche. Immerhin, ein gotisches Fenster muß halb aus den Wipfeln lugen, damit man sehen kann, was im Gotteshaus vorgeht.

Der Hintergrund ist mit Tannenwäldern bedeckt, aus denen sich eine Alm mit Sennhütte und das wildgezackte Fels= und Eisgebirge erhebt. Ein Serpentinenweg darf nicht fehlen, er führt über die Alm hinaus zu einem Kapellchen, das von einem Glockentürmchen bekrönt ist. Auf den schroffen Alpengipfeln müssen Kreuze stehen. Und jetzt bricht eine strahlende Morgensonne, »aus technischen Gründen« genausogroß wie ein Zweimarkstück — wehe, wenn ich grad keins habe und auf Freihändigkeit angewiesen bin —, durch das Gewölke.

Stefan wendet kein Auge von all der Pracht, wie da sein schöpferischer Gott=

Vater, freilich nicht ganz in der biblischen Ordnung, Himmel und Erde erschafft. Nun wird die Landschaft bevölkert: Ein Adler in den Lüften, Gemsen in den Klüften, Kühe auf der Weide, ein Hirsch am Waldrand, ein Hund auf der Straße, eine Katze auf dem Dach, ein Haifisch im See — ist auch nichts vergessen? Natürlich, das Pferd! Aber wohin mit dem Pferd? Es ist platterdings nirgends mehr Platz. Zum Glück ist da noch eine Lücke im Baumgrün, dahinter der Giebel eines Bauernhäuschens. Und da mache ich so was wie einen Stall hinein und stelle das Pferd auf — es mißglückt mir jämmerlich. Ich schließe daher mit kräftigen Strichen die Stalltür, Stefan ist einverstanden, wir beide wissen ja, daß das Pferd drin ist.

Nun erst kommt die Hauptsache: der Mensch tritt auf den Plan! Dampfschiffkapitän und Lokomotivführer, Eremit und Sennerin — und jetzt die Bewohner des Hauses! Da schaut der Papi heraus und dort die Mami, hier der Stefan, oben der Thomas, unten die Resi und ganz rechts der Landtagsabgeordnete Zillibiller, unser Hausgenosse. Noch sind ein paar Fenster frei, es muß also noch allerhand Besuch kommen. Mein Vorrat an Personal ist erschöpft — aber auf das Schiff, in den Zug, ins Auto und auf den Zickzackweg brauche ich auch noch Leute. Schließlich fange ich zu schwindeln an, wie weiland der Erfinder der »Toten Seelen«. Aber ich komme nicht weit, denn Stefan weist mir haarscharf nach, daß diese Figuren bereits an andrer Stelle untergebracht sind. Nur sich selbst nimmt er aus — da hat er nichts dagegen, daß er immer wieder auftaucht, daheim und unterwegs, in mancherlei Abenteuer verwickelt.

Denn, das muß wohl nicht eigens gesagt werden, die Zeichnung ist ja zugleich eine Art Tonfilm, und die Mahnung: »Bilde, Künstler, rede nicht!« wäre hier falsch am Platze. Wald und Wasser rauschen, Kühe brüllen, der Hund bellt, die Lokomotive pfeift, Glocken läuten ... bis uns die Mutter zum drittenmal zum Abendessen ruft.

Am andern Tag will Stefan ein andres Bild — vergebens schütze ich Zeitmangel vor und rate ihm, doch das Gemälde von gestern wieder anzuschauen. Oder ich schlage ihm ein Seestück, ein Stilleben, ein Porträt vor. Er ist begeistert — ich fange an. »Aber das Haus muß auch drauf!« ruft er. »Und die Eisenbahn! ... Und das Auto ...« Er ist der geborene Mäzen mit kleinen Anregungen ... Es wird wieder das nämliche Bild, zu Dutzenden habe ich sie gemalt, ganze Wälder von Farbstiften sind dabei draufgegangen.

Irgendwann, kein Mensch kann eine Zeit sagen, wo er noch kommt, und eine, wo er nicht mehr kommt, bleibt Stefan mit seinen Bilderwünschen aus. Andere Dinge drängen sich vor. Und die Gemälde sind bald verschollen — kein Verlust für die Kunst.

Ein Irrtum

Der sechsjährige Stefan hat gewaltig gegen seinen sechzigjährigen Vater aufrebellt. Milde Worte sind wie Tropfen auf den heißen Stein seines verhärteten Gemüts, auch kräftiges Schimpfen verrollt nur wie ein Echo im starren Fels seines Trotzes. Da er sich weder bei seiner Ehre noch bei seiner Vernunft packen läßt, ergreife ich seinen Schopf, die sogenannten Schmalzfedern, und während ich ihn richtig beutle, öffnen sich die Schleusen seines Herzens meinen eindringlichen Ermahnungen, er schmilzt dahin, das Weinen stößt ihn, durch Tränen schaut er mich an und hebt die Arme gegen mich auf.

Ich bin gerührt, siehe, seine Seele ist gerettet, verzeihende Liebe darf nicht länger zögern, ich beuge mich zu ihm hinunter, ich weiß, er wird sagen, schluchzend sagen, daß er wieder brav sein will — und alles ist gut.

Gleich wird er mich umarmen. Seine lieben Händchen sind schon an meinem Haupte, mein Ohr ist an seinem bebenden Munde... Da packt er mich an den Haaren — und auch er weiß, daß sie an den Schläfen am empfindlichsten sind — und er reißt mir nicht schlecht an meinen ergrauenden Locken: »Meinst du, daß das nicht weh tut?« keucht er mich zornig an, und ich bin so entgeistert, daß ich ihn noch eine ganze Weile ziehen lasse, ehe ich begreife, was da vor sich geht.

Meine Frau, die auch in Erwartung einer rührenden Familienszene daneben steht, lacht laut hinaus — jeder Erzieher wird mir beipflichten, daß das das Ungehörigste gewesen ist, was sie tun konnte. Aber, so entschuldigt sie sich später unter vier Augen, noch nie habe sie ein so dummes Gesicht gesehen wie das, das ich in jenem verworrenen Augenblick gemacht habe.

Und nun frage ich euch, meine grundgescheiten, unfehlbaren Meister der Kinderzucht: was hättet *ihr* getan?

DIE ROSE

Als sich die Rose erhob, die Bürde
Ihres Blühens und Duftens zu tragen
Mit Lust:
Hat sie, daß es der letzte sein würde
Von ihren Tagen,
Noch nicht gewußt.

Nur, daß sie glühnder noch werden
   müßte,
Reiner und seliger hingegeben
Dem Licht
Spürte sie — ach, daß zum Tode sich
   rüste
So wildes Leben,
Bedachte sie nicht ...

Als dann am Abend mit Mühe der
   Stengel
Ihre hingeatmete Süße
Noch trug,
Hauchte sie, fallend dem kühlen Engel
Welk vor die Füße:
»War es genug?«

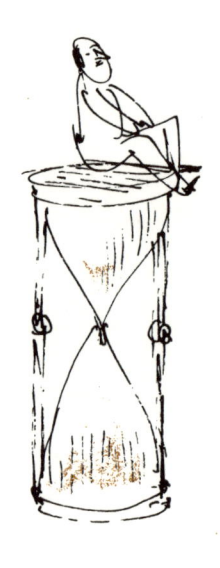

Mensch und Zeit

Ein Mensch west, vorerst nur ein Traum,
Im All, noch ohne Zeit und Raum.
Doch sieh, schon drängt's ihn in die
   Furt
Des Stroms ans Ufer der Geburt,
Und eh er noch ein Erdengast,
Hat ihn die *Zeit* bereits erfaßt.
Der erste Blick, der erste Schrei —
Schon ist ein Quentchen Zeit vorbei,
Und was von nun an kommt, das ist
Nur Ablauf mehr der Lebensfrist,
Von deren Dauer er nichts weiß:
Ob er als Kind stirbt, ob als Greis.
Geboren ist er jedenfalls,
Entrückt der Ewigkeit des Alls.
Geburtsjahr, Tag und Stunde wird
Vom Standesamte registriert;
Der Mensch, merkt er's auch erst nur
   wenig,
Er ist der Zeit jetzt untertänig.

Noch haben — später geht's
   geschwinder —
Ja noch viel Zeit die kleinen Kinder.
Wie ist ein solcher Tag noch lang,
Von Sonnenauf= bis =untergang!
Denn Zeit beginnt ja erst zu eilen,

Zwingt uns die *Pflicht*, sie einzuteilen.
Dem Kind, das glücklich doch im
   Grunde,
Schlägt, nach dem Sprichwort, keine
   Stunde
Als die, wo's heißt: »Für heut ist
   Schluß!«
Und wo es schlafen gehen muß.

Doch schau, schon steht dem Zeit=
   verschwender
Der erste Schultag im Kalender!
Der sanfte Fluß wird jäh zerbrochen
Zu Stunden, Tagen und zu Wochen,
Es geht der Ernst des Lebens an,
Die Kette klirrt: der *Stundenplan!*
Das Kind, noch arglos von Natur,
Lernt bald zu rechnen nach der Uhr
Und freut sich an dem Tick=Tack=Tick.
Und doch ist das der Augenblick,
Wo es verfällt der schnöden Welt
Und ihrer Lüge, Zeit sei Geld.
Die Frist der Unschuld ist verträumt,
Schon gilt es: »Keine Pflicht versäumt!«

Zeit — heißt's im Faust — geht schnell
   von hinnen,
Doch Ordnung lehrt euch Zeit
   gewinnen.

Die Zeit, der Reichtum junger Jahre,
Wird ausgesprochne Mangelware —
Es müßt denn sein, daß einer bliebe
Bei jener Zunft der Tagediebe,
Die unserm Herrgott einfach stehlen
Die Stunden, die dann doppelt fehlen
Dem Bürger, der drum wenig Sinn
Besitzt für solchen Zeitgewinn.

Die Fleißigen (das sind die meisten!),
Die können derlei sich nicht leisten,
Weil mit der Zeit, der sie ergeben,
Sie um die Wette vorwärts streben.
Die freilich läuft auf flinken Sohlen,
Und sie ist nie mehr einzuholen.
An unzerreißbar feinen Fädchen
Zieht sie die Knaben und die Mädchen
Von Ziel zu Ziel — die Schul' ist aus! —
Ins Leben, endlich, geht's hinaus,
Das trügerisch so viel verspricht:
Erst sagt es: »Nur Geduld — *noch*
  nicht!«
Und plötzlich höhnt es uns: »Nicht
  mehr!«
Das Alter kommt ganz leis daher
Und, ewig hoffend, bald würd's
  schöner,
War'n wir nur arme Tagelöhner,
Geknechtet ständig von Terminen
Und von der Pflicht zum Geldverdienen.

Was waren unsre kleinen Freuden?
Nichts als ein wenig Zeit — vergeuden.
Tut *uns* die Uhr den letzten Schlag,
Sind wieder tausend Jahr ein Tag,
Und aus der Zeit sind wir entlassen —
Wohin? Kein Sterblicher wird's fassen.

Man wird es in der Zeitung lesen,
Im besten Fall, daß wir — gewesen.
Die Menschen ungerührt, ja heiter,
Sie leben, ohne uns, dann weiter.

Sie lieben, hassen, hoffen, raufen,
Bis ihre Zeit *auch* abgelaufen.
So gehn wir, wär'n wir noch so munter,
Im Strom der Zeiten alle unter.

Wie traurig wäre dies Ergebnis,
Gäb's nicht die Zeit als Glückserlebnis
Und gält's nicht, sich zu rühren wacker:
Die Zeit, sie ist auch *unser* Acker,
Darein noch der geringste Mann
Sein Körnlein Gutes streuen kann.
So, wie wir selbst von den entfernten
Vorahnen Fluch und Segen ernten,
Im Maß, wie diese einst das Feld
Der Zeit bald gut, bald schlecht bestellt
Durch die Jahrtausende hindurch,
So müssen wir auch Furch' um Furch'
Der Jahre, der vermeintlich schnellen
Und doch so dauernden, bestellen.
Nur wenn wir, statt für uns zu raffen,
Gemeinsam echte Werte schaffen,
Verwandeln wir die flüchtge Zeit
In eine *irdische* Ewigkeit,
Der ganzen Menschheit zum Gewinn.
Daß diesen hohen Lebenssinn
Der Mensch sich in der Zeit bewahre,
Sei unser Wunsch zum neuen Jahre.

Abenteuer in Banz

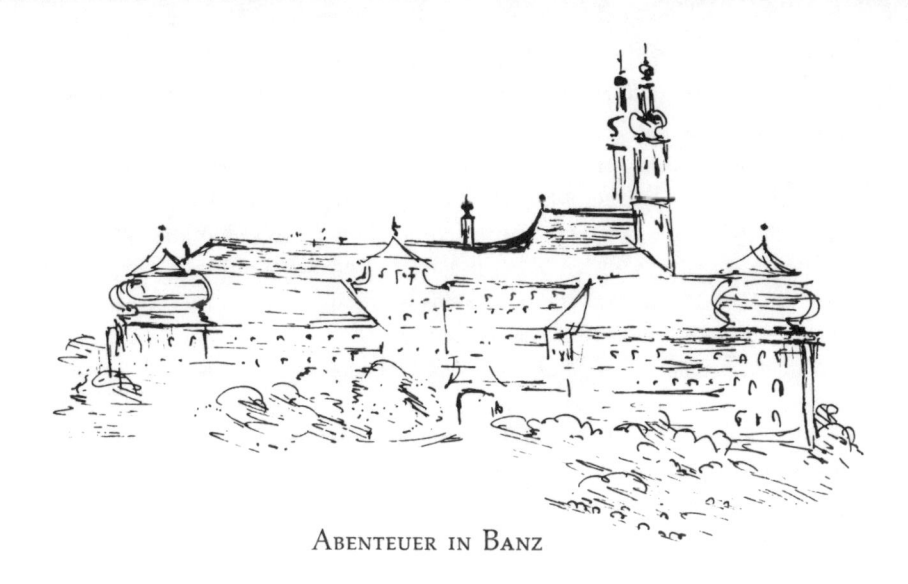

Ich bin, vor zehn Jahren vielleicht, und ich war also nicht der Jüngste, Mitte dreißig, ungefähr, in Geschäften nach Franken gereist, und da habe ich noch, wie alles gut abgewickelt war, eine Woche für mich zur Kurzweil herausgeschlagen. Und weil es so klarer und warmer Herbst gewesen ist, habe ich mir gedacht, ich sollte doch das berühmte Vierzehnheiligen anschauen und das Schloß Banz; ich habe es nur so vom Vorbeifahren gekannt, einmal nachts den rauschenden Hügel unterm geronnenen Mondhimmel und einmal unter den schweren Flügel= schlägen der Novemberwolken. Und es ist seitdem Banz für mich eine Art Mär= chen gewesen und ein Zauberschloß und schier so, daß die innerste Seele sich gescheut hat, da einfach hinzugehen und das alles anzuschauen wie irgendein anderes Stück Erde.

Und jetzt war ich dennoch wirklich dort, in Staffelstein, in einem alten Wirts= haus, und es ist ein Septembertag aufgegangen, aus den dicken Bäuschen des Morgennebels, ganz aus kaltem Dampf, und golden funkelnd stand droben das Schloß Banz, mit feurigen Fenstern. Ich bin aber zuerst nach Vierzehnheiligen gewandert, über die geschliffenen Wiesen, und bin um die Kirche herum wie um ein Schiff und durch das Geschrei der Wachszieher und Händlerinnen, die ihre Buden herumgedrängt hatten um den riesigen steinernen Körper, der sich da hinaufgeschwungen hat, gelbwarm in den silberblauen Himmel. Und das erstemal bin ich nicht in die Kirche hinein, es wäre zuviel gewesen, und bin hinauf an den Waldrand, ins späte Gras hab ich mich gelegt und über die nahen Türme hinübergeschaut auf den waldweiten Berg von Banz.

Und dann bin ich doch hinein in die große Stille; eine ganz dröhnende Stille war drin, in der Kirche, als wären die Pfeiler und Bögen und Kuppeln und wie man das alles heißt, als wär' das eine einzige Orgel.

Das wollte ich aber gar nicht erzählen, sondern bloß damit sagen, wie ich in einer fast heiligen Stimmung gewesen bin, wie ein rechter Wallfahrer, und so bin ich auch dann den Berg hinuntergegangen und bin froh gewesen in dem leicht gewordenen Tag, der jetzt mittaghell und heiß über dem Tal gelegen ist.

Auf einem kleinen Fußpfad, an Weiden entlang und später an Zwetschgen= bäumen, aber die Früchte waren noch nicht recht reif, bin ich dann in ein Dörf= lein gekommen, da haben sie gedroschen, und die Mägde sind bunt und glühend auf den mächtigen Schütten Stroh gestanden und haben mir zugelacht. Aber ich bin nicht stehengeblieben und habe keine recht angeschaut, denn ich habe ja noch vor Mittag droben sein wollen in Banz.

Und dann bin ich am Main gewesen. Der Fluß ist schwarz und still an dem buschigen Berg hingeflossen, und über den grünen Stauden drüben ist steil der schattentiefe Wald aufgestiegen. Der Fährmann hat mich übergeholt, es war keine breite Flut, ein Wehr war da, und das braune Wasser ist weißquirlend hinunter= gesprungen, aber dann war es wieder lautlos und dunkel wie zuvor.

Eine Wirtschaft ist dagestanden, mit einem Tisch und einer Bank im Freien, grad überm Fluß und mit dem Blick über das Wiesental, gegen Lichtenfels zu. Und obwohl ich eigentlich gleich hätte den Wald hinaufsteigen wollen und erst droben Mittag machen, habe ich mir's anders überlegt, denn Hunger hatte ich auch, und die Aussicht übers Wasser war schön, und vielleicht konnte ich, ein Stückchen stromabwärts, baden, denn es war windlos und warm.

Ich setze mich also auf das Bänklein, die Kellnerin kommt, eine freundliche Person, die vor gar nicht langer Zeit recht hübsch gewesen sein muß, und bringt mir, was sie gerade hat, Schinken, Brot und einen Schoppen Apfelwein. Wir reden, was man so redet, wie der Sommer war und daß es ein schöner Herbst werden kann, da kommt ein Mädel des Wegs, mit einem kleinen Handkoffer, lacht die Kellnerin an, die sie wohl schon kennt, und mit dem gleichen Blick lacht sie auch mich an, nicht frech, aber deutlich und unbekümmert. Sie setzt sich ans andere Ende des Tisches, verlangt etwas zu essen und unterhält sich in einem unver= fälschten Fränkisch mit der Kellnerin, so daß ich Mühe habe, das Gespräch zu verfolgen.

Sie hat ihren Dienst aufgesagt, die Frau war ihr zu streng, da ist sie einfach auf und davon, eine neue Stelle hat sie noch nicht, aber sie wird schon was finden. Es ist nicht das erstemal, daß sie durchbrennt, einmal wäre es ihr schon beinahe schlecht bekommen, sie ist drei Tage ohne einen Pfennig Geld in Nürnberg herumgestrolcht, dann hat sie, wie sie sagt, Glück gehabt, sie hat einen netten Herrn aufgegabelt, und da ist dann wieder alles gut gegangen.

Sie merkt, daß ich eigentlich aus Langerweile oder aus Zwang, denn schließlich muß ich es ja mit anhören, hinhorche, und fängt sogleich meinen kühlen Blick in ihre blitzenden Augen und lacht, daß ihre weißen Zähne schimmern. Ein wunderbares Gebiß hat sie, sage ich mir, noch ganz fremd, aber ich denke schon weiter: Schön ist dieses Frauenzimmer! Wie alt kann sie sein? Noch keine zwan= zig, sie ist herrlich gewachsen, eigentlich nicht bäuerisch, sie hat nur etwas Fremdes, Slawisches, Breites — was geht sie mich an, ein entlaufenes Dienst=

mädchen —, da spüre ich schon, daß ich mich wehre, daß es zuckt und zerrt in mir, und daß ich plötzlich weiß: das ist ein Raubtier, da mußt du auf der Hut sein!

Ja, da war mit einemmal die ganze Gnade dieses frommen Tages fort, Vierzehn= heiligen war fort mit seinem rauschend inbrünstigen Jubel und die kühle Sehn= sucht nach Wasser und Wald und nach dem stillen Weg, hinauf ins Licht, nach Banz.

Nie ist ein Mann schärfer und in seiner Lust nach Abenteuern gefährdeter, als wenn er auf Reisen ist und das Leben schmecken will wie fremden Wein und fremdes Brot.

Und dieses junge Weib, unbekümmert und in einer fast tierischen Unschuld das Leben witternd, war so bedrohlich wie selbst bedroht. Sie war nicht gewöhn= lich, sondern fest, sie war nicht frech, sondern kühn, sie war nicht anschmeißerisch, aber sie war da.

Ihr Blick hatte etwas Furchtloses, und ihre Zähne hatten etwas Gewalttätiges. Sie war eine Wilde, wie von anderm Blut und anderen Gesetzen.

Ich mischte mich sparsam in das Gespräch, ich gesteh's, ich spielte den Mann von Welt, der sich herabläßt und so ein Wesen nicht ernst nimmt. Sie wurde schnell vertraulich, und wieder konnte ich nicht sagen, sie wäre zudringlich ge= wesen. Sie hat in ihrem Täschchen gekramt und mir ein Kreuzchen, das sie von ihrer Mutter zur Firmung gekriegt hat, mit der gleichen Unschuld gezeigt wie das Bild ihres ersten Liebhabers, der starren Blicks mit aufgedrehtem Schnurrbart als Oberländler vor einer Zither saß.

Er spiele jetzt in Hamburg bei einer bayerischen Truppe, sagte sie, und ich bekam eine Wut auf den geschleckten, leeren Burschen — und diese Wut war schon so gut wie Eifersucht. Die Kellnerin ging und holte mir einen zweiten Schoppen. Ich hätte längst gehen sollen, aber ich log mich an, daß ich ja tun könnte, was ich wollte, und daß es so prächtig zu sitzen wäre, auf der Bank in der Sonne, dicht über dem schwarzen Wasser. In Wahrheit hielt mich dieses Weib mit den Zähnen fest. Sie saß jetzt ganz nahe, es gab sich unauffällig, weil sie mir etwas zeigen wollte, ich schaute gar nicht recht hin, es war wieder ein Licht= bild, ich verschlang sie selber, ihr bloßer Arm streifte meinen Mund, ich roch sie, ich schmeckte sie. Ich zitterte heftig, ich mußte mir Gewalt antun, sie nicht an= zufassen. Sie lachte mir breit, mit ihrem Raubtiergebiß, ins Gesicht.

In einer festen Stellung leben, das wäre keine Kunst, aber sie wollte frei sein. Sie ließe sich nichts gefallen. Sie wollte zum Leben ja und nein sagen, wie es ihr passe, nicht wie es die andern möchten. Ich fragte mit angestrengter Ruhe, ob sie nicht Angst hätte, das Leben wäre gefährlich für so ein junges Lämmchen, wie sie noch eins wäre. Der Wolf würde sie fressen, wie im Märchen. Und ich streichelte eine blonde Locke aus ihrer Stirn. Sie aber, lustig in meine Augen hinein, gab zur Antwort, sie wäre kein Lämmchen, sie wäre schon selber ein Wolf. Und fürchten täte sie keinen. Es wäre schon einer da, noch vom vorigen Sonntag her, der möchte ihr freilich nachstellen. Und das wäre mit ein Grund, daß sie wegliefe. Sie könnte den Kerl nicht ausstehen. »Aber Sie sind ein netter Herr«, sagte sie plötzlich und so ungeschickt, daß ich wieder zur Besinnung kam und wegrückte.

Jetzt kehrte auch die Kellnerin zurück und setzte das Krüglein vor mich. »Ihr jungen Dinger«, schimpfte sie gutmütig, »ihr seid doch gar zu leichtsinnig.« Am letzten Sonntag hätten sich die Mannsleut fast geprügelt wegen dem Mädel da. Und sie ist dann doch mit dem langen, schelchäugigen Kerl fort, und man weiß nicht, wohin ...»Hast du denn gar keine Angst, und schämst du dich denn gar nicht?!«

Das Mädchen lachte und warf den Kopf zurück: »Nein!« Wieder war es kein freches, schamloses Nein, sondern ein sieghaftes, unangreifbares, das noch von keiner Niederlage des Lebens wußte.

Nun ging das Mädchen weg, eine Ansichtskarte zu holen, und die Kellnerin redete mit mir, wohlwollend seufzend, wie Erwachsene über Kinder reden. Und sie erzählte noch einmal ausführlich, wie das gewesen wäre am Sonntag und mit dem wüsten Burschen. »Es gibt Mädeln«, sagte sie, »die sind dazu geschaffen, daß sie die Männer verrückt machen, und wissen es selber nicht. Die ist so eine.«

Ich gab ihr recht, ich sagte und wußte nicht, wie ich dazu kam, diese Art Mäd= chen wären wie fressendes Feuer und die letzten Gefährtinnen verschollener, wilderer Götter. Und an solchen Frauen könnten sich Wahnsinn und Verbrechen entzünden, und ähnlicher Art wären die gewiß, die den Mördern zum Opfer fielen, unschuldig und doch schuldig.

Die Kellnerin schaute mich einen Augenblick erschrocken an, ich war auch ver= wirrt, aber dann lachte sie, wie sie gewohnt war, über die Späße der schlimmen Herren zu lachen, die sie bedienen mußte. Es war ein hölzernes Berufsgelächter, und sicher dachte sie auf ihre Art über das Wort Mörder nach, wie ich es auf die meine tat, rasend plötzlich und wie von Gott berückt zu brausenden Träumen.

Das Mädchen kam zurück, wollte die Karte schreiben, kramte vergebens nach einem Bleistift, sah mich bittend an. Ich hatte, wie immer, Bleistifte in allen Taschen, und der, den ich ihr gab, war ein versilberter Drehstift, wie ihn große Geschäfte zu Werbezwecken verschenken. Sie bewunderte ihn aufrichtig; sie war in diesem Augenblick wieder ganz die schöne Barbarin, ein beglücktes Kind; und so habe ich sie wirklich geliebt. »Bitte, behalten Sie ihn«, lächelte ich, »wenn er Ihnen Freude macht!« Und stockend fügte ich noch hinzu: »Zum Andenken an —«, ich war ums Haar wahnsinnig genug, meinen Namen zu nennen, sagte aber dann doch nur »an unsere Begegnung«. Ich spürte, wie mir das Blut in den Kopf schoß, sie sah mich an, auch sie war rot bis in das Weiße der Augen hinein, aber mit einem mehr wissenden als fragenden Blick.

Jetzt ist es genug, sprach ich hart zu mir selber, schalt mich einen Narren und hatte eine Wut auf meine Schwachheit. Ich trank rasch aus und verlangte zu zahlen. Ich hatte nur einen Zwanzigmarkschein, und die Kellnerin mußte ins Haus, um Wechselgeld zu holen.

Währenddem schrieb das Mädchen, und ich sah schweigend auf den Fluß und über die Wiesen, darüber jetzt der volle Mittag flimmerte, ein gläsern klarer Septembermittag. Ich tat so, wie Reisende tun, die sich eine Weile angeregt unterhalten haben, schier vertraulich oder feurig, und die nun, nah am Ziel, das Gespräch einschlafen lassen, um mit einem höflichen kalten Gruß auseinanderzugehen, fremd, wie sie sich einander begegnet waren.

Aber die Schreibende bot plötzlich und ohne jede Absicht einen so betörend süßen, ja entflammenden Anblick, daß ich im Innersten gänzlich herumgeworfen, mich jetzt nicht minder heftig wiederum einen Narren hieß, daß ich dieses Abenteuer ließe, das ich doch, wie ich mir einredete, zu einem anständigen und uns beide beglückenden Erlebnis machen konnte, wenn ich nur ernsthaft wollte. Ich konnte ihr nicht nur in ihrer schlimmen Lage helfen, ich vermochte wohl unschwer ihr das tiefe Geheimnis einer großen Begegnung einzuprägen, das ihrem ohnehin gefährdeten Leben bedeutungsvolle Kräfte verleihen würde.

Zugleich aber kam die Kellnerin und legte das Geld in großen Silberstücken hin. Indem ich es einstrich, sah das Mädchen auf und seufzte: »Viel Geld!« Und mir schoß es durch den Kopf: »Also doch ...«, und ich würgte an einem unverschämten, scherzhaft sein sollenden Angebot, ganz erbärmlich war ich in diesem Nu, vor Enttäuschung, Begierde und Hilflosigkeit. Der blühende Traum der Liebe zerfiel. Aber da klagte sie schon, wieder so entwaffnend wie je. »Wenn ich das Brot da bezahlt habe, bleiben mir keine fünf Mark mehr, und wer weiß für wie lange.«

Nun hatte ich wieder Mitleid mit ihr. War es nicht begreiflich, daß ihr der Anblick des blitzenden Silbers einen Seufzer des Begehrens entlockt hatte? Aber wie konnte ich ihr Geld bieten, oder auch nur ihre Zeche bezahlen? Vielleicht hatte ich selbst kein gutes Gewissen mehr, jedenfalls schämte ich mich und blieb unentschlossen.

Es fiel mir schwer, zu gehen. »Geh!« sagte die eine Stimme in mir! »endgültig versäumt«, sagte die zweite. Noch blieb ein Ausweg: Sehr laut und umständlich fragte ich die Kellnerin nach dem nächsten Badeplatz, obgleich ich ihn unschwer gefunden hätte. »Zweihundert Schritte mainaufwärts«, gab sie Auskunft, »zweigt von der Straße ein Fußweg zum Wasser ab. Er führt zu einer Halbinsel, und da wird immer gern gebadet.«

»Dorthin werde ich gehen«, sagte ich mit einem nur allzu befangenen Lächeln zu dem Mädchen hin, und »Grüß Gott«, sagte ich, und »Ihnen viel Glück auf den Lebensweg, und vielleicht sehe ich Sie schon heute abend wieder in Lichtenfels!« Und ich ging übertrieben munter, den Stock wirbelnd, davon. Ich sah mich auch nicht mehr um — Lebe wohl, hübsches Kind, tralala, ich habe schon schönere Frauen ungeküßt lassen müssen als dich! Vorbei! Aber herrliche Zähne hat sie. Das muß ihr der Neid lassen. Und überhaupt, wer weiß, vielleicht bist du die verzauberte Prinzessin im Aschenbrödelgewand, und ich bin der törichte Prinz, der es nicht gemerkt hat ...

249

Ein Mann ging vorbei, ein großer Kerl, und schaute mich mit schiefem Blick grußlos an. Ich kümmerte mich nicht darum.

Eine rasende Spannung war in mir, die Leidenschaft drückte mir gegen das Herz. Und plötzlich spürte ich es: Das war doch die Aufforderung zu einem Stell=dichein gewesen, nichts anderes. Und sie wird kommen, sie wird kommen. Sie wird zufällig vorbeigehen, wird lächeln, ihre Zähne werden blitzen, sie wird sagen: Ja, da bin ich. Und ich werde sagen: Es ist so schöne Sonne hier, bleiben Sie ein bißchen. Und sie wird sich ins Gras setzen, und vielleicht bin ich ... ich dachte nicht weiter, ich dachte nur bis zu der glühenden Wand: Sie kommt!

Es war eine grüne Stille um mich von Berberitzen und Haselnußstauden, und ich war schon auf dem Fußsteig und ging ganz langsam, so schwer ging ich unter der Last meiner Angst und Begierde.

Der späte Sommer kochte die Süßigkeit der Erde gar in einer brodelnden Luft. Ich spürte die reife Verführung, und noch einmal nahm ich mir dreist das Recht, diesen Taumel, der mich überfallen hatte, Liebe zu nennen. Nichts wehrte sich in mir gegen dieses Mädchen als das Vorurteil, daß sie eine Magd sei. Aber gehen nicht herrlich durch alle Mythen und Sagen die wandelbaren Götter? Trifft nicht mit blindem Pfeil Eros, wen er will? War mir das Leben so reich gesegnet, daß ich es verschmähen durfte, nun, da es prangend kam, leicht zu lösen aus seiner Verkleidung?

Freilich, die andre Stimme war nicht minder mächtig, sie rang mit dem kupp=lerischen Blendwerk der verzauberten Sinne. Es blieb ein kalter, wachsamer Rest Verstandes in meinem schwirrenden Hirn, den keine schönen Worte überlisten konnten. Aber, war dieser Rest Vernunft nicht einfach Feigheit vor dem Leben, diesem Leben, das immer eingesetzt sein will, wenn es gewonnen werden soll? Ich wußte nicht, ob ich ein Sieger war oder ein Besiegter, wenn ich es tat, wenn ich es ließ.

Ich setzte mich an den Rand des Flusses. Schwarz, still und kalt strömte das Wasser vorbei. Ich tauchte die Hand hinein, es war ein Erwachen. Da lauerte ich wie ein Tiger im Dschungel, lachte ich. Ja, ich lachte plötzlich laut, um mich zu befreien. Aber die Beklemmung blieb. Würde ich wohl überhaupt den Mut haben, sie anzureden? Oder würde ich blöde sitzenbleiben und sie vorbeigehen lassen, endgültig vorbei? Immer wieder spielte ich mir die Szene vor. Ich war meiner Rolle sicher, nicht sicher — sicher, je nach den Wallungen meines Blutes.

Stille. Der Himmel schien nicht mehr so hoch und blau, ein Schatten fuhr kalt über den warmen Tag. Es war Zeit. Warum kam sie nicht? Das Geld fiel mir wieder ein, pfui Teufel! Ich wollte hier einem losen Mädchen auflauern, das ich nicht kannte, wollte mich sinnlos in fremdes Fleisch stürzen, ich erschrak vor mir selber. Und dann sah ich sie wieder vor mir, nicht das landstreicherische Dienstmädchen, nein, die schöne Barbarin, prall von Jugend und Gesundheit, ein lachendes, starkes Abenteuer. War dies nicht das Glück, das der Weiseste pries: Wollust ohne Reue!?

Wieder war die Stille groß am lautlosen, erdschwarzen Wasser. Warum kam sie nicht? Wenn sie hier nicht kam, mußte sie drüben gehen, jenseits des Flusses, über die Wiesen; ich konnte sie anrufen, sie würde stehenbleiben, ans Ufer kommen. Ich würde hinüberschwimmen, nackt, ein wilder Nöck, jagend auf weiße Nymphen.

Sie kommt nicht! Gut, daß sie nicht kommt. Gut! Es ist ausgeträumt, eine verrückte Geschichte, aber der Himmel hat mehr Einsehen als ich lüsterner Faun. Keine Rolle für mich! Haltung, elender Bursche! höhnte ich mich, Haltung hält die Welt!

Ich zog mich aus. Ich trat ins Wasser, der Boden war schlammig. Kalt war es, sehr kalt. Ich stieß mich hinaus, ich tauchte tief in die Flut, ich schwamm und schwamm, stromauf, stromab; ich schielte noch auf den Weg, dann fror ich; erbärmlich kalt war der Main im September, an einem schier heißen Nachsommer=tag. Ich stieg wieder ans Ufer, zog mich an, ich klapperte mit den Zähnen. Auf tausend Umwegen suchte die Begierde den Weg zurück: Zähne — schöne Zähne hat sie, fiel mir ein, und ich mußte sie wieder verscheuchen aus mir, die süße, gefährliche Verlockung.

Es ist jetzt genug, ich gehe nach Banz hinauf. Ich zünde mir eine Zigarre an. Heute abend bin ich in Lichtenfels, morgen in Koburg, am Mittwoch in Nürnberg, am Donnerstag bin ich zu Hause. Eine schöne Reise, sehr viel Neues habe ich gesehen. Pommersfelden war eine Verzauberung, in Bamberg der Dom, der Reiter und die Justitia. Und heute Vierzehnheiligen ... Banz ...

Der prunkende Barock begann wieder zu leuchten, die Engel kamen wieder — und das streunende Dienstmädchen, es ist zum Lachen.

Ich ging weglos in den Wald hinauf, überquerte die Straße. Am Wirtshaus wollte ich nicht mehr vorbei, weiß der Teufel, vielleicht saß sie noch dort, und am Ende hat sie gar den Kerl hinbestellt, um sich zu verabschieden. War nicht so ein Bursche mir vorhin über den Weg gelaufen?

Der Wald war hoch von schlanken Buchen. Über den Wipfeln schimmerte blau das Licht, ich ging wie auf dem Grunde eines Meeres.

Dann stand ich droben, betrat den Schloßhof, bog auf die Terrasse hinaus. In weiten Wellen wogte das fränkische Land her bis an den grünen Wall von Bäumen. Drüben stand der Staffelstein, im Schatten seiner Wälder dunkelte Vierzehnheiligen. Das Licht war jetzt von leichtester Klarheit. Nur gegen Westen stieg der bunte Staub des Abends in den Himmel, über den weiten Wiesen, den Büschen, Gehölzen und Pappelreihen, dazwischen der traurige Strom, mattglänzend, sich hin und her wand, wie blind und tastend nach einem Ziel, immer wieder zurückgebogen, müde und schwer von schwarzem Wasser.

Dreimal war ich fortgegangen, dreimal kam ich wieder, ohne Kraft zum Abschied, den unersättlichen Blick in die immer tieferen Farben des Abends getaucht.

Dann ging ich unter den blanken Schwertern der sinkenden Sonne den lichtdurchblendeten Hang hinunter, waldhinunter, steilhinunter, wiesenlang, in die brennenden Fenster von Lichtenfels hinein.

Am Abend bin ich allein in der Wirtsstube gesessen, lange bin ich geblieben und habe den hellen, erdigen Frankenwein getrunken. Ich habe verschollener Würzburger Studententage gedacht und oft und oft das Glas gehoben zum Gedenken der Freunde, von denen so mancher seitdem vor Ypern oder Verdun geblieben war. Und auch der Frauen habe ich dankbar gedacht, schöner Tage und Nächte am dunklen Strom. Und weiß Gott, das Mädchen von heute mittag hatte ich fast vergessen. Ist doch gut gewesen, daß es anders gekommen ist... Nur ein leiser, im Weine schon schaukelnder Schmerz ist mir geblieben, wie bei allem Verlust. Und das letzte Glas habe ich auf die geleert, die nun wieder ganz rein und jeder Sehnsucht würdig vor mir stand, die zähneblitzende, furchtlose Wilde, die schöne Barbarin. Möge es dir gut gehen, nie berührte Geliebte, träumendes Abenteuer und zugleich armes Kind, mit deinen paar Pfennigen im Täschchen und mit dem Siegerlachen, das noch nicht weiß, wie gefährlich und schwer das Leben ist.

Ich habe tief und traumlos geschlafen in dieser Nacht und bin spät erst wieder aufgewacht. Vor dem Fenster lag noch milchweiß der Nebel, aber schon da und dort triefend vom warmen Gold. Es würde ein schöner Tag werden.

Ich bin hinuntergegangen zum Frühstück, und der Kellner, der mich gestern noch, ein gefallener Engel aus himmlischen Großstadtbetrieben, gelangweilt und geschmerzt, mit gramvollem Hochmut bedient hatte, war ganz munter und aufgeregt und begann unverzüglich zu fragen, der Herr seien doch auch gestern spazierengegangen und den Main heraufgekommen, und ob dem Herrn nichts aufgefallen sei. Natürlich, nein, denn sonst hätte der Herr ja Lärm geschlagen und Meldung erstattet, aber so sei es auf der Welt und nicht nur in den großen

Städten, wo er, nebenbei gesagt, lange Jahre in ersten Häusern gearbeitet habe, nein, hier, in dem windigen Nest, ja, daß Menschen ermordet würden, mir nichts, dir nichts, im Wald, mitten auf dem Weg, nicht einmal Raubmord, nein, ganz gewöhnlicher Mord oder vielmehr höchst ungewöhnlicher, an einem Dienstmädchen, am hellen Tage, nein, kein Lustmord, nichts dergleichen, Eifersucht vermutlich, ja sogar ganz bestimmt Eifersucht, und der Täter sei schon gefaßt, jawohl, noch am späten Abend in seiner Wohnung festgenommen, eine erstaunliche Leistung für eine so harmlose Kleinstadtpolizei —.

Ich saß, aufs tiefste bewegt und ins innerste Herz getroffen, betäubt von dem Redeschwall des Geschwätzigen, der nicht ahnen konnte, wie nahe mir seine Nachricht ging vom schrecklichen Ende der schönen Barbarin, der wildbegehrten, die noch leben würde, ja, die jetzt wohl hier säße am Tische, wenn ich die Kraft gehabt hätte, das Abenteuer zu wagen, das sich so wunderbar geboten.

Und der Kellner, der meine Erstarrung für nichts als die gespannte Gier nach seinen Neuigkeiten hat halten müssen, hat mir nun eingehend berichtet, was er von dem Landjäger erfahren hat, der dem Mord auf die Spur kam.

Mainaufwärts, nicht weit von dem Wirtshaus bei der Fähre, hat die Kellnerin die Leiche gefunden, gestern am Nachmittag. Sie hat die Tote gekannt, Barbara hat sie geheißen und ist ein Dienstmädchen gewesen, nicht gerade vom besten Ruf. Die Kellnerin hat einen großen schelchäugigen Kerl vorbeistreichen sehen am Wirtshaus, und da hat sie eine Ahnung gehabt, der müßte doch der Barbara begegnet sein, die flußaufwärts hat gehen wollen, nach Lichtenfels.

Und dieser Kerl ist es auch gewesen, und es hat wenig Mühe gemacht, das herauszubringen. Das heißt: zuerst hat sich der Verdacht in anderer Richtung bewegt, weil man in dem Täschchen der Toten einen Bleistift gefunden hat. Aber der Spur hat man gar nicht nachgehen brauchen, denn die Barbara, die offenbar erst nach heftigem Widerstand erwürgt worden ist, hat in der verkrampften Hand einen Hirschhornknopf gehalten, einen ausgerissenen Knopf; und die Joppe, an der solche Knöpfe sind, ist dem Landjäger nicht ganz unbekannt gewesen.

Und an dieser Joppe hat auch der Knopf gefehlt, am Abend, als der Landjäger dem Mann den Mord auf den Kopf zugesagt hat. Der Täter hat auch gar nicht geleugnet, jawohl, hat er gesagt, ich bin's gewesen. Sonst hat er aber nichts gesagt, dem Landjäger nichts und dem Oberwachtmeister nichts. Doch, etwas hat er gesagt, aber es ist kein Mensch draus klug geworden, wen und was er gemeint hat: »Der Hund«, hat er gesagt, »hat sie wenigstens nicht mehr gekriegt!«

Und der Kellner hat mich gefragt, ob ich mir denken könnte, was da im Spiele sei; und ich habe gelogen und gesagt, nein, das könnte ich mir nicht denken.

Ich bin dann noch lange allein gewesen und habe gefrühstückt und mir eine Zigarre angezündet. Ich habe über alles nachgedacht.

Der Mann, der Mörder, der Täter, wird hingerichtet oder er kommt, wenn's Totschlag war, nicht unter acht Jahren Zuchthaus davon. Er hat dann auch, wie ich später gelesen habe, zehn Jahre Zuchthaus bekommen. Aber ich, der Nichttäter, ich bin frei ausgegangen, wie es sich gehört von Rechts wegen. Ich hatte mich ja nur leutselig mit einem fremden Mädchen am Wirtstisch unterhalten und ihr gön= nerhaft einen Bleistift geschenkt.

Ich habe ja Angst gehabt vor dem gefährlichen Leben. Ich habe geschrien nach dem Fleische und bin doch zurückgeschreckt vor dem Dämon, der es durchglühte. Und ich bin damals, als der Unschuldige, mir erbärmlich genug vorgekommen, gedemütigt vor der wilden und unbesonnenen Kraft des gewalttätigen Burschen.

An jenem Morgen aber, und es wurde ein milder, blauer Tag, wie der vor ihm, war ich schon willens abzureisen, sofort nach Hause zu fahren, weg von diesem Ort, heraus aus dem lächerlichen und zugleich grauenhaften Abenteuer, das keines war.

Aber plötzlich ließ ich, der ich schon auf dem Bahnhof stand, den Koffer zurück= bringen, vom dienstbeflissenen Hausknecht, und ich bin an dem Tag noch einmal nach Vierzehnheiligen gegangen. Ernst, und wenn das Wort gelten darf, fromm und als ein Wallfahrer. Die Kirche dröhnte ihr steinernes Gloria in excelsis so jubelnd wie am Tage vorher. Ich schritt um den Gnadenaltar. Ich sah die Engel fröhlich über bunten Baldachinen und sah Kerzen hoffend und bittend aufgesteckt vor lächelnden Märtyrern. Und da ging ich hinaus und tat, was ich noch nie getan hatte, ich kaufte bei einem alten Weiblein eine Kerze.

»Gel«, wisperte sie, »ein junges Mädl hat gestern einer umgebracht. Wie nur die Mannsleut gar so wild sein können. Bloß, daß sie der andere nicht kriegt, soll er sie kaltgemacht haben. Da hat er was davon, wenn sie ihn jetzt hinrichten.«

»Ja«, sagte ich freundlich, »was hat er davon ...« Und unter den blinden Augen der alten Frau habe ich plötzlich gezittert, es war mir, als käme all das Furchtbare noch einmal auf mich zu; aber dann war es verschwunden.

»Welchem von den vierzehn Nothelfern soll ich jetzt diese Kerze weihen?« fragte ich, mehr um etwas Ablenkendes zu sagen. »Ja, mein lieber Herr«, überlegte sie bekümmert, »das kommt ganz darauf an. Der heilige Blasius ist gut für den Hals, und die heilige Barbara hilft gegen jähen Tod.«

»Das ist in beiden Fällen zu spät«, sagte ich, wehrlos gegen den grausen Humor, der in mir übersprang. Für ein Mädchen, das gestern erwürgt worden ist, dachte ich schaudernd. Dann trug ich die Kerze in die Kirche. Barbara ... mit einemmal, jetzt erst kam mir die Wortverbindung — hatte ich nicht das Mädchen bei mir die schöne Barbarin genannt? Und ich entzündete das Wachslicht vor dem weißgoldenen Bildnis der Heiligen. Und sagte einfältig ein Vaterunser. Draußen sah ich jenseits des Tales, über dem weiten Wald, die Türme von Banz. Und dort unten, am Fuß des Berges, wo die sonnigen Wiesen an die dunklen Schatten des umbuschten Hügels stoßen, muß der Main fließen, still, traurig und schwarz, wie gestern, wie vor Jahren, wie immer. Da muß auch das Wirtshaus stehen, am Wasser, mit der Fähre dabei und dem Stück Weg...

Noch einmal, einen Herzschlag lang, wartete ich in quellend süßer Angst und purpurner Begierde auf das Abenteuer; wartete auf die blitzenden Zähne und den gefährlichen Rausch jener gleichen Stunde — gestern.

Und liebte, in diesem Augenblick, dieses fremde junge Weib so tief und so wahr, daß mir die Tränen in die Augen stiegen, daß ich schwankte unter einer jähen Last von Glück und Sehnsucht.

Dann war alles vorbei. Von der Kirche her schlugen die Glocken, ich ging eilig zu Tal.

Gegen Abend bin ich mit dem Schnellzug geradeswegs nach Hause gefahren. Ich bin, ein fremder Fahrgast, unter anderen fremden und abweisenden Leuten in meinem Abteil gesessen, bin in den Speisewagen gegangen, habe geraucht, mich gelangweilt, schließlich habe ich in einem fränkischen Provinzblatt, das ein Herr neben mir liegengelassen hatte, die erste, kurze und falsche Mitteilung von dem Mord bei Banz gelesen, so kalt, als hätte nicht beinahe, auf Spitz und Knopf, ich selber eine Hauptrolle dabei gespielt ...

Landschaft

Mächtig hingelagert eine quere
Wolke, wie ein blutiges Beil.
Und davor vier Pappeln, stumm und
　steil,
Dunkle Wächter irdischer Ehre.
Doch dahinter eine süße Abend=
　Himmel=Leere
Und ein Stern, als wäre
Hoffnung auf das ewige Heil!

Der Kirchhof

Den Umweg vom Sträßlein zur
　Straßen,
Den schneidet ein jeder ab:
Es führt eine schmale Gassen
Über den Kirchhof hinab.

Der rußschwarze Rauchfangkehrer
Geht hier und der mehlweiße Bäck,
Es spart sich der alte Lehrer
Und der junge Pfarrer das Eck.

Der alte Lehrer, der schneuzt sich
Umständlich ins rote Tuch,
Der junge Pfarrer bekreuzt sich
Und schaut in sein schwarzes Buch.

Die Hausfrauen, ohne Schaudern
Stehn schwatzend mitten im Tod;
Am Leichenstein ist gut plaudern
Vom Alltag und seiner Not.

Die fremden Herren und Damen,
Die Sommerfrischler im Ort,
Die lesen die spaßigen Namen
Und lächeln und gehen fort.

Nur nachts, im Mondlicht, im bleichen,
Huscht jeder ängstlich vorbei:
Ob nicht an der Kirchwand ein Zeichen
Für ihn schon geschrieben sei.

Trost

Du weißt, daß hinter den Wäldern
　blau
Die großen Berge sind.
Und heute nur ist der Himmel grau
Und die Erde blind.

Du weißt, daß über den Wolken schwer
Die schönen Sterne stehn,
Und heute nur ist aus dem goldenen
　Heer
Kein einziger zu sehn.

Und warum glaubst du dann nicht auch,
Daß uns die Wolke Welt
Nur heute als ein flüchtiger Hauch
Die Ewigkeit verstellt?

Im Regen

Kinder kommen gelaufen
Ins Grüne, ins Nasse
Heraus,
In den prustenden Regen,
Ersingen sich seinen Segen,
Daß er sie wachsen lasse.

Im hölzernen Fasse
Mit dunklem Basse
Aus allen Traufen
Lärmt schon der Braus.

Die Bäume schnaufen,
Lechzen dem Feuchten entgegen.
Gern wollen sie's leiden,
Daß der Wind sie fasse
Im wilden Bewegen,
Im tanzenden Saus.

Die Eichen vorm Haus,
Die beiden
Uralten Heiden,
Stehen bescheiden
Und lassen sich taufen.

TRÜBER TAG IM GEBIRG

Das Gras ist gemäht.
Weiß schäumt der Bach,
Ein Gockel kräht.
Die Schwalbe spät
Schwätzt unterm Dach.

Die Sonne leckt
Am Nebel schwer,
Der rauchig schmeckt.
Den Eiszahn bleckt
Der Gipfel her.

Was willst du tun,
Unruhiger Gast?
Den Nagelschuhn
Gebiet zu ruhn:
Halt einmal Rast!

Trink roten Wein,
Schau für dich still.
So ganz allein
Mit dir zu sein,
Trag's ohne Spott:

Wer weiß, was Gott
Dir sagen will...

HAHNENSCHREI

Die Hähne krähn
Den Tag entlang
Vom ersten Mähn
Und Sichelsang
Bis spät zum Feierabendklang.

Das Krähen schweift
Von Haus zu Haus
Und weiter greift
Landein, landaus
Der Feuerruf, der Siegesbraus.

Er überspringt
Das Wasser breit
Und er durchdringt
Waldeinsamkeit
Es ist ihm nicht die Welt zu weit.

Da Petrus einst
Den Herrn verriet,
Hat er geweint
Beim Hahnenlied:
Verrat und Reu noch heut geschieht.

    Des Hahnes Stimm
    Ist siebenfach,
    Ist stark von Grimm
    Von Ängsten schwach:
    Sie hält das Herz der Erde wach ...

SPÄTSOMMER AM INN

Kalte Früh im weißen Bausch.
Nebelwände rauchen.
Wird daraus der wilde Rausch
Starker Farben tauchen?

Überm Flusse regt sich's fremd,
Scheu vor Spähgelüsten.
Sieh, nun sinkt das leichte Hemd,
Glänzt's von Armen, Brüsten.

Still die Fähre zieht im Braus
Am gespannten Seile.
Drüben winkt ein freundlich Haus,
Daß ich dort verweile.

Golden lockt des Hahnen Schrei.
Folgend solchem Rufer
Zieh ich wie ein Held herbei,
Stoße leicht ans Ufer.

Junge Magd bringt roten Wein.
Wie den Blick sie tauschet,
Ist mir jäh: Die könnt es sein,
Die ich nackt belauschet.

Leichtes Licht und fast noch heiß
Spielt um ihre Glieder,
Und als wüßt sie, was ich weiß,
Schlägt das Aug sie nieder.

An die Lippen setz das Glas
Träumend ich im Wachen.
Und der Inn schallt über Gras
Wie ein Männerlachen ...

Der Ruhm

Georg Steinicke, der gemütvolle Inhaber einer Künstlerkneipe im Norden der Stadt München, im berühmten Schwabing also, bekam eines Tages ein Schreiben, darin sich, voll Überhebung und Armseligkeit zugleich, ein Sänger erbot, gegen eine entsprechende Vergütung aufzutreten, was man ihm um so weniger abschla= gen dürfe, als er, wie ja auf dem Kopfbogen seines Briefes gedruckt zu lesen sei, sich durch Gastspiele in Nabburg, Ingolstadt, ja selbst in Ulm an der Donau einen Namen gemacht hätte. Zeitungsausschnitte, die seinen vollen Erfolg bestätigen, wolle er auf Wunsch gern vorlegen.

Der Wirt ließ, zuerst mehr des Spaßes halber, den Sänger kommen, und fand in ihm einen angenehmen, weißhaarigen Greis, von Not heimgesucht, aber nicht gebrochen, ja, in aller Großsprecherei von einer geradezu edlen, kindlichen Ein= falt, einem Vertrauen in die guten Kräfte der Welt, daß er ihn nicht zu enttäuschen wagte, sondern ihm erlaubte, ungeprüft sich am nächsten Samstag einzufinden. Er wußte, daß in vorgerückter Stunde, bei heiterer Stimmung seine Gäste es mit den Darbietungen nicht mehr allzu genau nahmen, ja, daß oft genug aus ihrer Mitte einer auf die Bretter stieg, um ohne allzu viel Anspruch etwas vorzutragen; warum sollte er nicht auch dem alten Herrn das Vergnügen machen, ein bißchen mitzutun. Ein Schoppen Wein und ein paar Mark als Ehrensold würden schließlich auch die Welt nicht ausmachen.

Der Sänger freilich sah die Sache bedeutend ernsthafter an, feierlich erschien er in seinem abgetragenen Frack, verging schier in Lampenfieber und zugleich in Begierde, vor die zahlreiche, wohlgelaunte Hörerschaft zu treten, unter der gerade heute neben Kunstjüngern, Studenten und kleinen Mädchen ein paar ältere Män= ner saßen, erfolgreiche, berühmt gewordene, die an diesem Abend nichts wollten, als kindlich vergnügt sein und die — gerade, als der alte Mann auf die Bühne trat und zu singen anhob — die ersten Gläser anklingen ließen. Ein Gott mochte ihm eingegeben haben, daß er nicht, wie er es vorgehabt, eine Löweballade sang, auch nicht den »Lenz« von Hildach oder sonst ein verschollenes Paradestück, sondern ein italienisches Lied, ein Volkslied: »O si o no ...«. Er sang es nicht gut, besser konnte er es nicht. Er gab es zum Besten, wie man so sagt, und zum besten hielten ihn nun auch die Zuhörer in ihrer tollen Laune; sie dankten ihm mit einem reichen, einem stürmischen, einem tobenden und tosenden Beifall.

Aber der Sänger war glücklich! In seinem Kindergemüt stieg nicht der leiseste Verdacht auf, dieser Jubel könnte nicht echt sein; er verneigte sich, lächelte, ja er leuchtete vor Dankbarkeit. Die Menschen drunten spürten diesen wahrhaften Widerschein ihres Spottlobs, es rührte sie geheimnisvoll an, wie selig der Greis da oben war, und als er nun nochmals sang und ein drittes Mal, da war keiner unter den Gästen, der dem Alten hätte wehtun wollen. Sie rührten ihre Hände kräftig, es war nun schon wirkliche Anerkennung in ihrem Zuruf, ja einer der Herren von dem Tisch der Berühmten hielt eine kleine witzige Ansprache, eine herzliche Begrüßung bot er dem neuen, dem spät entdeckten Maestro. Er legte, taktvoll genug, einen Geldschein auf einen Teller, andere taten das Ihre dazu, und der Herr überreichte die kleine Summe dem Sänger, der nun seinerseits das Wort ergriff, um das hohe künstlerische Verständnis zu rühmen, das ihm, wie nicht anders zu erwarten war, der feinsinnige Kreis edler Menschen entgegengebracht. Für das Geld aber danke er vor allem im Namen seiner Frau.

In diesem Augenblick sahen alle, die sehen konnten, die bittere Not, die hinter diesen Worten stand; sie sahen, wie schäbig sein Frack war, wie hohlwangig und vergrämt er selber erschien unter dem flüchtigen Glanz seiner Freude. Und da schämte sich mancher, daß er nicht eine Mark mehr auf den Teller gelegt hatte.

Nur einem hohen Einverständnis Fortunas ist das Gelingen einer solchen Spannung zu danken. Es steht auf Messers Schneide, und der wilde Übermut einer heiteren Gesellschaft weidet sich in mitleidlosem Gelächter an der Verwirrung und Scham eines hilflosen Alten, der sich vermessen hat, ihr Urteil herauszufordern. Die Musik der Herzen aber, die hier so schön erklang, daß sie den bescheidenen, ja mangelhaften Gesang des alten Mannes übertönte, kam aus dem kindhaft reinen Ton seiner Seele, einem unbeirrt tapferen Ton, an dem sich der ganze Chor, wenn wir so sagen wollen, hielt, da er schon falsch singen wollte.

Der greise Sänger jedenfalls ging an diesem Abend heim in der schönsten, in der seligsten Täuschung seines Lebens. In dem feurigen Bericht, den er spät noch seiner kummervoll und ungläubig wachenden Frau gab, vermischten sich die bescheidenen Erfolge seiner mühseligen Laufbahn, die vermeintlichen Siege von Nabburg, Ingolstadt und Ulm an der Donau mit dem späten, aber noch nicht allzu späten Triumph in der Hauptstadt selbst; und an diesen ersten Schritt auf einer ihrer kleinsten, aber erlesensten Bühnen knüpfte er die verwegensten Hoffnungen, als stünde er am Anfang seines Weges und nicht am Ende.

Er stand aber näher an des Grabes Rand, als er selbst wußte; und dies war sein letztes und volles Glück. Denn wenn es schon eine Gunst der Stunde war, daß

einmal solche Verwandlung gelang, wie müssen wir fürchten, daß bei einem zwei=
ten, einem dritten Auftreten der schöne Wahn zerreißen muß! Und doch: Das Un=
wahrscheinliche wurde noch einmal möglich und noch einmal. Der Kreis der
Stammgäste, wie in einem stillen Einverständnis, dem alten Manne seine Freude
zu lassen, zog einen schützenden Ring um ihn, und als einmal ein angeheiterter
Neuling roh diesen Bann sprengen wollte, ward er empfindlich zurechtgewiesen.
Und doch drohte dem Gefeierten gerade von seinen Freunden das vernichtende
Unheil: Durch seine Sicherheit, die durch nichts mehr zu erschüttern schien, kühn
und sorglos gemacht, gedachten sie bei nächster Gelegenheit das gewagte Spiel auf
die Spitze zu treiben. Mit Lorbeerkränzen, Ansprachen und Ehrungen ungeheuer=
lichster Art wollten sie den siebzigsten Geburtstag begehen und hatten, alles noch
in der besten Absicht, für ihren Schabernack gerüstet. Sie warteten jedoch an die=
sem Abend vergeblich, der Jubilar blieb aus.

Wie der Wirt anderntags erfuhr und es bei nächster Zusammenkunft seinen
Gästen mitteilte, war der Greis, schon im Frack und zum Gange zu seinem Ehren=
abend gerüstet, vom Schlage getroffen worden, gerade als er auf den sechsten und
letzten Briefkopf, den er noch besaß, mit schöner, zierlicher Hand unter die An=
preisungen verschollener Gastreisen geschrieben hatte: »Mitglied der Schwabin=
ger Künstlerspiele« — als wäre damit ein Ziel erreicht, wert und überwert der
Mühsale und Opfer, der Demütigungen und Entbehrungen eines siebzigjährigen
Lebens.

Langdauernder Sommer

Daß er hinfahre im Jahre,
Wußte der Sommer doch:
Sich zu erheben ins klare,
Einmal vermocht er's noch.

Spät im Oktober erhob er
Tapfer das Haupt ins Licht,
Überströmender Lober
Sang er sein Sonnengedicht.

Wo noch ein runder, gesunder
Apfel im Baume hing,
Pries er das selige Wunder,
Wenn er vorüberging.

Über alle Maßen vergaß er,
Daß seine Zeit um sei.
Auf allen Bergen noch saß er
Blaugolden und blies Schalmei.

Bis sich die leisere Weise
Unter den Sternen verlor,
Letzter Hauch unterm Eise
Stürzenden Winters ihm fror.

Stiller Spätsommer

Die Welt wird still, wenn der Sommer stirbt.
Kein Kuckuck ruft; keine Grill mehr zirpt.
Nur wie leise Gitarren, verschieden gestimmt,
Der Heuschrecken Schnarren im Grünen schwimmt.
Der Gärten Geschrei verhallt hinterm Zaun.
Draußen wird Feld und Wald schon braun.
Und die glühende Rose ein Schauder packt:
Die Herbstzeitlose tanzt stumm und nackt.

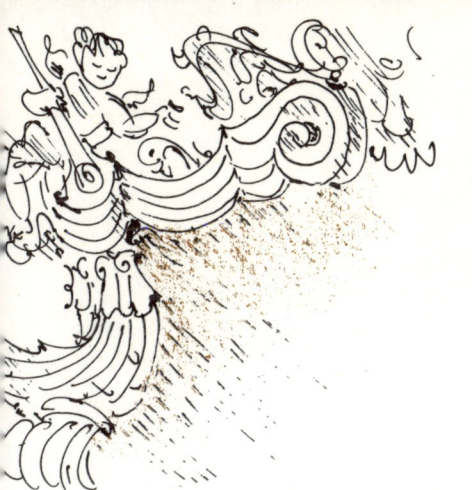

ALDERSBACH

Sanft ist alles hier. Wer will,
Nenn es langeweilig.
Ährenfelder, Gras, windweiß.
Wälderhügel, dunkel, flach.
Zwischen Bäumen, doppelzeilig
Sträßlein, hundertmeilig.
Laufen lauter Dingen nach,
Die einander gleichen.
Da und dorten streichen
Sensenblitze.
In der Hitze, träg und still
Nur das spitze, messerstumpfe
Grillengeschrill.
Ungeheuer nur das Feuer=
Rad der Sonne, lodernd heiß.
Die Vils — wie kann ein Bach
So müd nur schleichen! —
Blinkt schuppenschwach
Aus schilfigem Sumpfe.
Sommerschwarze Eichen
Stehn wie eine Büffelherde.
Und die ganze, glühend dumpfe
  Erde
Döst und wird nicht wach.

Plötzlich hebt mit wildem Trumpfe
Überm Feld sich hoch ein Dach
Aus dem Heißen birst

Über schwarzem First
Und weißem Rumpfe
Auf der Turm, verwegen, schnörkel=
  keilig,
Orgelpfeilig, aufwärts stürmend, eilig
Ragt das Gotteshaus von Aldersbach
  Heilig!
Tritt hinein! Das Klosterhofsgeviert
Nimmt aus greller Gassenschwüle
Dich in seine Schattenkühle.
Daß dein Blick sich nicht verliert
Tut sich prächtig, reich verziert
Auf die weiß und goldne Kirchenpforte.
Und nun dringt's, am hohen
  Gnadenorte
Auf dich ein und faßt dich übermächtig
Und du schaust, geklammert ans
  Gestühle,
Hold verwirrt.

Überbildert, schier verwildert
Mehr, als es mit schwachem Worte
  Einer schildert,
Füllt das Wunderwerk den Raum.
Wie zu einem einzigen Loben
Aufgehoben, schweben, heben
Heilige, bärtig, schier grobschlächtig
Laut verzückt und stumm bedächtig
Sich nach oben.
Und aus goldnem Wolkenpfühle

Stürzen Engel, fittichrauschend
Wunderbare Mäntel bauschend,
Weiß und rauch= und rosenfarben
In das Toben, vielgestaltig.
Doch auf Blitzes Garben, droben
Thront Gott selber, hoch dreifaltig.
Kaum
Kannst du folgen, zu gewaltig
Blüht mit immer vollern Zweigen
Hoch der Baum.

Eine ungeheure Bühne
Ewigen Spiels von Schuld und Sühne
Ringt sich, schlingt sich, um das kühne
Hochaltar=Blatt zu umrüsten

Wo des Heiligen reinen Lüsten
Aus Marias Mutterbrüsten
Satt die Milch der Weisheit spritzt,
Aus dem segensreichen Bronnen.
Angeblitzt von solchen Sonnen
Überhitzt von solchen Wonnen
Wildem Taumeln
Stehst du reglos, wie im Traum.
Aber menschlich dich zu grüßen
Auf der höchsten, rosensüßen
   Wolke Saum
Sitzt ein Englein, lacht verschmitzt
Und dort noch eins, leicht wie Schaum.
Und sie baumeln mit den Füßen —
Und die Liebe schmilzt den Raum.

Der Gang zur Christmette

Seit wir einigermaßen erwachsen waren, haben wir Weihnachten schon immer am Abend des dreiundzwanzigsten Dezember gefeiert, also um einen Tag zu früh. Wir haben wohl gewußt, daß das eigentlich nicht recht war; und wir waren für unsere Sonderlichkeit auch gestraft genug, denn die wahre Stimmung hat sich nie richtig einstellen wollen. Es ist eben das Geheimnis solcher Feste, daß sie an den Tag und an die Stunde gebunden sind, auf die sie fallen — und Weihnachten gar. Da muß man das große Gefühl haben, daß jetzt in der ganzen Christenheit die Geburt des Herrn begangen wird, daß dies die Heilige Nacht ist, in der überall die Lichter strahlen und die Glocken läuten und in der Millionen Herzen, die sonst wohl kalt und verstockt sein mögen, um den Frieden bitten, den Gott den Menschen verheißen hat, die eines guten Willens sind.

Aber wir sind halt allzu leidenschaftliche Skifahrer gewesen, meine Brüder und ich, und die zwei Feiertage allein haben nicht ausgereicht, auch von München aus nicht, um tief in den Tiroler Bergen, wo es nicht so überlaufen war und wo man sich auf den Schnee hat verlassen können, eine große Gipfelfahrt zu unternehmen. Und eine solche ist unser Weihnachtswunsch gewesen, Jahr um Jahr; sogar mitten im Krieg haben wir daran festgehalten, wenn es uns mit dem Urlaub hinausgegangen ist, und schon im Oktober haben wir unsere Pläne geschmiedet und, mit dem Finger auf der Landkarte, die Freuden einer solchen schönen Abfahrt vorgekostet.

Oft freilich ist der Dezember föhnig gewesen und ohne Schnee; dann haben wir daheim bleiben müssen. Aber am dreiundzwanzigsten Dezember haben wir trotzdem gefeiert. Wenn es dann gegen Mitternacht gegangen ist, dann haben wir mehr als einmal ein frevles Spiel getrieben; der eine oder andre ist zum Schein aufgebrochen, um in die Christmette zu gehen. Und einmal ist es meinen

Brüdern wirklich gelungen, mich zu übertölpeln, und ich habe erst vor den fest verschlossenen Domtüren gemerkt, daß wir allein in der ganzen Stadt das Weih=
nachtsfest um einen Tag zu früh begangen haben.

In dem Jahr aber, in dem das geschehen ist, was ich jetzt erzählen will, hat es Schnee genug gegeben. In den Bergen ist er schon im November liegen geblieben, und in der Woche vor den Feiertagen ist er gefallen, lautlos, in dicken Flocken, schier ohne Aufhören. Fast zuviel Schnee ist es gewesen, zu viel neuer Schnee; und wie wir im Zuge gesessen sind, meine Brüder und ich, am Samstagmittag, hat es noch immer geschneit; wir sind dann gegen Abend in die Kleinbahn umgestie=
gen, und der Schnee ist weiter gefallen, weiß und still. Eine Abteilung Kaiserjäger ist aus Innsbruck gekommen und hat den Bahnhof ausgeschaufelt; und im frühen Licht der Bogenlampen haben sich wunderliche Berge überall aufgetürmt, rieselnd und glitzernd wie Plättchen von Metall, mächtige Haufen dieses wunderlichsten aller Stoffe, der Luft wie dem Wasser gleich verwandt, so naß wie trocken, so schwer wie leicht und lange noch dem Himmel zugehöriger als der Erde, bis dann doch das Irdische ihn zwingt, seinen Gesetzen zu gehorchen.

Das Züglein ist so recht wie aus einer Spielzeugschachtel gewesen; und ob es mit dem vielen Schnee fertig werden würde, hat ungewiß genug hergesehen. Müh=
sam ist es in das Zillertal hineingekeucht, die Lokomotive hat gefaucht und ge=
pfiffen, sie hat Rauch und Feuerfunken in die schwere Luft gewirbelt, aber sie hat's dann doch geschafft mit Ächzen und Stöhnen.

Draußen ist es schon finster gewesen, aber blaß vom Schnee. In weißen Bau=
schen ist er auf den Dächern gelegen, jeder Zaun und jeder Pfahl hat eine ver=
wegene Mütze getragen, die Bäume haben geseufzt unter der lockeren Last. Nach Schnee hat's gerochen, still ist es gewesen vor lauter Schnee, die Luft hat ge=
schwirrt von Schnee, von unersättlich fallendem Schnee.

Manchmal haben die Lichter eines Dorfes, eines Bahnhofs aus dem Zauberkreis dieses mattglänzenden Nichts geleuchtet, dann sind Bauern in den Zug gestiegen, vermummte Weiber und klirrende Knechte. Sie haben sich geplustert wie die Hennen, sie haben sich das Eis aus den Bärten gewischt und haben alle vom Schnee geredet, vom vielen, vom zu vielen Schnee, wie er seit den neunziger Jah=
ren so nicht mehr gefallen wäre.

Endlich, am späten Abend, sind wir um den Tisch im Wirtshaus gesessen und haben, bei einem Schöpplein Roten, die Karte vor uns ausgebreitet, noch einmal unsere Bergfahrt überprüft.

Dieses Jahr hat es lange Feiertage gegeben, der Samstag, an dem wir abgefahren sind, ist der zweiundzwanzigste gewesen, morgen, am Sonntag, wollten wir in Hintertaxbach sein, am Dienstag, also am ersten Weihnachtsfeiertage, auf dem Gipfel und von da ins andere Tal hinunter. Am zweiten Feiertage talaus, weit zur Bahn, wo wir noch den letzten Zug erreichen mußten. Und weil die Nacht klar geworden ist und wir ein Anziehen der Kälte zu spüren gemeint haben, sind wir mit der Hoffnung auf Pulverschnee und schönes Wetter eingeschlafen.

Aber am Sonntag früh hat es schon wieder stumm und hartnäckig vom Himmel geschüttet, es ist lauer geworden, der Schnee ist in Klumpen an unseren Brettern gehangen, kein Wachsen hat geholfen. Nach drei Stunden haben wir es einsehen müssen, daß der Schnee zu mächtig gewesen ist, wir sind auf dem ungespurten Weg bis über die Knie eingesunken, auf einem Weg, der im Sommer ein bequemes Sträßchen ist, und auch im Winter sonst eine ausgefahrene glatte Schlittenbahn.

Kein Mensch ist uns begegnet, still ist es gewesen, geisterhaft still. Wir selber haben auch nicht mehr viel geredet, stumm sind wir hintereinander hergestapft, die Landschaft hing weich und weiß unter den warmen Bäuchen des unendlichen Gestöbers, Schnee hat sich uns auf die Wimpern gesetzt, Schnee ist uns in die Augen geflogen, Schnee hat uns jeden Blick verhängt, Schnee ist uns in den Hals geschmolzen, Schnee hat jede Falte unserer Kleider verklebt, Schnee ist blendend und schmerzhaft aus dem Nichts auf uns zugetrieben, in dem oben und unten, vorn und hinten zaubrisch vertauscht schienen.

Einmal haben wir uns in dem nebeldichten Gestiebe verleiten lassen, eine ver= meintliche Schneise hinunterzufahren; wir sind aber in verschneite Felsen und Jungfichten gekommen, und ich bin gar in eine Grube gefallen, zwischen die auf= wippenden Äste des Dickichts, und nun ist der Schnee rings um mich und hoch über mich geflossen, wie Wasser oder wie Sand, und wenn ich auch heute lache in der Erinnerung an mein wildes Dreinschlagen und Nach=Luft=Schnappen, da= mals habe ich ein paar atemlose Augenblicke lang das würgende Gefühl gehabt, im Schnee zu ertrinken, und der Schweiß ist mir aus allen Poren geschossen, bis ich wieder, tief schnaufend, fest auf den Beinen gestanden bin. Und lange haben wir gebraucht, um die fünfzig, sechzig Meter verlorener Steigung zurückzu= gewinnen.

Jedenfalls haben wir eingesehen, daß wir so unser heutiges Ziel nicht erreichen würden, und wie, noch vor dem Abenddämmern, ein einsames, armseliges Wirtshaus am Wege gestanden ist, haben wir klein beigegeben und um Nachtlager gefragt.

Eigentlich hätten wir, nach altem Brauch, an diesem dreiundzwanzigsten De= zember unser Weihnachten feiern müssen; aber wir sind verdrossen gewesen wie nach einer verlorenen Schlacht, und in der kalten, unfreundlichen Stube hat keine rechte Frömmigkeit aufkommen wollen. So haben wir uns nach einem lah= men Kartenspiel frierend in die winterfeuchten Betten gelegt und auf den nächsten Tag gehofft. Der ist dann wirklich flaumenweich und rosig aufgegangen, die Kälte hat uns früh herausgetrieben, die Welt hat anders ausgeschaut. Tiefblau ist der Himmel geworden, glitzernd weiß ist der Schnee gelegen, wie mit blauen Flämm= chen überspielt, als ob er brenne von innen her. Und von den knirschenden Bäu= men sind stäubend die kristallenen Massen gerutscht, und die befreiten grünen Äste haben schwarzgrün im goldenen Licht geschaukelt.

Wir sind zeitig aufgebrochen, zügiger als am Tage vorher sind wir gewandert. Und jetzt haben auch Pflug und Schlitten von Ort zu Ort gegriffen, und am späten Mittag sind wir, schier unverhofft, in Hintertaxbach gewesen.

Das kleine Dorf, holzbraun, schier schwarz unter den riesigen Hauben von Schnee, hat sich am Berg hingeduckt, der in steilen, fast waldlosen Randstufen gegen Südwesten das Tal abschließt. Nur das Gasthaus ist stattlicher gewesen und aus Stein gebaut.

Heute stehen steinerne Häuser genug dorten, und die wuchtigen roten Postkraft=wagen laden zwischen Weihnachten und Ostern ganze Scharen von noblen Sport=lern aus, die mit großen Koffern von weither angereist kommen. Aber damals ist Hintertaxbach noch kein Fremdenort gewesen, höchstens ein bescheidenes Bad im Sommer. Im Winter ist es völlig verlassen gewesen, jedenfalls waren wir die ein=zigen Gäste. Die eigentliche Front des Hauses ist während der toten Zeit dicht geschlossen gewesen, aber der Wirt hat es sich nicht nehmen lassen, uns dreien ein Staatszimmer im ersten Stock einzuräumen. Wenn ich sage Staatszimmer, so meine ich das schon richtig. Es ist nämlich ein heilkräftiges Wasser dort geflossen, und in den siebziger Jahren hat es so hergeschaut, als ob man es mit dem welt=berühmten Gastein aufnehmen könnte. Und eine Zeitlang ist eine echte Erzher=zogin zu Besuch gekommen und hat eine verschollene kaiserlich=königliche Pracht zurückgelassen, die jetzt, im wachsenden Verfall, einen fast gespenstischen Ein=druck gemacht hat.

Der Wirt selber hat auf der Rückseite des Hauses gewohnt, behaglich warm in zwei Stuben, aus deren einer uns der bunte Schimmer eines altmodisch und über=reich geputzten Christbaumes begrüßt hat. Für die ebenso spärlichen wie spar=samen einheimischen Gäste, die Bauern, Holzknechte und Fuhrleute, hat er eine gemütliche Schenke eingerichtet, in die auch wir uns zu einem späten Mittagessen gesetzt haben, während unser wintermodriges Zimmer gelüftet und geheizt wor=den ist.

Wir haben dann droben unsre noch immer feuchten Überkleider aufgehängt, die Rucksäcke ausgepackt und es uns so bequem wie möglich gemacht. Denn unsere kühnen Pläne haben wir aufgeben müssen, weil ja doch ein ganzer Tag verloren gewesen ist und weil es auch bei dem vielen Schnee nicht ratsam geschie=nen hat, über die lawinengefährliche Platte zu gehen. Wir sind bescheiden gewor=den, höchstens zu der Scharte wollten wir noch aufsteigen, sonst aber für diesmal faul und gemütlich sein und am zweiten Feiertag auf dem Wege zurückkehren, den wir gekommen waren.

Wir sind dann durch den Ort geschlendert, der im frühen Dämmern schon still geworden ist. Vor den Haustüren haben die Bewohner den Schnee weggeschöpft, zwischen den riesigen weißen Hügeln sind von Haus zu Haus Wege gelaufen wie Mausgänge, und die Straße ist an mannshohen Mauern bis zum Gasthaus ge=gangen, dann ist die Welt zu Ende gewesen. Ein richtiges Kirchdorf ist Hintertax=bach nicht, nur eine Kapelle ist zwischen den schwarzbraunen Holzhäusern ge=standen, ganz und gar eingeschneit, ein Kirchenkind sozusagen.

Unvermutet sind wir um eine Ecke gegangen und mitten in einen Schwarm spielender Buben und Mädel gestoßen; wie sie uns gesehen haben, sind sie kichernd auseinandergelaufen. Aber ein Bürschlein, von acht Jahren vielleicht, haben wir doch erwischt, und das hat sich jetzt zappelnd unter unsern Händen gewunden. Die Kinder haben nicht recht gewußt, ob es Ernst oder Spaß ist, was wir da treiben, sie haben aus der sicheren Entfernung neugierig hergeäugt, was wir wohl mit unserem Gefangenen anstellen würden.

Der Knirps ist schnell zutraulich geworden, wie wir ihn mit Schokolade gefüttert haben. Auch die anderen haben wieder Schneid gekriegt, und bald sind wir von Kindern umringt gewesen. Sie haben miteinander gewispert und getuschelt und immer wieder eines nach vorn gestoßen, daß es den Wortführer machen soll. Und das eine hat gefragt, woher wir kämen, und das andere, ob das wahr ist, daß man mit solchen Brettern, wie wir sie mitgebracht haben, auf den Berg steigen und wieder herunterrutschen kann? Und ein drittes hat ganz keck wissen wollen, ob das stimmt, daß in der Stadt die Häuser so groß sind wie die Berge und die Berge so klein wie die Häuser?

Wir haben ihnen Rede und Antwort gestanden, so gut es gegangen ist, und dann haben auch wir die Kinder ausgefragt, ob das Christkind heut abend kommt und was es wohl Schönes bringt. Aber da haben sie nur verlegen gelacht, und das eine hat gesagt, sie hätten ihr Sach schon vom Nikolo gekriegt, und ein andres hat eifrig berichtet, daß er ihnen Äpfel und Kletzen in die Schuhe gesteckt hat, und wieder eins hat uns eine goldne Nuß gezeigt, die es im Bett gefunden hat. Und ein ganz geschnappiges Dirndl hat uns erzählt, die Mutter hätte gesagt, daß das Christkindl nur dort hinflöge, wo ein Baum stünde, und einen Baum hätte nur der Wirt. Wir haben also die Wahrheit aus erster Quelle erfahren, daß tief in den Bergen, wo alles erst später hinkommt, das Gute wie das Schlechte, der Christbaum bis in die jüngste Zeit noch nicht Brauch gewesen ist.

Wir fragen die Kinder, ob sie ein Weihnachtslied singen können, aber sie kichern bloß; wir helfen ihnen drauf; ob sie in der Schule oder daheim nicht was gelernt haben, vom Stall in Bethlehem und vom Stern, von den Hirten oder den Heiligen Drei Königen. Sie winden sich geschämig, und eins versteckt sich hinterm andern. Und schließlich sagt die Geschnappige: Ja, singen könnten sie schon.

Also, sagen wir, dann singen wir am Abend, und wer mittun mag, darf nach dem Gebetläuten in die Wirtsstube kommen, und vielleicht bringt doch das Christkindl noch was, wenn sie alle schön brav sind. Die Kinder geben keine Antwort, sie drucksen an einem verlegenen Lachen herum und verschwinden in den Häusern. Es ist inzwischen völlig Nacht geworden, die Sterne sind aufgegangen, kalt, hoch und klar ist der Himmel gestanden nach all den wolkigen Tagen. Im ganzen Dorf ist kein Laut zu hören gewesen, und wenn nicht da und dort ein winziges Viereck geleuchtet hätte, wären wir ganz aus der Menschenwelt gewesen, mitten in dem ungeheuren Schweigen der starrenden Berge. Wir haben uns dann in die Wirtsstube gesetzt, haben gegessen und getrunken, wie man so nur im alten Österreich essen und trinken kann, heiß von der Pfanne und kühl aus dem Keller, wir haben gescherzt darüber, daß wir jetzt doch einmal Weihnachten am vierundzwanzigsten feiern, wie es sich gehört. Und der Wirt ist bei uns gesessen, ein verständiger alter Mann, wir sind ins Reden gekommen und haben eigentlich nicht mehr daran gedacht, daß die Kinder wirklich noch erscheinen würden. Aber auf einmal ist die Tür aufgegangen und die Kinder sind hereinspaziert, sechse, sieben oder acht, im Gänsemarsch, voran der Knirps, den wir am Nachmittag gefangen haben. »Jetzt samma da!« sagt er und pflanzt sich erwartungsvoll vor uns auf ...

Der Glaube von Kindern ist unbestechlich, und es ist eine üble Sache, ihnen nicht zu halten, was man versprochen hat. Die Verlegenheit ist an uns gewesen, wir haben uns da selber, wie mein ältester Bruder lachend gemeint hat, eine rechte Bescherung eingebrockt, denn es ist gar nicht so leicht, mit einem halben Dutzend Bauernkinder was anzufangen, für Zwanzigjährige gar. Sie sind, Mädel und Buben, stumm auf der Bank gesessen und haben uns angeschaut wie die Schwalben. Es ist aber dann doch alles besser gegangen, als wir gedacht haben. Wir haben alle Süßigkeiten geholt, die wir dabei gehabt haben, ein Päckchen Kakao ist auch dabei gewesen. Milch hat's genug gegeben; und vor den dampfenden Tassen sind die Kinder immer munterer geworden. Wir haben ihnen Geschichten vom Christkind erzählt, so gut wir es gewußt haben — und haben, beschämt genug, gemerkt, wie arm der Verstand der Verständigen vor einem Kindergemüt doch ist. Aber dann haben wir ein paar bewährte, unfehlbare Zauberstücklein zum besten gegeben, die auf den Handrücken gelegte und heimlich in die Haut geklemmte Zündholzschachtel, die geisterhaft auf- und niedersteigt, das Geheimnis mit dem ausgerissenen und wieder anwachsenden Daumen, das jeder erfahrene Onkel kennt, und die mit zahnlosen Kiefern Brot mulfernde alte Frau, dargestellt durch die bloße Hand, der ein umgebundenes Taschentuch und ein mit einem verkohlten Hölzchen aufgemaltes Auge in der Tat ein beängstigendes Aussehen verleiht.

Immer mutiger sind die Kinder geworden, immer gesprächiger, immer seliger. Sie haben fest geglaubt, daß wir echte Zauberer sind, und wir haben uns durch ihre Begeisterung zu immer verwegeneren Künsten verleiten lassen, bis wir selber gespürt haben, daß es hohe Zeit ist, wieder in die Frömmigkeit des Weihnachtsabends umzustimmen. Von unseren Spielen verlockt, sind auch ein paar Knechte und Mägde aus dem Haus in die Stube gekommen, der Wirt selber ist ja ein einschichtiger Mann gewesen, ohne Frau und Kinder. Er hat drüben den Baum angezündet, wir sind hinübergegangen, ich habe meine Querpfeife mitgebracht, und mein Bruder hat die verstaubte Gitarre gestimmt. Mit dem Singen freilich ist es zuerst nicht viel gewesen, weil die Kinder herkömmliche Lieder nicht gekonnt haben; aber in dem Lichterschein ist es dann doch ein inniges Musizieren geworden, und zum Schluß haben sich gar der Wirt und die Köchin als Sänger alter Tiroler Weisen gezeigt, so daß jetzt wir Städter die Beschenkten gewesen sind. Sie haben vom König David gesungen und seiner Weissagung, vom bösen Herodes und von den Hirten auf dem Feld, vom Kasper, Melchior und Balthasar, ich hab mir nur ein paar Bruchstücke merken können, vom frohen Getümmel, Schalmeien vom Himmel und daß die Hirten schon gemeint haben, ganz Bethlehem brennt, so stark ist der Schein gewesen und der Braus in der Heiligen Nacht. Die Lieder sind hundert Jahre alt gewesen und älter, von Mund zu Mund sind sie ge= gangen, und wie sie jetzt erklungen sind, von den zwei alten, brüchigen Stimmen, aber herzhaft und ohne Fehl, vor den Kindern und Kerzen, in der großen Berg= stille, das ist schön gewesen, und ich schäme mich nicht zu sagen, rührselig, denn das ist ein gutes Wort, und erst wir haben es zu einem schlechten gemacht.

So pünktlich, wie er sie gebracht hat, hat unser Knirps seine Schar wieder fort= geführt. Jeder hat jedem Kind die Hand gegeben, sie sind, wieder im Gänsemarsch, hinausgetrippelt, ohne Dank und fast ohne Gruß, aber mit einem unvergeßlichen Leuchten in den Augen.

Der Seppei, sagt der Wirt, wie sie gegangen sind, wär ein armes Bürscherl, die Lahn hätte ihm vor drei Jahren den Vater verschüttet. Das ganze Häusl, sagt er, hätte der Schnee begraben, drei, vier Meter hoch wäre die Grundlawine gewesen. Die Mutter wäre mit dem Buben grade im Geißenstall gewesen, und den hätte der Schnee aufgehoben und auf den Rücken genommen und ganz sanft an die zwanzig Meter ins Tal hinausgetragen.

Wir sind in die Gaststube zurück und haben uns noch eine Weile über den Schnee unterhalten, der Wirt, nur noch flüchtig am Tisch stehend, hat uns erzählt, wie schier Jahr um Jahr die Lawinen sich ihre Opfer holen, die kleinen Holzhäuser und die Ställe überrennend, Fuhrleute mit Roß und Wagen in die Tobel reißend, im Auswärts gar, wenn die Berge in Aufruhr kommen und die schweren Schlag= lawinen niederbrechen und sich rauschend und polternd bis in die Gassen des Dorfes wälzen.

Ein Wort hat das andere gegeben, wir haben auch noch allerhand Erlebnisse berichtet, von Schneebrettern und Eisbrüchen, lauter Dingen, die scheußlich zu er= leben sind, aber gut zu erzählen, wenn man noch einmal davongekommen ist. Und zum Schluß haben wir den Wirt, der nur mit halbem Ohr zugehört hat, gefragt, ob er, seiner Erfahrung nach, auch jetzt, im Frühwinter, eine Lawine für möglich halte. Der Wirt schüttelt den Kopf und sagt: Ausgeschlossen! Und: ausgeschlossen nicht, sagt er gleich darauf, gar nicht ausgeschlossen, im Gegenteil, wahrscheinlich sogar bei dem vielen lockeren Schnee und der Kälte obendrein. Bis ins Dorf hinein wird wohl keine kommen. Aber, sagt er, und rundet das Gespräch mit einem Scherz ab, bei Weibern und anderen Naturgewalten weiß man nie, was sie vor= haben. Und, eine gute Nacht wünschend, fragt er, mehr beiläufig, ob die Herren vielleicht mit in die Christmette gehen möchten, nach Kaltenbrunn. Um halb elf Uhr würde aufgebrochen, denn eine Stunde Wegs müßte man bei dem Schnee rechnen. Ein Winterabend ist lang, wenn man sich um fünf Uhr schon an den Tisch setzt; und so ist es jetzt auf neun gegangen. Ich bin, wie das oft so geht, auf einmal bleiern müde gewesen. Meine Brüder haben nach kurzem Zögern zugesagt, sie haben die anderthalb Stunden noch aufbleiben wollen, und wie ich mich nun angeschickt habe, hinaufzugehen, um mich schlafen zu legen, haben sie mich einen Schwächling gescholten und einen faden Kerl, der keinen Sinn für Poesie hat. Bei=

nahe hätten sie mich noch umgestimmt. Ich habe, einen seligen Augenblick lang, das liebliche Bild wie im Traum vor mir aufsteigen sehen, die Mitternacht im Schnee, das honigsüße Kerzenlicht, den Orgelbraus des Gloria und die vielen Wanderer auf dem Wege, Bauern aus allen Weilern und Einöden, heute so fromm wie die Hirten vor zweitausend Jahren. Aber der Teufel muß mich geritten haben in der gleichen Sekunde, ich habe nein gesagt, und um meiner Ablehnung einen scherzhaften Ton zu geben, sage ich, daß ich heute daheim bleiben will, für damals, wo sie mich vor die versperrte Kirchentür gesprengt haben. Und meinen Schutzengel, sag ich, will ich ihnen mitgeben, zum Schlafen brauch ich ihn nicht, und es ist dann einer mehr zum Hallelujasingen.

Vielleicht hätten meine Brüder gelacht und das lästerliche Wort wäre so ohne Wirkung geblieben, wie es im Grunde gemeint war. Aber der Wirt hat einen roten Kopf gekriegt, er hat ein feindseliges Gesicht gemacht und hat nachdrücklich gesagt, daß der Herr seinen Schutzengel so leichtsinnig in Urlaub schicke, möchte ihn am Ende gereuen. Halten zu Gnaden, sagt er, aber so was höre er ungern. Und ist ohne Gruß hinausgegangen. Nun ist die Stimmung verdorben gewesen, und wie ich jetzt, als Säckelmeister, unwirsch die Kellnerin rufe, um zu zahlen, erhebt keiner Einspruch. Sie lassen mich gehen, ohne Vorwurf, aber auch ohne Trost; und daß ich dem alten Mann innerlich recht geben muß, daß ich selber nicht weiß, warum ich so dumm dahergeredet habe, ist bitter genug, um mir das Herz bis zum Rande zu füllen.

Ich bin droben noch eine Weile in der Finsternis am offenen Fenster gestanden und habe mit mir gehadert. Die stille, heilige Nacht hat über dem lautlosen Tal gefunkelt, ein Licht, das von den Sternen gekommen ist, hat die weißen Tafeln des beglänzten Schnees und die bläulichen Schatten der Dunkelheit mit einem wunderlichen Feuer umspielt, und ich habe, wie es in seltenen Augenblicken geschieht, durch die Landschaft hindurch weit in mein Leben und ins Wandern der Planeten gespäht, viele Gestalten, verhüllt und schwer zu deuten, haben mich mit Traumesgewalt sprachlos angeschaut, und der Himmel hat mir erlaubt, das törichte und vermessene Wort zu vergessen. Ich bin dann versucht gewesen, doch noch hinunterzugehen und zu sagen, daß ich mitkommen wollte in die Christmette. Aber ich habe den Mut zu dem ersten, schweren Schritt nicht gefunden, und das Gute ist ungetan geblieben, wie es oft ungetan bleibt im Leben.

Es ist gewesen, als wäre ein Sausen in den Sternen, aber es hat wohl nur der Schnee leise gebraust und gesotten, der die Luft ausgestoßen und sich gesetzt hat. Morgen würde ein strahlender Tag werden.

Ich habe das Fenster geschlossen und das Licht angedreht, ich habe mich ausgezogen und in eins der großen, wiegenden Betten gelegt. Und noch einmal hat es mich getrieben, wieder aufzustehen und mitzupilgern zur Mitternachtsmesse. Aber ich habe trotzig das Licht gelöscht. Zuletzt habe ich noch die Berge gesehen, steil und schwarzdrohend im Viereck des Fensters. Ich habe weinen wollen, nachträglich, wie ein gescholtenes Kind, aber da bin ich schon eingeschlafen.

Eiskalt rührt es mich an; traumtrunken haue ich um mich: Blödsinn! will ich lallen, aus tiefem Schlaf tauche ich rasend schnell empor. Die Brüder, denke ich, Schnee, rohe Bande! Und ehe ich wach bin, höre ich rumpelnden Lärm, das sind die Brüder nicht! Das Fenster klirrt, ein Stoß geht durchs Haus, ein Schwanken und Fallen, ein Knistern und Fauchen. Ein geisterhaft weißer Hauch schießt her= ein, kein Hauch mehr, ein knatterndes Vorhangtuch, Sturm. Die Fenster platzen auf. Sturm, denke ich, noch immer nicht wach, Schneesturm? Aber da peitscht es schon herein, wilde, weiße, wogende Flut: Schnee — Schnee! Ins Zimmer, ins Bett, ins Hemd, ins Gesicht, in die Augen, in den Mund — ich schreie, ich fahre auf, ich wehre mich. Und jetzt erst, wo es wie mit nassen Handtüchern auf mich einschlägt, begreife ich: Die Lawine! Im gleichen Augenblick ist es auch schon vorbei. Nur noch ein Seufzen geht durch das Zimmer, es ist, als schwände eine weiße, wehende Gestalt. Von drunten höre ich es dumpf poltern, und noch einmal bebt und ächzt das Haus. Dann ist es dunkel und still.

Ich bin jetzt ganz wach. Eine heiße Quelle von Angst schießt aus mir heraus. Ich habe das Gefühl, als ob bärenstarke Männer auf meiner Brust knieten und mich an Armen und Beinen hielten. Ich versuche, mich loszureißen, ich bekomme eine Hand frei, ich wische mir übers Gesicht, ich spucke den Schnee aus dem Mund. Ich bin völlig durchnäßt, ich schlottre vor Kälte und glühe zugleich vor Anstren= gung, mich aus der Umklammerung dieser unbarmherzigen Fäuste zu befreien. Es gelingt, Glied um Glied, der linke Fuß ist wie in Gips eingeschlossen, ich zerre ihn mit beiden Händen heraus, des Schmerzes nicht achtend. Ich krieche aus dem Bett, ich tappe im Finstern, mit bloßen Füßen. Ich taste die Gegenstände ab, mit unbeholfenen, erstarrenden Händen, aber die Unordnung verwirrt mich noch mehr, ich kenne mich überhaupt nicht mehr aus; es ist für einen Schlaftrunkenen in einem vertrauten Raum schon schwer, Richtung zu halten, aber hier erst, zwi= schen umgestürzten Stühlen und queren Tischen, eingemauert im Eis, mit nackten Füßen im zerworfenen, glasharten Schnee! Natürlich habe ich den Lichtschalter gesucht, aber es ist eine sinnlose Sucherei, ich werde immer kopfloser.

Ich nehme mich plötzlich zusammen, ich sage laut vor mich hin: Nur Ruhe! Und jetzt finde ich den Lichtschalter wirklich. Ich drehe ihn mit klammen Fingern, aber es ist vergebens. Es bleibt stockdunkel. Ich kämpfe meine Erregung nieder. Ich werde doch zum Teufel eine Zündholzschachtel auftreiben. In der Rocktasche ist eine, im Rucksack. Ich wandre also wieder im Zimmer herum, meine Füße schmer= zen mich, es ist nirgends ein trockenes Plätzchen zu ertasten. Aber auch nirgends die Spur von einem Kleidungsstück oder von einem der drei Rucksäcke.

Aber den Türgriff habe ich unvermutet in der Hand. Ich drücke ihn nieder, ich rucke und reiße. Oben geht wippend ein Spalt auf, aber unten weicht die Türe nicht einen Zoll. Ich fange an, scheußlich zu frieren, ich kann kaum noch stehen. Aber es ist wenigstens nicht mehr so undurchdringlich finster, die Augen gewöh= nen sich an die Nacht, ich sehe gegen das matte Viereck des Fensters den grau= geballten Schnee und die schwärzlichen Umrisse der durcheinandergeworfenen

Möbel. Ich stolpere also gegen den blassen Schein, und schon fahre ich mit der ausgestreckten Hand in die Glasscherben. Ich blute. Ich heule aus Verzweiflung, so herumzulaufen, wie ein blinder Maulwurf. Und mit einemmal wird mir klar, daß meine Lage weit ernster sein kann, als ich bedacht habe. Ich weiß ja nicht, wieviel Uhr es ist. Es kann elf Uhr sein, und die anderen sind ahnungslos auf dem Weg in die Mette. Oder ist es schon gegen Morgen — und die Lawine hat die Heimkehrenden in der Gaststube drunten überrascht, und sie sind schon tot, während ich hier oben auf ihre Hilfe warte?

Ich überlege, ob ich schreien soll. Es hat wohl keinen Sinn. Wenn die Lawine niemand wahrgenommen hat, dann hört auch keiner mein Rufen. Aber ich will doch nichts unversucht lassen. So wunderlich es klingen mag, ich muß erst eine drosselnde Beschämung überwinden, ehe ich mich richtig zu schreien getraue. Dann tut es freilich gut, die eigene Stimme zu hören. Ich rufe sechsmal, wie es die Vorschrift ist; dann schweige ich und horche ... Lautlose, schwarze Stille. Der Vers fällt mir ein und geht mir nicht aus dem Kopf: »Wie weit er auch die Stimme schickt, nichts Lebendes wird hier erblickt!« Das ganze Gedicht rast in wirbelnden Fetzen durch mein Hirn, ich ärgere mich über den Blödsinn, es nützt nichts: »So muß ich hier verlassen sterben.« Ich bin nahe am Weinen und lache zugleich, ich setze zu neuem Rufen an — da höre ich irgendwo aus dem Hause eine Uhr schlagen.

Nie habe ich so bang auf einen Uhrenschlag gelauscht: Eins, zwei, drei — vier! Und dann voller und tiefer: Eins — zwei ...

Und jetzt vernehme ich rufende Stimmen und sehe den huschenden Schein von Laternen draußen über den Schnee gehen. Meine Brüder haben mir später erzählt, daß ich immer wieder gebrüllt hätte: »Eine Lawine, eine Lawine!« — als ob sie es nicht selber gesehen hätten, was geschehen war.

Sie sind dann von rückwärts ins Haus gedrungen und haben die Tür eingeschlagen. Ich habe meinen älteren Bruder noch mit erschrockenem Gesicht auf mich zukommen gesehen, dann hat mich das Bewußtsein verlassen.

Wie ich wieder aufgewacht bin, da bin ich auf den Kissen und Decken in der Stube des Wirts gelegen, und am Christbaum haben die Kerzen gebrannt. Das ist freilich nur so gewesen, weil das Licht nicht gegangen ist, aber für mich hat es doch eine tiefe und feierliche Bedeutung gehabt. Meine Brüder sind besorgt und doch lächelnd dagestanden, und jetzt ist auch der Wirt mit einem Krug heißen Weins gekommen, ich habe wortlos getrunken und bin gleich wieder eingeschlafen.

Am Vormittag bin ich dann überraschend munter gewesen, nur meine Füße haben mir wehgetan und die Hand, die ich mir mit den Glasscherben zerschnitten habe. Ich bin in allerhand drollige Kleidungsstücke gesteckt worden, und wir haben lachen müssen über meinen wunderlichen Aufzug. Meine eigenen Sachen sind noch im Schnee vergraben gewesen. Beim Frühstück, das zugleich unser Mittagessen war, denn es ist schon spät gewesen, ist es dann ans Erzählen gegangen. Ich habe zu meiner Überraschung gehört, daß zwischen dem Losbruch der Lawine und der Heimkehr meiner Brüder kaum mehr als eine Viertelstunde gelegen ist. Die Pilger haben, fast schon bei den ersten Häusern des Dorfes, einen wehenden Schein gesehen und später noch ein dumpfes Poltern gehört. Sie haben daraufhin wohl ihre Schritte beschleunigt, aber keiner, auch der Wirt nicht, hat sich denken können, daß die Lawine so stark gewesen ist, wie sich nachher gezeigt hat.

Nach dem Essen haben wir die Verwüstungen angeschaut, die die Staublawine angerichtet hat. Im Erdgeschoß sind die Räume gemauert voll Schnee gestanden. Vom Gesinde, das hier schläft, wäre nicht einer lebend davongekommen. Sie sind aber alle in der Christmette gewesen. Im ersten Stock waren die Fenster einge= drückt, oft mitsamt den Fensterstöcken. In manche Zimmer hat man bloß von außen mit einer Leiter einsteigen können. Der Schnee, der leichte Schnee, der wie ein Geisterhauch hingeweht ist, jetzt ist er zu Eis gepreßt gewesen, der Luftdruck hat ihn mit Gewalt in alle Winkel geworfen.

Wir haben von dem geschwiegen, was uns zuinnerst bewegt hat. Wir haben sogar gescherzt, wie wir unsere Kleider und unsre Habseligkeiten aus dem Schnee gescharrt haben, soweit sie noch zu finden waren, oft genug an entlegenen Orten. Am Nachmittag sind wir talaus gewandert, der Wirt war in seinen Räumen be= schränkt, ihm ist nur die leidlich erhaltene Rückfront seines Hauses geblieben.

Wie wir zu ihm getreten sind, um nach unserer Schuldigkeit zu fragen und um Abschied von ihm zu nehmen, hat er grad eine Scheibe in den Rahmen gekittet. Er hat angestrengt auf seine Arbeit geblickt, wohl nur, damit er mich nicht noch einmal hat anschauen müssen. Fürs Übernachten, sagte er mit brummigem Humor, könnte er billigerweise nicht was verlangen, denn übernachtet hätten wir ja wohl nicht. Aber wenn einer der Herren einen Stutzen Geld übrig hätte, könnte er gern was in den Opferstock von Kaltenbrunn legen, zum Dank, daß der Herrgott in der Christnacht so viele Engel unterwegs gehabt hätte: ein gewöhnlicher Schutz= engel hätte vielleicht nicht genügt diesmal.

Er ist weggegangen, ehe wir ihm die Hand geben konnten. Am Abend sind wir in Kaltenbrunn gewesen und haben uns für die Nacht einquartiert. Die Kirche ist hoch über dem Dorf gestanden, kaum hat sich die weiße Wand vom weißen Schnee abgehoben in der Finsternis. Aber die Glocken haben gerade den Feierabend ein= geläutet. Ich bin die hundert Stufen hinaufgestiegen und habe den Mesner ge= sucht; aber er ist nirgends zu finden gewesen, die Glocken waren still.

Da bin ich wieder, wie damals vor Jahren, an der verschlossenen Kirchentür ge= standen; freilich nicht einen Tag zu früh, sondern einen Tag zu spät. Und doch inbrünstig diesmal vor der Gnade, daß ich so habe stehen dürfen und daß es nicht zu spät gewesen ist für immer.

Gotischer Dom

AM MORGEN

Zerstäubt in Sonne wirft der Dom
Die steinern' Arme aufwärts wie Raketen.
Mit allen Glocken fängt er an zu beten
Und mit der Inbrunst seiner steilen Türme
Greift er hinauf, daß er den Gott bestürme.

Tief unten in den Bau die Menschen treten,
Und wachsen brandend an, ein dunkler Strom

Die Hallen reißen auf von Orgelchören:
»Gott muß uns hören!«
Gesang von tausend Stimmen schreit.

Und er steigt nieder bis zur steinern' Schwell
Und schleudert wie ein Zeichen seine Helle
Hin durch der Fenster bunte Dunkelheit.

Und läuft durch alle, eine heilige Welle,
Und reißt sie stürmend in Unendlichkeit.

DER BAU

Wir bauen schon an diesem Haus
Seit tausend, abertausend Tagen,
Und sehn es wachsen hoch hinaus
Und steigend in die Sterne ragen.
Verloren ging des Meisters Wort,
Und keiner ahnt: Wann wird es enden;
Wir aber bauen immerfort
Mit müdem Sinn und regen Händen.
Wir haben keine Zeit, zu ruhn,
Als ob wir es vollenden müßten,
Wir unsre harte Arbeit tun
Und sterben hoch in den Gerüsten.
Kaum, daß von Sehnsucht jäh geschwächt,
Wir innehalten mit dem Fronen:
Wann kommt das selige Geschlecht,
Bereit zu ruhen und zu wohnen!?

DER TURM

Sie haben oft bei ihrem Werk gerastet,
Als sie sich Stock um Stock hinaufgetastet,
Und schon hat ihnen vor der Tat gegraut,
Als sie behutsam Stein auf Stein gelastet.

Sie sahen schwindelnd die Gerüste steigen,
Entwachsend schon der Stadt und Lärm und Laut
Emporgeblüht ins unermeßne Schweigen
Und ganz vom neuen Tage überblaut.

Da ahnten sie, daß Gott in ihnen baut.

Am letzten Tag, sie schwiegen mit dem Hämmern,
Da faßten sie es erst, was sie vollbracht.
Sie sahen Stadt und Land im Dunst verdämmern
Und über ihnen wuchs die Sternennacht;
Sie fühlten näher Gottes Atem wehen
Und waren schon durchwühlt von seinem Sturm.

Und ihnen war's, sie müßten schweigend gehen
Und sich die tausend Stufen abwärts drehen.

Sie blickten scheu empor und sahn ihn stehen
Wie eine Himmelsleiter hoch: Den Turm.

ROMANISCHE PFORTE

Die Schwelle ist von tausend Füßen abgeschliffen,
Von tausend Händen sind die Pfeiler abgegriffen,
Demütiger Schacht durch harten Mauerstein.

Als hätten Beter durch ihr harrend Pochen
In tausend Jahren erst den Weg erbrochen
Zu ihres Gottes heiligem Schrein.

Auftauende Landstrasse

Schnee, wie groben Salzes Korn
Rauscht mir unterm Wanderschritt.
Winterliche Reise!
Doch schon geht der Frühling mit,
Und die Sonne rückt nach vorn:
Gestern einen Hahnentritt,
Heute eines Mannes Schritt,
Morgen einen Hirschensprung.
Und mit übermüt'ger Zung
Hat sie schon das Land beleckt,
Süß schmeckt ihr die Speise!
Wie ein Pardelfell gefleckt
Liegt der Anger hingestreckt
Wunderlicher Weise.
Wo die Straß den Wald durchläuft,
Liegt noch hoch der Schnee gehäuft
In der schmalen Schneise.
Doch dort vorn im Sonnenschein
Rinnt's von tausend Wässerlein.
Blank vom Gleise trieft's und träuft,
Daß die Straße schier ersäuft,
Bläulich blinkt's vom Eise ...

Kleine Welt mir zu besehn,
Bleib ich voller Andacht stehn,
Schaue mit Entzücken.
Träum mich armen Wanderzwerg
Riesengroß, wie einen Berg,
Muß auf winziges Wunderwerk
Lächerlich mich bücken.

Hundert Quellen halt ich zu,
Plump mit meinem Nagelschuh,
Und ein Eisstoß treibt im Nu
Über seinen Rücken.
Urweltlandschaft — so als flöß
Durch die Ebenen von Löß
Reißend wild der Hoang=Ho
Und ich könnt ihn, götter=roh
Aus dem Bette drücken.

Sieh, mit flinkem Nagezahn
Bricht das Wasser neue Bahn,
Triftet hier ein Flöckchen Werg,
Holt sich dort ein Hälmlein Stroh
Und schießt jetzt hinunter froh,
Sprengend alle Brücken.

Und nun treibt es schwarz wie Ruß
Gegen den gestemmten Fuß:
Gletscherfloh an Gletscherfloh,
Ein Millionenrudel.
Immer wieder, Stoß um Stoß
Jagt's hinunter, rettungslos
In den weißen Strudel.
Triebe neue Sintflut so,
Denk ich, fort die Menschheit bloß,
Widriges Gehudel!
Rasch und rascher wird die Wucht,
Unabsehbar wird die Flucht,
Wirbelnd wilder Sprudel,
Bis sich in beruhigter Bucht
Sammelt Satz und Sudel.

Müde meines Kinderspiels,
Eingedenk des Wanderziels
Geh ich wieder weiter.
Schon verglühn im Wolkenrost
Tages letzte Scheiter.
Käuzchenschrei und Rabenruf —
Riesig trabt mit blankem Huf
Überm goldnen Schnee der Frost,
Silberblauer Reiter.
Eis in feinen Nadeln sproßt,
Bis in Krusten, gläsern hart
Alles Fließende erstarrt,
Wieder jetzt die Straße knarrt
Unterm stillen Schreiter.
Fort der Traum, der mich genarrt
Von dem eitlen Götterwerk.
Mühsam, müd, ein Menschenzwerg
Wandr' ich über Tal und Berg —
Und doch himmlisch heiter ...

Das Schweizerhäusl

Vierzig Jahre habe ich meinen Schulkameraden Martin Sinzinger nicht mehr getroffen, obwohl wir in derselben großen Stadt München wohnen. Ich habe nur gewußt, daß er später auf dem Gymnasium nicht mehr weiter gekommen und Musiker geworden ist; er hat im Staatstheater die Baßgeige gespielt, und noch während des Krieges habe ich ihn von Zeit zu Zeit gesehen, mit seinem roten Haarschopf leuchtend, am Rande des großen Gewühls, sein riesiges Instrument befingernd im schwirrenden Lärm des Stimmens. Ich habe dann wohl auch versucht, in die dämmrige Versenkung des Orchesters hinunterzugrüßen, aber er sah mich nicht in seinem Eifer. Und ihn gelegentlich am Bühneneingang abzufangen — nein, so wichtig war mir's dann doch wieder nicht, es hat mir genügt, ihn wohlauf zu wissen. Dieser Tage jedoch habe ich wunderlicherweise den Sinzinger gleich siebenmal gesehen. Ich bin mit der Straßenbahn stadteinwärts gefahren, bin am vereisten Fenster gesessen und habe durch das Loch, das ich mit immer frischem Hauch offen zu halten suchte, auf die Straße hinausgeschaut. Da hab ich ihn, von rückwärts zuerst, auf dem Rad dahinstrampeln gesehen, dann hat er ein Weilchen gleiche Fahrt mit uns gehalten, und ich hab ihn ganz dicht neben mir gehabt. Ich hab ans Fenster geklopft, aber er hat mich ja hinterm Eis nicht erkannt, er ist stumm und angestrengt dahingefahren, ist zurückgefallen und hat wieder aufgeholt, wenn wir gehalten haben.

Das ist siebenmal so gegangen, bis sich dann seine Spur verloren hat. Und ich habe mir fest vorgenommen, daß ich den Martin Sinzinger jetzt endlich einmal aufsuchen will, den ältesten Kindheitsgefährten, den ich noch habe, ja vielleicht ist er der einzige, der noch lebt. Ich habe aber nirgends seine Anschrift gefunden, und so ist er wieder verschollen, wie er's war, und daß ihn mir der Zufall so bald ein zweites Mal über den Weg treibt, scheint mir recht ungewiß. Die alten Schulgeschichten aber, die mir bei seinem Anblick alle wieder eingefallen sind, und die vom Schweizerhäusl im besondern, die auch ihn angegangen ist, will ich doch aufschreiben, bevor auch sie wieder hinuntersinken in die Vergangenheit.

In unsere Volksschule damals, gleich nach der Jahrhundertwende, sind allerhand Kinder gegangen, arme und reiche, Christen und Juden, Buben und Mädel gemischt; denn die Schule ist von den vornehmsten Gegenden der Stadt und ihren finstersten Glasscherbenvierteln, die dort hart aneinander stoßen, gleichermaßen beschickt worden.

Nur die Protestanten sind ganz für sich gewesen, in dem gleichen Riesenkasten zwar, aber mit eigenem Eingang. Sie haben natürlich auch ihre besonderen Lehrer gehabt, denen wir nicht untertan waren, den schnauzbärtigen, einäugigen Oberlehrer ausgenommen, der dreist genug war, auch einen katholischen Lausbuben, wenn er ihn über einer Untat ertappte, ins Gebet zu nehmen, obwohl er doch den wahren Glauben nicht gehabt hat. Mit den Kindern aber, die doch oft genug denselben Weg gegangen sind, haben wir wenig Gemeinschaft gehabt. Sie haben sich, schon von den Eltern her, für was Besseres gehalten, und wir haben sie höchstens, wenn sie uns in die Quere gekommen sind, mit dem Spottvers verjagt: »Protestantischer Zipfel, steigst nauf auf'n Gipfel, fliegst aba in d'Höll, bist 'n Teifi sein G'sell!« Dagegen hat zu den jüdischen Kindern keine grundsätzliche Feindschaft bestanden. Soweit sie getauft gewesen sind, haben sie ohne großen Vorbehalt zu uns gehört, und der einzige Hirschel, der noch mosaischen Glaubens war, ist eben vom Religionsunterricht befreit gewesen. Als Tribut hat er uns von Zeit zu Zeit Judenmatzen mitbringen müssen, ungesäuertes Brot, das wir mit Begeisterung gegessen haben, so wenig schmackhaft es auch war.

Daß ein jüdisches Kind gekränkt worden wäre, ist selten vorgekommen; bei vielen haben wir es einfach nicht gewußt, wie es uns ja auch im Traum nicht eingefallen wäre, daß der Stabsarzt Dreschfeld in seiner schneidigen Uniform ein Jude sein könnte oder der Kriegsgerichtsrat Frank, beide Freunde unserer Eltern. Wenn freilich besagter Hirschel, vielleicht sogar guten Glaubens, uns weismachen wollte, sein Vater wäre General, und das wäre mehr als der Oberstleutnant Gausrapp, dann war es nur in der Ordnung, daß uns dessen Sohn, mit dem unvergeßlichen Namen Hannibal, darüber aufklärte, daß Herr Hirschel bloß ein Generalvertreter, also ein ganz gewöhnlicher Handelsjud wäre, dem sein Vater, gar in Uniform, nicht einmal die Hand geben dürfte.

Liebe und Haß haben sich nach anderen Gesichtspunkten verteilt, und jener Gausrapp etwa ist ein König unter uns Buben gewesen, ein kleiner Soldat mit Kanonenstiefelchen und einer Schirmmütze, und ich bin öfter als einmal ausgezankt worden, weil ich mich von dem wilden Schwarm nicht habe trennen können, der ihn bis weit in die Nymphenburger Straße heimbegleitet hat.

Ich kann mich sonst nicht an viele Schulkameraden erinnern, nur den bösen, grünblassen Rucker weiß ich noch, der aus tiefster Armut und Verwahrlosung gekommen ist und den alle gemieden haben wie ein wildes Tier, zumal er auf eine abgründige Art einen kalten Gestank um sich verbreitet hat; oder die Therese

Fröschl, die geschwätzige Verklägerin, deren Vater ein königlicher Hartschier gewesen ist, mit einer himmelblauen und silbernen Rüstung. Wenn der dem Prinzregenten nur ein Wort über uns sagen würde, hat sie uns gedroht, dann könnte der uns alle köpfen lassen. Der kreuzbrave Vater wäre gewiß nicht schlecht erschrocken, wenn er von solcher ihm angedichteten Machtfülle erfahren hätte. Die besseren Kinder sind von ihren Eltern oder von irgendeinem Fräulein bis vor die Schultür gebracht und wieder abgeholt worden, sie sind uns im Grunde fremd geblieben, und ich habe mehr Umgang mit den Gassenbuben gehabt, die eine beneidenswerte Freiheit genossen haben; vielleicht, allerdings, sind sie nur unempfindlicher gewesen gegen die Maulschellen und Fastenkuren, die auch ihnen blühten, wenn sie nach langem Herumstrawanzen allzuspät ihrer Mutter in die Suppenschüssel gefallen sind.

In unsere Klasse ist auch die Komtesse Inge von Vessar gegangen, oder vielmehr, sie ist jeden Morgen mit einer zweispännigen Kutsche angefahren gekommen, aus der sie ein eisgrauer, unnahbarer Diener gehoben hat. Denn das stille und zarte Mädchen hatte ein lahmes Bein, an dem es ein häßliches Gerüst aus Leder und Eisen tragen mußte. Die kleine Gräfin wäre gewiß lieber zu Fuß gegangen, und ihr sehnlichster Wunsch, den sie mir bei einem der seltenen, von mir nur mit Herzklopfen geführten Pausegesprächen anvertraut hat, wäre gewesen, einmal mit der Dampftrambahn nach Nymphenburg zu fahren. Aber sie durfte nicht, ach, so vieles durfte sie nicht, und warum sie eigentlich zu uns in die Volksschule ging, haben wir nie begriffen.

Sie ist für uns ein Wesen aus einer andern, schöneren Welt gewesen, schwärmerisch verehrt von den Guten, aber selbst von den Bösen ohne Auflehnung hingenommen, knirschend vielleicht, wie die Dämonen einen Engel anerkennen, über den sie keine Macht haben. Daß sie jemals getadelt worden wäre oder gar, wie doch so manches andre Mädchen, ein paar Tatzen bekäme, das ist nicht auszudenken gewesen. Ja, sogar ihr Körperschaden tat ihrer Vollkommenheit keinen Abbruch. Es ist uns gewesen, als hätte sie ihn auf sich genommen, eine himmlische Erscheinung, freiwillig, um gemäßer unter uns zu wandeln und als könnte sie ihn von sich tun, wenn sie nur ernstlich wollte. Für mich aber ist jeder Gang zur Schule von dem heimlichen Gefühl der Freude begleitet gewesen, sie nun zu sehen und für Stunden den gleichen Raum mit ihr zu teilen, und oft habe ich meine Aufgaben mit Eifer gemacht, einzig, um vor ihren Augen zu bestehen.

Noch ein anderer Mitschüler ist von einem Diener an die Tür gebracht und wieder abgeholt worden, Siegfried Arnstein, eines Bankherrn Sohn. Er ist zwar nicht im Wagen gefahren wie die Komtesse; das wäre doch zu affig gewesen, denn das Haus, in dem er wohnte, war nur wenige Schritte von der Schule entfernt. Vor kurzem erst war es mit beispiellosem Aufwand erbaut worden, ein Palast war es, aus gelbem Sandstein, mit Kupfer gedeckt; es war das Gespräch der Stadt, und auch bei uns daheim ist viel darüber geredet worden. Vermessen sei es, dieses Haus, bekam ich zu hören, und in einem kindlichen Mißverstehen von tieferer Bedeutung habe ich es oft angeschaut, ohne einen Fehler in seinen Maßen entdecken zu können.

Daß ich selbst je den Fuß in dieses Haus setzen würde, hätte ich mir nicht träu= men lassen; denn obgleich Siegfried ein dicker, gutmütiger Bursche war, der unsre Gunst durch fast tägliche Opfergaben erschmeichelte, als da sind Feder= halter, Griffel, Bleistiftspitzer und Heiligenbildchen, so waren wir doch nie so recht vertraut mit ihm; gerade durch seinen freiwilligen Zins zerstörte er selber die Gleichberechtigung, nach der er sich glühend zu sehnen schien.

Im Februar, als der Fasching seinem Höhepunkt zustrebte, haben meine Eltern von Arnsteins die unverhoffte Einladung bekommen, meinen Bruder und mich zu einem Kinderfest zu schicken; die erste Regung, als wir erfuhren, daß wir in dieses Haus, dieses Märchenschloß gehen sollten, ist beileibe nicht Freude, son= dern Unbehagen gewesen, und es hat eines Machtworts unsres Vaters bedurft, um unser Sträuben niederzuzwingen. Ich habe dann in der Klasse herumgehorcht, wer von den Schülern noch eingeladen sein könnte. In Wahrheit habe ich nur darauf gebrannt, zu hören, daß die Komtesse unter den Gästen sei. Und die Gewißheit, daß ich sie dort finden würde, hat mir mit einem Zauberschlag die lästige Pflicht zu einer jubelnden Hoffnung werden lassen, die ich im Wachen wie im Träumen mit den kühnsten Bildern der kommenden Begegnung ausschmückte. Ich bin oft am hellen Tag in eine närrische Verzückung gefallen bei der bloßen Vorstellung, Atem an Atem bei ihr zu stehen; und wie sie einmal einen Tag unpäßlich gewesen und nicht in die Schule gekommen ist, habe ich in schwarzer Verzweiflung schon den Himmel eingestürzt gesehen.

Außerdem waren noch Hannibal Gausrapp und Martin Sinzinger eingeladen. Gausrapp erklärte ziemlich grob, sein Vater müsse es sich erst noch überlegen, ob er eine jüdische Einladung annehmen dürfe; anderntags aber meinte er spitzfindig, zu einem Maskenfest könne er allenfalls kommen, weil er ja da ge= wissermaßen in Verkleidung als wer andrer auftrete. Sinzingers Vater, ein Kunst= schreiner und Holzbildhauer, hat als ein Künstler gelten können; sein Vater, also Martins Großvater, war ein berühmter Mann gewesen, der an den Schlössern des Königs Ludwig II. viel Geld verdient hat; und von seinem Namen, der frei= lich nur in München gegolten hat, haben Söhne und Enkel noch lange gezehrt.

Dieser Martin Sinzinger, derselbe, den ich neulich an dem scharfen Wintertag siebenmal an mir habe vorbeifahren sehen und der die Geschichte von dem Schweizerhäusl nach fünfzig Jahren — und was für Jahren! — auf dem verwisch= ten, verloschenen Grunde der Kindheit wieder hat aufleuchten lassen, dieser Martin Sinzinger ist, fast schäme ich mich, es zu sagen, mein Sklave gewesen. Ich weiß nicht mehr, wie das gekommen ist; sicher hätte er mein Freund werden wollen und ist dann mein Feind geworden; vielleicht bloß aus einem Irrtum. Jedenfalls habe ich ihn besiegt und, so wenig ich sonst eigentlich zu Gewalt und Herrentum neigte, unter meine Botmäßigkeit gebracht. Er hat meine Befehle ausführen müssen, er hat keinen Laut von sich geben dürfen, wenn ich ihn, im

vollen Anblick des Lehrers, unter der Bank gezwickt habe, und seit einem Vier=
teljahr hat er mir täglich eine Semmel mitbringen müssen, die ich dann vor seinen
Augen gegessen habe, auch wenn ich, selbst reichlich mit Butterbroten versorgt,
gar keine Lust dazu hatte: die böse Begierde, ihn damit zu demütigen, genügte.
An den Gutmütigen, sagt man, saugen die Engel; ein Engel bin ich nicht gewesen,
aber die Schafsgeduld, die vermeintliche, mit der er all das hinnahm, hat mir
zweifellos die Häßlichkeit meines Benehmens nicht voll zum Bewußtsein kom=
men lassen.

Hätte sich der Sinzinger nur einmal richtig aufgelehnt, so wäre es mit meiner
Macht schnell zu Ende gewesen, denn, wie gesagt, eine Herrennatur war ich ja
gar nicht, wie der Gausrapp etwa einer war, der dann, ein Menschenalter später,
es grausam genug bewiesen hat in rohen Zeiten — aber damals, wer hätte ahnen
können, daß wir dergleichen noch erleben würden?

Dabei habe ich den Sinzinger durchaus nicht gehaßt, im Gegenteil, ich hab ihn
ganz gern gehabt, während ich so mein böses Spiel mit ihm getrieben habe. Erst,
wie er den Stiel umgedreht hat — und das kommt jetzt in der Geschichte vom
Schweizerhäusl — ist mir meine Schuld klar geworden; daß ich sie sühnen müßte,
habe ich allerdings erst viel später begriffen.

Das Kindermaskenfest im Hause Arnstein ist immer näher gerückt, und es
mußte entschieden werden, in welcher Verkleidung wir dort auftreten sollten. An
Kostümen für Erwachsene wäre bei uns kein Mangel gewesen, der Großvater
handelte ja mit Volkstrachten und Rokokogewändern, im Fasching verlieh er
Uniformen und Bauernkluften, herrliche, echte Sachen, an die Künstler und die
guten Münchner Familien. Zauberschön müssen die Feste gewesen sein, wir Kin=
der ahnten es nur, wenn die Eltern erzählten oder wir sie fortgehen sahen in
Samt und Seide, schier jeden Tag in neuer Verwandlung.

Aber für Kinder war die Auswahl gering. Ein spanischer Stierkämpfer war da,
in weinrotem Samt mit silbernen Knöpfen und Borten; das bekam mein Bruder,
als der Ältere; unter neidvollen Tränen mußte ich's ihm lassen, wohl wissend,
daß es ein Zaubergewand war, das seinen Träger unwiderstehlich machte. Aber
noch nicht zufrieden mit seinem Sieg, oder vielleicht wirklich hingerissen von
dem Glauben, wir beide würden so das Glanzstück des Nachmittags werden,
wollte er mich überreden, ich sollte als Stier mich verkleiden, eine Zumutung,
die weniger an meinem heulenden Widerstand als an dem hohen Preis eines
Stierkopfes aus Papiermasse scheiterte; die Vorstellung, als ein kläglich in Tier=
gestalt verzauberter Märchenprinz vor die so glühend verehrte Komtesse treten
zu sollen, war grausam. Traurig genug, daß ich, als Zweitgeborener zurück=
gesetzt, mein »Münchner Kindl« anziehen mußte, eine schwarzgelbe Mönchs=
kutte, in der ich schon oft die berühmten Begrüßungsreime meines Vaters bei
kleinen Festen, ja selbst bei großen Empfängen der Stadt laut und furchtlos ge=
sprochen hatte, auftauchend aus einem riesigen Bierkrug.

Und wer weiß, ob diese Verkleidung nicht ein schon längst abgekartetes Spiel war, denn ich mußte auch diesmal ein paar Verse vortragen, von denen mir die ersten heute noch im Gedächtnis sind: »Grüß Gott, ihr Kinder, Frau'n und Herrn! Zu so an Fest, da komm i gern! A Kinderfest im Hause Arnstein, des kann ja niemals bloß a Schmarrn sein, des is a Pracht, da bin i platt, es is as G'spräch der ganzen Stadt!«

So plump diese Schmeichelei klingen mag, es ist wirklich so gewesen; als wir, an einem bitterkalten Februartag klopfenden Herzens in die warme Lichtflut des hochräumigen, vielzimmerigen Palastes traten, haben wir uns zuerst fremd und unbehaglich gefühlt, und was mich betrifft, so wäre ich gern wieder gegangen; daß ich hier etwas aufsagen sollte, drückte mich schrecklich, und aus lauter Angst, meine Last so schnell wie möglich los zu werden, wartete ich gar nicht, bis mich irgendwer von den verwirrend auf uns einredenden Erwachsenen dazu auf= forderte; ich habe mich mitten in den Saal gestellt, die Augen fest auf die Komtesse gerichtet, die in einem schmetterlingsbunten Rokokokleidchen aller= liebst dasaß — und habe mit meinem Begrüßungsgedicht losgeschossen.

Die Überraschung war vollkommen, unter dem Beifall von groß und klein wurde ich zur Frau des Hauses geführt, einer üppigen, blonden Dame, die des Verhätschelns und Lobens kein Ende fand und ein übers andere Mal ausrief: »Was ein intelligentes Kind!« Sie zeigte mich auch sogleich ihrem Gatten, Herrn Arnstein, einem massigen Mann mit einem Widderkopf, schwarzhaarig und von einer fast grünlich=braunen Gesichtsfarbe, der aus traurigen Augen schwermütig= abwesend lächelte. Zu meiner Verwirrung war er gewissermaßen doppelt vor= handen, das zweite Mal freilich weit unangenehmer, mit einem starken Schnurr= bart, schlaffen Backen und einem finsteren Blick, der sich nur mühsam auf kurze Zeit erhellte, als er mit mir sprach: es war der Bruder Arnstein, der Mitinhaber des Bankhauses; er gab jetzt mit einer etwas gewalttätigen Heiterkeit das Zei= chen zur Polonaise, die vermutlich durch meine unverhofft hereingeplatzte Auf= sagerei verzögert worden war. Die Musik setzte ein, die Kinder ordneten sich, von den Erwachsenen geleitet, zu Zügen und Gegenzügen durch das ganze, glitzernde und leise klirrende Haus, über die Treppe und durch die Zimmer. Die Buben wurden, im Gänsemarsch, eigne Wege geführt und die Mädchen auch, und so, wie sie dann paarweise zusammentrafen, sollten sie für das ganze Fest verbunden bleiben. Die meisten Kinder und die Mädchen fast alle sind mir fremd gewesen, der schwere Prunk des Hauses, die glatten, spiegelnden Fuß= böden, der Zwang zur Artigkeit haben mir, der ich doch ein halber Gassenbub war, den Weg ungemütlich genug gemacht.

An der Spitze der Buben marschierte Siegfried Arnstein, in einem etwas lächerlichen Aufzug als Geißbub, in einem nagelneuen, also für uns verächtlichen kurzen Wichs, mit einem grünen Spitzhütchen, an dem — das sollte wohl be= sonders komisch sein — die längste Fasanenfeder steckte, die ich je gesehen habe. Im Arm aber trug er, heute würde ich sagen, wie eine Stifterfigur das Modell seiner Kirche, als Sinnbild seiner Maske ein Schweizerhäusl, so groß schier wie eine Zigarrenkiste, höher natürlich, ein stattliches Ding, das von allen Kindern mit unverhohlenem Neid betrachtet und von ihm auch mit viel Stolz zur Schau gestellt wurde. Nach ihm kam Hannibal Gausrapp als blinkender Ritter, dann, zwischen fremden Köchen, Kutschern, Hausknechten mein Bruder als Torero. Unmittelbar hinter mir zog als Letzter Martin Sinzinger daher, mit Samtjoppe, Flatterschlips und breitem Hut, einen jungen Künstler darstellend, gewiß nicht ohne tiefere Absicht seiner Eltern.

Die Komtesse hat, ihres Beinschadens wegen, den Umzug nicht mitgemacht; sie ist still bei den Großen gesessen, sie hat besonders hübsch ausgeschaut, der weite Reifrock hat die häßliche Maschine überdeckt. Jetzt, wie Paar um Paar sich zueinander gesellte, ist sie aufgestanden, um sich einzureihen; wenn sie als letzte sich anschloß, mußte sie Sinzingers Tischdame werden. Ich erfaßte im Nu meinen Vorteil, ich trat aus der Reihe, ich bückte mich, als müßte ich meinen Schuh richten, Sinzinger ging vorbei, er hat es einen Augenblick zu spät erkannt, daß ich ihn betrog, es war ja auch wahrhaftig nicht die Schönste, die ich ihm zugeführt hatte; dicht hinter ihm bot ich, glühend vor Glück, der Komtesse den Arm. Wir sprachen kein Wort über die Mogelei, aber wir drei hatten sie begriffen, die Komtesse, Sinzinger und ich. Und zum erstenmal spürte ich, daß er mir das nicht würde hingehen lassen, wenn er auch, vorerst übertölpelt, gute Miene zum bösen Spiel machen mußte. Aber mit einem einzigen, unversöhnlichen Blick kündigte er mir seine Auflehnung, ja, seine Feindschaft an.

Das großartige, ja, das protzige Fest ist weitergegangen, mit schwarzen Strömen von Schokolade, mit glitzernden Bergen von Eis, mit einem bunten Regen von Konfekt, Knallbonbons und anderen Überraschungen, schließlich in einem Wirbel von Papierschlangen. Die Kinder wurden heiß und laut, alle machten sich wichtig, und die Erwachsenen hatten Mühe genug, den Übermut ringsum zu dämpfen und die maßlosen Gespräche wieder in bescheidenere Bahnen zu lenken. Die Musik — wir hatten sie längst als drei blaß=magere, vergrämte Herren auf der Galerie entdeckt — spielte unablässig, und die kleinen Paare tanzten, sofern man das unbeholfene Gehüpfe so nennen wollte; manche freilich konnten es schon ganz allerliebst, wie die nun auch bereits glühende und blühende Frau des Hauses aufgeregt versicherte. Ich bin mein Leben lang ein schlechter Tänzer geblieben, auf manchem Ball habe ich später, die Zigarre im Mund, unglücklich= tiefsinnige Gespräche geführt, während die andern die muntern Mädchen ent= führten, die nicht Weltweisheit suchten, sondern Tanzvergnügen, unersättlich. Damals aber war ich der rechte Tischherr für die Komtesse, sie tanzte ja nicht, und ich konnte mir den Anschein geben, als verzichte ich darauf, ihr zuliebe.

Dem Siegfried war längst sein Schweizerhäusl lästig geworden, Mädchen hatte er jetzt im Arm, was sollte er da mit dem zerbrechlichen Almhüttchen — er stellte es vor uns auf den Tisch, uns Nichttänzern vertraute er es an, das kostbare Stück, und es kamen ja auch immer wieder Kinder genug, die es anschauen wollten, anrühren natürlich auch — aber mit den Händen schaut man nichts an! schrien wir jedesmal und wachten eifersüchtig über das Kleinod, das in unsre Hut ge= geben war.

Um so eifriger jedoch habe ich das Schweizerhäusl allen erklärt, die Einzel= heiten wissen wollten, ich bin ja ein Fachmann gewesen, ein Bergsteiger, der schon auf mancher Sennhütte sein Glas Milch getrunken hatte. So ein Häusl ist wie eine Schachtel, das Dach kann man aufklappen, dann sieht man drin die gemauerte Feuerstelle mit dem großen Schmelzkessel aus Kupfer, sieht Tisch und Bank, ein Wandgestell mit dem Geschirr, sieht das Stüblein der Sennerin mit dem weißblau gewürfelten Bett, mit der Kuckucksuhr und dem bunt bemalten Tölzer Schrank; und dahinter ist der Stall. Und dann klappt man's wieder zu. Und da zeigt sich's, daß außen schier noch mehr zu sehen ist als drinnen; das flache Schuppendach ist mit Felsbrocken belegt, damit der Wind die Schindeln nicht lüpfen kann. Der ausgesägte Giebel mit den gekreuzten Gemsköpfen ist mit zierlichen Zapfen befestigt, die Hauswände sind aus Balken gefügt, die in bräunlicher Verwitterung spielen, die Fensterläden sind weiß und grün gestrichen, und die Fenster selbst blitzen vom feinsten Glas. Die Haustür aber, die man auf= und zumachen kann, ist mit einem Sonnenmuster beschnitzt.

An der Südseite des Häusls ist das Holz aufgeschichtet; und die naseweise Frage, wieso man denn wisse, welches die Südseite sei, kann ich natürlich leicht mit dem Hinweis abtun, daß die Hausfront immer nach Osten schaut, bei allen Bauernhäusern. Da fehlt auch das Klapptischlein nicht, neben dem Eingang; und der Röhrenbrunnen steht da mit dem lärchenen Trog, der Hackstock mit dem Beil darin, am Fenster hängen Sense und Säge; das Butterfaß ist nicht vergessen, auch die winzigen Zuber und Schöpfer nicht. Um das Brettchen aber, auf dem diese Herrlichkeit sich ausbreitet, geht ein Hechelzaun, und an einem künstlichen Felsen, in dessen Wand ein Marterl eingelassen ist, ragt eine Gruppe von Tänn= lingen, aus Holz aufgespreißelt und in grüne Farbe getaucht.

Damals hätte ich nicht ein Kind sein müssen, wenn das Schweizerhäusl nicht meine glühende Begeisterung geweckt hätte. Aber auch die Erwachsenen fanden kein Ende, das herzige, das putzige, das liebreizende Häusl zu bewundern, und Siegfrieds Mutter erzählte in gemessenen Abständen, mit dem gleichen Wortlaut und dem gleichen Augenaufschlag, daß sie es bei dem berühmten Kaserer in Berchtesgaden gekauft und daß es zwanzig Mark gekostet hat.

Das Fest ist allmählich zu Ende gegangen, die ersten Kinder sind schon ab= geholt worden. Auch die Komtesse wollte aufbrechen; und da ist das Schreck= liche geschehen: sie steht auf, aber sei es, daß sie hängengeblieben ist oder daß eine Schwäche ihres Beines die Schuld hat, sie knickt ein, sie sinkt gegen mich und gegen den Tisch, und so leicht ihre halbe Last auch sein mochte, sie genügt, um das Schweizerhäusl zu zerdrücken. Ich erinnere mich des raschelnden, des knatternden Geräuschs, mit dem all die Brettchen und Klötzchen abbrachen; ich fühle die unsagbare, aus Entsetzen und Wonne, aus allen höllischen und himm= lischen Gefühlen zusammenschießende Erregung, die Komtesse, Wange an

Wange, in einem Seufzer hinschmelzend, an der Brust, in Armen zu halten. Es ist ein Augenblick des Glücks, schwebend, überirdisch und schon zerreißend in Tod und Vernichtung. Denn als das arme Mädchen in einer eisigen Stille sich wieder aufrichtet, blutrot vor Scham und viel zu bestürzt, um zu weinen, sehen wir alle hilflos auf das zerquetschte, schiefe Ding, das eben noch der Stolz des Hauses Arnstein gewesen ist.

Alles kommt in Verwirrung: Siegfried ist im Begriff, unbeherrscht loszuheulen, die Mutter schnappt nach Luft, und selbst die Hausherren, die Brüder Arnstein, stürzen herbei, noch dunkler vor Unmut, vergebens nach einem leichten oder auch nur höflichen Wort ringend.

Ich aber, von einer Welle des Mitleids und der Liebe über mich selbst hinaus= gehoben, sage mit einer mir fremden, kühnen Stimme: »Das ist doch nicht so arg! Ich mache es schon wieder!« Es muß ein Zauberwort gewesen sein; denn während mir mit einem Schwall von Verzweiflung die Erkenntnis ins Herz bricht, was für ein ungeheuerliches, nie einlösbares Versprechen ich da soeben in meinem Wahnsinn gegeben habe, löst sich die Spannung der Gesellschaft in alle Spiel= arten von Heiterkeit, Hohngelächter, Bewunderung und Dankbarkeit auf. Sieg= fried heult nicht mehr, Frau Arnstein bricht in Entzücken aus: »Was ein intelli= gentes Kind!« Herr Arnstein sagt schwermütig=abwesend zu seinem Bruder: »Er will unser Haus wieder aufrichten!« was diesem ein düsteres, ja unheimliches Gelächter entlockt. Und alle trösten die Komtesse, die sich mit einem glücklichen und beglückenden Blick auf mich verabschiedet.

Martin Sinzinger hat inzwischen an dem zertrümmerten Schweizerhäusl herum= gezupft und großspurig erklärt, es sei eigentlich nichts hin, das Ganze sei bloß umgefallen, ineinander hineingerutscht und an den Leimstellen abgebrochen. Natürlich hat er recht gehabt, und wenn mir damals einer von den Erwachsenen zu Hilfe gekommen wäre und dem Sinzinger als dem wahren Fachmann die Arbeit zugespielt hätte, vielleicht hätte ich mich dünn gemacht und den Kopf aus der Schlinge gezogen. So aber habe ich nur patzig gesagt, das sähe ich selber, und er hat recht tückisch drauf geantwortet, dann könnte ich es ja leicht wieder zusammenrichten, ich Tausendsassa.

Wir sind dann auch bald gegangen, das Ende des Schweizerhäusls hat wohl auch die Laune des Hauses gestört, und es hat uns niemand mehr aufgehalten. Ich habe schon gehofft, ich könnte mich um mein Versprechen drücken, wer weiß, ob man die Prahlerei eines Kindes in einem so großen und reichen Haus überhaupt ernst genommen hat. Aber wie ich aus der Tür hab schlüpfen wollen, hat mir die Mutter selbst noch gewunken und mir ein großes, sorgsam verschnürtes Paket in den Arm gelegt, mit einer so strahlend dankbaren Anerkennung meines Retter= und Rittertums, daß ich unmöglich ausreißen konnte; gern hätte ich unter Hinweis auf die kalte Nacht und das beschwerliche Münchner Kindlgewand darum gebeten, das Paket ein andermal — niemals! — abholen zu dürfen, aber ehe ich Hasenherz die Worte fand, bin ich schon draußen gestanden, die schwere Bronzetür ist unerbittlich zugefallen.

Das Paket habe ich getragen, als ob's glühende Kohlen gewesen wären; mein Bruder hat sich in düster=spöttischen Weissagungen ergangen, was wohl meine Eltern für eine Freude an dem unverhofften Mitbringsel haben würden. Ich bin dann auch wirklich übel genug empfangen worden, als ein Gernegroß, der fremden Leuten Schweizerhäusln flicken will und zu ungeschickt ist, auch nur einen Bleistift zu spitzen. Der gräßliche Befehl, am nächsten Tag das Paket zurück= zutragen und zu bekennen, es sei alles nur anmaßende Aufschneiderei gewesen, ist zwar nie widerrufen worden, aber zum Glück vergaß meine Mutter darauf, nachdem es mir gelungen war, ihr das Schweizerhäusl aus den Augen zu räumen. Es ist aber kaum ein Tag vergangen, wochenlang, an dem ich nicht gezittert habe, ein Zufall könnte das Gespräch auf das fürchterliche Ding lenken. So müssen, denke ich heute, Attentäter beben, die Sprengstoff daheim versteckt aufbewahren.

In der Schule war es anfangs noch erträglich: niemand würde erwarten, daß ich das Schweizerhäusl über Nacht oder auch nur binnen acht Tagen gerichtet hätte. Gleichwohl fühlte ich mich wie ein Schuldner, dessen Frist zwar noch lange nicht abgelaufen ist, der aber schon weiß, daß er niemals bezahlen wird, und daß die Mahnungen immer deutlicher und auswegloser werden. Das erste, was mir auf= gefallen ist, nach einer Woche vielleicht, viel zu spät, um es anzufechten, war, daß mir Sinzinger seine Semmel nicht mehr brachte. Ich habe damals, ein Kind, nicht schlechtere Überlegungen angestellt, als es die Könige tun und die weisen Räte: ich hätte den Sinzinger zur Rede stellen müssen. Aber wo war nur die selbstverständliche Macht hingekommen? Er würde mich auslachen, ja, mir drohen. Ich wollte beim nächsten günstigen Augenblick ihn im Nacken beuteln, während er sein unbewegtes Gesicht dem Lehrer hinhalten mußte. Aber es kam, höchst merkwürdigerweise, keine Gelegenheit mehr, um ihn bei seinem roten Schopf zu nehmen, der Lehrer ist mir plötzlich viel wachsamer und scharfäugiger

erschienen, der Verlaß auf Sinzingers schweigende Geduld nicht mehr so felsen=
fest. Mit einem Wimperzucken konnte er mich verraten. Die Gewalt über ihn
war verloren, ich hatte gezögert und, unmerklich zuerst, dann aber rasch und
endgültig, war die Waage gesunken. Und gerade jetzt, wo ich einen gefügigen
Gefolgsmann gebraucht hätte, stand er mir nicht zu Diensten, schlimmer noch,
zeigte er sich widerspenstig, stellte er sich vor den einzigen Rettungsweg, den
ich, wenn ich mir's nur eingestand, erkannte. Wer anders als er und sein Vater
konnten mir helfen, das Schweizerhäusl wieder in Ordnung zu bringen?

Die Tage sind dahingegangen, quälend langsam und doch einer um den
andern, das zerbrochene Spielzeug ist verpackt auf einem Kleiderschrank im
Hausgang gestanden, und ich habe mir eingeredet, ich würde es schon richten
können, wenn ich nur erst einmal dran dürfte. Ich habe ein paar eifrige, aber
rasch entmutigte Versuche gemacht, Zündhölzer oder Späne aneinanderzuleimen,
das Gummi arabicum, aus dem Büro meines Vaters gemaust, zog beängstigende
Klebefäden durch die ganze Wohnung, und der Mehlpapp, den mir, in einer An=
wandlung von Mitleid, mein Bruder anrühren half, war bald zu dick und bald
zu dünn, Holz mit Holz zu binden, vermochte er nicht; was wir am Abend vor=
sichtig zusammengeheftet hatten, fiel am andern Morgen, erwartungsvoll ge=
prüft, ohne Kraft auseinander. Vergebens auch mühte ich mich, meine Mutter
zum Erwerb einer Tube »Alleskitt« zu bestimmen, von dessen Anwendung ich
mir Wunder erwartete. Hing doch in der Auslage eines benachbarten Geschäftes
ein zerbrochener und wieder zusammengeklebter Teller schaukelnd an einem
schweren Gewicht, auf das ein grinsender, unablässig mit dem Kopf wackelnder
Zwerg eindringlich hinwies. Die technischen Vorarbeiten waren also durchwegs
gescheitert, und ich durfte gar nicht daran denken, mit derart erwiesener Stüm=
perei das Schweizerhäusl selbst in Angriff zu nehmen, wo ein einziger Fehler
unabsehbare Folgen hätte heraufbeschwören können.

Wenn mir heute, fünfzig Jahre später, jemand einen in seine Teile zerlegten
grobschlächtigen Wecker übergeben würde mit der Entscheidung, ihn in gemesse=
ner Frist zusammenzusetzen, wo nicht, würde ich hingerichtet werden — ich würde
ohne Besinnen meinen noch unverrückten Kopf auf den Block legen. Damals, ein
Kind, hatte ich mich freiwillig erboten, in einem Wahnsinnsanfall von Liebe,
etwas zu leisten, was ich nicht konnte. Zum Beweis einer entschlossenen Raserei
ins Wasser, ins Feuer springen, das kann einer, der Augenblick reißt ihn hin —
aber ein Schweizerhäusl richten, das kann einer nicht, der die Kenntnisse, der die
Geschicklichkeit nicht dazu besitzt; kein Ritter kann es, kein König und Kaiser.

Ich habe damals, je hoffnungsloser ich habe einsehen müssen, daß es mir nie
gelingen würde, um so inbrünstiger davon geträumt, wie ich das völlig erneuerte,
reizende Schweizerhäusl der Komtesse bot, wie ich es auf silbernen Stufen der
Andacht zu ihr emportrug; es haben Rosen um mich geblüht in der Nacht, aber
dann, aufsitzend in meinem Bett, hab ich die Dornen der Wirklichkeit in den
Händen gehabt.

Eines Tages bin ich aus dem Schultor getreten, die Komtesse ist schon in ihrem Wagen gesessen, zu meinem Schrecken hat sie mich herbeigewunken. Was, Schrecken, sage ich, süßestes Grauen ist es gewesen und zugleich bitterste Verzweiflung: auserwählt und nicht bestanden! Ihre Mutter hat sie abgeholt, und ihr hat sie den Buben zeigen wollen, der ihr das Schweizerhäusl macht. Ich bin blutrot am Wagenschlag gestanden und habe die unverdienten Lobsprüche über mich ergehen lassen; ich habe sogar gelogen, und auf die Frage der Mutter, ob ich schon fest an der Arbeit wäre, eifrig mit dem Kopf genickt und erklärt, es sei gar nicht so schwierig.

Zu allem Unglück ist auch noch der rotschopfige Sinzinger des Wegs gekommen und hat recht häßlich gelacht, ob ich mich schon wieder hätte anzwitschern lassen als großer Architekt und Häuserlbauer, und wenn Erwachsene etwas versprechen, was sie nicht halten können, dann heißt man das Betrug, und sie werden eingesperrt.

Wie gern hätte ich dem Martin Sinzinger gestanden, was er so grausam schon gewußt hat: daß ich nie und nimmer in der Lage wäre, das zerbrochene Almhüttchen wieder ganz zu machen. Wie gern hätte ich mich zu der Frage vorgetastet, ob nicht er oder sein Vater mir helfen könnten, und was er dafür verlangen würde. Aber er hat sich nur an meiner Qual geweidet und mir nicht den kleinsten Vorschub geboten, um mit ihm ins Gespräch zu kommen.

Am leichtesten bin ich noch mit dem Siegfried Arnstein fertig geworden; es war, als wüßte er's so gut wie ich oder noch besser, daß ich nicht seinetwegen das kühne Versprechen gewagt hatte. Es sind Wochen vergangen, ehe er — und vielleicht auch das nur auf Drängen seiner Mutter — sich erkundigt hat, wie weit ich schon wäre. Ich habe ganz beiläufig getan, als hätte ich wichtigere Sachen im Kopf. »Ach, das Schweizerhäusl?« hab ich gesagt, »ich hoffe, daß ich in den Osterferien dazu komme!«

Ich weiß nicht, wie das heute in den Volksschulen ist, aber damals sind sie ganz auf den Lehrer ausgerichtet gewesen, mit Stillsitzen und Fingerheben und Aufsagen; die Kinder untereinander haben wenig Beziehungen gehabt, sofern sie nicht auf dem Schulweg miteinander gegangen sind oder sich nachbarlich auf der Gasse getroffen haben; so bin ich, den Sinzinger ausgenommen, ziemlich ungeschoren geblieben; aber die fragenden Blicke der Komtesse, die immer dringlicher, ja, wie mir schien, verächtlicher geworden sind, haben mir qualvolle Stunden bereitet und die Hoffnung zerstört, das Schweizerhäusl könnte in Vergessenheit geraten sein.

Während der Osterferien habe ich den Martin Sinzinger vor unserm Haus getroffen, er hat gesagt, daß er ganz zufällig vorbeigegangen ist, und ich habe es ihm damals auch geglaubt, obwohl er am andern Ende des Schulsprengels gewohnt hat, nicht gar weit von der Komtesse. Wie freudig überrascht bin ich aber erst gewesen, als er von sich aus anfing, von dem Schweizerhäusl zu reden, ohne allen Hohn, ja, als er sich anbot, mit seinem Vater zu sprechen, für den wäre es natürlich ein Spaß, die paar Hölzln aneinanderzuleimen. Diese Bereitwilligkeit hätte mich stutzig machen müssen, aber ich habe keinen Verdacht geschöpft. Um so ängstlicher freilich habe ich geforscht, was das kosten könnte, denn Geld habe ich keins gehabt, und die bloße Vorstellung, Herr Sinzinger, der Vater, würde zu meinen Eltern kommen, das verbotene, aber längst vergessene Schweizer= häusl in der Hand und eine Rechnung vorweisend für eine im Auftrag des Herrn Sohnes ausgeführte Reparatur, flößte mir Grauen ein. Hatte ich doch eine weit harmlosere Geschichte noch nicht verschmerzt, die uns Brüdern während des Faschings begegnet war: der Metzgerssohn von nebenan hatte uns recht un= schuldig gefragt, ob wir nicht auch Schweinsblasen haben möchten. Mit diesen »Schweinsbladern«, an Schnur und Stock gebunden, haut man beim Karnevals= treiben zu, es macht einen Mordskrach und tut nicht weh. Damals ist eine solche Blase die Sehnsucht eines jeden Buben gewesen, und wir haben natürlich »ja« gesagt in der Meinung, der Metzger wolle den Kindern alter Kunden eine Freude machen. Dem war aber nicht so, sondern eines Sonntags ist der junge Hopf bei unserer Großmutter erschienen, er liefere die von uns bestellten Schweinsblasen ab, sechzig Pfennige kriege er dafür. Er hat sie aber nicht gekriegt, sondern einen Hagel von handfesten Grobheiten, und meine Großmutter hat seitdem keinen Fuß mehr in den Laden gesetzt. Wir aber sind nicht wenig ausgezahnt worden als die großspurigen Herren Söhne, die das sauer verdiente Geld des Vaters zum Fenster hinausschmeißen. Es ist nicht auszudenken gewesen, was für einen Tanz es gegeben hätte, wenn nun gar eine Rechnung präsentiert worden wäre von zwei, drei Mark vielleicht und für ein Spielzeug der reichen Arnsteins, ein G'schnas, das mich einen Dreck angegangen ist.

Der Sinzinger aber hat mich mit dem gefährlichen Trostwort beruhigt, das in München allerwege in Schwang ist, wenn es gilt, eine klare Forderung zu ver= dunkeln, er hat gesagt, das kriege man nachher schon, und die unverhoffte Aus= sicht, aus einem unerträglichen Zustand entlassen zu werden in einen andern, dessen Leid und Gefahr erst in den Umrissen heraufdämmern, macht zum Wag= nis entschlossen; und so habe ich, nach vielen Eiden, die mir der Sinzinger ge= schworen hat: daß es den Kopf nicht kosten werde, daß er meine Eltern aus dem Spiel lassen wolle, daß er, in summa, kein Schuft sei, ihm das Paket mit den Trümmern des Schweizerhäusls ausgehändigt. Er ist aber noch nicht aus dem Haus gewesen, da hat mich schon eine heillose Angst befallen; ich habe dumpf gespürt, daß die ganze Angelegenheit jetzt in einen bedrohlicheren, mit den Kräften eines Kindes gar nicht mehr abmeßbaren Rang hinabgesunken sei: Geld war im Spiel!

Unvermutet rasch, nach zwei Tagen bereits, brachte mir der Sinzinger, ein vereinbartes Signal pfeifend, das erneuerte Schweizerhäusl. Die Stunde war gün= stig, die Eltern waren fort, ich konnte ihn einlassen, und er wickelte das Paket aus. Die Almhütte war wirklich ohne Tadel wiederhergestellt, viel zu meisterhaft, leider, als daß ich, das fiel mir jetzt erst ein, irgendwem ohne Scheu als Verfertiger hätte unter die Augen treten dürfen. Eine gute Ausrede ist einen Batzen wert, und der Sinzinger ist um die nicht verlegen gewesen, ich sollte halt sagen, hat er gemeint, daß er mir geholfen hätte. Ich weiß nicht, ob er so dumm gewesen ist oder so unverschämt, denn grad darum ist es doch gegangen, daß ich mich ge= rühmt hatte, vor der Komtesse, vor allen Leuten, ich würde das Schweizerhäusl richten, ich allein, und daß ich die vorgeschossenen, ach so bitteren Lorbeeren mir nicht durfte zerpflücken lassen.

Der Sinzinger ist dann ganz verlegen geworden und hat herumgedruckst, von seinem Vater brauchte ich nichts zu sagen, Ehrenwort, daß er das Geheimnis nicht verrate. Und, wie beiläufig und im Weggehen, hat er mir einen Zettel in die Hand gedrückt, und ich bin bis in Herz und Magen erschrocken, wie ich ihn überflogen habe. Es ist in höllischen Buchstaben darauf gestanden, daß Herr Sinzinger, holz= bildhauerische Werkstätte dahier, dem Herrn Schriftsteller, hochwohlgeboren, für die Wiederherstellung eines Kinderspielzeugs sich fünf Mark in Rechnung zu stellen erlaube.

Ich habe den Wisch in der Hand gehalten, ich weiß es heute noch, die Blitzlicht= aufnahme ist noch vorhanden, sogar die sonst vergessene künstliche Palme in unserem Flur ist mit drauf: jene tödliche Sekunde, in der ich begriffen habe, was das bedeutet. Den Sinzinger habe ich damals für den schwärzesten Schuft ge= halten, den die Erde trägt: Er mußte einfach seinem Vater erzählt haben, es handle sich um einen richtigen Auftrag meiner Eltern. Er ist denn auch ganz schuld= bewußt und ratlos dagestanden, die Tränen sind ihm gekommen, und er hat so was gestottert wie, daß es anders nicht gegangen wäre. Eigentlich, hat er hinzu= gefügt, hat ihm sein Vater sogar angeschafft, die Rechnung meinem Vater oder meiner Mutter zu geben. Und damit ist er schleunig zur Tür hinaus und die Treppen hinunter.

Ich habe mir, viele Jahre später, die Geschichte wohl richtig zusammengereimt und den Buben für nicht so schuldig befunden, wie es mir damals schien. Er ist wahrscheinlich von seinem an sich auch arglosen Vater völlig überrumpelt wor= den und hat sich nicht anders zu helfen gewußt, als daß er zu dem verworrenen Lügengespinst noch ein paar Fäden geschlagen hat. Oder er hat bloß geschwie=

gen wie vielleicht der Metzgerbub auch mit seinen Schweinsblasen und hat den Dingen ihren Lauf gelassen.

Aber daß er doch ein Spitzbube gewesen und daß seine verdächtige Hilfsbereitschaft aus bösem Herzen gekommen ist, das habe ich am andern Tag, dem letzten der Osterferien, auf eine niederschmetternde Art erfahren müssen. Die bedrohliche Rechnung hatte ich in meinem Lesebuch hinter dem Schutzumschlag versteckt, die Hoffnung auf ein trügerisches Irgendwann und Irgendwie milderte den stechenden Schmerz zu einem dumpfen Druck, und ich begann wieder, auf meinem Lebensschifflein ein paar bunte Wimpel zu setzen. Das wichtigste für den Augenblick war ja doch, daß das Schweizerhäusl wieder in Ordnung war. Ich würde es morgen der Komtesse bringen, für die allein ich ja alles auf mich genommen hatte. Die sollte es dann, so träumte ich, im Wagen vorfahrend, den Arnsteins übergeben, von zwei Seiten würde mein Verdienst angestrahlt; die Angst, man könnte mir nicht glauben, daß ich der Wunderkünstler sei, hatte ich in den letzten Winkel meines Herzens verdrängt.

Viel besorgter bin ich darüber gewesen, daß nicht, so dicht am Ziel, der ganze Schwindel noch aufkam. Ich habe mir hundert Verstecke überlegt, wo ich den kostbaren Schatz bergen könnte, auf den ich aller Augen gerichtet sah. Endlich habe ich ihn zwischen den Zeitungsbergen meines Vaters vergraben.

Am letzten freien Nachmittage also bin ich, das wohlverpackte Schweizerhäusl im Arm, kalt und heiß vor Spannung, aus dem Haus geschlichen, bin durch die Straßen gegangen, voller Sorge, es möchte mich wer stoßen oder gar ein Kamerad mir begegnen, mit unerwünschter Neugier oder Flegelei das entscheidende Vorhaben zu gefährden. Unangefochten bin ich an das Haus der Komtesse gekommen — nie noch hatte ich es betreten, nur aus scheuer Entfernung waren wir Schulbuben herumgestrichen.

Plötzlich bin ich stehengeblieben, wie vom Gifthauch eines Unheils angeweht. Es ist mir alles so wunderlich vorgekommen, die Fensterläden heruntergelassen, so öde das Haus, so ausgestorben. Ich läute, die Glocke schrillt leer und laut, niemand öffnet. Ich spähe in das Vorgärtchen, ich schleiche in den gepflasterten Hof, auch der Stall ist leer. Kein Mensch läßt sich blicken. Endlich schlurft eine krötenblasse Frau aus dem Schatten, ich frage unsicher, ob ich denn hier recht sei, hier wohne doch ... »Hat gewohnt«, sagt sie, wäßrig blickend, »ausgezogen« — und dabei macht sie eine Handbewegung wie in eine hoffnungslose, unwiederbringliche Ferne. Und ich stehe da, das Schweizerhäusl im Arm, und kann mir nicht einmal die springenden Tränen abwischen.

Ich bin dann wieder gegangen. Ich habe nur immer das eine gedacht, wie unnütz es jetzt war, das blöde Schweizerhäusl; und daß ich fünf Mark dafür würde zahlen müssen, ja wie denn, ja wie denn? Das ist mit schweren, paukendumpfen Schritten aus der Tiefe heraufgestiegen. Ich habe eine wilde Lust empfunden, meine Seele auszulassen, loszuheulen, zu schreien, das Geraffel, das kitschige, auf die Straße zu schmeißen, daß es nur so schepperte. Und habe es doch sorgsam getragen, was bin ich ein vernünftiges Kind gewesen, wir lernen früh, unsre Ketten zu begreifen.

Aber auf den Sinzinger habe ich eine um so wildere Wut gehabt, auf den Bazi, den elenden. Es ist mir klar geworden, warum er sich mir so plötzlich aufgedrängt hat mit seiner Hilfe: als Nachbar hat er's gewußt, daß die Grafenfamilie auszieht, die Möbelwagen hat er stehen sehen, und da hat er sich gedacht, wie sie fort war, die Komtesse, über alle Berge, für immer fort: Jetzt kannst du's gemacht kriegen, dein Schweizerhäusl; und warum sollte mein Vater nicht fünf Mark an dir verdienen ...

Ich bin auf dem Heimweg gewesen, die Uhren haben sechs geschlagen, da ist mir der Gedanke gekommen, was sollte ich das Ding da noch einmal nach Hause tragen, daß es der Mutter in die Hände fällt, ausgerechnet jetzt, wo alles verloren ist. Da bringst du es besser gleich zu Arnsteins, gibst es ab, ganz schnell, dem Diener oder der Zofe, wer gerade aufmacht. Ich habe ja gar keinen Ehrgeiz mehr gehabt, nur losbringen habe ich das Unglückshäusl wollen, mir ist gewesen, als wäre dann auch die Geschichte mit den fünf Mark leichter einzurenken, die hatte ja Zeit, wenn nur dieses eine, widerwärtige Geschäft erledigt wäre.

Es dämmerte schon, der klare Apriltag war schneidend kalt, mit klammen Händen umkrampfte ich mein Paket — aber, so machte ich mir Mut, gleich würde ich dieser verwünschten Last ledig sein: hinlaufen, läuten, abgeben, davonpreschen, nie wieder was hören, keinen Gruß, keinen Dank. Ich durfte mich nur in kein Gespräch verwickeln lassen, damit ich niemandem in die Hände lief, nicht der Mutter, nicht dem Siegfried.

So hab ich's auch gemacht. Ich habe um mich gespäht, ob nicht wer auf dem Wege war, die Straße ist völlig leer gewesen, nur ein Wagen hat vor dem Portal gewartet. Alles ist nach Wunsch gegangen, ich habe geschellt, ein Dienstmädchen hat aufgemacht, so schnell, als ob's auf mich gelauert hätte. Ich habe ihr das Paket aufgedrängt, ich soll das abgeben, hab ich gemurmelt, von wem, hat sie gefragt, und ob sonst nichts auszurichten sei — die Herrschaften wissen schon, hab ich gestammelt, bereits halb aus der Tür: da ist der Herr Arnstein im Vorplatz gestanden, den Zylinder auf dem Kopf, zum Ausgehen bereit. Noch hätte ich fliehen können, aber sein Wink war zu gebieterisch, ich konnte nicht mehr zurück. Er sah mich an, zerstreut und schwermütig, ganz dunkel und leise war er, herzbeklemmend, ein feiner Mann, ein trauriger Mann, und er sagte, wie mühsam sich erinnernd, das sei ja der kleine ... ah ja, das zerbrochene Häuschen; und er hob mir mit einem müden Lächeln die schweren Augen zu. Die Zofe hatte dienstfertig das Almhüttchen enthüllt: »Jesus, unser Schweizerhäusl!« sagte sie innig und stellte es auf ein Marmortischchen. Herr Arnstein aber trat nahe heran, schrecklich nahe streckte er die Hand aus, die ringblitzende, schwarzhaarig aus der weißen Manschette, und dicht vor meinen Augen wog er spielerisch das Häuschen. »Solides Haus!« sagte er wie zu sich selber und klopfte mit dem Knöchel auf das Brettchen. »Gute Arbeit, kleiner Mann!« Er lachte, oder hüstelte er nur? Es klang nicht erfreulich. Er wandte mir das Gesicht zu, mir war jämmerlich zumute, jetzt, jetzt, würde er fragen, ob ich das wirklich alles allein gebastelt hätte. Ich machte mich stark für eine dreiste Lüge, aber schon wandte er sich wieder ab, wie erloschen. »Führen Sie ihn zu meiner Frau!« sagte er zur Zofe; aber ich, in jäher Angst, wehrte mich, bettelte: »Nicht jetzt, ich muß heim, es ist spät!« »Gut denn, ein andermal«, sagte er gleichgültig, »aber ich muß auch fort!« Er wandte sich zur Tür, ich schlüpfte vor ihm her, wieselflink, nur um wegzukommen.

Und da will er sich grade den Handschuh überziehen, hält inne, wie wenn ihm aus tiefem Schlaf was einfiele, bleibt stehen, und ich kann nicht an ihm vorbei. Er greift in die Tasche, mir steigt in einer wilden Beschämung das Herz in die Kehle, ich würge an einem »Bitte nicht!« und da hält er schon ein Fünfmarkstück in der Hand, und wie ein Funken springt es knisternd in mich über, und in einem Nu bin ich flammend ausgeleuchtet vom Blitz der Erkenntnis: Fünf Mark! Und ich nehme das große Geldstück, und er sagt: »Jede Arbeit ist ihres Lohnes wert!«, steigt in den Wagen, wie verschluckt von der Finsternis, die Pferde ziehen an, und ich stehe allein auf der Straße, im verhallenden Donner der Kutsche.

Ich bin dann mit einem Satz davongerannt, das Geldstück in der Tasche umklammert, heim, die Treppen hinauf, zur Tür hinein und habe mich, den Sturm im Herzen, so munter und unschuldig gestellt, daß es geradezu hat auffallen müssen. Ein guter Verberger meiner selbst bin ich bis auf den heutigen Tag nicht geworden. Meine Mutter fragte denn auch alsbald argwöhnisch, was ich denn hätte und ob ich gefälligst die Hand aus der Hosentasche tun möchte, ich wüßte doch, daß sie dieses Herumgraben um die Welt nicht leiden könne.

Ich habe, also gewarnt, bei erster Gelegenheit das Fünfmarkstück tief unten in meinem Schulranzen versteckt, ich habe in der Nacht lange nicht einschlafen können und wirre Träume zu bestehen gehabt. Am andern Morgen aber habe ich das Frühstück stehen gelassen, um mit meinem Teufelsgeld so schnell wie möglich aus dem Haus zu kommen.

In der Schule hat uns der Lehrer ganz kurz und ohne weitere Begründung mitgeteilt, daß unsere Mitschülerin, die Komtesse, aus der Klasse ausgetreten sei; die Eltern seien aufs Land verzogen. In der Zehnuhrpause hat mich der Siegfried darauf angesprochen, daß ich bei ihnen gewesen wäre, schade, er hätte mir gern seine Briefmarken gezeigt. Seine Mutter ließe grüßen und vielmals danken, sie werde sich schon noch erkenntlich zeigen. Ich habe mit Herzklopfen drauf gewartet, ob er von seinem Vater etwas sagt und von dem Geld, aber offenbar hat er davon nichts gewußt. Da ist mir um vieles leichter gewesen.

Mittags habe ich den Martin Sinzinger abgefangen; er hat sich drücken wollen, das schlechte Gewissen ist ihm ins Gesicht geschrieben gewesen. Ich habe ihn gefragt, ob er weiß, was er für ein Schuft ist. Er hat so getan, als ob es wegen des Geldes wäre, und er könnte bestimmt nichts dafür und es hätte ja auch noch Zeit. Aber ich habe ihm recht protzig das Fünfmarkstück gezeigt und auch die Rech=

nung aus der Hosentasche gezogen. Er hat sie mir quittieren müssen, er hat den Schulranzen auf eine Gartenmauer gelegt und auf den Zettel gekritzelt: »Mit Dank erhalten Martin Sinzinger.« Ich habe ihm das Geld gegeben und grade damit anfangen wollen, daß er es doch gewußt hat, daß die Komtesse fortgeht — aber er ist wie der Wind davongesaust; wir sind dann einander aus dem Weg gegangen, haben nie wieder von dem Schweizerhäusl gesprochen, und im nächsten Jahr ist er in eine andre Klasse gekommen. Ich kann mir heute denken, wie froh auch er gewesen ist, sich aus der halsbrecherischen Geschichte zu retten, ich vermute sogar, daß die fünf Mark seinem Vater ehrlich erwünscht gewesen sind. Wie ich ihn neulich so auf dem Rad habe dahinstrampeln sehen, hätte ich wirklich gern gewußt, wie es ihm seither gegangen ist und ob er überhaupt an das Schweizerhäusl noch denkt. Denn sogar ein Jugendfeind hat noch von dem köstlichsten Brot, das die Erde bietet, von der Erinnerung.

Vier, fünf Wochen später, es war Mai geworden damals, ist der Oberlehrer in unsre Klasse gekommen und hat dem Lehrer Spöttl was ins Ohr getuschelt, worüber der sehr erschrocken sein muß. Er hat dann den Siegfried Arnstein mitgenommen. Der Lehrer Spöttl hat zu uns kein Wort gesagt, sondern womöglich noch grimmiger aufgepaßt, daß wir aufmerksam gerechnet haben. Aber in der Stunde darauf hat uns dann der Religionslehrer ermahnt, wir sollten für unsern armen Mitschüler beten, sein Elternhaus habe ein schreckliches Unglück heimgesucht, wir seien freilich noch viel zu klein, als daß wir was davon verstünden.

Wie ich mittags heimgekommen bin, hat mein Vater als Zeitungsschreiber schon alles gewußt; er hat uns davon mitgeteilt, was er für gut befunden hat, nämlich, daß das Bankhaus Arnstein heillos zusammengebrochen ist, ja, daß der Grund schon gewankt hat, ehe die letzte Schraube in dem neuen Palast festgemacht worden ist. Die beiden Brüder aber, der Vater und der Onkel unsres Mitschülers, hatten sich in der Nacht erschossen, am Vormittag erst sind sie in einem der Zimmer aufgefunden worden.

Erschossen, das klingt heute, nach vier beispiellos blutigen Jahrzehnten, anders, als es damals, mitten im Frieden, geklungen hat, wo noch selten genug ein Mensch über die schwarze Grenze seines Daseins getrieben worden ist. Die ganze Stadt ist in Aufruhr gewesen, auch wir Buben sind immer wieder zu dem plötzlich so düster gewordenen Haus geschlichen, aber es hat streng und vornehm geschwiegen, wir haben nichts erspäht, und auch unsern Schulkameraden haben wir nie mehr gesehen. Später ist eine gleichgültige Versicherung dort eingezogen, es hat aus- und eingehen können, wer Lust gehabt hat. Im zweiten Weltkrieg ist es völlig zerschlagen worden, es stehen nur noch ein paar zerbröselnde Säulenstümpfe.

Damals haben die Erwachsenen sich erzählt, der Zusammenbruch sei so vollständig, daß nichts, aber auch rein gar nichts mehr der Familie gehöre; schon während der ganzen letzten Monate hätten die Brüder Arnstein von Schulden und fremdem Gelde gelebt. Ich habe allen Ernstes gezittert, es könne eines Tages die

Polizei kommen und mir die fünf Mark abverlangen. Und wie einmal wirklich, wer weiß in welcher Angelegenheit, ein Schutzmann meinen Vater hat sprechen wollen, bin ich nahe daran gewesen, ihm aus freien Stücken die Geschichte von dem Schweizerhäusl zu bekennen. Ich habe es aber dann doch sein lassen.

Wanderung

Zwischen duftigblauen Bergespfosten
Schwebt das Zelt des Himmels, leicht gespannt.
Kühle Krüge tragend in der Hand
Wandern Regenfrauen weit nach Osten,
Netzen wunderbar das grüne Land.
Sag, was soll es sein? Tränen oder Wein?
Hebe deine Lippen, um zu kosten:
Wein und Tränen, beiden scheint's verwandt.

Und die Wolkenweiber eilen weiter,
Neue bringen Regen, Guß um Guß.
Doch da wird schon über Tal und Fluß
Nun der Strom der Himmelsbläue breiter
Und die Erde dampft im Sonnenkuß.
Und die Kirchen stehn weiß und weit zu sehn.
Und die Gottesäcker grüßen heiter,
Daß dein Herz der Toten denken muß.

All der Toten, die hier auf dem Grunde
Ihrer Heimat liegen, still verklärt,
Erde nährend, die auch sie ernährt,
Noch im Grabe wuchernd mit dem Pfunde,
Das den Lebenden einst Gott gewährt.
Seliges Vertraun, droben Ihn zu schaun,
Blüht empor aus ihrem Blumenmunde,
Kaum noch, daß ihr Leib zur Grube fährt.

Und aus Nord und Süd und Ost und Westen
Aus dem Eis, den Wüsten und dem Meer
Eilen zahllos graue Schatten her,
Lösend sich aus ihren armen Resten,
Die dort liegen ohne Wiederkehr.
Zu der Heimatgruft ziehn sie durch die Luft
Zu der Liebe schönen Totenfesten,
Zu der Grabesscholle, ahnenschwer.

Nacht hat leise nun das Land betreten
Und ich geh dahin im Dämmerschein
Hör von da und dorten den verwehten
Klang der Glocken zueinander beten
Und die Brust wird mir so leicht und rein.
Geh im Pilgerkleid ich noch durch die Zeit,
Horch und schau vom Rande des Planeten
Ich doch weit schon in das All hinein.

Hoch in Blut und Feuer, ungeheuer
Geht dahin das schicksalvolle Jahr.
Und die Rosen blühn doch wunderbar
Und der Nordstern steht am stillen Steuer,
Lenkt, wie immer schon, der Sterne Schar.
Liebe laß allein deinen Boten sein:
Glaub, es lebt im Himmel kein Getreuer,
Der kein Liebender auf Erden war.

Die Hausiererin

Vor dreißig Jahren, so lange muß es her sein, denn ich war sechzehn damals, vor dem großen Krieg, im Urfrieden, wie wir ihn heißen wollen zum Unterschied von jenem trügerischen, nachher; vor dreißig Jahren also habe ich mit meinem Bruder eine Fußreise durch den Bayrischen Wald gemacht. Es ist Juli gewesen, glühender Sommer, so, wie es, meinen wir heute, gar keinen Sommer mehr gibt, kochender, weißhitziger, wälderkühler Juli, und die großen Ferien sind vor uns gelegen, endlos, kaum herumzubringen, schien es uns, ein tiefer Raum der Freude und der Bubenabenteuer, und die kleine Wanderfahrt stand am Rande des zaubrischen Kessels, viele Wochen noch waren hernach auszuschöpfen, der ganze August und der halbe September.

Wir sind von Passau mit dem Schiff bis Oberzell gefahren und dann über die Berge hinauf ins Böhmische, wieder heraus nach Eisenstein und an den Arber;

zuletzt noch, weil wir nicht genug kriegen konnten und weil wir Füße hatten wie die Hirsche, sind wir noch in den Oberpfälzer Wald hinübergewechselt, bis Flossenbürg hinauf und Waldsassen, die gewaltige Burg zu sehen, gegen deren Wucht die Schlösser am Rhein, die ich später sah, nur Spielzeuge sind, und das herrliche Kloster, von dem mir freilich nur noch ein ungewisser, rosafarbener Schimmer von schwerem Prunk geblieben ist — aber dieses Verschmelzen macht ja oft die Erinnerung erst köstlich und gibt ihr den geheimnisvollen Goldglanz alter Bilder.

Nur in der Jugend nimmt der Mensch alles so lebendig auf, wie wir's damals taten, wie hungrige Wölfe sind wir durch das Land gelaufen, schwere Wälder und düstere Seen, duftblaue Fernen und grüngrüne Wiesen, Felstrümmer und Ruinen voller romantischer Geschichten, bunte Kirchen und alte Städte, wie haben wir sie bestaunt! In den Bächen haben wir Forellen und Krebse mit der Hand ge= fangen, in Wirtshäusern sind wir nur sparsam eingekehrt, wenn es grad hat sein müssen, die Totenbretter haben uns einen unvergeßlichen Eindruck gemacht, wie sie still dagestanden sind an den Straßen der Lebendigen. Den Bauern aber und mehr noch den Köhlern und Pechbrennern im Wald, den Steinklopfern und be= sonders den Glasbläsern zuzuschauen, sind wir nicht müde geworden. Wenn die so im Feueratem ihrer Öfen standen und den zähen, rotglühenden Klumpen an ihren Rohren bliesen und schwangen, das war uns immer wieder ein Wunder, wie mir ja heute noch die kluge Dienstbarkeit dieses formwilligsten aller Stoffe ein unbeschreiblich holdes Geheimnis bleibt.

Im Grunde ist aber doch die ganze Fahrt zu einer schönen Wildnis der Er= innerung zusammengewuchert, aus blauem Feuerlicht und grüngoldner Dämme= rung, mit all ihren Fichten und Granitblöcken und altem Gemäuer, mit Pilzen und Erdbeeren, mit Nattern und Faltern, mit Menschen und Märkten. Und nur, wenn ich Stifter lese, den ich damals kaum kannte und den ich seither, im zunehmenden Alter, erst liebgewonnen habe, dann wird der bunte Teppich, den ich mir damals wob mit Aug und Ohr und allen jungen Sinnen, wieder zu lebendigem Gewirk, ungeachtet der dreißig Jahre, die inzwischen vergangen sind, voller Waffenlärm, Not und zerreißender Schrecken, dieser dreißig Jahre, die mein und unser aller Leben geworden sind, seitdem.

Wunderlich, wie der Mensch nun einmal ist, zwei Erlebnisse sind mir beson= ders haftengeblieben, ungleich und drollig, wie nur je ein Paar gewesen sein mag: das eine nämlich, fast schäme ich mich, es zu sagen, daß wir in Eslarn das größte und beste Stück Rindfleisch bekommen haben, das ich je gegessen zu haben meine — und das andere jene Begegnung mit der Hausiererin und ihre Geschichte, die uns gleich darauf von der Lammwirtin in Schöllau erzählt worden ist und in die wir auf eine seltsame Weise einbezogen worden sind.

Wir waren schon lange unterwegs gewesen und sahen gewiß nicht mehr zum besten aus, als wir am Abend in Schöllau einrückten, verschmutzt und verstaubt nach einem langen, heißen Marschtag. Und da ein gewaltig drohendes Gewitter blauschwarz am Himmel stand, überredeten wir einander leicht, für diesmal auf sparende Abenteuer zu verzichten und wieder so etwas wie einen bürgerlichen Abend einzuschalten.

Auf dem Dorfplatz, vor dem Wirtshause, das mit Lichtern und einem feuer= vergoldeten Lamm über der Tür freundlicher als sonst oft im Bayrischen einlud, stand eine mächtige, wie von uralter Gicht knotige und gebuckelte Linde, um die eine Bank lief. Auf die stellten wir unsere umfangreichen, von Kochgeschirr und allerlei Gerät klappernden Rucksäcke und machten uns daran, unsere Schuhe abzustauben, die Haare zu kämmen und überhaupt ein wenig zu verschnaufen, damit wir nicht wie Stromer, sondern doch einigermaßen als fahrende Schüler in die Gaststube träten. In der tiefen Dämmerung, die von der einen Seite her durch die Lampen des Gasthofes erhellt wurde, während die andere in um so dunk= lerem Schatten lag, zählten wir auch unsere bescheidene, auf traurige Reste zu= sammengeschmolzene Barschaft, um uns vor der Überraschung zu sichern, einer vielleicht ungewohnt hohen Forderung nicht gewachsen zu sein. Mit anderthalb Mark auf den Kopf war, unserer Erfahrung nach, zu rechnen, und vier Mark waren es, die wir, wenn wir auch die kleine Münze zusammenkratzten, noch unser Eigen nannten.

Der kommende Tag und der Ausgang der Reise machte uns wenig Sorge, da wir bis zum Abend leicht Tirschenreuth zu erwandern gedachten, wo ein entfern= ter Vetter als Amtsrichter wohnte, der uns wohl aushelfen würde. Für heute aller= dings konnten wir keine großen Sprünge machen, und schier war es ein Wagnis, das Wirtshaus zu betreten.

Unterdes war die Wolkenwand hoch hinaufgestiegen, ein lauer Wind hatte sich erhoben, und ein Seufzen und Ächzen ging durch den großen Baum. Meinem Bruder hatte sich, da wir schon das Gepäck aufnahmen, das Schuhband gelöst, und als er es nun knüpfen wollte, zerriß es, und, wie aus seiner wüsten Beschimp= fung des unschuldigen Dings zu vernehmen war, heillos und endgültig. Vergeb= lich mühte er sich, es noch einmal zu knoten, doppelt ungeschickt in der Finster= nis und im Zorn über mein mitleidloses Gelächter. Da hörten wir dicht neben uns eine tiefe und harte Frauenstimme sagen: »Schuhlitzen hätt' ich gute, junger Herr!« Und wir gewahrten jetzt erst, daß auf der abgekehrten Seite der Bank eine alte Frau saß, wohl schon lange gesessen war, die nun durch ihre Worte und zugleich durch einen fahlen Wetterschein wie hergezaubert, ebenso rasch aber wieder ausgelöscht, einen gespenstischen, hexenhaften Eindruck auf uns machte. Vielleicht war auch sie es gewesen und nicht der Baum, was so geseufzt und ge= lispelt hatte, denn sie ächzte auch jetzt wieder im Dunkeln, als wäre ihr eine schwerere Last aufgebürdet als der mächtige, mit Wachstuch überschnürte Wei= denkorb, den wir im jähen Licht neben ihr auf der Bank hatten stehen sehen.

Wir waren zuerst erschrocken, so nah, ohne es zu wissen, in eines Menschen Bereich gewesen zu sein, aber rasch faßte sich mein Bruder ein Herz und sagte, halb noch grollend über sein Mißgeschick, die Frau möge, wenn sie schon so wunderbarerweise als Engel in der Not geschickt sei, ihre Schnürbänder hergeben, zu einer solchen Ausgabe reiche zuletzt noch unser schmaler Beutel; und er fragte, was die Litzen kosten sollten. Wiederholte und stärkere Entflammungen des Him=mels erleichterten den kurzen Handel, ließen uns auch die Greisin deutlicher erkennen. Sie war groß und hager, scharfen Gesichts und nicht unedler Züge, wie aus Luft und Feuer schien sie gemacht, die im Finstern Sitzende, von Blitzen Er=hellte, schön mußte sie einmal gewesen sein, das war noch abzulesen von dürrer Stirn und welker Wange, und als sie sich jetzt erhob, war sie eine Riesin, eine Drude, gebieterisch stand sie da, aber ungewiß schien es, welchen Geistern sie geböte, guten oder schlimmen.

Mein Bruder fingerte zwei Zehner aus dem Geldbeutel, die Frau holte inzwi=schen ihre Senkel aus dem Korb, fünfzehn Pfennige, sagte sie und reichte die Ware herüber, fast gleichzeitig mit der anderen kralligen Hand das Geld fassend, Zug um Zug. Dann griff sie in ihre Tasche, offenbar, um den Fünfer herauszu=geben, aber mein Bruder winkte ab und ging, die Bänder einzufädeln, gegen das hellere Haus zu, wo gerade ein vierschrötiger Mann mit lautem Schollern ein Bierfaß herauswälzte.

Ich schwang meinen Rucksack auf eine Schulter, nahm den meines Bruders in die Hand und war im Begriffe, ihm zu folgen, aber die Greisin, die magere Lederhand schier herrisch gegen mich ausgestreckt, tuschelte mir nach: Wenn der Große zu stolz sei, dann sei vielleicht der Kleine klug genug, und ich sollte das Geld nur nehmen, es laufe einem ohnehin selten genug nach in der Welt.

Ich habe damals vielleicht wirklich daran gedacht, es könnte, wenn es der Teufel wolle, auf jeden Pfennig ankommen, aber es war doch mehr Zwang und Verwirrung, als der Wille, das Geld zu nehmen: unter ihrem herben, einschüch=ternden Drängen ergriff ich die Münze. Da merkte ich, daß es kein Fünfpfennig=stück war, sondern eine blanke Mark, und erschrocken ging ich auf die Alte zu, ihr wiederzugeben, was mir nicht zukam. Aber sie wehrte ab, ängstlich zog sie die Hände an sich, nein, es sei kein Irrtum, aber ein junger Mensch dürfe doch wohl von einer alten Frau etwas annehmen, und Gott wolle es mir segnen, sagte sie und sagte es, eindringlich, ein zweites und drittes Mal, Gottes Segen auf diese Mark, sagte sie, daß es mir gar wunderlich vorkam.

Sie hob mit einem kräftigen Ruck ihren Korb auf den Rücken, seufzte tief auf und ging in die Nacht hinaus, ungeachtet der ersten, schweren Tropfen, die in diesem Augenblick, von einem stärkeren Blitzschein erfunkelnd, zu stürzen be=gannen. Mit der jäh wieder einfallenden Finsternis war auch sie verschwunden, wie in einer Verzauberung mich zurücklassend.

Sprachlos stand ich da, nicht einmal bedankt hatte ich mich für die Spende, die ich nicht zu deuten wußte.

Für einen armen Teufel bin ich späterhin noch mehr als einmal gehalten wor=den, und dann hatte es immer etwas Belustigendes gehabt in aller Beschämung. Aber damals, als Bub fast noch, war ich der Sache doch nicht recht gewachsen, sie war ja wohl auch geheimnisvoll genug. Jedenfalls, ich hatte die Mark in der Hand, zurückgeben konnte ich sie nicht mehr, so schob ich sie denn in die Tasche, und meinem Bruder sagte ich nichts davon.

Als wir jetzt in die Wirtsstube traten, in der an blankgescheuerten Ahorntischen nur noch ein paar Bauern saßen, wurde mir die Mark in der Tasche unversehens zu Fortunati Glückssäckel, und leicht bewog ich meinen knausernden Bruder zu kühneren Bestellungen, die freilich immer noch bescheiden genug waren und in einem Glas hellen Bieres für jeden gipfelten, das wir aus zinngedeckelten Gläsern tranken. Nach dem Essen, wie es so Sitte ist auf dem Lande, schlurfte die Wirtin herbei, einen guten Abend zu bieten und nach dem Woher und Wohin zu fragen, mit jener unverhohlenen Neugier, die dem Volke selbstverständlich ist. Mit Ver= laub, sagte sie, das Strickzeug in der Hand, und nahm uns gegenüber Platz.

Wenn die Hausiererin vorhin aus Luft und Feuer gemacht schien, so waren Erde und Wasser die Elemente, denen die Wirtin untertan sein mußte. Breit und aufgequollen, saß sie da, viel jünger als jene Greisin, eine gute Vierzigerin viel= leicht, von einer etwas stumpfen Gutmütigkeit mochte sie sein, wie sie jetzt Bericht verlangte und selber gab, so, Studentlein wären wir, aus München, und dort wäre sie auch gewesen, vorzeiten, als Köchin beim Radlwirt in der Au, den müßten wir ja wohl kennen.

Indes sie so sprach, hub draußen das Gewitter, das lange verzogen hatte, in prallen Güssen, die ans Fenster schlugen, im wilden Rauschzorn der Bäume und im feurigen Huschen der Blitze sich zu entladen an. Unser beider Gedanke galt sofort der Greisin, und mein Bruder sprach es auch sogleich jammernd aus, wie die Frau zu bedauern sei, die jetzt bei solchem Sturmregen so spät über Land gehe, wer wisse, wohin und wie weit noch.

Mit der Frau, sagte die Wirtin, und ihr Gesicht wurde auf einmal abweisend und hart, mit der Frau brauchten wir kein Mitleid haben. Und wir hätten gewiß auch keins mehr, wenn wir sie so gut kennen würden, wie sie, die Wirtin, die alte Höltlin nun einmal kenne. Die müßte gar nicht über Land gehen, mit ihren siebzig Jahren, denn die wäre reicher als alle miteinander, die da in der Stube herinsitzen. Und wie wir nun zu erfahren begehrten, was es mit jener wunder= lichen Frau auf sich habe, fing sie an zu erzählen von der Höltlin, die draußen vorm Wald ein Haus hat und früher einmal weitum im Bayerischen und Böhmi= schen bekannt gewesen ist. Sie hat da die alten Sachen aufgekauft, Truhen und Holzfiguren und Schüsseln, Seidentücher und Meßgewänder, nur das Beste und Schönste. Da ist sie dahinterher gewesen wie der Teufel hinter der armen Seele, und alles hat sie aufgeschnüffelt, wie wenn sie es riechen hätte können. Wo kei= ner von den anderen Händlern mehr was gefunden hat oder wo es ihm die Bauern oder der Pfarrer rundweg abgeschlagen haben, die alte Hexe hat es geholt. Das heißt, so verbesserte sich die Wirtin, die Erzählerin, alt ist sie damals noch nicht gewesen, es sind ihr sogar die Mannsleut nachgelaufen seinerzeit, aber sie hat für nichts anderes Sinn gehabt als für ihren Handel. Die ist nur in die Kirchen gegangen, wenn sonst niemand drin war, und hat die Gebetbücher nach schönen Heiligenbildern durchgefilzt oder hat geschaut, ob nicht wo ein Barockengerl ein bißl locker hängt, auf das keiner aufgepaßt hat. Und wenn wo ein altes Leut gestorben ist, dann war die Leiche noch nicht kalt, bis sie gekommen ist, um den Nachlaß zu erschachern.

Jedes Jahr, im Mai, im Juli und im Oktober, so berichtete die Frau, ist sie mit ihrem Mann und ihrem Buben nach München hinauf, zur Auer Dult, und ihr Stand ist der reichste und schönste gewesen, und es sind wegen ihr allein Leute bis von Berlin auf die Dult gekommen.

Die Höltlin ist aber selber ganz vernarrt gewesen in ihre schöne Ware, und ein boshaftes Luder war sie obendrein. Sie hat die besten Stücke ausgelegt, aber wenn wer nach dem Preis gefragt hat, dann ist sie bloß grob geworden; das wär' schon für wen aufgehoben, oder, ein Prinz wär' grad dagewesen, der Prinz Alfons, der hätte es gekauft. Und wenn sie die Leute genug damit geärgert gehabt hat, dann hat sie die schöne Ware wieder in die Kisten verpackt und hat herumerzählt, das gehe weit fort, ins Amerika.

Manche Schnurre wußte die Wirtin noch beizusteuern, so, daß einmal ein rei=cher Herr sich einen Spaß mit ihr gemacht habe; der habe einen schönen Walzen=krug stehen sehen, ein Lieblingsstück von ihr, das sie nur als Lockvogel hingestellt habe und das ihr nicht feil gewesen sei. Was der Krug kosten solle, habe er sie gefragt, und sie habe höhnisch gesagt, hundert Mark, und sie hätte grad so gut sagen können, er solle sich zum Teufel scheren. Aber der Herr habe kaltblütig einen blauen Lappen auf die Budel gelegt, und weil grad ein paar andere Händler dabeigestanden seien, habe sie nicht mehr zurückkönnen, und der Herr habe noch recht spöttisch gesagt, sie solle ihm den Krug ja recht vorsichtig einwickeln. Am liebsten hätte sie ohnehin alle zwei in Scherben geschlagen, den Krug und den Käufer dazu.

Die Wirtin, als sie das erzählt hatte, lachte mit einer bösen Heiterkeit, bei der uns nicht wohl war. Aber ehe wir wußten, was wir sagen sollten, fuhr sie schon in ihrem Bericht fort, von dem Mann redete sie jetzt, verächtlich, von dem lau=sigen Krisperl, das von dem bösen Weibsteufel nur so gepufft und herumkom=mandiert worden sei, wer weiß, warum sie grad den geheiratet habe. Der habe, auf der Dult draußen, nur so dabeistehen dürfen, und wehe, wenn er gewagt hätte, selber was zu verkaufen oder auch nur einen Preis zu nennen. Wie ein Hund habe der Höltl folgen müssen, und wenn ihn die Frau wohingestellt und drauf vergessen habe, dann sei er am Abend noch dortgestanden, bei Schnee und Regen. Wenn es dann Nacht geworden sei, habe sie ihn laufen lassen, zwei Mark habe sie ihm gegeben, zum Vertrinken. Und einmal wären es statt zwei Mark fünfe gewesen, weiß der Teufel aus was für einer Laune heraus, und die habe der Mann genauso gehorsam vertrunken. In der Nacht habe er dann, in seinem Rausch, ein offenes Fenster für ein Abtrittbrett gehalten, und hinterrücks sei er aus dem dritten Stock gefallen. Und wie sie ihn am anderen Tag in der Früh

gefunden hätten, wäre gleich die Frau geholt worden, aber die, so wurde berich=
tet, hätte nur gesagt, der habe sich ja sauber in den Tod gesoffen um die fünf
Mark. Und daran, daß sie jetzt eine Witwe war, hätte sie nicht schwer getragen.
   Mein Bruder und ich, wir sind damals noch fast Kinder gewesen, aus einem
wohlbehüteten Elternhaus, und die rohen Schrecken schwerer Zeiten, die nachdem
gekommen sind, hatten uns noch mit keinem Anhauch getroffen. Wir lauschten
beklommen, es war uns, als blickten wir in einen Abgrund, aber um so begie=
riger waren wir, seine fremden, schaudernden Tiefen auszumessen. Die Wirtin,
unsere Spannung gerne gewahrend, ließ den Strickstrumpf sinken, horchte einen
Augenblick in das schon vertosende Wetter und rückte dann, in der völlig leer
und still gewordenen Stube, näher zu uns her, das sei alles nichts, sagte sie, was
sie bisan erzählt habe, jetzt aber komme die eigentliche Geschichte. Der Höltlin
ihr Sohn, fuhr sie fort, ist ein Taugenichts gewesen aus den Windeln heraus.
Mit dem ist sie nicht so leicht fertig geworden wie mit ihrem Mann. Das Geld
hat er ihr aus dem Kasten gestohlen, und später hat er ihr die schönste Ware
davongetragen und heimlich verkauft. Sie hat aber an dem Buben einen Narren
gefressen gehabt und hat es vor den Leuten nie zugeben wollen, daß ihr Sohn
stiehlt. Da hätten die anderen Lumpen sich lustig machen können, meinte die
Wirtin, und damit prahlen, daß man von der alten Höltlin nichts kaufen kann,
aber vom jungen Höltl kriegt man's halb geschenkt. Und ganz Unverschämte
hätten ihr solche Erwerbungen gar unter die Nase gehalten, einen Enghalskrug
oder ein Stück gotischen Samt, und scheinheilig gefragt, ob sie denn das nicht für
gut und echt halte, weil sie es so billig habe losschlagen lassen durch ihren Sohn.
Das sei die rechte Hölle gewesen für die Frau; sie habe immer zugetragen, und
der Bub habe davongeschleppt, und es sei wie ein Faß ohne Boden gewesen. Oft
habe einer hören können, wie sie ihren Sohn laut verflucht hat, die Hände sollen
ihm abfaulen, wenn er noch einmal was anrührt. Aber das Früchterl, das sie mit
der bloßen Faust hätte niederschlagen können, habe eine wunderliche Gewalt
gehabt über die Mutter, die sonst den Teufel nicht geforchten hat.
   Dem jungen Höltl, erzählte die Wirtsfrau, und sie sagte es so kalt und leise,
daß uns schauderte, dem sind dann wirklich die Hände abgefault, wie seine Mut=
ter es ihm angeflucht hat. Wie er es gar zu arg getrieben hat, ist sie doch auf die
Polizei, und die hat dann zuerst einmal den Hehlern das Handwerk gelegt. Der
Bub aber ist gleich ganz schlecht geworden, er ist unter die Schwärzer gegangen
und hat aus dem Böhmischen ins Bayrische und von da wieder hinübergetragen
und getrieben, was ihm unter die Hände gekommen ist. Aber nicht lang. Schon im
Herbst drauf ist er verschollen gewesen, und ein Grenzer hat gemeldet, daß er in
der Finsternis auf einen geschossen hat, der nicht hat stehenbleiben wollen; man
hat gleich alles abgesucht, aber es ist nichts gefunden worden.
   Im nächsten Sommer erst sind Kinder vom Erdbeerzupfen heimgelaufen, ganz
käsig und verschreckt, im Holz draußen läge einer so still und hätte auch auf
ihr Rufen keine Antwort gegeben. Wie sie ihn dann geholt haben, ist es der

junge Höltl gewesen, die Leiche war noch gut zu erkennen, ein wenig einge=
schnurrt von der Hitze; bloß die Hände waren im Feuchten gelegen und waren
abgefault bis auf die Knochen.

Die Höltlin habe zwar laut gesagt, daß es um den Bazi nicht schad wäre, aber
es sei halt doch ihr einziger Sohn gewesen. Sie hat in ihrem Haus herumrumort
wie ein Geist, und man hat oft die halbe Nacht ein Licht wandern sehen von
Zimmer zu Zimmer, da ist sie ohne Ruhe hin und her gelaufen, hat ihre schöne
Ware angeschaut und geweint und geflucht dazu. Der Sohn, der sie ihr gestohlen
hat, ist tot gewesen, aber sein Wort ist lebendig geblieben übers Grab hinaus.
Denn wenn sie ihm angewunschen hat, es möchten ihm die Hände abfaulen,
dann hat er dagegengeschrien, und die Nachbarn haben es mehr als einmal
gehört, ihr solle dafür das ganze Haus überm Kopf verbrennen mit all dem
Gelump und sie selber dazu.

Seit sie den Sohn so gefunden hätten, sagte die Wirtin, sei die Höltlin nimmer
auf die Dult. Sie kaufe nichts mehr, nicht das schönste Stück, aber verkaufen tue
sie auch nichts, in ihr Haus lasse sie keinen Menschen hinein. Oft hätten ihr früher
hämische Leute einen ahnungslosen Fremden geschickt, er könnte dort, bei der
Witwe, preiswert was erhandeln. Solchen ungebetenen Gästen werfe sie zornig
die Tür vor der Nase zu, und einem ganz Hartnäckigen sei sie einmal mit einem
brennenden Holzscheit bis auf die Straße nach. Der Mann habe später erzählt,
sie hätte das glimmende Scheit in die nasse Erde gestoßen und ein Sprüchel
dazu gemurmelt, ein ganz grausiges und wildfremdes. Aber wer weiß, ob das
wahr sei.

Seit der Zeit handle die Höltlin, um sich durchzubringen, mit Hausierkram.
Wenn sie nur einen einzigen Rauchmantel oder eine Figur hergeben wollte,
möchte sie mehr Geld kriegen als für einen Monat, ja, für ein halbes Jahr Herum=
laufen. Aber es sei, als ob sie nichts hergeben dürfte, als ob sie alles, Stück für
Stück, aufheben müßte für den Tag, an dem der Fluch von ihrem Sohn auf das
Haus komme, mit allem, was darin ist. Und daß der Tag komme, und wenn sie
hundert Jahre alt würde, das wisse sie selber, und das wissen die Leute alle.
Aber Mitleid, so schloß die Erzählerin, die böse, kaltherzige, Mitleid brauche kei=
ner zu haben mit der alten Hexe, sie sei ihr Leben lang geizig und hart genug
gewesen. Der Herrgott tue keinem mehr, als was er verdient — und was sie mit
dem Teufel habe, das sei ihre Sache!

Ich war ergriffen von dem Schicksal der alten Frau, und meinem Bruder mochte
es nicht anders zumute gewesen sein. Wir schwiegen und schauten ratlos auf die
Tischplatte. Die wirkende Gewalt des Fluches war uns bisher nur in Sagen und
Gedichten begegnet, hier aber war sie eine schier selbstverständliche Wahrheit,
mächtig unter leibhaftigen Menschen, die daran glaubten.

Mochte die andere eine Natter sein, die Wirtin war dann eine Kröte, wie sie
nun schwerfällig aufstand, nach ihrer unheimlichen Geschichte, die sie vielleicht
oft schon erzählt hatte, wer weiß, ob nicht einzig darum, daß sie das Mitleid

abgrübe in jedem Herzen. Ich mißtraute jedenfalls ihrer selbstgerechten Biederkeit. »Sie haben uns, Frau Wirtin«, ergriff ich stockend das Wort, »mehr von Unheil berichtet als von Schlechtigkeit; wenn die Frau wirklich so bös ist, dann ist sie gestraft genug, daß sie so leben muß in Zorn und Ängsten; sie hat das Fegefeuer schon auf Erden, und die arme Seele wäre jetzt schon eher ein Vaterunser wert als ein so strenges Urteil.«

Ich war schon daran, ihr von unserer Begegnung zu erzählen, aber sie kam mir zuvor. Ich wäre noch ein junger Mensch, sagte sie, und würde es schon noch verlernen, jedem barmherzig zu sein, der es nicht verdiene. Gestern vielleicht hätte sie noch mit sich reden lassen über die Höltlin, aber heute nicht mehr. Und sie fing, erboster als zuvor, eine neue Geschichte an.

Die Hexe, sagte sie, sei ja grad da herin gewesen, hier bei ihr in der Stube, und wenn sie, die Wirtin, noch daran gezweifelt hätte, daß die Höltlin ein schlechtes Mensch ist, jetzt wisse sie es gewiß. Um eine Mark habe sie sie geprellt, das habgierige Luder, das habgierige, zum Dank, daß sie ihr was abgekauft habe von ihrem schundigen Kram. Um sechzig Pfennige seien sie handelseinig geworden, und sie, die Wirtin, habe ihr die Mark da auf den Tisch gelegt. Die andere habe ihr die vierzig Pfennig herausgegeben und dreist die leere Hand aufgehalten und behauptet, daß sie die Mark noch nicht gekriegt hätte. Sie, die Wirtin, habe gesagt, da habe sie ja die Mark hergelegt, und daliegen tue sie nimmer, also habe die Höltlin sie wohl eingeschoben. Da sei sie ganz fuchsteufelswild geworden und habe alle Heiligen zu Zeugen angerufen, daß sie von keiner Mark etwas wisse. Mit ihr streiten, habe sie, die Wirtin, gesagt, wolle sie nicht, da könnte eines genauso gut mit dem Leibhaftigen selbst streiten; und sie habe eine zweite Mark vor die Höltlin hingelegt, die habe sie gewiß nicht übersehen können. Da sei die Mark, habe sie zu ihr gesagt, aber einen Fluch tue sie drauf, daß sie dem hundertfaches Unglück bringen soll und einen unseligen Tod, der sie zu Unrecht einsteckt; und der Herrgott dürfe zuschauen bei dem Handel. Und da habe das Weib gewinselt und gebettelt, sie, die Wirtin, sollte den Fluch wieder wegtun von dem Geld, sonst kann sie es nicht nehmen. „Höltlin", habe sie gesagt, »ich verfluche ja nur meine Mark. Wenn sie rechtens dir gehört, kannst du sie ja ruhig einstecken, dann hat ja der Fluch keine Kraft über dich.« Und da habe sie das Luder richtig in ihrer eigenen Schlinge gefangen: sie habe die Mark nehmen müssen, wenn sie es nicht selber habe zugeben wollen, daß sie sie um ihr Geld geprellt habe. Viel Freude würde sie an der Mark nicht haben — so schloß die Wirtin mit einem hämischen Lachen.

Zugleich stand sie auf, sie habe, sagte sie, uns lange genug aufgehalten, und ihre Frage, ob wir noch ein Glas Bier wollten, war eher eine Mahnung zum Aufbruch. Wir dankten denn auch und fragten nach unserer Schuldigkeit, alles in allem, da wir vielleicht morgen recht zeitig aufbrächen. Die Wirtin schaute uns abschätzend an: ob uns, für alles, zwei Mark zuviel wären? Wir wußten nicht recht, und das war uns peinlich genug, ob sie das für einen allein berechne oder für beide zusammen. Für alle zwei wäre es eine Bettelmannszeche gewesen, für einen allein war es, vor dem Weltkrieg, im hintersten Bayrischen Wald, nicht gerade billig. Mein Bruder, der das Geld einstecken hatte, war wohl der Meinung, es heiße zwei Mark für den Kopf zahlen, und legte drei Mark auf den Tisch, die vierte fischte er aus dem Kleingeld zusammen. Er bekam einen roten Kopf, es schien nicht mehr ganz zu reichen. Die Wirtin sagte, aber sie sagte es um einen Ton zu patzig, wenn wir so schlecht gestellt wären, gäbe sie sich mit dem Taler auch zufrieden, sie sähe schon, daß sie heute nicht zu ihrem Gelde kommen sollte. Aber da hatte ich schon die Mark aus der Tasche geholt und legte sie schweigend zu den übrigen. Je nun, meinte die Wirtin, indem sie das Geld einstrich, wenn es die jungen Herren so nobel gäben, solle es einer Wirtin nicht ungelegen sein. Und so komme sie wohl auch, setzte sie listig lächelnd dazu, doch wieder zu der Mark, die sie bei dem Hexenhandel eingebüßt habe.

Mein Bruder, der doch wußte, wie abgebrannt wir waren, machte große Augen, als er das Geldstück sah, aber fürs erste erleichtert, steckte er seinen Beutel wieder ein. Ich aber fragte, von den wunderlichen Fügungen dieses Abends zutiefst betroffen, zweideutig die Wirtin, ob sie denn, da es vielleicht wirklich die Mark sei, die sie verflucht habe, keine Angst spüre, sie wieder einzunehmen. Sie lachte verlegen zu dem schlechten Scherz. Ob ich, meinte sie unsicher, damit sagen wollte, daß sie uns übernommen hätte. Das müßte sie selber wissen, gab ich ausweichend zur Antwort, jedenfalls sei sie, die Wirtin, jetzt in der nämlichen Verlegenheit, in die sie die arme Hausiererin gebracht hätte. Ich könnte ja, sagte ich lauernd, insgeheim von ihr, der Wirtin, das Geldverfluchen gelernt und eine kräftige Verwünschung auf die Mark gelegt haben. Ich ließ bei diesen Worten alles in der Schwebe, so daß die Frau, so unbehaglich es ihr war, die Anspielung doch für einen Spaß nehmen mußte, auf den nicht ernsthaft zu erwidern war. Ich hatte aber das Gefühl, daß sie ursprünglich nicht mehr als zwei Mark für uns beide hatte rechnen wollen, daß sie aber, als mein Bruder Miene machte, vier zu bezahlen, von Habgier erfaßt, rasch ihre Meinung änderte, und daß ihr jetzt meine Anzüglichkeit doch recht das Gemüt beklemmte. Ziemlich unwirsch bot sie uns eine gute Nacht und rief die Magd, uns auf unsere Stube zu führen.

Die Kammer droben stand im vollen Mondlicht, das Wetter hatte sich verzogen, ein leichter Nachtwind schüttelte Tropfen aus der Linde, die vor unserem Fenster stand. Rasch zogen wir uns aus und schlüpften in die ächzenden Betten. Woher ich die Mark gezaubert hätte, wollte mein Bruder wissen. Ich ließ ihn raten. Es sei, meinte er, wirklich die Mark gewesen, die die Wirtin zuerst der Hausiererin gegeben, die sich koboldig verschlüpft habe — und ich hätte sie, vielleicht unterm Tisch, gefunden. »Fehlgeraten«, sagte ich, und schon im Einschlafen erzählte ich ihm in wenigen Sätzen, wie es sich zugetragen hatte. Neugierig sei er, sagte mein Bruder, wie das hinausginge mit dem Fluche; und ob ich nicht auch fände, daß vier Mark unverschämt viel verlangt sei, bei so schlechten Betten obendrein. Und warf sich, ohne eine Antwort abzuwarten, auf die andere Seite. Ich blies das Licht

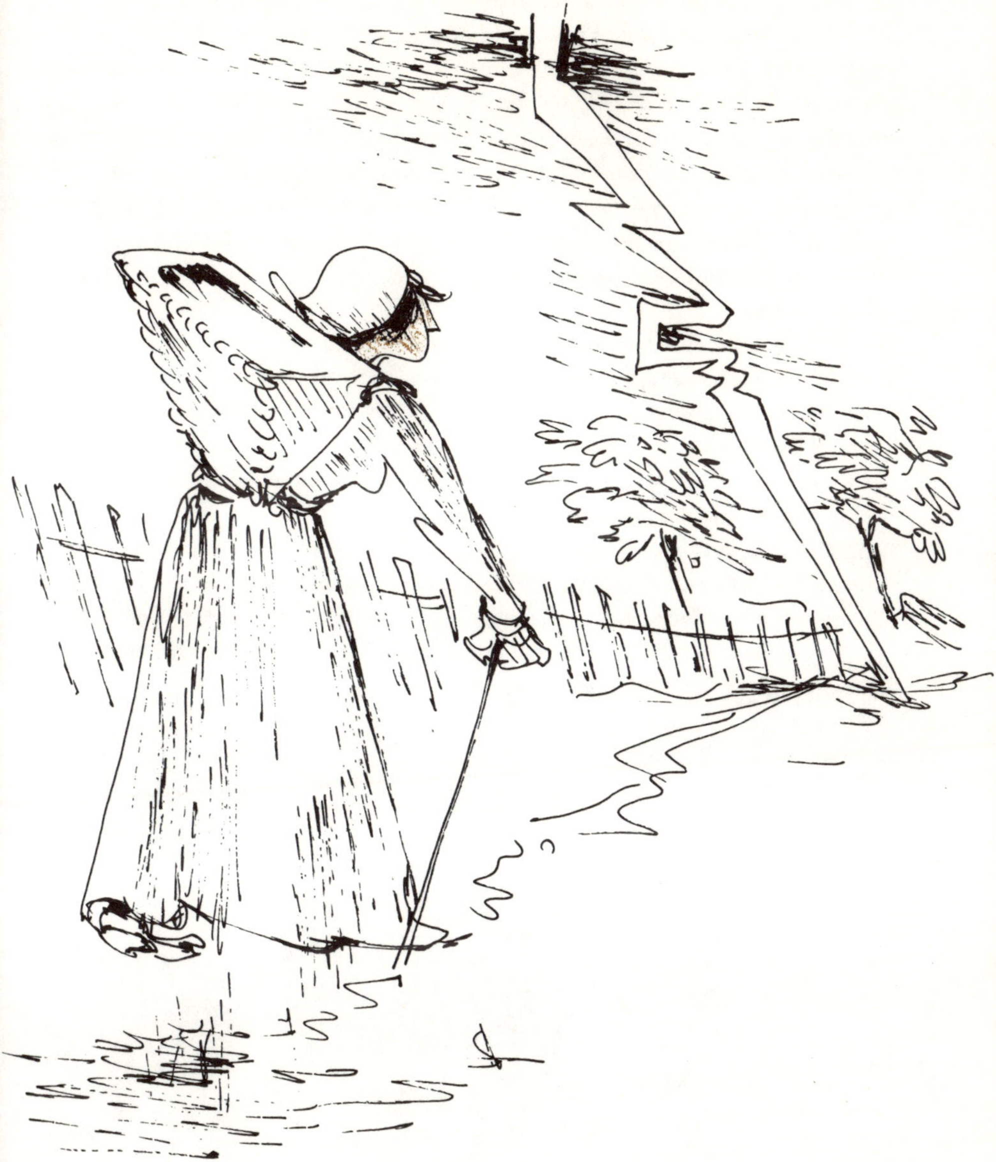

aus und schwieg; noch vieles bedenkend, trieb ich ins Ungewisse hinaus, in die schwere Tiefe des Schlafes. Da erklang noch einmal unerwartet die Stimme meines Bruders: »Da steckt irgend etwas dahinter«, sagte er; »die zwei Weiber, und ich drehe die Hand nicht um, welche mir die liebere ist, streiten um mehr miteinander als um ein Markstück.« Und dann waren wir beide wieder still. Der Mond schien herein, kaum konnte ich mich bergen vor seinem fließenden Licht. Aber ich schlief schon, da rief mich noch einmal mein Bruder wach: Ob ich, fragte er, an den Fluch überhaupt glaube? Ich murmelte nur irgend etwas, ich wüßte es nicht, und ich wußte es wirklich nicht, ich weiß es auch heute noch nicht, nach dreißig Jahren.

Jedenfalls, von der Hausiererin haben wir nie mehr etwas gehört, der nächste Tag galt neuen Zielen, auch die Wirtin sahen wir nicht mehr, als wir, mit dem frühesten, aufbrachen. Aber sechs, sieben Jahre später, wir hatten schon den ganzen Krieg hinter uns, und die silberne Mark von damals war längst, wenn sie nicht die Wirtin im Strumpf versteckt hatte, dahingeschwommen im papiernen Strom, sechs, sieben Jahre später las ich ganz zufällig in der Zeitung, daß das Gasthaus zum goldenen Lamm in Schöllau abgebrannt sei bis auf die Grundmauern. Ich weiß nicht, ob das ein Zufall gewesen ist, denn es brennen ja schließlich im Laufe der Jahre oft genug Bauernhöfe und Wirtshäuser nieder, warum sollte nicht auch das Goldene Lamm einmal in Feuer aufgehen irgendwo da droben im Wald an der böhmischen Grenze ...

Der Fischkasten

Zur Einweihung der neuen Innbrücke war auch der Regierungsrat Gregor Hauenstein von seiner Dienststelle beordert worden. Er war ein gebürtiger Münchner, aber seit vielen Jahren in Berlin beamtet; so freute er sich doppelt des Auftrages, der ihn, mitten im Juli, für zwei Tage in die alte kleine Stadt führte, an die ihn so manche Erinnerung seiner Knabenzeit knüpfte.

Lange nicht mehr hatte er sich so jung und vergnügt gefühlt wie an diesem Sommermorgen, als er in Rosenheim den Schnellzug verließ. Im Angesicht der Berge spazierte er auf dem Bahnsteig hin und her, wie ein Rabe im schwarzen Rock, die Schachtel mit dem hohen Hut schlenkernd an einem Finger, belustigt über seine eigene Würde, die es freilich erst morgen voll zu entfalten galt, beim festlichen Marsch über die neue Brücke, unter Fahnen und Ehrenjungfrauen.

Warum er den Hut so herumtrug, wußte er selber nicht. Er hätte ihn bequemer zu dem kleinen Koffer gestellt, den er schon in dem altväterischen Abteil zweiter Klasse untergebracht hatte, in dem er, nach einer halben Stunde Aufenthalt, die Fahrt fortsetzen würde.

Der Regierungsrat, seit dem Verlassen des D=Zuges wie um ein Menschenalter zurückverzaubert, war in wunderlichster Stimmung. Es gelang ihm heute nicht, sich und seine Sendung ernst zu nehmen, er spöttelte wider sich selbst, er stellte endlich die Schachtel mit dem Zylinderhut in das Gepäcknetz, turnte wie ein Schulbub am Wagen herum, bekam schwarze Finger und wusch sie sich am Brunnen.

Er ging wieder auf und ab, schaute über die Gleise auf den Wendelstein, der leichter und leichter ward im blaugolden steigenden Tag, sah auch in die sommergrüne, warm werdende Straße hinaus, die zum Bahnhof führte, und erinnerte sich, daß er vor fünfundzwanzig Jahren wohl — oder war es noch länger her? — als Bub mit dem Radl da angesaust war, abgehetzt von drei Stunden verzweifelten Tretens, und doch um einen Augenblick zu spät, denn der Frühzug fuhr gerade an, ihm vor der Nase weg.

Ja, vor der Nase weg, und viele Anschlüsse hatte er versäumt seitdem, und wohl wichtigere, aber vielleicht war ein versäumtes Leben, aus den Sternen gesehen, nicht schlimmer als ein Zug; und sein Leben hatte er ja nicht versäumt, durchaus nicht, er hatte auch Anschlüsse erreicht, mühelos und pünktlich. Und nächstes Jahr wurde er wohl Oberregierungsrat.

Der Reisende kam unversehens dazu, darüber nachzudenken, wie es ihm denn gegangen sei in diesen fünfundzwanzig Jahren, die zusammen mit den fünfzehn, die er damals alt war, gerade vierzig machten, ein schönes Alter, in dem das Leben erst anfange, wie es jetzt so gerne gepredigt wurde.

Nein, dieser Ansicht war der Reisende durchaus nicht. Er hielt es mit der bedächtigeren Weisheit, daß ein Mann mit vierzig Jahren wissen müsse, wo er sterben wolle. Sterben, das war nicht so gemeint, daß er sich nun gleich hinlegen müßte, nein, gewiß nicht; aber den Platz aussuchen, das sollte einer, wenn er nicht ein heimatloser Glücksjäger war, den Rastplatz, von dem aus ein Blick erlaubt war auf das wirkliche Leben und auf den wirklichen Tod.

Jeder Dorfschreiner hier unten hat ihn und jeder Bahnwärter, dachte er, und er träumte sich fort von dem ruhelosen Schattenleben der großen Stadt; ein Jäger und Fischer hatte er werden wollen, wie er ein Bub war, und ein Aktenstaubschlucker war er geworden.

Noch einmal über seine Jahre hinschweifend, kam der Mann zu dem Ergebnis, daß es ihm, was das äußere Dasein anbelangte, schlecht und recht ergangen sei. Doch vermochte er sich selbst über sein eigenes, tieferes Leben wenig zu sagen; er mußte bekennen, daß er den gültigen Standpunkt verloren oder noch nicht gefunden hatte, und daß er nicht wußte, was wohl überhaupt zu fordern und zu erwarten war.

Wenn es nichts mehr gab, wenn wirklich alles ausgeschöpft war, dann jedenfalls hatte er genug. Dann hatte er die Schicht durchmessen, innerhalb derer zu atmen erlaubt war; und weiter vorzudringen, hinauf oder hinab, hinaus oder hinein, war ein tödliches Wagnis. Denn an ein Ziel oder nach Hause würde er doch niemals kommen.

Der Regierungsrat, immer noch hin und her gehend, wurde es müde, Fragen zu stellen, auf die noch niemand je eine Antwort erhalten. Ihm fiel das alte Wort ein, daß die Gescheitheit lebensgefährlich sei, weil man verdorre an ihr, und daß einer, der sich feucht und frisch erhalten wolle, von Zeit zu Zeit in die tiefsten Brunnen seiner Dummheiten fallen müsse. Brunnen wohl, dachte er weiter, aber in den reißenden Strom? Und er entsann sich der vielen Altersgenossen, die in den Wirbeln wild strudelnder Jahre versunken waren. Und wer weiß, wohin noch alles treibt. Vielleicht würde auch er noch einmal, sowenig ihn danach verlangte, beweisen müssen, ob er schwimmen könne.

Endlich polterte die Maschine an. Ein paar Leute waren noch zugestiegen, lauter Bauern und Händler; niemand mehr kam in das Abteil zweiter Klasse. Der Zug fuhr auf dem gleißenden Schienenstrang in die Landschaft hinaus, die nun schon weiß war vor Hitze. Die Berge wurden dunstig, nahe grelle Bauerngärten, wehende reifende Felder, gelb und schwer, dazwischen die graugrünen, moosbraunen Streifen Gebüsches, die den Fluß säumten, der mit schnellen, hellen Blitzen unter der zitternden Sommerluft hinschoß. Nadelspitze Kirchtürme, wie Minaretts, standen auf der jenseitigen Höhe, die warm im Walde wogte. Das war vertrautes Land; das mußte Griesing sein da oben. Und jetzt rollte auch der Zug schon in die letzte Biegung, seidiger Flatterwind umbrauste den spähend hinausgebogenen Kopf, dann war der Bahnhof von Oberstadt zu sehen und das Städtchen selbst, flußabwärts auf der Höhe. Der Zug hielt, niemand stieg aus als der Regierungsrat Gregor Hauenstein; niemand empfing ihn: der rotbemützte Vorstand gab gleichmütig das Zeichen zur Weiterfahrt.

Es war noch nicht Mittag. Der Regierungsrat überlegte, im prallen Licht des öden Platzes stehend, daß nicht nur der Weg in das Städtchen hinauf heiß und staubig sein müßte, sondern daß es auch unklug wäre, sich jetzt schon den ehrenfesten Männern auszuliefern, die ihm mit allerlei Bitten und Beschwerden auf den Leib rücken würden, da ja ein Vertreter der höchsten Amtsstelle nicht alle Tage zu ihnen kam. Er blieb also unten, fand den Wirtsgarten des Gasthofs »Zur Eisenbahn« erträglich, aß, und nicht ohne wehmütigen Humor, das klassische bayerische Gericht, ein Kalbsnierenstück mit Kartoffelsalat, und trank, im Schatten der Kastanien, ein Glas hellen Bieres.

Er gedachte eine Wanderung zu machen und ließ sich von der Kellnerin erzählen, daß ein Stück flußaufwärts eine Fähre sei. Dort könne man übersetzen, finde drüben ein Wirtshaus und, hundert Schritte weiter oben, ein Kloster mit einer schönen Barockkirche. Von da aus führe ein Sträßlein über die jenseitigen Höhen wieder stromab, dergestalt, daß man bei der neuen Brücke drunten wieder an den Fluß komme. Sie selber sei da drüben noch nicht gewesen, aber die Leute sagten, es wäre ein lohnender Weg.

Der Regierungsrat machte sich auf und ging zuerst über die flirrenden, grillenschrillen Felder und Wiesen. Sein Gepäck hatte er einem Jungen gegeben, der es in den »Goldenen Krebs« hinaufbringen sollte, wo ein Zimmer bereitgestellt war. Er konnte also ausbleiben bis in den späten Abend, und das wollte er auch. Ärgerlich war nur, daß er so gar nicht aufs Wandern und Herumstreunen eingerichtet war, im schwarzen, bis an die Kniekehlen reichenden Rock, wie der Herr Pfarrer selber mußte er aussehen; und heiß war es ihm, der Schweiß brach ihm aus, und das Glas Bier hatte ihn schläfrig gemacht. So schritt er unterm Feuerblick der Sonne hin.

Er überquerte das Bahngleis, das schnurgerade vom Süden heraufkam, den Damm, von Schabenkraut und Natternkopf dicht bewuchert. In einen Abzugsgraben sprangen viele Frösche, einer nach dem andern, so wie er das Wiesenweglein entlang ging. Das war ein schöner, wahrer Bauernsommer, echter als da drüben im Gebirge, wo es kein Querfeldein mehr gab, sondern nur noch Straßen, Zäune, Gaststätten und Verbotstafeln.

Er kam wieder auf ein zerfahrenes Sträßlein, blau von Wegewarten. Eichen standen mächtig im Feld, im tausendblumigen, gräserstarren, lichtgekämmten, glühenden Feld. Und dann hörten die süßen Wiesen auf, und es begannen die sauern, mit Bärenklau und Weiderich; und schilfige Gräben zogen herein.

Sand war jetzt überall auf den Wegen, ganz feiner Sand; es roch nach Verfall und fischigem Moder. Die Auenwälder, die von weither im leichten Triller der Pappeln und Weiden weißgrün und bläulich geblitzt hatten, taten sich mit dump= fer schwärzlicher Schwüle auf, Erlen standen an finsteren Sumpflöchern, Brom= beersträucher überwucherten den Sand, Minze wuchs in wilden Büscheln, Nesseln und Schierling waren da und viel Gestrüpp und Gewächs, das er nicht kannte.

Das Dickicht, von Waldreben geschnürt und übersponnen, ließ nur den schma= len Pfad im Sand, geil drängte von überallher das schießende, tastende, greifende Strauchwerk, von Lichtern durchschossen, von fremden Vögeln durchschwirrt. War diese Wildnis noch Heimat? Ja, sie war es und war es doch wieder nicht, tro= pisch schien sie dem erhitzten Mann, der im schwarzen Gewand, gebückt, von Dornen gepeitscht, durch diese kochende, brodelnde, flirrende Dschungel dahin= trabte. Gestürzte Bäume verwesten in schwarzen Strünken, Morast, trügerisch und übergrünt, vergor altes Laub, nirgends war eine Stelle, um zu rasten. Ameisen krochen eilig über den Sand, Käfer kletterten im Gras, das Wasser bewegte sich von Egeln und Larven, Läufer ritzten die dunkle Fläche. Und die Schnaken, heran= singend, stachen gefräßig dreist, in Wolken stoben die Mücken auf, schillernde Fliegen brausten flüchtend vom Aas.

Es war ein unsinniger Plan, in der vollen Hitze eines Julimittags hier einzu= dringen in das verruchte Gehölz, ein höllisches Vergnügen, mit steifem Kragen und im Bratenrock eine afrikanische Forschungsreise zu unternehmen. Aber nun mußte doch bald der Fluß kommen!

Der Weg stieß jedoch wieder tiefer in den Busch. Dann erst kam ein Altwasser, still, schwarz, schweigend, mit steilen Böschungen. Der Stand war niedrig, lange hatte es nicht geregnet, auf dem Sand war die Höhe der letzten Flut in einem Ring von Schlamm und Schwemmgut abgezeichnet. Der Regierungsrat war, sobald er des dunklen Spiegels ansichtig geworden, wie verwandelt. Die unterste Gewalt des Menschen hob sich empor. So wie er da hinstrich, das morsche Ufer entlang, im lächerlichsten Aufzug, war er ein Wilder, spähend, beutegierig, aufgeregt von der Leidenschaft: hier mußten Fische stehen! Gleich würde er einen Hecht erblik= ken, steif lauernd, unbewegt, das Raubtiergebiß vorgeschoben, mit leichten Flos= sen tückisch spielend — und dann würde der davonjagen, ein grüngoldener Blitz, ins schwankend fette Kraut.

Der wunderlich verzauberte Mann lief, sich eine Gerte zu schneiden; was, Gerte, einen Speer, eine Waffe wollte er haben, blinkend sollte die ins Wasser fahren, den Hecht zu treffen, und wär's nur, daß eine Schuppe sich silbern löste zum Zeichen des Sieges. Und er schnitt, nach langem Suchen, einen schlanken jungen Eschenstamm aus dem Unterholz, einen kühlgrauen, kerzengeraden.

Es stand aber kein Hecht da, und dort stand auch keiner, nirgends war die Spur eines Fisches zu entdecken. Und als der Lüsterne sich über das von Erlen bestandene Ufer beugte, ob unterm Wurzelwerk nicht stachlige, dunkelrückige Barsche auf= und niedersteigen wollten in den Gumpen, da wäre ihm ums Haar die Brieftasche entglitten. Waldläufer und Fischer, dachte er, noch den Schrecken im klopfenden Herzen, hatten keine Ausweispapiere und Geldscheine in der Tasche, sonst wäre auch ihnen die Tunke teurer zu stehen gekommen als der Fisch.

Indes kam aber ein leise zischendes Rauschen immer näher, und unversehens stand der Pfadfinder am Strom, der weiß herschoß, milchtrübe, denn in fernen Bergen hatte es wohl geregnet, und das Wasser ging hoch.

Der Inn war an diesem Ufer eingebaut in mächtige Blöcke, daran der Fluß seine Flanken rieb. Vom Grunde her scholl ein geheimnisvolles Klirren und Klimpern, der Kies zog mit im Geschiebe, und oft schien von unsichtbaren Stößen und Schlägen das Wasser zu bersten, und es blühten dann seltsame, mit Kraft geladene Wolken von Schlamm auf in der klareren Flut.

Zwei Fischreiher duckten sich, mit schweren Schwingen aufzufliegen. Der Anblick der schönen, mächtigen Vögel machte das Herz des Mannes jubeln. Engel, dachte er, mit ihren Fittichen zur Sonne steigend, könnten keines glückhafteren Paradieses Boten sein. Denn dies, in diesem Augenblick, war ihm Begegnung mit der Freiheit.

Gregor Hauenstein zog sich rasch aus, es war ihm, als bedürfe es nur dieses Kleiderablegens, um einzutreten in den Zauberkreis. Und wirklich stand er eine Weile nun nackt, von Lüften leicht berührt, von der Sonne kräftig getroffen, in der gläubigen Seligkeit, drinnen zu sein, einverstanden mit der Natur.

Aber es wurde rasch deutlich, daß er kein nackter Mann war, sondern doch nur ein ausgezogener Beamter, der auf dem rauhen Steingrund kaum zu gehen vermochte und der bei dem Versuch, ins Altwasser zu kommen, auf den erbitterten Widerstand dieser herrlichen Natur stieß. Was Sand geschienen hatte, war knietiefer Morast, von dornigem Strauchwerk und krummfingrigem Geäst tückisch durchsetzt, so daß er, nach wenigen schmatzenden und gurgelnden Schritten, sich zur Umkehr gezwungen sah. Auch fielen, sobald er die frische Brise am freien Strom verlassen, die Mücken und Bremsen mit schamloser Begierde über ihn her. In den reißenden Inn aber wollte er sich nicht hinauswagen, und schließlich begnügte er sich, an einen Pfosten geklammert, sich von den kalten, weißgrünen Wellen bespülen zu lassen.

Dann setzte er sich auf eine Steinplatte und gedachte, noch lange zu ruhen und zu rauchen; alte Knabensehnsucht gaukelte ihm Wigwam und Friedenspfeife vor, Lagerfeuer und Indianerspiele im Busch; und die Squaw? erinnerte er sich mit leisem Lächeln, und es kam ihm in den Sinn, wie wenig Glück er bei Frauen gehabt hatte. Er war Junggeselle geblieben, ohne viel Bitterkeit, aber auch ohne viel Kraft zum Abenteuer; nicht so sehr frei, als vielmehr preisgegeben, hatte er gewartet, ohne etwas zu erwarten. Wartete er eigentlich noch? Die Unrast, die den

Einzelgänger immer befiel, sobald er zu lange untätig mit sich allein war, trieb ihn auch jetzt wieder fort. Er schlüpfte in sein Gewand; nur den Kragen und den Schlips trug er nun in der Tasche. Seine Lanze aber wollte er nicht missen.

Näher als er hatte vermuten können, durch eine leichte Krümmung des Stromes verstellt, lag die Fähre vor ihm. Welch ein abenteuerliches Gebilde, urtümlich, eine vorweltliche, glückhafte Erfindung des Menschen — und doch aller Sünde Anfang, wie er zugeben mußte. Denn der Weg von ihr zu den kühnen und doch so verderblichen Bauten unserer Tage war nur ein kurzer und folgerichtiger, dem gleichen Willen entsprungen, die Freiheit der Natur zu knechten.

Hoch im Geäst einer einsam ragenden, zornigen Silberpappel war das Seil verschlungen, das hinüberlief zum andern Ufer, wo es in der Steilböschung verankert war. Bis an die heftige Strömung des Rinnsals aber führte ein hochgestelzter, nur aus schwankenden Stangen geknüppelter Steg, der mit einem Leiterchen endete, das zu einem Ländefloß hinabstieg, an dem die Fähre selbst anlegte. Drüben trat ein gebückter Mann aus einem Hüttchen, grauhaarig, bärtig, schaute herüber und nickte. Er nahm eine lange Stange von der Wand und ging zum Fluß hinunter. Der Wartende sah ihn in den Kahn steigen, doch erschien im gleichen Augenblick drüben ein buntes Mädchen und rief und winkte, daß der Fährmann warten solle. Der machte dann auch mit seinen langen, krummen Armen ungemein lebhafte Bewegungen, die alles andeuteten, was zu sagen und zu denken war: Entschuldigung heischend, zur Eile antreibend zugleich.

Dann war das Mädchen untergebracht, die Fähre glitt herüber und landete. Über das Leiterchen zu gelangen, war offenbar nicht leicht; der Regierungsrat, der behilflich sein wollte, stand gefährlich im Wege, beinahe hätte das Mädchen ihn vom Stege gestoßen: er mußte sich mit den Händen an sie klammern, denn er schwankte schon. Sie erröteten beide unter der unfreiwilligen und doch derben Umarmung, Wange an Wange.

Dann aber, unter Lachen, endete die Begegnung; der Fahrgast stieg ein, und still löste sich die Zille vom Floß. Die Wellen kamen her, in Wirbeln ums schaukelnde Schiff, und der Ferge hob bedächtig die Stange. Das Fahrzeug trieb nun rasch, in der Mitte der Strömung, die Rollen am Seil blieben zurück, liefen wieder voraus, rasselten, sangen einen hellen Ton. Jetzt, gegen die Sonne, kam das Wasser leicht klirrend wie Scheiben Goldes.

Der Gast wie der Fährmann schwiegen; es war das uralte Geheimnis der Überfahrt zwischen ihnen. Dann stieß der Kahn knirschend an den Kies des seichten Ufers.

Nun, während er ihn reicher, als es seine Pflicht gewesen wäre, entlohnte, fragte der Fremde doch einiges, was man so fragt, aber mit besonderer Begierde, ob denn auch noch Fische im Inn wären und was für welche. Der Fährmann, mit der Hand wie verächtlich auswischend, meinte, Fische, ja, grad genug, Fische gäbe es im Inn, sehr viele, viele — aber, wie plötzlich sich besinnend, als hätte er von alten Zeiten geredet, schüttelte er bedenklich den Kopf: viele eigentlich nicht mehr, gegen

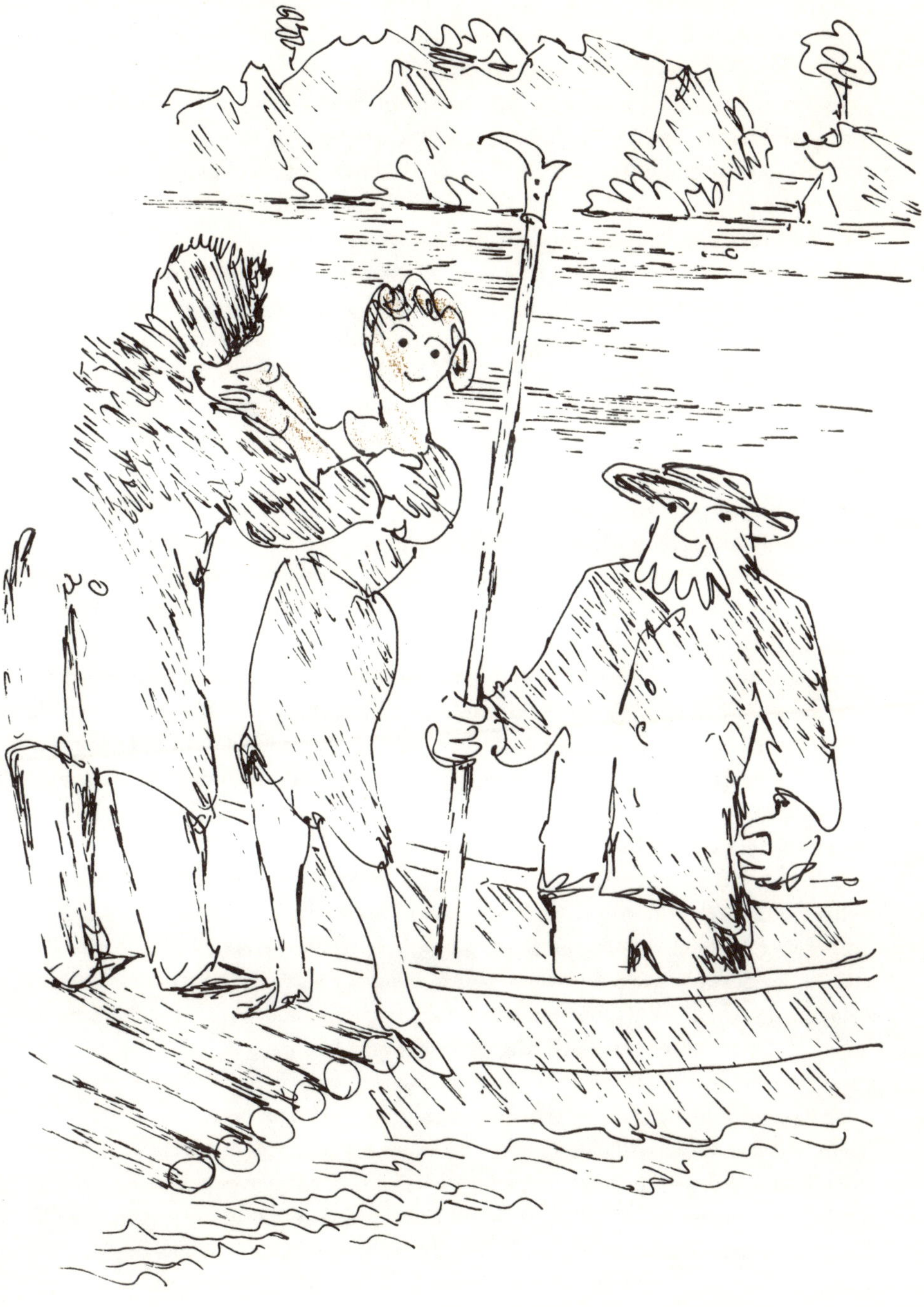

früher. Da sei es noch ein gutes Handwerk gewesen, die Fischerei. Jetzt aber, nun, es wären noch Huchen da, Aschen, Weißfische und im Altwasser Hechte, armlange Trümmer, und der Loisl drunten — und er wies stromabwärts — habe erst gestern zwei gefangen, und einen mit dreizehn Pfund.

Der Regierungsrat ging den Waldhang hinauf, der von einem Bach aufgespalten war, der hier in den Inn mündete. Das Wasser, schwärzlich und golden, von fetten Strähnen grellgrünen Schlinggewächses durchzopft, schimmerte herauf und war bis zum Grunde klar. Der Wanderer spähte unverwandt, aber er stellte bekümmert fest, daß auch hier keine Fische zu sehen waren.

Auf halber Höhe stand ein Gasthaus; drinnen war Musik, erhitzte Tänzer traten mit ihren Mädchen heraus, wo an laubüberhangenen Tischen ältere Männer tarockten. Er ließ sich ein Glas Bier bringen und sah dem nächsten schielend in die Karten. Der aber verlor und verlor, warf sogar bald verdrießlich das Spiel hin und ging davon. Und wunderlicherweise empfand auch der Zuschauer die widrige Laune des Glücks mit Mißbehagen, als hätte sie ihm selber gegolten. Er stand auf und streunte herum.

Das Rumpeln der Kegel zog ihn an, aber als er wie beiläufig in die Bahn trat, verstummte augenblicklich der muntere Lärm, um in schallendem Gelächter wieder hervorzubrechen, kaum daß er das luftige Häuschen verlassen hatte. So galt er denn hier für einen komischen Kauz, den sie nicht mitspielen ließen.

Mehr Erfolg hatte er, als er kurz darauf, gegen den Bach und eine nahe Mühle gewendet, zwei Männer gewahrte, die mit Feuerstutzen nach einer Scheibe schossen, die weit drüben, über der Schlucht, matt schimmerte. Der Zieler wies gerade mit seinem Löffel einen Zehner auf, doch der Schütze schien nicht zufrieden, er schüttelte verdrossen den Kopf. Er fragte den gespannt zuschauenden Fremden, ob er auch vom Schießen was verstünde. Und reichte ihm ermunternd die Büchse, die er wieder geladen hatte, zum Ehrenschuß.

Seit dem Kriege hatte der jetzt Vierzigjährige kein Gewehr mehr in der Hand gehabt; nun ergriff er es mit Begierde, hob es an die Wange und suchte das Ziel. Schon aber hatte er den feinen Stecher berührt, der Schuß fuhr hinaus, verdutzt starrte der Schütze nach. Er wollte gerade einiges zu seiner Entschuldigung vorbringen, da scholl von drüben ein lauter Juhschrei, und auf der steigenden Scheibe hielt der Zieler mitten ins Blatt. Mit schweigendem Lächeln gab der Regierungsrat den Stutzen zurück.

So belanglos dieser Treffer sein mochte, plötzlich erschien er ihm als kraftvoller, geisterstarker Widerhall des Glücks, als Antwort angerufener Mächte, die uns unvermutet ihre gefährliche und zugleich tröstende Gegenwart künden wollen. Und es war, als hätte der hallende Schuß letzte Nebel zerstreut vor einem bewußten und frohen Auf=der=Welt=Sein. Ein freier und freudiger Mensch, ging der Gast nun weiter, nicht ohne seinen Gertenspeer wieder aufgenommen zu haben, den er an die Wirtshaustür gelehnt hatte.

Er sah im Vorbeigehen Ställe, roch Pferde. Vom grellen Hof pirschte er sich, wie beiläufig, durch das nur angelehnte Gitter in die braune Dämmerung der Boxen. Ein mächtiger, starkknochiger Wallach stand in der ersten und wandte schwerfällig den alten Kopf. In den nächsten Ständen aber, kleiner als der ungeschlachte Riese, stampften junge Stuten, von gutem Schlag, glänzenden braunen Felles. Erregt witterten sie den ungewohnten Besucher. Der hatte kaum im Zwielicht sich zurechtgefunden, als auch schon ein mißtrauischer Knecht hinzutrat und unwirsch fragte, was der Fremde hier wolle. Der aber, statt einer geraden Antwort, wies auf das große, rotgewürfelte Tuch, das der Knecht um den Kopf geknüpft trug, und fragte dagegen, ob er Zahnweh habe. Aufgehellt von solcher Teilnahme, gab der Mann gern Auskunft über seine Schmerzen und ließ sich leicht in ein Gespräch über die Landwirtschaft und die Pferde ziehen. Ob sie fromm seien, oder ob sie ausschlügen, wollte der Regierungsrat, wie nebenbei, wissen, indem er näher an die Stände trat. Der Liesl sei nicht zu trauen, meinte der Knecht, aber die Eva sei sanft wie im Paradiese.

Damit wandte er sich vorerst von dem Fremden ab, um seinem Stalldienst nach=

321

zugehen. Der Fremde aber, in einer unbeherrschten Lust, das schöne Tier zu lieb=
kosen, ging auf das Pferd zu, das ihm als gutmütig bezeichnet worden war. Rosse!
dachte er voller Sehnsucht und träumte sich in eine heldische Landschaft, drunten,
am Fluß, unter einem sonnenzerstoßenen, rauchenden Regenhimmel, im grünen
Sprühen der nassen Bäume und Büsche dahintrabend, schäumend vor Lust, zu
leben und schweifend hinzustürmen, fremden, edleren Göttern untertan.

Im gleichen Augenblick aber drängte die schlimme Liesl ungebärdig nach hin=
ten und schlug mit beiden Hufen nach dem Vorübergehenden. Er konnte mit ge=
nauer Not noch zur Seite springen und stand nun, zitternder Knie, an den hölzer=
nen Verschlag gedrückt. Der Knecht lief herzu und machte ein finsteres Gesicht.
Kleinlaut, mit einem scheuen, wie verzichtenden Blick auf die Tiere, schlich der
Eindringling hinaus.

Es war nichts mit dem Traum, höhnte er sich selber; die edlen Götter wollten
ihn nicht in ihren Diensten sehen. Und während der Schrecken jetzt erst, in häm=
mernden Schlägen des Herzens, von ihm wich, überlegte er die Gefahr, die ihm
gedroht hatte. Aber »Beinahe gilt nicht«, rief er kühn sich selber zu und schloß,
ruhigeren Atems, den Kreis des Lebens über einem Abgrund von Gedanken.

Inzwischen war er an der Kimme des Hügels angekommen und sah flußabwärts,
in Wiesen gebettet, das Kloster mit der Kirche liegen. Ich will nicht länger frem=
den Göttern dienen, lächelte er, dem sanften Gotte meiner Kindheit will ich mich
beugen. Und schritt den Hang hinunter. Den Gertenspeer aber trug er immer noch
in der Hand.

Jetzt lehnte er ihn an die Pforte und trat in die Kirche. Kühl, schweigend, in
buntem Zwielicht lag der Raum. Etwas war darin, wie das Schwirren der vielen
Instrumente eines großen freudigen Orchesters. Bist du bereit, o Seele? schien es
zu fragen, gleich können wir mit der himmlischen Musik beginnen. Und er saß
im Gestühl, und es begann das Spiel. Ohr ward in Auge verwandelt, und das
Auge vermochte zu lauschen: wohin er sah, sprangen die Töne auf, jubelnd, in
goldnen Kanten steigend, in eigenwilligen Schnörkeln entflatternd, zu starken
Bögen gebunden. Sie sprangen über das hundertfarbene Gewölbe der Heiligen;
da sangen blasse Büßerinnen und durchscheinend Verklärte; und bärtige Bässe
mischten sich in die Lobpreisung. Aus der höchsten Laterne aber, darin der Geist
als Taube schwebte, fuhr der Klang wieder herab, in den fleischernen Jubel der
Engel und Putten, in den schweren Prunk der gebauschten Baldachine, in die gold=
nen Strahlenblitze der Verzückung. Zimbeln, Flöten und Trompeten, in Bündeln
in die Chorbrüstung geschnitzt, wie Kinderspielzeug an den Altären aufgehängt,
fielen silbernen Klangs mit ein, und von den Lippen jubelnder Märtyrer brauste
des Dankes klare Verkündung.

Nun aber ward solcher Wohllaut geheimnisvoll durchstoßen von wirklichem
Orgelton. Und es erscholl ein leiser Gesang, aber so hauchend er schien, er erwies
sich mächtiger als der jauchzende Braus. Es waren die Nonnen des Klosters, die
sangen, hinter den weißen und goldenen Gittern, aus einer anderen Welt.

Die süßen Pfeifen der Orgel, die zarte, eintönige Trauer des Gesanges weckte auch in dem Lauscher das trunkene Lied, das in des Menschen Brust schläft, tief drunten bei den letzten Ängsten und bei der letzten Seligkeit.

Dies war freilich nur im Augenblick, daß seine zerspaltene Seele zusammen= glühte zu einer brennenden Flamme der Liebe. Wir sind ja längst alle Waisen, dachte er, in schmerzlicher Ernüchterung; eine ganze Welt hat keinen Vater mehr. Dies ist ja Grabgesang und wehende Luft aus Grüften. Gesang und Orgelspiel endeten. Die Wände und Säulen waren stumm geworden, die Verzückung der Heiligen schien erstarrt. Blaugoldene Dämmerung füllte den Raum. Rasch brach der Einsame auf.

Auch draußen war nun schon später Nachmittag. Warmes Gold floß durch die Wälder her, die Bäume warfen lange Schatten auf die Wiesen. An der Kirchen= pforte lehnte noch der Gertenspeer. Der Regierungsrat, veränderter Stimmung voll, war unschlüssig, ob er ihn mitnehmen sollte, denn er gedachte, seinen Aus= flug nun gesitteter zu vollenden, auf dem Sträßlein geradeswegs gegen die neue Brücke hin zu wandern und zum Abend im Städtlein zu sein; er sah sich schon

beim »Goldenen Krebs« sitzen, im Wirtsgarten oder auch in der Stube, beim fri=
schen Bier, und die Speisenkarte vor sich ausgebreitet, aus der er, gar wenn er
rechtzeitig kam, nach Herzenslust wählen konnte. Nun griff er doch nach der
Lanze, er war fröhlich, ohne recht zu wissen, warum, er sang ein wenig vor sich
hin, dummes Zeug, die Speisenkarte setzte er in Töne, kräftig ausschreitend,
leicht in der mild wehenden Kühle, einig mit sich selbst, gesund, in jener herr=
lichen Spannung des Hungrigen und Durstigen, der weiß, der ganz sicher weiß,
daß sein Verlangen gestillt wird, ja, der seine Sinne schon reizen darf, um sie
desto feuriger in den Genuß zu entlassen. So marschierte er hin und hatte rasch
die Höhe erreicht, die ihm einen letzten Rundblick bot, ehe das Sträßlein, wald=
hinunter, gegen Brücke und Stadt sich wandte.

Die Brücke war auch von hier aus nicht zu sehen, eine schwarzgrüne Wand von
Tannen verbarg sie. Aber die Stadt drüben hob sich schön und schier feierlich ins
schräg einfallende Licht. Auch vom Flusse war nun die ferne Herkunft zu erblik=
ken, gleißend, wie von verstreuten Waffen, lag es im Sand und Gebüsch. Das
nahe Ufer aber, von schütterem Wald verstellt, blinkte nur ungewiß aus grünen
Schluchten her.

Hügel um Hügel schwang sich im Süden den Bergen zu, die ihren mächtigen
Bogen auftaten, zauberklar, nahe, wie sie den ganzen Tag nicht gewesen. So wie
das Licht die Hügelkämme, die Wälderhöhen und die Gipfel traf, hatten sie ihren
besonderen Widerschein, ihre eigene Verschattung. Im Sinken der Sonne blitzten,
lösten sich Halden in sanften Dunst, glühten Felsenzacken in scharfen Kanten.
Gegen Westen aber, in das Lodern des Gestirns hinein, hob sich, Welle um Welle,
das Land in unbegreiflicher Überwerfung, in immer dünnere, zartere Gebilde auf=
geblättert, in den Taumel der Verzückung, bis der letzte Scheitel, nach hundert
wilden, ausgebrannten und wie von Rauch allein noch bewahrten Farben, veilchen=
blauen, eisenbraunen, weinroten, in den zartweißen Duft verhauchte, mit dem
sich das Land an die flammende Schwermut des unaufhaltsam stürzenden Tages
hingab.

Der Wanderer, auf seinen Speer gebogen, genoß dies Schauspiel lange. Er stand,
bis ihn, vom westlichen Hügel her, die Schatten trafen, bis die Ränder des Him=
mels, in giftigere Farben getaucht, einschmolzen, bleiern erkalteten, und bis hoch
in den Lüften, auf blassem Federgewölk, die weiße Stille dahinfuhr.

Er riß sich los. Und morgen muß ich nach Berlin zurück, dachte er, und es war
ihm wie damals vor vielen Jahren, als die Front ihn unerbittlich zurückforderte
aus den seligen Händen der Heimat. Der Tag hier war ein Traum gewesen, Berlin
hieß die Wirklichkeit. Aber noch einmal, wie ein Schläfer vor dem Erwachen, barg
er sich in den holden Trug schweifender Gedanken: wie er hier hausen wollte im
wilden Wald, ein Jäger, ein Schrat, ein Kentaur. Und zerwarf die gläsernen Ge=
spinste mit wildem Gelächter.

Die Straße war inzwischen bis nahe an den Fluß herabgestiegen; doch blieb
noch ein breiter Streifen buschigen Waldes zwischen ihr und dem Ufer. Es liefen

aber kleine Steige hinaus, und einem von ihnen, an einem Wasserlauf entlang, folgte der Wanderer, in keiner anderen Absicht als der, noch einmal freie Sicht auf die Strömung zu gewinnen, ehe er an die Brücke kam und in den gebundenen Bereich der Menschen. Ja, in seinem Herzen schien die wilderregende Wanderung dieses Nachmittags bereits zu Ende; er war schon in Gedanken bei dem neuen Bauwerk, bei dem gemütlichen Abendessen, bei dem morgigen Fest.

Er ging den Graben entlang, der sich rasch zu einem Altwasser ausbuchtete. Es war wohl noch hell hier, außerhalb des Waldes, am weißzischenden Fluß; aber, um noch Fische sehen zu können, schien es doch bereits zu dämmerig. Trotzdem hielt er die Augen unverwandt auf die klardunkle Flut gerichtet. Er würde sich ja nun doch von seinem geliebten Wurfspeer trennen müssen, denn es ging nicht an, also gerüstet unter die Leute zu treten. Und welch würdigeren Abschied konnte er seiner Waffe geben, als daß er sie zu guter Letzt doch noch gegen ein geschupptes Untier schleuderte, einen Hecht, einen armlangen, dreizehnpfündigen, wie ihn der Fährmann geschildert hatte heute nachmittag. Er hatte sich doch wieder heiß gelaufen auf dem Marsch vom Kloster herab, und es tat wohl gut, das schwarze Staatsröckchen noch einmal abzutun und die Weste dazu und sich hier auszulüften in der Kühle des Abends. Aber der Regierungsrat mußte bemerken, daß die Schnaken auch abends stachen und nicht schlechter als am heißen Mittag, und daß das Hemd sie durchaus nicht daran hinderte; er mußte auch einsehen, daß ein Mensch völlig wehrlos preisgegeben ist, der in der einen Hand seine Kleider hält, in der anderen aber eine zwecklose, kindische Gerte. Er überlegte eben, ob er besser diese fahren ließe oder aber seinen Frack wieder anzöge, als er einen Nachen sah, der am Ufer angekettet war.

Unversehens war er wieder völlig im Bannkreis des Wassers, und obgleich er sich selber einen alten Kindskopf schalt, war er doch schon entschlossen, sich an dem Kahn zu versuchen. Er legte Rock und Weste nieder und prüfte, wie das Boot befestigt sei. Die Kette war um einen Pfahl geschlungen, der im Morast des Ufers steckte, das in einer steilen Böschung abfiel. Es war nicht leicht, das Boot zu betreten. Es schwankte unter seinem Sprunge, und die schwarzklare Fläche schau= kelte in weiten Ringen. Der Boden des Kahns stand voll Wasser, das unter dem Gewicht des Mannes rasch stieg, aus vielen Ritzen quellend. Doch mit dem Sinken mochte es noch eine gute Weile haben, und der Mann turnte bis zur flachen Spitze der Zille vor.

Das Unternehmen hatte sich gelohnt. Denn dort vorn war eine Kiste an den Kahn gekettet, ein plumpes, viereckiges Ding, das unbewegt unterm Wasser= spiegel schwamm: ein Fischkasten!

Der Regierungsrat warnte sich selber. Es war eine heikle Sache, wenn jemand kam und ihn zur Rede stellte, gerade ihn, einen Beamten, der in besonderer Sen= dung hier weilte. Aber wer sollte kommen! Es zog ihm alle Finger hin. Anschauen war ja noch kein Verbrechen. Der Kasten hing an einer rostigen Kette, deren Schlußhaken im Boot verankert war. Er zerrte an der Kette, der Kasten kam lang=

sam in Fahrt, bis er dicht an der Planke der Zille lag. Ein altes Vorhängeschloß hielt den Deckel. Im Kasten rumpelte es geheimnisvoll. Der Frevler sah um sich, horchte. Niemand kam, es war alles still.

Er lachte, die Hände schon am Schloß. Es brach mitsamt der Öse, die es schlie= ßen sollte, aus dem morschen Holz. Der Kasten war offen.

Er hob ihn über den Spiegel. Das Wasser schoß weiß aus den runden Löchern. Das Schlegeln drinnen wurde lauter. Jetzt mußte er den Fisch sehen. Angestrengt hielt er mit der einen Hand die Kette, mit der anderen lüpfte er den Deckel. Und da sah er wirklich den Fisch, ungenau im Dämmern, wild schnalzend, bald schwarz, bald weißlichgrün. Es mußte der Hecht sein, der dreizehnpfündige, der gewaltige Bursche, der da hämmernden Schwanzes sich gegen die Wände seines Kerkers schnellte, als wittre er Tod oder Freiheit. Und jetzt tauchte gar der Kopf des Un= geheuers über den Rand des Kastens, ein spitzzahniger Rachen, ein grünschillern= der Augenblitz — erschrocken ließ der Regierungsrat den Deckel fallen; der Kasten glitt in die Flut zurück.

In diesem Nu schwankte der Kahn, mit Wasser gefüllt, unter dem Erregten weg. Er erschrak, suchte nach einem Halt, griff mit beiden Händen den Fischkasten, der, von dem Stoß getrieben, sich nach vorwärts schob.

Der Regierungsrat, nach dem ersten Schock über das unfreiwillige Bad, faßte sich schnell. Er schalt sich selber einen Fischnarren, einen heillosen Tölpel, der seine Strafe verdient habe. Es fiel ihm sogleich ein, daß er Rock und Weste nicht anhabe, daß somit das Wichtigste dem Nassen entronnen sei. Die Hosen und die Stiefel aber würde er schon noch leidlich trocken laufen. Ja, bis an die Brust im Wasser stehend, lachte er schon des Abenteuers, des Schwankes aus seinem Leben, beim Wein erzählt, im Gelächter der Freunde. »Aber halt!« rief er plötzlich, dem leise abtreibenden Fischkasten nachblickend, »wenn ich schon deinetwegen ins Wasser muß, du Teufelsvieh, dann sollst du mir nicht entwischen!«

Er watete vorwärts; es wurde tiefer, er schwamm. Kaum zwei Armlängen vor ihm schaukelte der Kasten auf leichten Wellen. Er holte ihn ein; das schlüpfrige Holz war schwer zu greifen, der Zug nicht ohne weiteres zu bremsen. Es würde besser sein, das plumpe Ding mit der Strömung ans Ufer zu schieben. Dort, ehe das Altwasser in den Fluß mündete, mußte es gelingen. Mit kräftigen Stößen drängte er nach rechts. Aber da schoß schon von links her, kalt siedend, weißblin= kend der Inn heran. In einem mächtigen Schwall, ruhig und gelassen, ergriff der Strom den Schwimmer. Der hatte den Fischkasten halten wollen, jetzt hielt er sich an ihm. Das Wasser war so kalt nicht, es war auch noch bläulich hell über den Wellen. Und so dahingetragen zu werden, war, nach der ersten Angst, fast schön und feierlich.

Dem Regierungsrat fiel das Wort ein, das er schon einmal zu sich selber heute gesagt hatte, daß der Mensch, wenn er lebendig bleiben wolle, von Zeit zu Zeit in die tiefsten Brunnen seiner Dummheit fallen müsse. Und hatte er nicht auch an den reißenden Strom gedacht? So wahr, bei Gott, war noch selten ein Wort ge= worden. Und dieser ganze Tag, hatte er nicht Jahre des Lebens wettgemacht? Die Fähre, das Mädchen im Arm, der glückliche Schuß, das schlagende Pferd, die blühende Kirche, der Sonnenuntergang — und nun dies Abenteuer, ein würdiger Abschluß. Rock und Weste, sozusagen der eigentliche Regierungsrat, lagen wohl= geborgen am Ufer, hier aber trieb ein Mann dahin, vom Strom gewiegt, ein Mann, der schwimmen konnte.

Der Inn holte jetzt zu einer weiten Biegung aus. Der Mann mit dem Fischkasten kam nahe ans Ufer, aber die Rinne war hier tief und schnell. Da stand jetzt die neue Brücke, festlich geschmückt. Der Schwimmer sah hinauf; sie war menschen= leer. Niemand würde ihn bemerken, das war gut so. »Hochansehnliche Festver= sammlung!« ... Da würde er morgen stehen, die Hosen frisch gebügelt, kein Mensch würde etwas merken von dieser lächerlichen Geschichte.

Der Fluß lief wieder gerade. Unterhalb der Brücke sah der Schwimmer Sand= bänke schimmern. »Dort werde ich an Land gehen«, sagte er. »Wenn mir nur der Bursche hier drinnen nicht auskommt, der an allem schuld ist. Ich werde den Kasten dort verankern; ich werde mit dem Fischer reden, heute noch, und ihm beichten. Und dann werde ich kurzerhand den Kerl da mitsamt dem Kasten kau= fen, käuflich erwerben — ward je in solcher Laun' ein Hecht erworben?«

Die Brücke stieg jetzt ungeheuer hoch über das Wasser. Nun erst sah der Regie= rungsrat, wie reißend schnell der Strom ihn dahinführte. Links müßt ihr steuern!

dachte er, kräftig rudernd, noch den alten Spruch belächelnd. Aber der ungefüge Trog gehorchte mehr der Gewalt des Flusses als den stemmenden und haltenden Kräften des schwimmenden Mannes. Der spürte den saugenden Drang des Wassers und erwog die Gefahr. Eine Stimme rief ihm zu, er solle doch den Kasten fahren lassen, ja, sich selber mit einem Ruck abstoßen, in die Mitte der Rinne hinein. Das rät mir der Hecht, lachte er und rührte kräftig die Beine. Das könnte dem Burschen so passen. Aber nein, mein Freund, wir bleiben beisammen! Da war schon der Pfeiler. Das Wasser, am Bug gestaut und gespalten, wich in einem Wirbel aus und gurgelte dann schräg nach rechts hinunter. Der Kasten, schwankend und halb kippend, streifte mit knirschendem Schrammen die Betonwand. Das morsche Holz wurde aus dem Gefüge gequetscht. Der Schwimmer sah noch einen schlagenden, leuchtenden Schein dicht vor den Augen. Der Hecht! Der Hecht! Er tappte, griff schleimige Glätte, drückte zu. »Hab' ich dich, Bursche«, jubelte er, da hob ihn die Woge und schlug ihn hart an die Mauer.

Aus den sich lösenden Händen des bewußtlosen Mannes schoß der befreite Hecht mit kräftigen Schlägen in den Strom hinaus.

Unter falschem Verdacht

Daß es lustig ist, wenn wo eingebrochen wird, kann kein Mensch behaupten. Der Zufall aber, in seiner tollen Laune, macht aus der ärgerlichsten Geschichte närrische Possen, die nach Jahren noch des Erzählens wert sind.

Unser Nachbar, der Professor Karpf, ist noch nicht gar so alt, an die sechzig vielleicht. Aber schwerhörig ist er, mit dem halb einfältigen, halb mißtrauischen Lächeln der Tauben — das macht den Umgang mit ihm mühsam und läßt ihn hin= fälliger erscheinen, als er wirklich ist. Er hat uns schon während des Kriegs zur Verzweiflung gebracht, im gemeinsamen Luftschutzkeller, wenn er mit törichtem Grinsen fragte: »Sind sie fort?« — in dem Augenblick, wo unter schweren Würfen die Wände wackelten.

Vielleicht haben auch die Einbrecher gewußt, daß der Professor nichts hört und einen gesunden Schlaf hat — jedenfalls machten sie ihre Sache gründlich und waren dreist genug, auch noch die Kleider des friedlichen Schnarchers aufzuraffen und mitzunehmen, ehe sie durch die von innen leicht zu entriegelnde Haustüre verschwanden. Sie hatten sich, als Leute vom Fach, auf das Erdgeschoß beschränkt, niemand hatte sie von droben gehört, die Untermieter nicht, die Magd nicht, die Frau Professor nicht und der Hausbesuch auch nicht.

Diesen Hausbesuch, eine noch guterhaltene Endvierzigerin mit zwar stark ver= wischten, aber einem argwöhnischen Auge immer noch erkennbaren Spuren frü= herer Feschheit, hatte die Frau Professor ungern genug bei sich aufgenommen, aber in jenen Nachkriegsjahren, wo nirgends ein Unterkommen zu finden war, konnte sie es ihrem Mann nicht gut abschlagen, eine durchreisende Bekannte — »Freundin? Wo denkst du hin?« hatte er gesagt — zu beherbergen; sie hatte letzten Herbst dem Professor ja auch in Köln so reizend bei sich Quartier ge= geben, eine Begründung, die stichhaltig in jeder Hinsicht war ...

Und der heftigste dieser Stiche ging der Frau Professor mitten durchs Herz, als sie, am andern Morgen die Treppe heruntersteigend, ihres Gatten Unterhosen auf dem Flur liegen sah, offensichtlich bei eiligem und heimlichem Nachtmarsch durch das Haus verloren.

Über das Ziel dieser Wanderschaft brauchte die wutwabernde Ehefrau nicht lang nachzudenken, diese Person hatte sie ja sofort durchschaut, und es mischte sich Wonne in ihr Weh, daß sie mit ihrem Verdacht recht behalten hatte.

Hingegen hätte sie ihren Gatten einer solchen Untat in mehr als einer Hinsicht nicht für fähig gehalten; sie wunderte sich über die Häufung von Gemeinheit, Taktlosigkeit und Dummheit, mit der er diesen selten klaren Fall von ertappter Untreue in Szene gesetzt hatte, und wieder schwoll über alle Bitterkeit ein Glücks= gefühl, daß ihr der Beweis so leicht und die Rache so süß gemacht worden war.

Sie zeigte sich fest entschlossen, diese Rache so kalt wie möglich zu genießen. Leise schlich sie in das Zimmer ihres Mannes — was sah sie? Die Hosenträger waren in die Tür geklemmt. Hatte denn der alte Sünder völlig den Kopf verloren gehabt? Vermutlich war er soeben erst, unheilvoll verspätet, in sein Zimmer zurück= gekehrt, vom Entsetzen gejagt, sie, seine Frau, sei ihm bereits auf den Fersen. Da lag er nun und stellte sich schlafend, großartig machte er das, aber sie ließ sich nicht täuschen. Und wo waren denn seine Kleider, sein Rock, seine Hose? Seit dreißig Jahren hatte er sie über den Stuhl gehängt, und heute waren sie nicht da. Um so schlimmer — um so besser: Dieser verworfene Bursche, dieser weibstolle Schürzenjäger hatte sich nicht entblödet, seinen Anzug droben bei diesem — nein, die Frau Professor schreckte vor dem häßlichen Wort nicht zurück, es war ihr eine Wohltat, es laut auszusprechen, zu wiederholen, als Rezitativ zuerst und als Arie zuletzt, im Bewußtsein der tragischen Bombenrolle, die ihr da zugefallen war.

Der Leser weiß es, er hat leicht lachen, aber die Frau wußte es nicht, sie über= legte, ob sie den Heuchler, der sich da frech schlafend stellte, mit Donnerstimme wecken sollte, oder ob es noch großartiger war, hinaufzugehen, zu rauschen, das Zimmer der Elenden mit dem kalten Glanz des Triumphes zu überschwemmen und dieser Potiphar mit wortloser Vernichtung das Gewand zu entreißen, das ihr unkeuscher Josef in ihren Händen gelassen hatte.

Da jedoch ihr Mann in diesem Augenblick erwachte, blieben ihr weitere Über= legungen erspart. Der alte Wüstling, auf den sie sich jetzt mit zornigen Worten stürzte, spielte seine Rolle mit einer empörenden Unverfrorenheit weiter. Er stellte sich noch tauber, als er war, er tat, als begriffe er überhaupt nicht, was sie von ihm wollte.

Nun denn, zum leise reden war ja dann kein Anlaß mehr. Die Frau Professor schrie, daß wir es im Nachbarhaus noch hören konnten — nicht alles, natürlich, aber einzelne Schimpfworte, Posaunenstöße einer entfesselten Wut. Dann ver= nahmen wir ein ungeheures Gelächter des Professors, Paukenschläge eines grim= migen Humors. Eine tiefe Stille folgte und nun, aus einer völlig anderen Tonart, ein entsetzliches Heulen, wie mit gestopften Hörnern geblasen.

Und dann kam auch schon die Magd herübergelaufen und jammerte, bei ihnen sei heute nacht eingebrochen worden. Natürlich gingen wir gleich hinüber, später kam auch die Polizei, und es stellte sich heraus, daß viel, viel mehr fehlte als die Kleider des Professors. Ich habe aber den Verdacht, daß die Frau diese Verluste leichter verschmerzt hat als ihre Niederlage in dem Augenblick, wo sie den bitter= süßen, den sicheren Triumph in der vollen Würde ihrer Schmach auszukosten willens war. Jedenfalls, diese Person haßte sie von Stund an glühender als zu= vor — und es ist ja wohl auch die empörendste Frechheit, die handgreiflichsten Be= weise auf sich zu versammeln und es dann einfach nicht gewesen zu sein.

Die Fahrt nach Engelszell

In Passau, der goldenen Stadt,
Verließ ich den Dom,
Verließ ich das orgelbrausende Haus
Und auch die Schenke zum Heiligen Geist,
Die wohl getränkt und gespeist mich hat,
Und ging, über die Innbrück hinaus
Übern grünen Fluß, der wild wirbelnd reißt.
Eine Vorstadt war noch, zwischen Gärten kraus,
Die boten manch duftigen Blumenstrauß
Und scherzten mit gipsernem Reh und Gnom.
So kam ich bis an den Donaustrom.
Den wanderte dann ich einsamer Mann
Mit rüstigen Schritten entlang.

Und blickt ich auf meinen Weg zurück,
Sah ich lang noch ein Stück
Von der geistlichen Stadt
Und drohend darüber am waldigen Hang
Die trotzigen Mauern von Oberhaus
Gewaltig und kühn.

Dann sah ich nichts mehr, denn alles verschlang
Das Grün, das unendliche Grün.
Grüngrau, graugrün ging der Strom mit Braus
In Wirbeln matt und in Wellen glatt.
Grüngrau war das zappelnde Pappelblatt,
Das große, zitternde Herz.

Und grünschwarz standen die Erlen schlank
Und die Weiden weißspitzig und grau.
Grünschwarz war das wuchernde Brombeergerank
Zwischen dem Fluß, der dahinschmolz wie Erz,
Und der fetten, grastiefen Au.

Die Wiesen, schon junirauh
Verholzt und gebräunt,
Waren von Salbei blau: so blau
Hab ich sonst ihn gesehen nie.
Dahinter, mit Stecken eingezäunt,
Auf den Weiden, stand scheckiges Vieh.

Darüber, von beiden Seiten her,
Gingen die Leiten von Wald,
Wo der mächtige Strom sich vor Zeiten quer
Mit Gewalt, mit sanfter Gewalt
Bezwingend der Felsen Gegenwehr
Mit nichts als der Woge, die rann,
Gegraben den klaffenden Spalt,
Jahrhunderttausende alt.
Jetzt steht dort der mächtige Tann,
Und prächtig, als wär es der Schild zum Speer,
Ein Eichbaum, dann und wann.

Am Himmel zogen die Wolken schwer
Und drohten mit Regenguß.
Mitten im Sommer kam eisiger Hauch
Und oft, von Sonne, ein Schwertschlag grell
Überm kalt hinkochenden Fluß.
Und das Schwalbenvolk flitzte schnell
Mit weißblitzendem Bauch
Und ritzte, das flügelgespitzte, die Well
Mit flüchtigem Kuß.

Schon fielen Tropfen, groß und schnell,
Ich kam aus dem Wald,
Das Sträßlein neigte mit leichtem Gefäll
Sich hinunter, und drüben lag Oberzell
Verwittert und alt.

Es lag, vom grauen Lichte bestürmt
Mit seiner Stiftskirche, zwiegetürmt,

Mit manchem prächtigen Haus,
Lag unter dem grünen, rauschenden Hang,
Und die Donau, aus dem felsichten Zwang
Rieb sich in rascheren Wirbeln und schwang
Sich mächtig hinaus.

Herüben aber war's grau und still.
Der Wald ging bis an den Fluß.
Der Fährmann schlief tief
In der schwankenden Zill,
Weil keiner ihn rief,
Ihn zu wecken, daß er hinüber muß.
Und auch ich ging vorbei,
Im Herzen bezähmend den halben Entschluß,
Hinüber aus meiner Wüstenei
Zu fahren, zu fröhlichem Bier und Wein,
Und weiter ging ich, in leisem Verdruß
Bei dem drohenden Guß
So allein auf dem Wege zu sein.

Ich wanderte weiter in lauter Grün,
Das sommerverworren und dicht
Mit Disteln und Kräutern am Wege stand,
Herwuchernd über des Sträßleins Rand
In der Wiesenmulde, die licht
Sich schmiegte an Wald und Felsenwand
Mit bescheidenem Blühn
Und schmalem, schwarzsilbernem Ackerland,
Gewonnen in hartem Bemühn.
Ein Schloß erhob sich zur rechten Hand
Schuppig behelmt, im Eisengewand,
Raubritterkühn.

Im Gehen zog ich mein Brot hervor —
Es war ja schon Mittagszeit;
Und hielt den Mund an ein Brunnenrohr,
Damit ich im Rasten mich nicht verlor,
Denn der Weg schien noch weit.
Und war es doch nicht; denn eh ich's gedacht,
War Engelszell in Sicht.
In eine grüne Kastaniennacht
Fiel grelles Gewitterlicht,

In weiße, funkelnde Kerzenpracht
Auf ein Kapellchen, das voll Andacht
Mit barockem, krausem Gesicht
Und heiter, vertrauend dem ewigen Heil,
Zum blauenden Himmel sah.

Und dann war des Marktes Häuserzeil
Schon ganz nah, gebaut an die Ufer steil.
Die letzte Meil, die ging ich mit Eil
In dem frohen Gefühl: ich bin da!

Der Markt an der Donau war einmal reich,
Das war noch an vielem zu sehn.
Jetzt war er behäbig und schäbig zugleich,
Die Gassen verlassen und schmutzig bleich,
Und alles ließ lässig sich gehn.

Ein Wirtshaus neben dem andern stund:
Der Adler, die Traube, die Post.
Die Türen klafften mitunter, wie wund,
Die Mauern zeigten den Ziegelgrund
Und standen, gedunsen, ungesund
Wie von zu fleischiger Kost.
Die Schindeldächer taten mir kund,
Gesträubt von Hitze und Frost,
Und die trüben Läden voll Warenhausschund,
Des Reichtums und des Biedersinns Schwund
Am alten Heerweg nach Ost.
Doch lustig, verblichen den goldenen Grund,
Knarrten die Schilder im Rost.

Ich schwankte, indem ich die Speisezettel las,
Wohin ich mich wenden müßt.
Und hatt' ein Gelüst auf dies und auf das
Und fragte schließlich noch Vetter und Bas,
Wer das bessere Wirtshaus wüßt.
Und folgte dann doch meiner eigenen Nas,
In die Post, noch zaudernden Schuhs:
Ein ungeheurer Metzgerhund
Verwehrte den Eintritt dem Fuß.

In dumpfer Stube von trägem Mund
Erscholl ein grantiger Gruß.

335

Ich setzte mich still in den Hintergrund,
Wo ein Handwerker saß und aß
Und mich mit mürrischen Augen maß
Aus einem Gesicht voll Ruß.

Die Kellnerin schob sich aus ihrem Eck
Des neuen Gastes nicht froh.
Sie fegte mit ihrem Tuch voll Dreck
Über den Ahorntisch
Und legte ein schmutzig altes Besteck
Zu einem papierenen Wisch.
Und fragte nach meinem Wanderzweck
Vor Neugier ganz plump und roh,
Und es verdroß sie, als ich bloß keck
Die Schultern lüpfte: »Nur so...«
Und ging wieder weg und brachte das Bier,
Das hell war und bitter und frisch.
Und der Metzgerhund, das riesige Tier,
Lagerte knurrend, mit Zähnegebleck,
Einen Brocken erwartend, bei mir.

Doch aß ich gebratenen Donaufisch —
Was gäb es auch besseres hier,
Wo der Strom, der breite, vorüberfließt,
Als daß man seine Gaben genießt,
Nicht achtend des Hundes Begier.

Nun ging ich schlendernd hin durch den Ort,
Ich schaute mir alles an.
Zur Donau zog es zuerst mich fort:
Das hätt' es wohl jeden getan,
Denn sie ist die mächtige Königin dort
Mit leisem Wort und brausendem Wort,
Und alles ihr untertan.

Die verwitterten Treppen hinunter, steil
Durch verwahrloste Häuserschlucht,
Wo die Hühner saßen, im Nassen geduckt,
Und die Hähne, mit rotem Kamm
Erzitterten bunt, voller Eifersucht.
Wo aus vergitterten Gärten geil
Die Feuerlilie prunkte, feil

Grellrot, mit manchem schwarzsamtenen Punkt,
Hinunter, wo am gemauerten Damm
Die Donau herschwamm und mit Wirbelwucht
Heraufstieß, wie Wolken, den gärenden Schlamm,
Wo Welle, von schnellerer Welle verschluckt,
Hinschoß, von der Schwalben Pfeil überzuckt,
Und das wilde Gebüsch, ins Wasser getunkt,
Zitterte wie am Seil.

Die Häuser mit ihrer düsteren Front
Schauten in trübem Verfall
Auf den graugrünen, unbesonnt
Rauchenden, siedenden Schwall.
Aber mit ihrer züngelnden Flamm
Hoch schoß die Nessel empor.
Im Hühnergackern und Gockelzorn
Blühte, schier wütend, ein Flor
Von Rotdorn, Schwertlilien und Rittersporn,
Und an den triefenden Zweigen, klamm,
Weil am kühlen Tag es sie fror,
Feucht Flieder hing und Schneeball.

Ich ging entlang den steinernen Wall,
Wo an Sommertagen, hellheiß,
Das Dampfschiff sonst landete, weiß,
Mit Gelächter und mit Trompetenschall
Auf seiner fröhlichen Reis'
Von Passau nach Linz und in die Wachau
Und in die Kaiserstadt Wien.
Aber heut sah ich nur einen Schleppzug grau
Mühselig stromaufwärts ziehn.
Ein Gärtchen blühte am Steueraufbau,
Und kopftuchbunt stand dort eine Frau,
Die traurig und fremdländisch schien.
Ein Hund, ein Köter, struppig und rauh,
Laut kläffend, lief her und hin.

So kam ich über den Ort hinaus
Und betrat eine lachende Flur.
Das Kloster sah ich, das Gotteshaus,
Sonst wenige Häuser nur.
Von der Trappisten schweigendem Fleiß

War allenthalben die Spur.
Sie hatten zum Garten die wilde Natur
In tausendjährigem Fleiß und Schweiß
Gewandelt zu Gottes höherem Preis
Getreu dem entsagenden Schwur.
Weit waren die Felder, wie an der Schnur
Bepflanzt mit Gemüse und Mais.
Und die Glashäuser blitzten und blinkten wie Eis,
Wenn Licht und Wind hineinfuhr.

In all dem grünen und blühnden Gepräng,
Wo die Donau hinausschoß, schnell,
Wieder in Wildnis und Wäldereng
Unter der Wolken schwerem Gehäng,
Da war die begnadete Stell.
Und als ich eintrat, über die Schwell,
Da war's, als ob alles zerspräng,
Als ob der Himmel herunter sich schwäng
Buntfarbig und golden hell,
Und brausend von der Verklärten Gedräng
Mit Chören der andern Welt mich empfäng
Die Kirche von Engelszell.

Die Memoiren

Bei einem Festessen in den zwanziger Jahren kam ich neben einen fröhlichen Greis zu sitzen, der mich aus kleinen wasserblauen Äuglein überaus freundlich anschaute. Soeben erst hatte uns ein dritter miteinander bekannt gemacht, und ich war eifrig bemüht, ihn wechselnd mit seinen verschiedenen Titeln anzureden; aber schon nach der Suppe — oder waren es die drei Glas Portwein, die er dazu getrunken hatte? — hielt er mir die Hand hin und schmunzelte: Sie gefallen mir, junger Mann, also sagen S' einfach Leitner Franzl zu mir, das geht viel schneller. Wissen S', ich bin siebenundsiebzig Jahr alt, da kann man sich schon wieder das Gemütlichwerden erlauben! — Also, ich schlug ein, denn der Jubelgreis war wirklich ein reizender Kerl. Bedenklich war nur, daß er von einer unheimlichen Gesprächigkeit wurde, sozusagen die Joppe auszog und in einen immer urgemütlicher werdenden Ton fiel. Schließlich beim Sekt fiel er weitum durch den herzlichen Überschwang seines nicht mehr ganz guten Betragens auf. Er hatte mir jetzt schon hundertmal die Hand geschüttelt und mich aufgefordert, ihm in die Augen zu schauen: Wissen Sie, ich bin der Leitner Franzl! Da werden keine Sprüch gemacht von Ministerialdirektor, nein, junger Freund, das ist gar nicht wichtig! Solche gibt es genug, aber wenn ich einmal sterb, dann ist der Leitner Franzl nicht mehr da, und das ist ein Original! —

Das kam mir wahrhaft auch so vor, aber mein Lächeln schien ihm nicht kräftig genug gewesen zu sein, denn er griff neuerdings nach meinen Händen, wobei der ganze Tisch in Gefahr kam und sagte unheimlich nah in mein Gesicht hinein: Sie sollten mich erst näher kennenlernen! Das kann Ihnen jeder bezeugen! Der Leitner Franzl ist ein Original! Ja und wissen S', ich bin ein alter Jäger, und ich bin weitum bekannt gwesen und bin es heut noch. Aber Sie haben keine Ahnung, junger Freund, mit was für berühmten Leuten ich schon beisammen war!

Ich horchte auf. Eine Fundgrube von Anekdoten mußte das ja sein, ein Mann von siebenundsiebzig Jahren, der von Amts wegen, am Stammtisch und auf der

Jagd so viele bedeutende Menschen kennengelernt hatte! Mein Herz schlug ihm in Erwartung entgegen. Und richtig, er fing zu erzählen an: Wissen Sie, der Thoma Ludwigl, das war ein ganz Spezieller von mir, ein lieber Mensch, den hätten S' kennen sollen. Von dem könnt ich Ihnen allerhand Gschichten erzählen! — Thoma=Anekdoten, jubelte ich im stillen und machte die Ohren weit auf. Er aber ergriff nachdenklich sein Glas und sagte: Jetzt ist er aa schon tot ... ja, allerhand Gschichten! — Ein bißchen enttäuscht ehrte ich doch die Wehmut des Greises und hoffte auf anderes. — Das hätten Sie auch nicht gedacht — fing er in neuer Frische an —, daß ich den Strindberg recht gut gekannt hab. Da war einmal da droben wo ..., warten S' einmal, nein doch nicht, das war damals gar nicht der Strindberg, den Hamsun mein ich natürlich, das war seinerzeit noch ein ganz junger Dachs, ich hab erst viel später erfahren, daß das ein so berühmter Mann geworden ist. Damals hat er selber noch nichts gewußt davon. Also, das war so ...

Und er besann sich. Aber es fiel ihm nichts ein. Dafür sagte er nur still vor sich hin: Ja, den Leitner Franzl, den müßten Sie einmal kennenlernen, wenn der einmal seine Memoiren schreiben tät. Ja, Sie müssen nämlich wissen, daß ich dreißig Jahr lang bei der Polizei war; ich bin immer zwischen Paris und Petersburg und Konstantinopel herumgefahren, mich haben sie alle gekannt, die Hochstapler und Einbrecher. Ja, das waren die berühmten Geschichten damals. Mein Gott, wie oft haben sie mir gedroht, sie schießen mich über den Haufen. Aber, schauen Sie mich einmal an! Glauben Sie, der Leitner Franzl hätte Angst gehabt? — Selbstverständlich versicherte ich, ich wäre auf einen solchen Gedanken nie gekommen, und das freute ihn ungemein.

Doktor, auf Ihr Wohl! Sie sind ein lieber Mensch! Haben Sie mich gern? Ja, wenn Sie mich näher kennenlernen! — Er war jetzt nicht mehr ganz bei der Sache und schüttete den Wein auf seine Hemdbrust. Aber er wußte gleich eine lustige Anekdote, um das vergessen zu machen: Da war ich einmal beim Kaiser von Österreich bei der Jagd zum Essen eingeladen. Und da sagt der Kaiser zu mir ... wissen S', der alte Kaiser, Sie haben ihn doch gekannt, er hat Franzl gheißen wie ich. Also sagt er ... nein, das war eine urkomische Situation. Sie müssen sich vorstellen ... der alte Kaiser ... — Der gute Alte fing so zu lachen an, daß er das Erzählen vergaß. Es war nun auch höchste Zeit, daß man ihn wegbrachte. Irgendwer nahm ihn beim Arm, aber er ließ meine Hände nicht los und schaute mir mit einem ungewissen Blick in die Augen: Doktorchen, du gefällst mir! Du bist ein gemütliches Haus! Mein Lieber, du mußt mich einmal besuchen zu einem guten Tropfen, da werden wir allerhand reden. Das wird für Sie großartig werden, junger Freund. Sie können sich einen Namen machen, wenn Sie mich schlachten. Ich stecke bis an den Hals voller Schnurren und Geschichten. Ich mache Ihnen einen Vorschlag, schreiben Sie meine Memoiren! — Nur die übertrieben herzliche Zusicherung, ich würde gleich in den nächsten Tagen ihn aufsuchen, vermochte ihn zu beruhigen, so daß er sich unter oftmaligem Zurückwenden, Augenzwinkern und mit den Händen winkend endlich fortführen ließ.

Zuerst dachte ich, es sei verlorene Zeit, den guten Mann noch weiter auszufra=
gen. Doch war er vielleicht in nüchternem Zustand ergiebiger, und so ging ich hin.
Er hatte eine Riesenfreude, die er sogleich in Feuchtigkeit umsetzte. Er holte ein
paar Flaschen aus dem Keller, schenkte mit viel Liebe und Zartgefühl ein und ließ
mich nun erst einmal seinen Wein loben: Schauen S' mir in die Augen, junger
Freund, und sagen S' mir aufs Wort, ob Sie so einen Wein schon einmal getrunken
haben! — Was ich selbstverständlich eifrig verneinte. Endlich hatte ich ihn mit viel
List und Geduld wieder auf sein Thema gebracht. Er schaute mich ganz gekränkt
an: Wenn Sie meinen, der Leitner Franzl hätte vergessen, was er Ihnen verspro=
chen hat! Gleich werd ich Ihnen ein ganzes Schock Geschichten erzählen, die noch
kein Mensch gehört hat. Und eine besser wie die andere. Es ist nur mit dem Ge=
dächtnis so eine Gschicht. Drei Sachen kann ich mir nicht mehr recht merken.
Keine Namen, keine Zahlen ... und das Dritte weiß ich jetzt auch nimmer ...
Aber da haben wir gleich etwas ganz Köstliches. Also der Ibsen! — Endlich!, dachte
ich und zog heimlich einen Bleistift. — Also der Ibsen, der ist immer im Café Maxi=
milian gesessen, nun ja, das ist ja bekannt. Aber was ich Ihnen jetzt erzähl, das
ist zwar schon lang her, aber ... schauen S' mich an, glauben Sie, ich erzähl das

einfach so jedem Menschen? — Ich versicherte ihm, daß ich das nicht glaube, und so fuhr er schließlich fort: Also, was wollt ich jetzt gleich sagn, no, das von Ibsen war eigentlich nichts so Besonderes ... Da war die Begegnung mit Bismarck in Kissingen schon was anders ... oder mein Erlebnis mit Menzel! Ja, der Menzel, ein drolliger Kerl, die kleine Exzellenz haben wir ihn immer genannt, schreiben Sie das ruhig auf! — Ich hütete mich, ihm zu sagen, das sei nicht mehr ganz unbekannt, sondern machte ein Kraxel mit meinem Bleistift. Überhaupt — fuhr er fort — von den Malern, da könnte ich Ihnen etwas erzählen! Ja, ich kann wohl sagn, der Leitner Franzl hat schon viel erlebt. Schauen Sie mir in die Augen! Was meinen S', wen diese Augen schon alles gsehen habn? Ja, wo waren wir jetzt, beim Leibl oder beim Thoma, beim Hans Thoma natürlich, nicht bei meinem Freund, dem Ludwig. Übrigens, habe ich Ihnen neulich die Geschichten alle richtig auserzählt vom Ludwig Thoma? Da ist ja eine gelungener als die andre. Wissen S', wie er noch Rechtsanwalt war, da hab ich ja viel mit ihm zu tun ghabt. Ja, das waren noch Zeiten! —

Er versank wieder in die Tiefen seiner Erinnerung: Ja, aus meinem Leben, da könnt man Memoiren herausholen, ist ja auch kein Wunder. Siebenundsiebzig Jahr alt und immer die Augen offen gehabt und mitten drin im Leben ... Wo sind wir stehen geblieben? Beim Bismarck, glaub ich. Ja, das war ein Mann. Solche täten wir heut brauchen. Ich seh ihn noch vor mir, grad wie ihn der Lenbach gmalt hat. Übrigens, beim Lenbach! Erinnern S' mich daran, damit wir es nicht vergessen, da kann ich die Anekdoten nur so aus dem Ärmel schütteln. Zum Beispiel waren wir da einmal in der Allotria, der Lenbach, der alte Gedon, der Seitz ... wer war da noch dabei? Lassen Sie mich einmal nachdenken ... ja, wenn ich mein Gedächtnis noch hätt. Es ist ja auch gleichgültig, wer noch dabei war ... überhaupt, wir wollten ja vom Bismarck reden, jetzt passn S' auf, jetzt kommt eine Bismarck=Anekdote, von mir erlebt, die steht in keinem Buch drin ... Meinen Sie, die erzähl ich einfach jedem? Aber Ihnen erzähl ich sie, und noch manches andre, wenn Sie einmal wiederkommen. Sie sind ein lieber Mensch, Doktor! Sie sollen es der Welt bezeugen, daß ich auch ein Kerl war, der einmal etwas erlebt hat! Also, auf Wiedersehen! Und vergessn S' mir den Leitner Franzl nicht ... Sie solln meine Memoiren schreiben! —

Vergessen habe ich ihn nicht. Aber seine Memoiren habe ich auch nicht geschrieben. Schade!

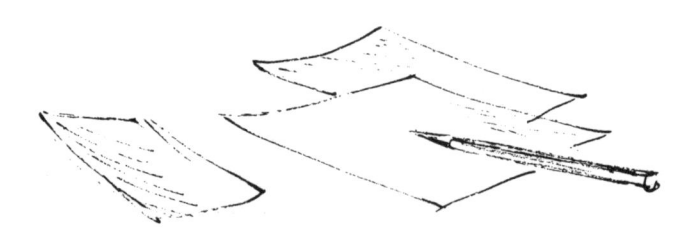

Der Herbst

Lang träumte der Sommer. Die scharfen
Herbsthunde lagen noch still.
Seine Hände pflückten aus Harfen
Den unnennbaren Klang
Und er lauschte dem eigenen Sang
Wie einer, der nicht mehr erwachen
  will.
Doch dann von den Bergen her drang
Der Hornruf des Herbstes und zwang
Zu männlichem Gang.
Aus den Wäldern die Hunde sich
  warfen.
Der Sommer erschrocken aufsprang
Und rührte die Locken: schön!
Er ging noch nicht gleich:
Im Tal stand er lang und der Herbst
  auf den Höhn
Und zwischen beiden, so mild, so bang
Hinschwankte das irdische Reich,
Bis eine Nacht kam, die weich war
  von Föhn.
Der Sommer ging fort, und der
  siegende Mann,
Der Herbst, stieg schweigend herab
  aus dem Tann,
So bunt und so bleich zugleich.

Winters

Winters, plötzlich in weißer Stille,
Wenn vor dem Fenster lautlos es schneit,
Und an den Scheiben die Flocken zerflittern,
Entsinnst du dich, wie der schwalbenschrille
Augusthimmel war, über dir weit,
Oder der Juni mit wilden Gewittern
Zornig zerriß sein prangendes Kleid.

Und es wird dich wie Tränen durchzittern
Winters, plötzlich in weißer Stille,
Das Gedächtnis verschollener Zeit.

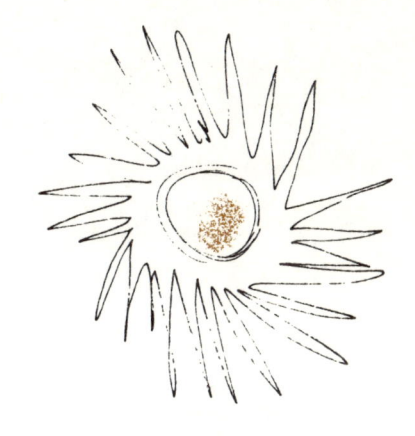

WIRTSGARTEN AM INN

Hoch hinauf, mit Kerzen besteckt,
Rauscht die grünschwarze Kastanienwand.
Von Westen her, schräg, lodert der Sonne Brand.
Tisch und Stuhl, der geharkte Sand
Dein Gesicht und auch meine Hand
Nach dem labenden Trunk ausgestreckt:
Alles von grüngoldnem Licht gefleckt.

Wie uns das Bier, das helle, das bittre, schmeckt!

Schaukelndes, atmendes Sommerzelt —
Schweifende Blicke darunter hin:
Weißgrün siedet und zischt der Inn,
Im Kies gewellt, am Felsen zerschellt.
Drüben, wo steil das Ufer fällt,
Ist das Städtlein bunt hingestellt,
Mit dem knorrigen Kirchturm darin,
Übererhellt, blütengeschwellt.
Und auf der Brücke, Figürchen aus Zinn,
Menschen, zu festlichem Nichtstun gesellt ...

Kellnerin! Kellnerin!
Rasch ein frisches Glas noch bestellt!
Wer weiß, wann ich wieder so fröhlich bin
Und so gern auf der Welt!

Der Haustyrann

Mein Großvater Ambros Mauerer war nicht reich und war nicht arm. Er war, ein Bauernbub aus Pfreimd in der Oberpfalz, Bereiter beim Grafen Giech gewesen, hatte die Kriege von 1866 und 1870 mitgemacht, ohne ins Gefecht zu kommen; und an der Front des Lebens ist er auch später nie gestanden. Unverhofft sah er sich im Besitz einer kleinen Erbschaft, von der er als »Privatier« lebte. Als solcher steht er noch in den älteren Münchner Adreßbüchern. In den neueren jedoch ist er als Altertumshändler in der Augustenstraße aufgeführt. Er hatte nämlich sein Vermögen gewaltig überschätzt und war seiner Sammelleidenschaft blindlings gefolgt, die ja durch die zahlreichen Trödellädchen, Versteigerungen und Dulten, die es damals in München gab, immer wieder genährt wurde. Und schließlich hatte er die Wohnung voller Kostüme, Waffen, Porzellan und Walzenkrüge, aber kein Geld mehr.

Und so blieb ihm nichts übrig, als die schönen Sachen wieder zu verkaufen; er setzte sich wie eine Spinne in seinen finsteren Ladenwinkel und wartete, ohne sich viel zu rühren, auf die Leute, die etwas anboten oder haben wollten. Denen, die ein besonders geliebtes Stück erwarben, war er bis an sein Lebensende bös. Wenn er was nicht hergeben wollte, nannte er die unsinnigsten Preise, aber gelegentlich zückte ein Kunde kaltblütig den geforderten Betrag und zog mit seinem Kaufe ab.

In seinem Laden hätte ich auch gern was erstanden, denn er hatte nur geringe Kenntnis und handelte nach dem damaligen Brauch: was er für drei Mark erworben hatte, gab er um fünf weiter. Nur die schier unerschöpfliche Fülle des Kunstgutes verbürgte den bescheidenen Gewinn, den zum Schluß das Geschäft doch noch abwarf.

Uns Heutigen erscheinen jene Zeiten um die Jahrhundertwende wie ein verlorenes Paradies, aber mein Großvater war, genau wie der alte Adam, anderer Ansicht. Da er ja nicht wissen konnte, wie wirkliche Sorgen aussehen, brütete er sich selber alle Tage welche aus und aß unentwegt vom Baum der Erkenntnis, daß es so nicht weitergehen könne. Die Jahre, in denen es dann tatsächlich nicht so weiterging, sondern ganz anders, hat er zu seinem Glück nicht mehr erlebt.

Er war sonst ein umgänglicher Mensch, ein echter Altbayer, die bekanntlich gar nicht merken, wie grob sie oft sind, und dann sich wundern, wie schlecht doch die andern einen Spaß vertragen. Nur um Geld durfte man ihm nicht kommen, da war es aus mit der Gemütlichkeit.

Es war immer ein Leidensgang für seine Frau, wenn sie, spähend und Erkundigungen einziehend, ob er nicht gar zu schlecht aufgelegt sei, in den Laden schleichen mußte, um sich wieder Haushaltgeld zu erbitten. Im besten Fall griff Herr Mauerer mit finsterer Heiterkeit in die Westentasche; meist aber warf er ihr mit der grollenden Frage: »Ja, frißt denn du das Geld?« ein Zehn= oder Zwanzigmarkstück hin, und mehr als einmal so heftig, daß es am Boden rollte oder sich gar unterm Tisch oder Schrank verschloff, so daß die alte Frau sich bücken oder auf allen vieren im Staub kriechen mußte, eine Demütigung, die der Großvater weidlich genoß, da er sie für eine gerechte Bestrafung der Dreistigkeit hielt, von ihm so mir nichts dir nichts Geld zu verlangen — für das bißl Fressen, wie er in seinem Zorn sich ausdrückte.

Zugegeben, daß er ein bescheidener Mann war, der nicht rauchte und nicht ins Wirtshaus ging; aber ein gewaltiger Esser war er, der ein handtellergroßes Stück Rindfleisch mit der Gabel zusammenbog und in den Mund schob, es dort zu zermalmen mit kräftigen Zähnen, von denen bis zur Stunde noch nie einer weh getan hatte — später, bei seinem ersten Zahnweh, führte er sich denn auch wie ein Rasender auf. Und einen Kuchenmichel, wie er so nur meiner Großmutter geriet, zu wolkigem Gebilde leicht auffahrend in der raschen Ofenhitze, daß er schier das Rohr sprengte: den aß er ohne Anstrengung allein und meinte in behaglichem Humor, er habe eigentlich nur von der Luft gelebt.

Er hätte es doch wahrhaftig sehen müssen, wofür die Großmutter das Geld brauchte, wenn die Händlerin aus Regensburg kam mit ganzen Kränzen von Knackwürsten, wenn der alte Hausfreund Kerndlmeyer, der Lokomotivführer war und ohne Transportspesen, von weither die köstlichsten Dinge brachte, drei fränkische Preßsäcke auf den Tisch legte, daß er sich bog, so schwer waren sie: ein weißer, ein roter und ein gemischter. Wer hätte es denn besser wissen sollen als er, daß Suppenhühner und Hasen, Rebhendl und Hirschziemer Geld kosteten, wenn auch das Paar Tauben damals auf dem flachen Land um dreißig Pfennig feil war, wenn man selber in den Schlag stieg, um sie zu holen. Und wie billig auch alles war, geschenkt kriegte man nicht einmal das Kalbszüngerl oder den Ochsenmaulsalat; das Brot war schwer zu verdienen, drum aß er's nur sparsam, und von all dem Grünzeug wollte er wenig wissen, denn wo ein Gemüs Platz hat, da hat ein Fleisch erst recht Platz. Aber das Fleisch und die Mehlspeisen, die waren »das bißl Fressen«, für das die Großmutter so bescheiden ums Geld betteln mußte und das er ihr, von Verblendung geschlagen, so mürrisch vor die Füße warf.

Eines Tages jedoch brach der Krieg aus. Die Großmutter, von ihrer Tochter, meiner Mutter, aufgestachelt, ging festeren Schrittes als sonst in den Laden, um dem unheilschwanger dort sitzenden Mann das fällige Geld abzuverlangen. Er zückte löwenknurrend ein Goldstück und warf es hin. Es tanzte über den Tisch und klimperte am Boden hin. Mitten im Raum blieb es liegen. Die Großmutter nahm alle Kraft zusammen und ging, ohne es aufzuheben, ohne ein Wort zu sagen.

Der Vormittag verstrich, kein Bratenduft durchzog die Wohnung. Der Groß= vater kam, schnupperte in der Küche herum und ging wieder. Der Herd war kalt. Die Frauen aßen heimlich ein Butterbrot und warteten, zwischen Furcht und Triumph zitternd, was nun kommen würde. Die Tochter vertrat der Mutter die Tür, als die fügsame Frau um des lieben Friedens willen doch gehen wollte, das Geld vom Boden zu nehmen.

Wir Kinder jedenfalls nahmen glühenden Anteil an dem heimlichen Kampfe, der zwischen Küche und Laden entbrannt war und in den wir, ohne alle erziehe= rischen Rücksichten, als Parteigänger, Späher und Boten einbezogen wurden. »Was macht er denn?« fragte uns die Großmutter, und wir mußten berichten, daß er in finsterem Groll in seinem Stuhle saß und auf das Goldstück am Boden starrte. »Rührt sich nichts in der Küche?« horchte uns der Großvater aus, und wir teilten ihm mit erheuchelter Kümmernis mit, daß keinerlei Anstalten zu einem Mittagessen getroffen würden. In Wahrheit fieberten wir der Stunde entgegen, wo sich das Schicksal entscheiden mußte.

Es wurde zwölf Uhr, es wurde ein Uhr. Der Großvater sperrte den Laden ab und ging nebenan in die »Walhalla« zum Essen. Seit Jahren hatte er das nicht getan. Der rare Gast mußte erhebliches Aufsehen erregt haben. Wütend kam er zurück. Das Goldstück lag noch, wie es gelegen hatte. Kunden kamen; der Groß= vater stellte sich mit breitem Stiefel auf das blinkende Metall, aber er hob es nicht auf. Er war entschlossen, den Krieg bis aufs Messer zu führen.

Er hätte ja einen von uns Buben überreden können, der Großmutter das Geld zu bringen. Aber solch ein Ausweg wäre wider seine Ehre gegangen. Als es Abend wurde, zog er wieder ins Wirtshaus ab.

Der nächste Tag verging nicht anders, in bedrohlichem Schweigen, hier in der Furcht vor einem Ausbruch, dort in der Hoffnung auf die Nachgiebigkeit der Groß= mutter — und für uns Buben in einer wilden Spannung der Zuschauer bei einem Zweikampf.

Die Eierfrau wurde weggeschickt, es sei kein Pfennig Geld im Hause. Sie wußte nicht, was sie davon halten sollte. Nachbarinnen kamen, in scheinheiliger Sorge zu fragen, ob wer krank sei. Die Reputation des Hauses stand auf dem Spiel — aber das Goldstück blieb liegen. Der Großvater, ungefrühstückt und mit Zorn im Bauch, nichts als Zorn, pfiff mittags den Hunden und ging weiter fort, in ein fremdes Gasthaus, wo ihn kein dummes Gerede stören sollte. Die Großmutter zerfloß in Angst und Mitleid, aber meine Mutter schmiedete sie mit grausamer Härte: Jetzt oder nie müsse sie dem Wüterich die Schneid abkaufen.

In München geht die Sage von einem Königlich Bayrischen Kommerzienrat, der in einer ähnlichen Lage, als ein auf seiner Burg belagerter Zwingherr, sich kurz entschlossen von einem Dienstmann aus dem nahen Augustinerkeller einen Nierenbraten holen ließ, Tag für Tag — und der schließlich, an diese Leibspeise gewöhnt, bis an sein Lebensende, auch nach längst geschlossenem Hausfrieden, an dem wunderlichen Brauche festhielt. So eisern war mein Großvater nicht. Am dritten Tag beugte er sich, brachte das Goldstück in die Küche und legte es, schweigend zwar, doch artig, auf den Tisch.

Es war wie im Märchen vom Dornröschen — Haustyrannei und Verzauberung waren mit einem Schlage gebrochen, das Feuer prasselte im Herd, die Kochlöffel rührten sich, die Eierfrau bekam ihr Geflügel abgekauft und in allen Töpfen schmorte und brodelte es. Ein gewaltiges Versöhnungsmahl wurde gerüstet.

Der Bittgang ums Haushaltgeld ward von Stund an um vieles leichter. Den düsteren Sorgenblick zwar und das abgrundtiefe Seufzen hat die Großmutter nach wie vor hinnehmen müssen, denn die Lebensangst, bei vollen Schüsseln Hungers sterben zu müssen, war dem alten Mann nicht mehr auszutreiben. Aber nie mehr stellte er an seine Frau die Frage, ob sie das Geld fresse, und seine Hand blieb ruhig, wenn er ihr das übliche Goldstück reichte.

Wenn mir heute, wo alles so viel schwerer geworden ist, meine verehrte Gemahlin einen Hundertmarkschein um den andern entreißt, juckt's mich auch manchmal in den Fingern, und die bescheidene Neugier, zu erfahren, wohin all das Geld verschwindet, möchte mich zu häßlichen Fragen verleiten. Aber dann denke ich, nach einem halben Jahrhundert, an den Großvater und winke sogar noch müde ab, wenn mir meine Frau erklären will, wieso und wofür. Credo, quia absurdum est — ich glaube es, so unglaubwürdig es auch sein mag.

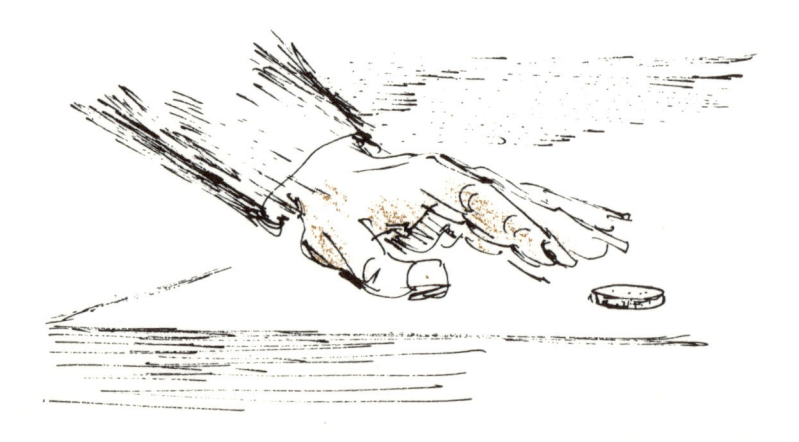

Regen in Vicenza

In der Wildnis fremder Stimmen
Sitz ich stummer Gast
Hin und her in kahlen Schenken.
Graue Regentücher schwenken,
Und der wuchtige Palast
Will als eine Arche schwimmen
Auf den Wogen.

Und da ist auch schon der Bogen,
Siebenfarbig, lichtversöhnend,
Und im Feuchten
Alle Türm' und Zinnen krönend,
Steigt ein schmetternd wildes Leuchten.
Und die Mauern halten stöhnend
Solchem Prall,
Solchen Lichts posaunentönend
Ungeheurem Überfall.

Jubelnd stürz ich durch die Gassen,
Seh den schneeblind geisterblassen
Alpenwall
Unter schwarzzerfetzten Fahnen.
Und dann stehn die Hügel da.
Nah.
Rauchend. Grün.
Ganz von Nässe vollgesogen,
Grün, wie du nicht wagst zu träumen –
Grüner, grüner:
Denke kühner,
Und du wirst vielleicht erfassen,
Wie es grün war dort im Nassen.

Grün von Wiesen, grün von Bäumen
Und von Pflaumenblütenschäumen
Grün und weiß. Und der Platanen
Stämme glänzten grün und moosig,
Mandeln blühten grün und rosig –
Tropfen funkelten wie Glas,
Fielen wie in offne Schürzen
In das grüne, grüne Gras.
Und ich sah die Hügel stürzen
In des Lichtes lanzenschnelles,
Lautlos grelles
Übermaß ...

Nach dem Regen

Der Fluß erzittert leise. Regentropfen
Klopfen
Silbern an den Zweigen hinunter.
Nebel steigen,
Wellen tanzen
Im Glanze
Den Reigen hinunter.
Wir stehn auf der Brücke und neigen
Uns trunken,
Versunken
Ins Schweigen hinunter ...

Schwäbische Schenke

Steht da ein altes, trunken geneigtes,
Kummergebeugtes,
Lachengeschütteltes Haus.
Krächzt ein Schild dran. Ist eine Schenke.
Wohlan, ich denke, da kommt keiner ungebeten,
Stolpre gradaus,
Winde mich über die schneckengedrehten,
Ausgetretenen, ächzenden, knarrenden
Treppen voller Äste und Gruben,
Stoße die Tür auf zur lichtdurchwehten,
Fensterblitzenden Stuben
Wink der im Winkel sitzenden
Häkelnden, harrenden Kellnerin.
Setze mich breit an den sandgescheuerten,
Sonnenumklirrten Ahorntisch.
Schau her, schau hin, steht schon, blinkend frisch
Vor mir der Rote, der lichtbefeuerte
Wein aus dem Unterland,
Schenkt schon das Mädchen mit weißer Hand.
Blond ist sie und blau,
Gleicht genau einer heiß umworbenen,
Weh verdorbenen, längst verstorbenen Frau.
Laß die Weiber! denk ich und trinke.
Alte Liebe! Träum ich und winke:
Holde Beschwörung, sie sei mir erlaubt.
Und wie ich trinke, wie ich versinke,
Wölbt mir der Wein das einsame Haupt.

Wunderlicher Abend

Reich bin ich nicht, aber ein paar Mark habe ich immer in der Tasche. Ich muß gestehen, daß ich ein Spießer bin, hilflos ohne Geld, ein Feigling, bar allen Vertrauens auf das Glück. Und lieber würde ich einen Tag lang hungern, als daß ich, leichten Sinns, einen Bekannten (vorausgesetzt, ich träfe ihn) um eine Kleinigkeit ansprechen möchte.

Eines Abends aber stand ich wirklich in der Stadt, mit leerer Brieftasche, einer Mark Kleingeld im Beutel und dem letzten Fahrschein eines Sechserblockes, wie er damals noch üblich war, der wenigstens meine Heimbeförderung in der Straßenbahn sicherstellte. Ich wollte einen Vortrag besuchen, eigens zu diesem Zweck war ich hereingefahren — eine Mark würde der Eintritt kosten; also konnte ich's wagen. Freilich, nicht einmal eine Semmel durfte ich mir kaufen, so hungrig ich auch war.

Ich traf natürlich viele Bekannte in dem Hörsaal, und ich hätte mich nur einem von ihnen anvertrauen müssen — aber wem? Der Rektor der Universität war vor schier vierzig Jahren mein Hauslehrer gewesen, der Rektor der Technischen Hochschule hatte mit mir das Gymnasium besucht. Der Vortragende selbst hatte schon manche gute Flasche bei mir getrunken — aber, zum Teufel, mußten es denn lauter Magnifizenzen und Geheimräte sein, die mir begegneten? So gut ich mit ihnen stand, anpumpen wollte ich sie nicht. Und unter den Jüngeren war gewiß mancher arme Teufel, den ich mit der Bitte, mir fünf Mark für ein Abendessen zu leihen, in arge Verlegenheit gebracht hätte.

So kratzte ich denn die letzte Mark für meinen Platz zusammen, hörte den Vortrag an und blieb, um allen Zufällen aus dem Weg zu gehen, noch sitzen, bis sich der Schwarm verlaufen hatte. Draußen regnete es, was nur vom Himmel ging, aber mir blieb keine Wahl; mit hochgeschlagenem Kragen drückte ich mich an den Häusern entlang, zur nächsten Straßenbahnhaltestelle, den Fahrschein hielt ich in der Hosentasche umklammert, es war ja mein höchster Hort.

Da löste sich eine Gestalt aus dem Dunkel, und es trat mir der Doktor Krüller entgegen, ein guter Freund gewiß, wenn man die Leute so nennen will, mit denen man seit dreißig Jahren alle heiligen Zeiten einmal ein paar flüchtige Worte wechselt, des gewiß nicht unehrlichen Bedauerns voll, daß man sich gar so selten sieht. Jetzt freilich war mir jede Begegnung unerwünscht genug — oder sollte mir der Himmel den Mann geschickt haben, daß er mich speise, wie der Rabe den Elias, nicht mit einem Stück Brot allerdings, wohl aber mit einem Fünfmarkschein, es konnte ein Zehner auch sein?!

Ein Rabe war er, ich sollte es gleich merken, aber keiner, der einen Hungrigen zu atzen herbeifliegt — denn während ich noch überlegte, ob ich ihn eigentlich so gut kennte, daß ich ihn um eine solche Gefälligkeit angehen könnte, hatte er bereits den Mund aufgetan: »Sie schickt mir der Himmel!« rief er, genau wie ich's eben sagen wollte; und: »Können Sie mir nicht ein paar Mark leihen, damit ich wo einen Happen essen kann — ich muß hernach noch in einen anderen Vortrag!«

Zehntausendmal (dreißig Jahre zu dreihundertfünfzig Tagen roh gerechnet) hätte ich mit Freuden sagen können: »Aber gern, mein Lieber!« und wäre froh gewesen, daß jemand nur drei Mark von mir haben wollte und nicht fünfzig oder gar hundert. Und ausgerechnet heute mußte ich ihm gestehen, daß ich selber keinen Pfennig bei mir habe. Oh, schmachvoller, uralter Witz aus den Fliegenden Blättern, unglaubwürdigste, in ihrer Dummdreistigkeit tödlich kränkende Schnorrerabfuhr: »Portemonnaie vergessen? Sie werden lachen: Ich auch!«

Und wenn's wenigstens wirklich ein guter, oft erprobter alter Kumpan gewesen wäre — ohne einen peinlichen Rest von Mißtrauen hätte sich alles in Heiterkeit auflösen lassen. So aber war's unerquicklich genug, wie wir nebeneinander hergingen; wer weiß, wie schwer es auch dem andern gefallen war, mich mit vielleicht nur gespielter Leichtigkeit um ein paar Mark anzuhauen: und die Demütigung einer Fehlbitte blieb, ein Stachel in seinem Herzen, wie hilflos ich mich auch bemühen mochte, ihn herauszuziehen. Er werde eben ungegessen in seinen Vortrag gehen, meinte der Doktor kläglich, die anderthalb Stunden bis dahin hoffe er schon herumzubringen. Der Regen lasse ohnehin nach. Und ehe ich mich's versah, hatte er sich ziemlich frostig verabschiedet und tauchte in die feuchte Finsternis zurück, ohne meine weiteren Unschuldsbeteuerungen abzuwarten. Ich spürte: er traute mir nicht.

Die Straßenbahn kam, ich stieg ein, im Augenblick, wo ich meinen Fahrschein zum Umsteigen zu meinem weit entfernten Vorort zeichnen ließ, kam mir erst der Gedanke, daß der Ärmste wohl nicht einmal hatte fahren können und nun zu Fuß in der Stadt herumlaufen mußte. Und ausgerechnet jetzt rief mich ein Schulkamerad an, mit der lässigen Fröhlichkeit uralter Vertrautheit; und ich setzte mich zu ihm, und, wie konnte es anders sein, ich erzählte ihm, ohne jeden Hintergedanken, die saudumme Geschichte, die mir soeben begegnet war. Der Schulkamerad zog die Brieftasche, ich wehrte ab, er wollte mir einen Zwanzigmarkschein aufdrängen, nein, sagte ich, die Gelegenheit sei verpaßt, nun sei ich schon entschlossen, nach

Hause zu fahren. Ohne Geld, meinte der andere, sei man ein halber Mensch, zehn Mark, fünf wenigstens, müßte ich nehmen, und schließlich sträubte ich mich nicht länger und ließ mir zwei Mark in die Hand drücken. Und stieg am Bahnhof aus.

Schon im Begriff, sofort umzusteigen, überlegte ich mir, daß ich daheim, wo man mit meinem Kommen nicht rechnete, vielleicht keinen Bissen vorfinden würde, und daß es, da ich nun schon die zwei Mark in der Tasche hatte, das Gescheiteste wäre, in der Bahnhofswirtschaft wenigstens ein Paar Würstel zu essen; ganz rasch nur, versteht sich, und ohne den Anspruch auf meinen Umsteige=Fahr= schein aufzugeben. Gar so genau werden's die Schaffner nicht nehmen.

Die Wirtschaft war um diese Zeit des Stoßverkehrs überfüllt, so schnell, wie ich gedacht hatte, ging es mit den Würsteln also nicht. Hingegen wurde mir, nach schöner alter Münchner Sitte, ehe ich mich dessen versehen hatte, ein Glas Bier hingestellt, und mehr aus Gewohnheit als aus Durst tat ich einen kräftigen Schluck. Zwischen Lipp und Kelchesrand schwebt der finstern Mächte Hand: ich hatte das Glas noch am Munde und schaute geistesabwesend in die Gegend: da trafen mich zwei Augen, von Hohn und Verachtung glühend, ein spöttisches Lachen zeigte sich auf seinem Gesicht, das unzweifelhaft das von Doktor Krüller war.

Ich hielt, völlig erstarrt, das Glas steif in die Luft, ich wollte rufen, der Ton erstarb mir in der Kehle, ich sprang auf — da stellte der Kellner die Würstel vor mich hin und fragte mit höflicher Bestimmtheit, ob er gleich kassieren dürfe — ein Helles, ein Paar Pfälzer mit Kraut, zwei Brot: einsachtzig, mit. Und schon hatte er die zwei Mark ergriffen, zwei Zehnerln tanzten vor mir auf dem Tisch — *ein* Brot, wollte ich verbessern, Herr Ober, nur *ein* Brot! Aber er war schon fort, und wie sollte ein wohlgekleideter besserer Herr vor all den Leuten eine Szene machen wegen eines Stückchens Brot um zehn Pfennige?

Wunderlich genug benahm ich mich wohl ohnehin — in einer Bahnhofswirt= schaft mochte es hingehen, wo es manch einem plötzlich höllisch pressiert: ich ließ Bier und Kraut stehen, ergriff Hut und Würstel und rannte davon — vergebliche Eile: Der Doktor war im Gewühl verschwunden, ich fand ihn nicht mehr.

Und wenn ich ihn gefunden hätte, so sagte ich mir zum schlechten Trost, wie hätte ich ihm die Geschichte erzählen sollen, die von meinem Standpunkt aus so eindeutig war, wie sie es für ihn sein mußte — nur im entgegengesetzten Sinn. Er hatte mich, der frech behauptet hatte, keinen Pfennig in der Tasche zu haben, eine halbe Stunde später trinken und schmausen gesehen; wiederum ein altes Witz= blattspäßchen, unumstößlich literarisch erhärtet, weiß Gott nicht mehr neu für einen, der seit fünfzig Jahren in den Dschungeln der Großstadt haust. Nur um eine menschlich=unmenschliche Erfahrung mehr. Ich würde ihm einen Brief schrei= ben — faule Ausrede, mein Lieber, glaube sie, wer will ...

Meine Würstel hatte ich gegessen, unfein genug, auf offener Straße. Da kam meine Bahn, ich stieg ein, ich reichte, so selbstgewiß ich's vermochte, dem Schaff= ner meinen Fahrschein. »Gradaus!« sagte ich leichthin. Der Schaffner, schon im

Begriff, den Schein zu entwerten, stutzte: ich möchte wetten, mein schlechtes Gewissen war übertragbar. Mit dem Schein, knurrte er, könne ich nicht mehr fahren, er zog seine Uhr und sagte, von Satz zu Satz gröber werdend, ob ich vielleicht glaubte, er werde sich bei einer Kontrolle Scherereien auf den Hals ziehen wollen. Da kämen — und er hielt bereits einen allgemeinen Vortrag an die schadenfroh aufhorchenden Fahrgäste, so ausgeschämte Leute, die täten unterwegs ganz schnell einmal auf zwei Stunden ins Kino gehen, und dann möchten sie mit derselben Karte noch heimfahren. Und entweder müßte ich einen neuen Schein lösen oder aussteigen.

Dabei schickte er sich schon an, diese neue Karte zu zeichnen — denn unzweifelhaft mußte ihm erscheinen, wie meine Entscheidung ausfiele; und er nahm es denn auch für bare Bosheit, als ich schroff erklärte, lieber aussteigen zu wollen.

Ich weiß schon, auch meine Leser werden den Kopf schütteln und mir hinterher einen Haufen guter Ratschläge geben. Die meisten davon habe ich auf dem langen, langen Heimweg selbst überdacht: ein einigermaßen weltläufiger Mensch wird doch um ein Zehnerl nicht die Schneid sich abkaufen lassen (ach, es war das Zehnerl, das ich für ein nichtgegessenes Stück Brot bezahlt hatte!). Ich weiß schon, ich hätte mit dem Schaffner verhandeln, ich hätte mit einem fröhlichen Aufruf an mein Volk die zehn Pfennige erbetteln sollen. Und zu Fuß hätte ich auf keinen Fall heimgehen müssen, ein hocherfreuter Taxifahrer hätte mich nach Hause gebracht, und ich wäre nur schnell in die Wohnung gehüpft, um ihm das Geld zu holen.

Aber wer so vernünftig denkt, der vergißt eben, daß es keine fünfaktigen Trauerspiele gäbe, wenn jeder Mensch schlankweg das Richtige täte, unversehrt vom Gifthauch der Dämonen. Und wem, glaubt der Leser, bin ich, die Zufälle dieses Abends behadernd, am meisten gram gewesen? Dem Schulkameraden, der wie ein rettender Engel erschien und mich mit seiner verwünschten Hilfe in den vollen Strudel des Verhängnisses gestoßen hat. Ohne ihn wäre ich brav nach Hause gefahren, geradenwegs, und hätte die wunderlichen Wege des Schicksals nicht mehr gekreuzt.

Frühlings=Sonntag

Im jungen Gras die ersten Güsse:
Der Regen klopft, die Schlosse springt.
Das sind des Frühlings wilde Küsse.
Die Weidenharfe golden klingt.

Schon bringt der Wald die grünen Sessel
Dem Wanderer zur Rast herbei
Und zaubrisch wallt der bunte Kessel
Des Blütenwunders in den Mai.

Der Kirchturm zeigt, der frischgeweißte,
Die goldne Uhr voll Bauernstolz.
Hold schwätzt der Star, der
　heimgereiste,
Laut ruft der Kuckuck aus dem Holz.

Weiß steht die Kirsche, schwarz die
　Fichte
Ein wunderliches Hochzeitspaar.
Der Wind spricht herrliche Gedichte
Die Drosseln schlagen feuerklar.

Vom Wirtshaus weht Musik und
　Kegeln
Als fern verworrner Lärm dahin.
Und hoch, in schwerelosem Segeln
Zwei Geier ihre Kreise ziehn.

Vor Ostern

Wie der Märzwind stößt und stürmelt;
Dort, die graue Wolkenherde
Übern Himmel hergeblasen,
Stupft, mit weichen, nassen Nasen
An die Erde; so, als möchten
Junge Pferde hier schon grasen.

Unterm Rasen wühlt's und würmelt.
Weidenruten wehen gelber,
Wie wenn sie sich Zöpfe flöchten.
Menschen gehen auf den Straßen,
Reden seltsam mit sich selber,
Rühr'n die Hände, wild bewegt,
Wie wenn mit dem Wind sie föchten.

Und dein Kind jagt aufgeregt
Nach dem ersten Osterhasen.

Maigewitter

Üppig junge Mohrenweiber,
Tanzten Wolken wild herbei,
Wiegend warm die schwarzen Leiber,
Zu des Blitzes hellem Klirren,
Zu des Donners dunklem Schrei.

Schwanke Brust und schlanke Hüften:
Hoch auf ihrem Haupte trug
Jede Wolke, rasch in Lüften
Einen Krug im Flug herbei,
Den sie leerte und zerschlug
Bei der Schellentrommel Schwirren,
Bei der Pauken dumpfem Schrei.

Wie sie lachten, wie sie keuchten:
Ungeheuer troff die Lust
Aus dem Tiefen, Lebensfeuchten
Ihnen um die nackte Brust
Bei der Küsse wildem Girren,
Bei der Freude trunknem Schrei.

Fand schon jede ihren Freier?
Tanzte jede schon vorbei?
Von den Hüften schwebt der Schleier,
Naß in Düften bebt der Mai ...
Fern des Blitzes goldnes Klirren,
Stumm des Donners dunkler Schrei ...

JUNIWIESEN

Sieh die bunten Juniwiesen
Über Tal und Hügel fließen.
Von den blauen Bergen her
Fällt ihr Kleid aus grünen Wäldern
Blumenschwer
Und verliert sich in den Feldern.

Margeriten und Salbei,
Roter Klee ist auch dabei.
Löwenzahn, noch im Verwelken,
Hebt das Köpfchen, flaumig grau,
Büschel roter Kuckucksnelken
Drängen sich ans Licht,
Unterm Gräsernicken
Blau
Wuchert das Vergißmeinnicht,
Schaut dich an mit treuen Blicken.

Junimorgen nach Gewittern,
Wenn im Feuchten
Tausendfach im Sonnenleuchten
Tropfen Taus an Kelch und Halmen
    zittern ...

Juniwiesen, bald vorbei ...
Hör ich doch im Abenddämmern
Ringsum schon
Den verhaßten Ton:
Bauern ihre Sensen hämmern.
Morgen, eh es tagt,
Wenn noch Mond und Stern am
    Himmel steht
Und der Kauz im Walde klagt,
Kommen Knecht und Magd,
Und noch eh der Tag vergeht,
Liegt ihr alle hingemäht
Unterm Schwung der Schnitter:

Margeriten und Salbei,
Roter Klee ist auch dabei ...

SCHÖNER SEPTEMBERTAG

Aus dem weißen Nebelneste,
Drin er lange träumend lag,
Hebt sich, stolz, mit buntem Krähen,
Flügelschlagen, Federnblähen
Der geschwänzte, goldbetreßte
Prunkende Septembertag!

Und die mit im Nebel schliefen:
Hügel, Acker, Baum und Feld,
Plustern sich und stehn und rennen —
Alle Häuser sind wie Hennen,
Die im warmen Lichte triefen —
Und der Hahn, der ist ihr Held.

Schau den Kürbis dort, den Prahler!
Alle Welt lockt er herbei,
Dorf und Straße kommt gelaufen,
Und Frau Sonne will ihn kaufen,
Zahlt die letzten blanken Taler
Für das goldne Riesenei...

IM AUGUST

Späte Pracht des Rosenstocks.
Siebenfarbig blüht der Phlox.
Zitterluft und dunkler Braus:
Letzter bunter Bienenschmaus.
Sonnenblume, schwärzlich braun
Schläft schon schweren Haupts am Zaun.
Apfelgarten, kühl und grün
Stillt das aufgeregte Blühn.
Ährenfelder, brandig schwer
Wälzen sich wie Wellen her,
Heben hoch das Kirchlein weiß
In den Himmel, flimmerheiß,
Daß es wie ein Schiffchen fährt
Samt den Heiligen, goldverklärt
Durch der Bauern Blumenlust
Hoch im schimmernden August.

Vor Weihnachten

Oh, süßer Weihnachtsvorgeschmack:
Mit einem neuen Bücherpack,
Der mich zu toller Neugier reizt,
Komm ich nach Haus und mache Licht.
Eisblume sich am Fenster spreizt.
Bald glüht und sprüht mit Knick und
    Knack
Der Ofen, tüchtig eingeheizt.
Nun her mit Pfeife und Tabak!
Wie lieblich mir's die Nase beizt...
Gar noch Kaffee? Nur nicht gegeizt:
So heimlich war's seit Jahren nicht!
Aufs alte Sofa ich mich flack
Und schmökre erst in Schnick und
    Schnack —
Doch bald versink ich im Gedicht,
Indes mit Jagdruf, Wind und Wicht
Die wilde Rauhnacht draußen weizt.

Wunderliche Welt

Geht alles sein' Gang:
Du kannst's nicht zwingen —
Die Welt voll Gesang:
Du magst nicht singen.

Die Welt voller Blut
Und Not und Schmerzen:
Und dir ist's so gut
Und lustig im Herzen...

In der Todesgefahr
Stehst fest, unerschüttert;
Ein pfeifender Star —
Und die Seel dir erzittert...

Als ein herzloser Wicht
Stehst am Grab deiner Liebe
Und dann strömt dein Gesicht
Spät, im heitern Getriebe...

Fallen tausend und mehr,
Denkst du an keinen...
Ein Vogelnest, leer,
Das rührt dich zum Weinen.

Ist ein Tag recht schön blau
Zu wagen, zu werben —
In dir ist's grau
Du bist traurig zum Sterben...

Geht alles, wie's will.
Du kannst's nicht fassen.
Mußt es ganz still
Gewähren lassen.

Bist ganz allein
In deiner Herznot.
Trink deinen Lust=Wein
Und iß dein Schmerz=Brot.

Winkt dir ein Mund,
Magst du ihn küssen.
Kommt deine Stund,
Wirst weinen müssen.

Und kommt die letzt'
Ist's nicht die erste,
Vielleicht ist jetzt
Grad deine schwerste...

ÜBER EUGEN ROTH

Eugen Roth, Jahrgang 1895, wurde am 24. Januar in München geboren. Folglich ist er ein Wassermann. Doch das ist wahrscheinlich unerheblich gegenüber der Tatsache, daß ihn der urbane Einfluß seiner Vaterstadt zum Münchner feinster Ausführung geformt hat. München war eben damals ein Glücksstern, der den Heranwachsenden günstig bestrahlen konnte. Hier entstand sein literarisches Werk, das bei aller Kunstfertigkeit so leicht faßlich und verständlich ist, daß es eigentlich keiner klärenden Worte bedarf. Das gilt vor allem für seine heiteren Verse, wenngleich von Kennern seine Prosa noch höher eingeschätzt wird.

Am Range des Dichters Eugen Roth gibt es wahrhaftig nichts zu deuten. Er ist durch seine Bücher hinreichend bewiesen. Hier geht es vielmehr um den Versuch, einige Wesenszüge dieses hervorragenden Mannes nachzuzeichnen.

Eugen Roth ist kein Spaßmacher. Er ist auch kein reimender Witzbold, der etwa berufsmäßig dem Zeitvertreib dient. Nichts ist ihm verhaßter als plumpe Vertraulichkeit, die allzugern mit Humor verwechselt wird. Nein, Eugen Roth ist ein seriöser Herr, mitunter verdüstert, melancholisch zuweilen, unerreicht in der Fähigkeit, vorübergehenden Unmut äußerst trefflich zu bekunden, zumal wenn er auf schiere Dummheit stößt.

Sein Gesicht, gut geschnitten wie eine Gemme, ist beherrscht von hellen, lichtempfindlichen Augen, die vermutlich weit mehr sehen, als ihm lieb ist. Die graublonden Haare trägt er schlicht, nahezu simpel, in die Stirn gekämmt, die dadurch niederer wirkt, als sie ist. Seine Mundwinkel schwingen nicht schmunzelnd nach oben; sie sind vielmehr leicht nach unten gekrümmt. Beachtlich ist seine feste, etwas gebogene Nase, die aus dem blassen Gesicht kräftig vorspringt. Diese Spürnase, wesentlich als Merkzeichen, hat stets die richtige Witterung gehabt. Er hat kein modernes Gesicht. Es könnte aus dem Directoire sein. Der Eindruck verstärkt sich noch, wenn man den mittelgroßen, zartknochigen Mann gehen sieht. Er läuft eigentlich mit kleinen, aber schnellen Schritten; er tänzelt sozu= sagen, um es ganz genau zu beschreiben, kurz, er bewegt sich auf leichten Vers= füßen. In der Tat, trüge er Escarpins und Schnallenschuhe, dann wäre die Illusion des höfischen vorbiedermeierlichen Münchners vollständig.

Eugen Roths Hände sind klein, wohlgeformt und charaktervoll. Er schreibt nur mit der Hand, auf liniiertes Papier übrigens, damit sich die Zeilen schnur= gerade untereinander ordnen. Seine Handschrift, schön geschwungen, ist klar und deutlich, da er die Meinung hat, daß sie vor allem zum Lesen da sei und dann erst zum Charakterdeuten.

Dieser Mann also, der nur Zigarren raucht, wenn er sich blauen Dunst vor= machen will, ist derart reimbegabt, daß er auch dann dichten kann, wenn er nicht in Stimmung ist, was allerdings selten vorkommt, denn sein Humor ist sublimier= ter Groll über die miserable Welt, der sich meist in heiteren Gedichten nieder= schlägt. Freut er sich aber, dann schreibt er ernste Gedichte und Geschichten, was allerdings seltener vorkommt, weil es nicht soviel Erfreuliches gibt — für ihn.

In diesem Zusammenhang muß auch des Schicksalsjahres gedacht werden, das ihn in den April schickte, denn im gleichen Monate des Jahres 1933 wurde er seiner Stellung als Lokalredakteur wider seinen Willen enthoben, und zwar von heute auf morgen. Eugen Roth, solche Behandlung nicht gewöhnt, zog sich grollend zurück in die Comedia dell' Arte, die er um eine Figur bereicherte, die auch die neuen Machthaber nicht verbieten konnten. Er erfand nämlich den Menschen an sich. So entstanden seine Menschgedichte, die zwar der alte »Sim= plicissimus« veröffentlichte, die aber vorerst ohne nennenswerten Widerhall blie= ben, bis sie ein Verleger als Buch herausbrachte. Dann allerdings wuchsen Bewun= derung und Auflage rascher als ein Mangobaumwunder. Den Anstoß dazu aber gab seine Entlassung. Ihr verdankt er eigentlich die dichterische Laufbahn und die wirtschaftliche Unabhängigkeit. Seine Feder hat ihn zum freien Mann gemacht, und das ist er bis heute geblieben.

Wenngleich er zahllose Anhänger besitzt, so hat er doch auch Neider. Das zeigte sich bald nach dem Zusammenbruch im Jahre 1945. Mißgünstige Leute, denen sein Erfolg zuwider war, schwärzten ihn mit haltlosen Verdächtigungen so lange an, bis ihm ein Schreibverbot auferlegt wurde. Das war freilich nur vorübergehend, doch den darob erbosten Dichter reizte es, sich hinzusetzen und in aller Stille sein »Tierleben« zu schaffen. Kurzum, sein Auflagenwuchs war nicht zu unterbinden.

Über den Menschen Eugen Roth wäre noch viel zu sagen. Hätte er sich nicht als Dichter einen guten Namen gemacht, so wäre ihm dies zweifellos als Kunst= sammler und als Pilzkenner gelungen.

Wer aber weiß zum Beispiel, daß er vorzüglicher Flötenspieler ist? Wem ist bekannt, daß er sich nie ans Steuer seines Autos setzt, obwohl er einen Führer= schein hat? Wer ahnt, daß er ein passionierter Spaziergänger ist? Doch diese Andeutungen zielen bereits auf den privaten Bereich, den Eugen Roth nur ungern preisgibt, weshalb es damit sein Bewenden haben soll. Mehr braucht man auch nicht über ihn zu wissen, denn wer seine Werke gelesen hat, der besitzt auch den Schlüssel zum Wesen und bitterfröhlichen Geheimnis des schöpferischen Mannes Eugen Roth.

Hermann Seyboth

Inhaltsverzeichnis

Kleiner Lebenslauf	7	Nachdenkliche Geschichte	16
Kleine Menschlichkeiten		Einladungen	17
		Vergeblicher Eifer	17
Kleine Ursachen	9	Lauf der Zeit	17
Gezeiten der Liebe	9	Weltgeschichte	18
Hereinfall	10	Allzu eifrig	18
Theaterbilletts	10	Der Urlaub	18
Geduldsprobe	11	Traurige Geschichte	19
Umwertung aller Werte	11	Zeitgenössische Entwicklung	19
Für Architekten	11	Gescheiterte Sammlung	20
Übereilte Anschaffung	12	Traurige Wahrheit	20
Das Sprungbrett	12	Ahnungslos	20
Verpfuschtes Abenteuer	12	Baupläne	21
Unter Aufsicht	13	Einsicht	21
Kunst	13	Verdienter Hereinfall	21
Seelische Gesundheit	13	Nutzlose Qual	22
Das Schnitzel	13	Ein Ehrenmann	22
Briefe, die ihn nicht erreichten…	13	Zur Warnung	22
Gut gedrillt	14	Zweierlei	22
Bühne des Lebens	14	Sage	23
Schlüpfrige Dinge	14	Aussichten	23
Für Ungeübte	14	Nur ein Vergleich	24
Herstellt euch!	15	Der Unentschlossene	24
Irrtum	15	Falsche Herausforderung	24
So und so	15	Märchen	25
Das Ferngespräch	15	Neuralgischer Punkt	25
Überraschungen	15	Bluter	25
Das Hilfsbuch	16	Metaphysisches	25
Ein Lebenslauf	16	Der Pechvogel	25

Ausnahme	26
Quetschung	26
Schwierig	26
Zwischen den Zeiten	26
Weltlauf	26
Vergeblich	26
Verwickelte Geschichte	27
Einfache Sache	27
Optische Täuschung	27
Das Bessere	27
Durch die Blume	28
Nur Sprüche	28
Unerwünschte Belehrung	28
Musikalisches	28
Das Schlimmste	28
Bescheidenheit	28
Seltsam genug	29
Zerfall	30
Vieldeutig	30
Nur	30
Kleinigkeiten	30
Wandel	31
Unterschied	31
Wandlung	31
Vergleichsweise	31
Wunsch und Begierde	32
Der Verschwender	32
Naturapostel	33
Die Uhr	33
Bücher	34
Versäumte Gelegenheiten	35
Halbes Glück	35
Für Fortschrittler	35
Lebenslügen	35
Der Porträtist	37

Unterwegs mit der Zeit

Welt auf Reisen	41
Überfälle	42
Auto=Mobilmachung	43
Daheimbleiben	44
Wunderliche Welt	45
Fahrtberichte	45
Flüchtige Zeit	46
Neuer Text	46
Phantasie	46
Bequem	47
Kunst des Reisens	47
Vor der Reise	48
Einst und heute	48
Schloßführung	49
Einförmigkeit	50
Kartengrüße	
Am Königssee	51
Stoß=Seufzer	51
Regen	52
Alpenglühen	52
Der Unschlüssige	52
Haltung	53
Kartengrüße	
Wallfahrtsort	53
Nordlandreise	54
Realitäten	55
Das Kursbuch	56
Kurze Saison	56
Der Abschied	56
Der Bummelzug	57
Für Wankelmütige	57
Der Geschäftsreisende	58
Das Zauberwort	58
Platzangst	59
Platzwahl	60
Probleme	60
Gegensätze	60
Gute Ratschläge	61
Voreiliger Dank	61
Zu leicht befunden	62
Abschied	62
Die Zugverspätung	62
Gepäck	62
Reisegenossen	64
Arme Reisende	65
Je nachdem	66
Veränderungen	66
Verwehte Spuren	67
Ein Geheimnis	68
Zwischenfall	68
Volle Züge	69
Kartengruß	
Rundfunkplage	69

Strohwitwer	69		Erste Hilfe	94
Hochbetrieb	69		Erkenntnis	94
Kartengrüße			Einbildung	94
Nordsee	70		Apotheker	95
Am Gletscher	70		Zuversicht	96
All Heil!	70		Holde Täuschung	96
Individualisten	70		Vorsicht!	96
Stammtischgespräche	72		Mensch und Unmensch	96
Vom Schlafen	73		Schütteln	97
Sinn des Reisens	74		Warnung	97
Rekorde	74		Versicherung	97
Rundfahrt	74		Hausapotheke	98
Glückssachen	76		Mitleid	98
Gruß von der Riviera	76		Verschiedne Einstellung	98
Trost	76		Besuche	99
Ein Erlebnis	78		Kunst	99
Ansprüche	78		Scheintote	99
Kartengruß			Wartezimmer	100
Aus dem Frankenland	79		Schönheit	101
Die Kunstreise	79		Einsicht	102
Die andern	79		Warnung	102
Der Reise=Snob	80		Heilmittel	102
Neuer Reisestil	81		Kongressitis	102
Verwirrung	82		Halali	103
Mitbringsel	82		Der Unentwegte	103
Pauschalreisen	83		Arztwechsel	104
Seereisen	84		Aufschub	105
Tempo	85		Geschenke	105
Der Reiseleiter	86		Vergebliche Warnung	106
Vom Zelten	86		Zum Trost	106
Verkehrsverein	88		Wandlung	106
Zur Warnung	88		„Schein"=Behandlung	106
Lebensreise	88		Patent	106
Abgesang	88		Ärger	107
			Undank	107
Wundersame Heilkunst			Zweifache Wirkung	107
Lob der Heilkunst	89		Wohlfahrt	107
Die Ärzte	89		Schlafmittel	107
Der Zahnarzt	92		Diener und Herr	108
Lauter Doktoren	93		Hoffnungen	108
Gemütsleiden	93		Inserate	109
Wandlungen der Heilkunst	93		Stoffwechsel	109
Bäder	93		Reiskur	109
Blinddarm	94		Kassenhaß	110
Schnupfen	94		Kontaktarmut	110

Guter Zuspruch	110	Dickhäuter	161
Mahnung	110	Huftiere	164
Psychoanalyse	111	Unpaarzeher	169
Angstträume	111	Raubtiere	171
Vertrauensarzt	111	Die Hunde	175
Der Landarzt	111	Insektenfresser	177
Röntgenbild	111	Nagetiere	177
Trübe Erfahrung	112	Zahnlücker	180
Lebe gefährlich!	112	Beutel= und Kloakentiere	181
Anthropologie	112	Waltiere	182
Manager	112	Die Fische	183
Gleichgewicht	112	Kriechtiere	186
Salben	113	Echsen	189
Letteritis	113	Lurche	190
Schulmedizin	113	Die Vögel	192
Guter Rat	113		
Ausweg	114	Oktoberfest	209
Lebenssaft	114		
Warnung	114	Unter Brüdern	
Schwacher Magen	115	Der Regenwurm	215
Schönheits=Chirurgie	116	Atavismus	217
Konsultation	116	Der Meisterkoch	218
Gesunde Umwelt	116	Bange Augenblicke	218
Theorie	117	Die Fischgräten	221
Kreislaufstörung	117	Eine Mark	221
Zugluft	117	Der Schwur	222
Für Kahlköpfe	117	Des Sängers Fluch	224
Zaubervorstellung	117	Traktat über Erziehung	227
Lebensrechnung	118	Das Lotterielos	230
Das Muster	118	Uraltes Spiel	233
Fünftagewoche	118	Poetisches Mittagessen	234
Sportliches	118	Der Dichter als Maler	237
Wickel	118	Ein Irrtum	239
Am Tisch des Lebens	118		
Witz	118	Die Rose	241
Begegnung	118	Mensch und Zeit	243
Pfarrer Kneipp	119	Abenteuer in Banz	245
Schweigende nackte Männer	131	Landschaft	256
Die Frau in der Weltgeschichte		Der Kirchhof	256
Die Antike	137	Trost	256
Die Neuzeit	149	Im Regen	257
Viechereien		Trüber Tag im Gebirg	258
Zum Geleit	159	Hahnenschrei	259
Die Affen	159	Spätsommer am Inn	260
		Der Ruhm	261

Langdauernder Sommer	264	Die Memoiren	339
Stiller Spätsommer	264	Der Herbst	343
Aldersbach	265	Winters	343
Der Gang zur Christmette	267	Wirtsgarten am Inn	344
		Der Haustyrann	345
Gotischer Dom		Regen in Vicenza	349
Am Morgen	278	Nach dem Regen	349
Der Bau	278	Schwäbische Schenke	350
Der Turm	279	Wunderlicher Abend	351
Romanische Pforte	279	Frühlings=Sonntag	355
		Vor Ostern	356
Auftauende Landstraße	280	Maigewitter	356
Das Schweizerhäusl	281	Juniwiesen	357
Wanderung	300	Im August	358
Die Hausiererin	301	Schöner Septembertag	358
Der Fischkasten	313	Vor Weihnachten	359
Unter falschem Verdacht	329	Wunderliche Welt	360
Die Fahrt nach Engelszell	332	Über Eugen Roth	361